Auxiliando a humanidade a encontrar a Verdade

AKHENATON, A REVOLUÇÃO ESPIRITUAL DO ANTIGO

TRILOGIA - LIVRO 1

Roger Bottini Paranhos
AKHENATON
A Revolução Espiritual do Antigo Egito
Trilogia - Livro I

Obra mediúnica
orientada pelos Espíritos
Hermes e Radamés

© 2002
Roger Bottini Paranhos

Akhenaton
A Revolução Espiritual do Antigo Egito
Roger Bottini Paranhos

Todos os direitos desta edição reservados à
CONHECIMENTO EDITORIAL LTDA.
Caixa Postal 404
CEP 13480-970 - Limeira - SP
Fone/Fax: 19 3451-0143
www.edconhecimento.com.br
conhecimento@edconhecimento.com.br

Nos termos da lei que resguarda os direitos autorais, é proibida a reprodução total ou parcial, de qualquer forma ou por qualquer meio — eletrônico ou mecânico, inclusive por processos xerográficos, de fotocópia e de gravação — sem permissão, por escrito, do Editor.

Ilustração da Capa: Cláudio Gianfardoni
Projeto Gráfico: Sérgio Carvalho
Preparação de texto: Margareth Rose F. Carvalho
Colaborou nesta edição:
Mariléa de Castro
Paulo Gontijo de Almeida

ISBN 85-7618-114-2 - 4ª EDIÇÃO — 2006
• Impresso no Brasil • *Printed in Brazil*
• *Presita en Brazilo*
Produzido no Departamento Gráfico de
CONHECIMENTO EDITORIAL LTDA
Rua Prof. Paulo Chaves, 276 Jd. Anavec - CEP 13485-150
Fone/Fax: 19 3451-5440 - Limeira - SP

Dados Internacionais de Catalogação na Publicação (CIP)
(Câmara Brasileira do Livro, SP, Brasil)

Hermes (Espírito)
  Akhenaton. A Revolução espiritual do antigo Egito / obra mediúnica orientada pelos espíritos Hermes e Radamés ; (psicografada por) Roger Bottini Paranhos. — 4ª ed. — Limeira, SP : Editora do Conhecimento, 2006.

  ISBN 85-7618-114-2

  1. Espiritismo 2. Ficção espírita 3. Obras psicografadas I. Radamés. II. Paranhos, Roger Bottini III. Título.

06-8093   CDD - 133.93

Índice para catálogo sistemático:
1. Mensagens mediúnicas psicografadas : Espiritismo 133.93

Roger Bottini Paranhos
AKHENATON
A Revolução Espiritual do Antigo Egito
Trilogia - Livro I

Obra mediúnica
orientada pelos Espíritos
Hermes e Radamés

4ª edição - 2006

Obras do autor editadas pela Editora do Conhecimento:

- A HISTÓRIA DE UM ANJO
A vida nos mundos invisíveis
2000

- SOB O SIGNO DE AQUÁRIO
Narrações sobre viagens astrais
2001

- A NOVA ERA
Orientações Espirituais para o Terceiro Milênio
2004

- AKHENATON (trilogia livro 1)
A revolução espiritual do Antigo Egito
2002

- MOISÉS (trilogia livro 2)
O libertador de Israel
2004

- MOISÉS (trilogia livro 3)
Em busca da terra prometida
2005

- UNIVERSALISMO CRÍSTICO
O futuro das religiões
2007

- ATLÂNTIDA (bilogia livro 1)
No reino da luz
2009

- ATLÂNTIDA (bilogia livro 2)
No reino das trevas
2010

- UNIVERSALISMO CRÍSTICO AVANÇADO
2012

Sumário

Prefácio da primeira parte - Palavras de Hermes...................9

A Atlântida 13

Prefácio da segunda parte - Palavras de Radamés....................28

Capítulo 1
A história de uma grande civilização..................................32

Capítulo 2
O sonho de um lavrador..46

Capítulo 3
Isetnefret - A bela Ísis..56

Capítulo 4
Primeiro encontro com a realeza...73

Capítulo 5
O príncipe da Luz 90

Capítulo 6
A Festa dos Tanques..97

Capítulo 7
Heliópolis - A cidade do Sol..103

Capítulo 8
A posse do co-regente..119

Capítulo 9
O difícil início do reinado..127

Capítulo 10
Nefertiti - A bela chegou 135

Capítulo 11
Akhetaton - A cidade celestial 145

Capítulo 12
Os pilares de uma nova sociedade 162

Capítulo 13
De volta a Tebas 176

Capítulo 14
O nascimento do herdeiro 191

Capítulo 15
O hino ao Grande Deus 202

Capítulo 16
A visita de Sen-Nefer 216

Capítulo 17
Nefertiti torna-se Faraó 225

Capítulo 18
A dor maior do "Filho do Sol" 241

Capítulo 19
A guerra civil 258

Capítulo 20
O fim da batalha entre os deuses 267

Capítulo 21
A vitória de Amon 379

Capítulo 22
A coroação de Tutankhamon 291

Capítulo 23
A batalha 308

Capítulo 24
A volta triunfante 333

Capítulo 25
A luz recomeça a brilhar no Egito 347

Capítulo 26
A intriga de Kermosa 361

Capítulo 27
A dor extrema 371

Capítulo 28
O fim da revolução espiritual 393

Epílogo 406

Prefácio da Primeira Parte
Palavras de Hermes

Prezados leitores:

Iniciamos com estas palavras mais um trabalho de esclarecimento espiritual à nossa humanidade. Procurando cumprir as determinações do orientador espiritual da Terra — Jesus —, viajaremos no tempo até os primórdios da história conhecida por nossa humanidade, onde procuraremos esclarecer o projeto de evolução de nosso planeta após as últimas transformações geográficas ocorridas no globo, ao fim do período que se entende por última Era Glacial.

O planeta Terra possui mais de quatro bilhões e quinhentos milhões de anos, e em boa parte desse período ele foi habitado pelos mais heterogêneos grupos de espíritos em evolução das infinitas escolas de Deus, ou seja, dos mundos do Universo.

Num passado remoto, que antecedeu e precedeu à Era dos Dinossauros, viveram na Terra desde povos primários na escala evolutiva até avançadas civilizações, tanto na dimensão material como na espiritual; todos buscando a luz que permite o progresso rumo à felicidade e à paz.

Por todo o Universo, a caminhada da animalidade para a angelitude se processa de acordo com a necessidade e o perfil de cada filho de Deus. Neste contexto, a Terra propiciou em toda a sua História grandes oportunidades para o aprendizado necessário ao espírito imortal na sua trajetória evolutiva.

Este trabalho a que nos propomos terá início na lendária Atlântida há doze mil anos, exatamente cem anos antes da submersão da Grande Ilha de Poseidon, época que demarcou o início de mais um período de transição planetária, assim como o que vivemos atualmente.

Em capítulo único narraremos os acontecimentos ocorridos nos últimos cem anos da história do continente Atlântico. Tentaremos elucidar aos homens modernos os motivos pelos quais a Alta Espiritualidade da Terra achou por bem promover o fim de uma avançada civilização, que possuía profundos conhecimentos científicos e detinha tecnologias avançadas, baseadas em energia motriz limpa, para a automação dos processos produtivos.

Após a descrição desse período, orientaremos Radamés na segunda parte deste trabalho, que é o foco do nosso projeto e visa narrar os fatos ocorridos durante a décima oitava dinastia egípcia, no século XIV antes de Cristo, durante o reinado do faraó Akhenaton, que foi um dos grandes sacerdotes do Templo do Sol na Antiga Atlântida. Assim, veremos que os ideais que abraçamos nada mais são do que o nosso milenar perfil espiritual e que nossas características, crenças e desejos fazem parte de um passado que molda o nosso caráter e nos orienta das trevas para a luz, ou vice-versa, de acordo com os impulsos que abraçamos em nossas jornadas evolutivas.

Radamés, sob nossa orientação, resgatará o "elo perdido" da cidade de Akhetaton — a cidade celestial —, para onde convergiram grandes sábios da Antigüidade, a fim de promoverem o desenvolvimento espiritual e tecnológico que teria levado a humanidade terrena para um estágio semelhante ao atual, já na Era de Jesus.

Alguns historiadores intitulam o faraó Akhenaton de "o faraó hippie" em razão do abandono da capital tradicional do Egito (Tebas) e da fundação da cidade celestial, centro de devoção ao deus Aton, quebrando as mais sagradas tradições do povo egípcio. Na verdade, Akhetaton foi muito mais que uma cidade que cultuava a luz solar; tratava-se de um grande centro filosófico, espiritual e científico que, caso o povo egípcio a tivesse compreendido, teria transformado o Vale do Nilo em uma grande nação.

Narraremos ainda os acontecimentos que sucederam-se à morte de Akhenaton e à subida ao trono de seu filho Tutankhamon, morto aos dezenove anos de idade, encerrando definitivamente a chance de o Egito ser o celeiro espiritual da Idade Antiga.

Tutankhamon e seu pai deveriam ficar conhecidos para a posteridade pela contribuição espiritual que legariam à humanidade, mas seus nomes foram apagados da História para que jamais tivessem vida eterna, segundo a crença egípcia. Espíritos enegrecidos pelo ódio e pela ignorância promoveram a derrocada do Grande Projeto, que só se realizaria com o crescimento espiritual do povo egípcio, o que não ocorreu. Hoje, Tutankhamon é conhecido não por sua contribuição espiritual à humanidade, que foi abortada, mas por ser a descoberta arqueológica mais impressionante da história da humanidade atual, feito realizado pelo egiptólogo Howard Carter em 1922.

Esperamos contribuir não somente para a História, esclarecendo pontos de obscura interpretação em uma época remota para o plano material, porém recente aos olhos da vida imortal, mas também trazer aos homens a luz espiritual daquela época sublime em que se tentou implantar a crença monoteísta do deus Aton no Antigo Egito, preparando a chegada do Divino Messias, que viria transformar definitivamente o cenário espiritual da Terra.

Que Jesus, o Grande Mestre que enviou em missão ao plano físico Akhenaton, Moisés, Buda, Krishna, Zoroastro e outros tantos missionários para preparar-lhe o caminho, nos abençoe nesta tentativa de auxiliarmos a humanidade encarnada a compreender os Grandes Planos Divinos da Evolução Planetária da Terra!

Paz e Luz!

Hermes
Janeiro de 2001

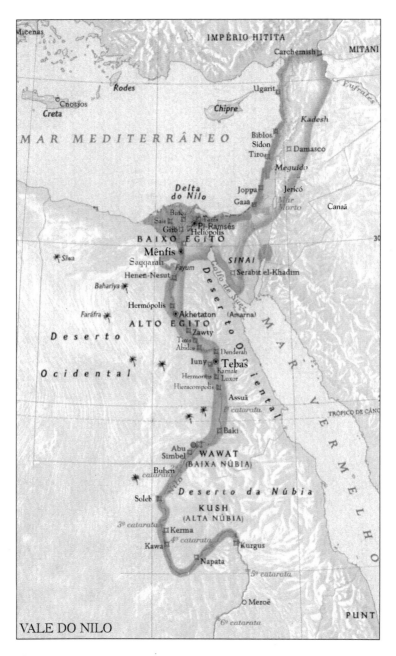

A Atlântida

Falar da Atlântida em um único capítulo é como descrever a Criação Divina através da limitada linguagem humana. Iremos, portanto, tecer apenas alguns esclarecimentos indispensáveis para que o leitor entenda o povo egípcio, herdeiro direto dos atlantes. Quem sabe no futuro não teremos a oportunidade de realizar um trabalho exclusivo, narrando a história dos fantásticos habitantes da ilha de Poseidon?

A Atlântida não era apenas uma ilha, mas sim um território de dimensões continentais como nos relatou o filósofo Platão nos diálogos de Timeu e Crítias. Ela cobria quase a totalidade do Oceano Atlântico, estendendo-se desde a costa da atual Flórida até as ilhas Canárias, Açores e Madeira.

Sua cultura era muito avançada, sendo que em muitos pontos ultrapassava os povos atuais com facilidade. As nações são apenas berços para a reencarnação de grupos espirituais. Na Atlântida reencarnavam, há séculos, somente espíritos com graduação semelhante ao estágio que a humanidade atual irá atingir a partir do segundo século do terceiro milênio.

O grande fator de diferenciação do povo atlante em relação à humanidade atual era a sua visão liberta de paradigmas. Os atlantes enxergavam o plano invisível e não eram escravos do materialismo como os povos atuais, motivo pelo qual os habitantes da ilha de Poseidon desenvolveram de forma admirável as faculdades paranormais, o que permitia-lhes uma ligação direta com outras realidades dimensionais como, por exemplo, com a do mundo dos espíritos — a Pátria Maior.

Essa visão abrangente permitiu ao povo atlante desenvolver uma tecnologia energética que ficou conhecida pelo nome de "vril". Essa energia era desencadeada através dos elementos invisíveis da natureza e permitia um grande avanço nos meios de produção, proporcionando ao povo conforto e um elevado padrão de vida.

O "vril" era uma energia dinâmica capaz de se apresentar sob vários aspectos. Uma de suas formas mais comuns de manifestação era através da "inversão do eixo gravitacional" de elementos materiais. A partir de uma indução energética era possível erguer pesados blocos de rocha como se fossem monólitos de algodão, tecnologia que permitia a construção de grandes edifícios sem a utilização de máquinas pesadas. Era necessário apenas conduzir as pedras colossais aos locais apropriados depois de serem lapidadas através de avançada tecnologia.

Os primeiros egípcios, que ainda dominavam parcialmente o "vril", construíram as pirâmides e a esfinge de Gizé utilizando-se dessa tecnologia. Somente o "vril" poderia erguer monólitos com duas toneladas de peso sem a utilização de roldanas e guindastes.

Outros povos descendentes dos atlantes, como os habitantes da ilha de Páscoa e os Sumérios, também utilizaram-se dessa energia para erguer suas fantásticas construções e seus monumentos.

O povo egípcio, os maias, os astecas e outros povos da Antigüidade receberam a influência direta dos atlantes após a submersão da "Grande Ilha".

Diversas embarcações abandonaram a Atlântida antes do Grande Juízo Final, levando a bordo habitantes que foram viver em outras terras e caldearam sua cultura à dos povos primitivos do resto do globo. Esse fato proporcionou um grande impulso para o desenvolvimento tecnológico, que até hoje impressiona os historiadores.

Os egípcios são um grande exemplo! Até a quinta dinastia eles possuíam um avanço considerável. Ao contrário da ordem natural da evolução dos povos, eles nasceram "grandes" para depois entrarem em franca decadência. Inclusive os primeiros egípcios eram monoteístas e com o passar dos séculos declinaram à crença em vários deuses. Notamos aí o perfil dos capelinos,[1] que promoveram a crença pagã entres os gregos,

---

1 Capelinos - Denominação atribuída aos espíritos exilados para a Terra, oriundos do Sistema de Capela, na Constelação do Cocheiro. Fato ocorrido após a submersão da Atlântida no período que corresponde ao início do atual ciclo evolutivo e que se encerrará com o advento da Nova Era, já nas primeiras décadas do terceiro

os egípcios e, posteriormente, os romanos.

    Outro exemplo da presença atlante no resto do mundo é a construção de pirâmides por quase todos os povos antigos do planeta. No Egito tivemos as mais impressionantes demonstrações dessa cultura. A Atlântida era um continente repleto desses "catalisadores energéticos" que eram construídos com as mais belas pedras, desde o granito até o basalto negro. Na capital, Posseidon, existia a "Grande Pirâmide" que possuía um tamanho quatro vezes maior que a pirâmide de Keops, no Egito, e era composta de blocos de cristal branco, que posteriormente foram fusionados, tornando-se uma única peça. Essa grande pirâmide, hoje submersa nas profundezas do oceano, está localizada exatamente na região conhecida como "Triângulo das Bermudas", gerando uma espécie de energia magneto--espiritual que desencadeia os fenômenos já conhecidos e a rotineira alteração da leitura dos instrumentos de navegação.

    Os atlantes dominavam também a tecnologia da informação através de cristais de quartzo manipulados pela energia "vril". O avanço na área da informática foi tal que eles construíram centrais de informação semelhantes aos registros akáshicos do plano espiritual, onde está armazenado em som e imagem todo o pulsar da vida no Cosmo.

    O povo atlante possuía os registros de todos os acontecimentos de sua civilização e utilizavam-se dessas informações para evitar o trabalho inútil, pois consideravam imperdoável desperdício de energia "criar o já criado". Portanto, dispunham de um sistema integrado de informações que gerava benefício a todas as cidades do continente.

    Outro ponto que fascinava os cientistas atlantes era a total automação dos processos produtivos, mas não com a finalidade de promover a exclusão social, gerando desemprego, como nos tempos atuais. A meta a atingir era a libertação das atividades rotineiras para que o homem pudesse se dedicar ao processo de criação e ao progresso espiritual.

    A energia "vril" permitia também a criação de veículos não poluentes. Através da inversão do eixo gravitacional, os automóveis locomoviam-se sem rodas, flutuando a dez centímetros do chão. A movimentação em todas as direções e a diferença de velocidade eram comandadas por mudanças na inclinação desse eixo.

    Talvez aos olhos das pessoas de mente estreita essas infor-

---

milênio.

mações não passem de mera ficção, mas não podemos omitir a verdade ante a Nova Era que está por vir. Os encarnados na face do planeta precisam esclarecer-se, a fim de adaptarem-se às transformações que o futuro exigirá.

Na Atlântida as questões espirituais estavam intimamente associadas à ciência e às demais áreas do conhecimento humano. Era impossível falar de qualquer assunto sem envolver a causa primária da vida, que é a realidade espiritual.

Meu nome naquela encarnação, cem anos antes da submersão da "Grande Ilha", era Ártemis. Eu era um jovem sacerdote da "Grande Energia". Esta era uma das formas pelas quais designávamos o "vril".

Naquela tarde, todos os sacerdotes da "Grande Energia" tinham sido convocados em virtude de uma tragédia ocorrida em Poseidon. Fato inimaginável naquela época! Um adolescente de dezesseis anos havia causado a morte de duas pessoas, intencionalmente, através da manipulação maléfica da "Grande Energia".

O último registro de assassinato na Atlântida era antiqüíssimo, sendo possível relembrá-lo somente através de consulta aos registros akáshicos. Todos estávamos chocados com o acontecimento e nos perguntávamos sobre o que teria desencadeado aquela situação.

Eu percorri com passos rápidos as calçadas de granito que eram margeadas por extenso gramado e vegetação abundante. A distância entre o Templo da Grande Energia e a "Grande Pirâmide", onde eu me encontrava, era relativamente curta. Em meio ao caminho encontrei o amigo e colega de sacerdócio, mestre Násser. Ele estava tão pálido e impressionado quanto eu. Sem perdermos um único segundo nos dirigimos ao templo.

Ao chegarmos lá, encontramos um grande número de sacerdotes dos diversos templos da Atlântida reunidos. Todos discutiam a tragédia, que para os tempos modernos nada mais é que mera rotina, mas para a civilização atlante tratava-se de grave ocorrência, pois os espíritos ali reencarnados já tinham superado o estágio evolutivo em que os homens desrespeitam a vida de seus semelhantes.

A população do continente não era pequena. Viviam na Atlântida, naquele período, mais de sessenta milhões de habitantes e a harmonia era algo comum, mesmo ante a diversidade de opiniões.

Naquela época éramos jovens. Eu tinha dezenove anos e

Násser vinte e dois. O cidadão atlante alcançava facilmente os cento e trinta anos de vida pela sua existência regrada, livre dos vícios, e pela elevada qualidade de vida. O continente era liberto de poluição e possuía uma selva controlada, onde os animais selvagens habitavam as zonas afastadas dos grandes centros populacionais. Além do mais, a medicina era muito avançada e os habitantes não tinham carma a resgatar através de doenças degenerativas.

Afoitos, como só os jovens são, corremos para o interior da assembléia para falar com os grandes sábios e obter maiores informações. Eles nos contaram que um rapaz tinha desenvolvido uma técnica de utilização da energia "vril" que permitia matar as pessoas, à distância, por asfixia. Depois de desentender-se com seus colegas de estudo, ele acabou cometendo aquele crime absurdo para testar seu invento e, então, fora preso numa "câmara de isolamento mental", pois poderia comandar mentalmente a energia "vril" e voltar a cometer novos crimes para tentar libertar-se.

Eu e Násser estávamos chocados. Jamais havíamos pensado na utilização da poderosa energia para a prática do mal e ainda mais de uma forma quase incontrolável, caso o rapaz não fosse confinado ao isolamento.

Todos nos sentamos no auditório e aguardamos o pronunciamento do sumo sacerdote do templo. Ele, então, se dirigiu ao grande altar e desabafou:

— O que dizer, meus irmãos? Estou tão estupefato quanto todos aqui presentes! Compreendendo a minha incapacidade para solucionar esse problema, orei ao "Grande Espírito" e pedi-lhe para nos orientar na busca de uma solução que traga paz à nossa sociedade.

O grande líder dos sacerdotes ergueu-se e descortinou uma tela de cristal transparente que ficava ao fundo do altar. Em seguida, todos nos concentramos em oração, pedindo a presença dos mentores espirituais para que viessem nos esclarecer.

Passados alguns minutos, a tela tornou-se opaca e surgiu uma bela paisagem ao fundo: uma cachoeira desaguava em um pequeno lago ornado com belas flores e vegetação exuberante. Aquela tela de cristal líquido era um intercomunicador entre os dois planos: o material e o espiritual.

Em seguida, surgiu na tela de cristal o "Grande Espírito" que ficaria conhecido mais tarde por Jesus de Nazaré. Ele sorriu e disse com amargura na voz:

— Que a luz dos Planos Superiores envolva todos os irmãos! Eu recebi o vosso apelo e aqui estou para esclarecer-vos sobre o acontecimento que aflige essa assembléia de irmãos dedicados à busca do bem.

Como todos vós sabeis, os mundos são escolas evolutivas para o crescimento dos filhos de Deus. A Atlântida atingiu um patamar superior ao programado para nosso planeta Terra. Justo se faz que os irmãos aprovados para uma vivência superior migrem para um mundo de grau superior à Terra em todos os campos de desenvolvimento.

E seguindo a orientação do Grande Criador já está sendo efetivada a migração de espíritos rebeldes exilados do Sistema de Capela, na Constelação do Cocheiro, para a Terra, pois eles precisam ser apartados do processo de evolução daquele mundo para não prejudicar os que desejam progredir conforme o processo de evolução traçado naquela escola divina.

Portanto, os exilados de Capela já se encontram em vosso meio reencarnando sistematicamente, dando início ao processo de Transição Planetária que permite a inserção ou separação de novas comunidades nos diversos mundos do Universo.

No período de cem anos, esses irmãos de estágio evolutivo inferior reencarnarão gradualmente na Terra, à medida que os atuais habitantes da Atlântida ascenderem a um mundo superior após o desenlace da matéria.

Essa transformação mudará o cenário da Atlântida, determinando uma decadência no nível espiritual de seus habitantes. Esperamos que esses irmãos rebeldes se adaptem ao novo orbe sem causar traumas ou desavenças incontroláveis. O caso que vos aflige é o primeiro sinal, de muitos que surgirão, decorrente da imaturidade espiritual dos capelinos. Esperamos poder controlar a situação e manter a Atlântida em seu atual estágio de avanço tecnológico. Caso contrário, será necessário destruir o continente para que os exilados de Capela venham a reencarnar entre os povos bárbaros do resto do planeta, onde a tecnologia e o avanço ainda não foram alcançados.

Os habitantes da Atlântida já se encontram em estágio de vivências superiores à Terra, mas conto com a vossa colaboração, meus irmãos, para educar os rebeldes e mostrar-lhes o caminho do amor, principal fonte de edificação espiritual para alcançarmos a evolução a Deus.

Por isso, peço-vos que essa última encarnação que vivereis na Terra seja dedicada ao auxílio espiritual aos irmãos capelinos. Suportai com amor e paciência as "crianças espirituais" que o Pai vos envia para educar!

Espero ter-vos esclarecido, meus irmãos. Ficai na luz de Deus!

Naquele instante, a tela de cristal voltou a ficar transparente, ao mesmo tempo em que todos trocávamos idéias sobre as informações recebidas.

Eu e Násser encontramos outros amigos que eram adeptos do Templo do Sol: Atônis e Criste. Desde aquela época eles já eram inseparáveis. Debatemos de forma ardente, mas Atônis acreditava que não era necessário nos preocupar, pois os capelinos certamente iriam se adaptar bem e viver em harmonia naquele paraíso que era o nosso continente. Nós outros já não pensávamos assim.

Eu disse, então:

— Atônis, se eles não se modificaram em seu mundo, por que o fariam no nosso?

— Não sei, Ártemis! Acho que confio demais nas pessoas. Creio sinceramente na modificação para a luz!

— Creio também nessa modificação, mas depois de uma série de encarnações e não assim, abruptamente! — respondi.

Se nós imaginássemos que nos tempos atuais, doze mil anos depois, os homens ainda estariam se matando, promovendo guerras estúpidas e vivendo em pleno atraso espiritual, acho que todos ficaríamos chocados com a falta de perseverança no bem dos irmãos que ingressavam no plano evolutivo da Terra naqueles dias.

Após debatermos por mais algum tempo, percebemos que Násser estava calado, meditativo. Chamamos sua atenção para a nossa conversa e ele voltou-se para nós e disse, com a mão alisando a barba:

— Irmãos, todas as teses são corretas e possíveis, mas devemos pensar na possibilidade de os capelinos não se adaptarem à Atlântida. Se isso ocorrer, todo o conhecimento e avanço de nossa civilização se perderá, pois o continente terá que ser destruído! Para evitar essa tragédia, poderíamos levar a outras terras um conhecimento básico, inofensivo, para civilizar o resto do planeta e assim promover o avanço dos capelinos em outras localidades, caso se confirme a destruição da Atlântida e de seu legado de amor e sabedoria.

Todos concordamos com as palavras de Násser. Criste, então, ressaltou:

— Daqui a cem anos estaremos em avançada idade e não poderemos empreender essa viagem fantástica. Certamente teremos poucos anos mais de vida e não poderemos ser verdadeiramente úteis, sendo que nem ao menos poderemos procriar nas novas terras.

Násser caminhou de um lado ao outro, meditativo, e falou:

— Tens razão, Criste! Essa viagem não é para nós, mas para os discípulos que deveremos orientar. São os capelinos de boa índole a quem iremos instruir e trazer-lhes a luz dos conhecimentos básicos de nossa civilização. Mesmo que eles se rebelem, não possuirão um conhecimento tão avançado que possa prejudicar as novas terras onde irão viver.

Atônis sorriu e acrescentou com seu estilo brando e amigável:

— Concordo com a idéia, apesar de achar que a fuga pelo mar para outras regiões não será necessária. Mas, qual será o pensamento dos Planos Superiores sobre essa idéia? Será que eles desejam que o conhecimento atlante siga para terras primitivas?

Naquele instante, uma luz cristalina brilhou em nosso meio e, então, materializou-se um espírito iluminado, que disse:

— A inspiração divina está em vossos corações. Essa é a vontade dos Planos Superiores! Iniciai aprendizes de coração puro! Mas tudo dentro dos limites permitidos para que eles não prejudiquem o restante do globo. A energia "vril", elemento de discórdia entre almas primárias, deve ser conhecida somente em sua mais simples aplicação. Nós estaremos unidos ao vosso projeto e trabalhando com afinco para que ele se realize!

Logo após, o espírito de luz se desmaterializou diante de nossos olhos. Não ficamos surpresos, pois essas aparições espirituais eram comuns na Atlântida do período pré-apocalíptico.

Násser abaixou a cabeça e concluiu:

— Se os espíritos responsáveis pela evolução da Terra estarão conosco de tal forma, é porque realmente a chance dos capelinos na Atlântida é remota.

Atônis olhou para Násser e concordou com um gesto amargurado.

Os anos se passaram e gradativamente o clima espiritual da Atlântida começou a se transformar. O índice de crimes crescia diariamente. Os cientistas atlantes tiveram que desenvolver técnicas para bloquear o uso indiscriminado da poderosa energia "vril". O amor e o espírito de fraternidade foram esquecidos e substituídos pelo orgulho, pelo egoísmo e pela vaidade.

Nós trabalhávamos incansavelmente para selecionar discípulos; alguns nos alegravam, outros nos decepcionavam muito. Meu coração sofria principalmente pela decepção de Atônis, que ficava extremamente abalado com a ingratidão e a maldade que brotavam na alma de jovens em tenra infância e que já possuíam os primeiros lampejos de consciência. Nós não estávamos acostumados com aquele baixo padrão espiritual, que nunca tínhamos visto naquela existência.

O que nos alegrava é que diversos irmãos abraçaram a nossa causa e trabalharam silenciosamente pelo nosso ideal. Obviamente aquela era apenas uma Casa do Conhecimento e não uma academia de eleitos para habitar outras terras. Nós não poderíamos revelar o real motivo de nossos ensinamentos no Templo.

Ano após ano a situação se agravava. Em meados do ano cinqüenta da Transição Planetária, o próprio Atônis nos afirmou com convicção:

— Creio que não há mais esperança para a Atlântida! O continente deverá ser extinto para que os novos habitantes de nossa terra não destruam o planeta e não prejudiquem o programa evolutivo traçado pelo "Grande Espírito".

Naquele dia, tinha ocorrido o primeiro caso de estupro seguido de morte na Atlântida, e já havia indícios de guerras entre cidades que tornaram-se rivais por desejarem dominar a região Sul do continente.

A crença no Deus Único tinha sido abandonada pela crença pagã de cultuar vários deuses, alguns com aparência humana, outros com forma de animais. Foram criadas lendas e figuras mitológicas para o culto pagão. Essas transformações foram tão fortes no novo perfil do povo da Atlântida, que tais crenças se enraizaram entre os gregos e os egípcios que receberam a migração de alguns atlantes antes da submersão da "Grande Ilha". Inclusive a capital Posseidon sofreu uma personificação e tornou-se uma divindade entre os novos habitantes da Atlântida.

Aos poucos, a própria polícia criada para conter os excessos tornou-se corrupta e pouco era possível fazer para conter o desequilíbrio da massa de capelinos que dominava a Atlântida de forma quase total.

Os sacerdotes da "Grande Energia" eram assassinados por

não revelar o segredo da energia "vril" e do bloqueio realizado para que os rebeldes não se utilizassem daquela poderosa tecnologia.

Os habitantes pacíficos dedicados ao trabalho, à arte e à leitura de ordem elevada estavam sendo substituídos por criaturas insensíveis e com um gosto pelas artes e pela música extremamente sensual e vulgar; o que nos provava, a olhos vistos, que o homem não é o corpo, mas o espírito que habita e dirige a máquina física. Em apenas um único século toda uma civilização havia-se transformado como se todos tivessem sido obcecados por forças do mal.[2]

Felizmente, nos vinte anos finais surgiram jovens de boa índole entre os capelinos. A Alta Espiritualidade havia selecionado os mais dignos para reencarnarem no final do período de transição e assim atenderem aos nossos propósitos.

— Nem tudo está perdido! — agradeceu Atônis a Deus com os braços voltados para o céu e os olhos marejados de lágrimas.

Nos anos seguintes, tivemos que abandonar o templo e nos refugiar na floresta para não sermos mortos pelas facções que desejavam dominar o "vril". Lá, construímos as embarcações e orientamos discípulos de total confiança sobre o projeto de migração para outras terras. Todos os jovens ficaram impressionados com o destino da Atlântida, mas não desacreditaram. Eles trabalharam arduamente para construir os barcos e obter a instrução moral necessária para a sua missão.

Faltando cinco anos para a submersão da Atlântida, os homens iniciaram pesquisas para a mutação genética e a clonagem de seres, visando utilizá-los como meros andróides e enviá-los a outros continentes com o objetivo de escravizar os povos primitivos do planeta. Nesse período, foi rompido o bloqueio da energia "vril" que passou a ser utilizada de forma irresponsável pelas facções em guerra, causando graves danos à natureza e à população civil.

Era possível ouvir grandes explosões e sentir tremores de terra em decorrência das guerras entre as regiões. As duas raças que viviam na Atlântida, e que sempre se respeitaram e

---

2 Atualmente a Terra vive um processo inverso. Ao invés de uma decadência cultural e moral, se processará um avanço em todas as áreas em razão da reencarnação sistemática no orbe de espíritos eleitos por seus méritos obtidos em encarnações anteriores e do conseqüente exílio para um mundo inferior daqueles que se rebelaram contra o código moral trazido ao mundo pelos enviados do Cristo. O leitor poderá obter informações esclarecedoras no livro *A História de um Anjo*, de Roger Bottini Paranhos, **EDITORA DO CONHECIMENTO**.

se amaram, tornaram-se inimigas por causa da discriminação racial que ainda impera até os nossos dias, fruto do baixo nível espiritual da humanidade terrena.

Estávamos velhos e cansados. Mestre Násser caminhava com dificuldade. A vida na selva havia desgastado nossos organismos, já com avançada idade. Na época da grande catástrofe, estávamos com aproximadamente cento e vinte anos. Muitos dos antigos atlantes que abraçaram o projeto já tinham desencarnado em conseqüência do clima hostil da vida selvagem. Graças aos jovens eleitos que lutavam pelo alimento do dia-a-dia e construíam os navios foi possível obter êxito no Grande Projeto.

Os espíritos orientadores do planeta nos informaram que o momento de embarcar para novas terras ocorreria quando um astro vermelho surgisse no céu. Três meses antes da catástrofe enxergamos o ponto escarlate na abóbada celeste.

Apressamos os jovens a recolherem os mantimentos que deveriam levar na viagem. Logo, os doze grandes barcos estavam lotados com cinqüenta passageiros cada. Os jovens, demonstrando todo o seu afeto por nós, insistiram para que partíssemos com eles.

Násser, então, respondeu:

— Meus filhos, aqui termina a nossa tarefa e inicia-se a vossa! Estamos velhos e devemos seguir para a Pátria Maior. Mantende o coração em paz, porque estaremos sempre ligados a vós, trabalhando para o bom êxito dessa missão.

Os jovens abraçaram Criste, emocionados. Eles a chamavam de "A Grande Mãe", e ela adorava! Com seus cabelos brancos como neve, a luz de seu amorável espírito se irradiava sobre todos os meninos e meninas.

Foi difícil convencê-los a nos deixar sós na selva. Estávamos velhos, mas não morreríamos antes de ver o grande fim da Atlântida. Aos poucos, os navios foram sumindo, após as ondas do mar, em direção ao horizonte. De longe, abraçados, víamos os acenos e as irradiações de amor que os nossos meninos nos dirigiam em um misto de cores belíssimas.

Criste, com os olhos úmidos de emoção, disse-nos:

— Cumprimos bem nossa tarefa! Escolhemos bem os meninos; eles serão focos de luz no novo mundo e trarão um grande impulso para as novas civilizações que se formarão na Terra.

Eu passei a mão pelos cabelos de Criste e respondi:

— Sim, cumprimos nossa tarefa! Basta agora aguardar a

Vontade Divina e seguir o nosso destino rumo ao novo planeta, onde já vivem nossos irmãos.

Atônis, então, disse-nos, com um brilho nos olhos:

— Não, minha missão ainda não terminou! Eu ficarei na Terra e ajudarei os capelinos a evoluir. Pedirei ao "Grande Espírito" para seguir trabalhando neste planeta por amor aos nossos irmãos que iniciaram aqui na Atlântida o seu ciclo de encarnações na Terra.

Todos nos olhamos em silêncio. Atônis mantinha o semblante sereno e iluminado por uma radiosa energia dourada, tão bela quanto o Sol. Ele estava com a razão! Estávamos muito engajados na evolução dos capelinos para abandonar a Terra. O mal que eles praticavam não nos causava revolta, mas sim piedade. Desejávamos libertá-los do mal, que é exclusivamente filho da ignorância espiritual.

E foi assim que ficamos ao lado dos trabalhadores do Cristo na Terra. Trabalhamos por longos séculos, tanto no plano espiritual como no material, até que reencarnamos juntos na décima oitava dinastia egípcia, a fim de preparar o povo da terra de Kemi para a vinda do Messias, o "Grande Espírito".

Eu, Ártemis, reencarnei como Ramósis, o sumo sacerdote do Templo de Osíris. Násser veio ao mundo como o sumo sacerdote de Heliópolis, Meri-Rá. Criste reencarnou como a rainha Nefertiti e Atônis como Akhenaton, o faraó do Deus Único.

Após a partida dos jovens, regressamos à capital Poseidon, no centro do continente. Utilizando a energia "vril", nos deslocamos com facilidade. Aguardamos os três meses que faltavam para o fim da Atlântida assistindo toda a sorte de desregramentos por parte da população. Com certeza a capital era a cidade mais influenciada pelas vibrações inferiores.

Nós já tínhamos sido esquecidos e éramos tratados como mendigos insignificantes. Enquanto isso, o astro rubro crescia no firmamento. O povo se maravilhava com a beleza da nova estrela no céu. Os cientistas, típicos do perfil capelino, diziam-se senhores da órbita do cometa e o identificavam como inofensivo ao planeta; mas, na verdade, eles apenas especulavam com base em sua visão limitada das coisas, assim como nos dias atuais.

Um mês antes do apocalipse, uma das raças atlantes venceu a guerra e escravizou a raça perdedora. Fugimos, então, para o pico de uma montanha nos arredores de Poseidon e lá nos abrigamos, enquanto o cometa se aproximava rapidamente em direção à Terra.

O calor emanado do astro rubro atiçou as vibrações inferiores do povo, que paralisou as atividades produtivas e iniciou uma comemoração pela vitória na guerra que durou por quatro semanas seguintes. Os derrotados eram utilizados para servir a todos os caprichos dos vencedores. A bebida e as drogas foram consumidas em grande escala nas últimas semanas da Atlântida.

Cinco dias antes do impacto, algumas pessoas perceberam que o cometa iria colidir com a Terra. Houve uma histeria generalizada e o povo começou a fugir da grande capital da Atlântida. Mas para onde quer que fossem parecia que o cometa os perseguia. Os cidadãos mais abastados e detentores do poder fugiram para o litoral e ingressaram em grandes barcos tentando fugir da catástrofe.

Finalmente o cometa entrou na atmosfera terrestre, causando um estrondo mais alto que mil trovões. As pessoas gritavam desesperadas sem saber para onde fugir e corriam sem rumo, pisoteando umas nas outras.

Ao contrário do que se imaginava, a grande pedra do céu caiu a milhares de quilômetros da capital. O impacto foi tão forte que dividiu o continente em três partes. A Atlântida desprendeu-se do que hoje conhecemos por ilhas Canárias, Açores e Madeira e dividiu-se ao meio no local onde o cometa a atingiu.

Os habitantes da grande metrópole mal tinham respirado aliviados quando começou uma série de terremotos que derrubou os prédios maiores soterrando muitas pessoas. O pânico era total e não havia para onde fugir.

Com o impacto do cometa, o eixo da Terra, antes verticalizado, inclinou-se em relação ao Sol; mudança que causou a impressão de que todas as estrelas do céu estavam caindo sobre a Terra, agravando a situação de desespero do povo que vivia um verdadeiro inferno, intensificado pelo efeito alucinógeno de bebidas e drogas.

Logo começaram os incêndios por todo o continente e uma erupção vulcânica surgiu repentinamente a dois quilômetros da "Grande Pirâmide". Por todas as direções sucederam-se erupções vulcânicas e tremores de terra. A lava invadiu os centros urbanos destruindo o que os terremotos não haviam arruinado.

Sete horas depois, ao amanhecer, quando tudo parecia ter-se acalmado, surgiram gigantescas ondas do Oceano Atlântico por todos os lados da capital. A sensação era de que o mar estava invadindo a Atlântida. Mas, na verdade, era a "Grande Ilha" que começava a submergir para o fundo do oceano em decorrência da acomodação das placas tectônicas, que perderam a sua sustentação durante a erupção do magma pelos vulcões.

Em questão de minutos as ondas atingiram toda a Grande Atlântida e o continente se calou. Nós estávamos no pico da montanha abraçados em profunda oração aguardando o nosso destino. Eis que minutos antes do fim, surgiram anjos iluminados do Céu e nos desligaram do corpo físico, dizendo:

— Não existe injustiça na Obra de Deus. Vós não possuís carma, portanto nada deveis sofrer na terra que tanto amastes!

Nossos espíritos levitaram, enquanto nossos corpos caíam ao chão sem vida. Logo, o mar engoliu a terra e pudemos ver os barcos que tentavam fugir na última hora sendo tragados pelo repuxo das ondas que inundaram a Atlântida.

Um redemoinho se formou e todas as embarcações desceram junto com a "Grande Ilha" para o fundo do mar. Agradecemos a Deus por nossos pupilos terem partido há meses; caso contrário, eles não teriam escapado às forças avassaladoras da natureza.

Os espíritos iluminados que nos amparavam, ao perceberem nossos pensamentos, nos conduziram pela imensidão do

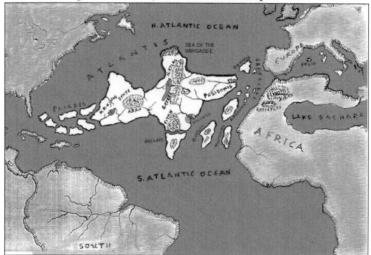

Atlântida — continente que abrangia parte do Oceano Atlântico, estendendo-se desde a costa da atual Flórida até as ilhas Canárias, Açores e Madeira.

oceano até alcançarmos os barcos de nossos pupilos, que se aventuravam por um rumo desconhecido.

Eles estavam impressionados com as explosões e a luz incandescente que partia da Atlântida, a centenas de quilômetros de distância do local em que se encontravam. O céu tornou-se escuro, coberto pela poeira cinza das erupções. Por longas semanas não se viu a luz do Sol!

O mar ficou rebelde e os barcos começaram a se separar, conduzidos pela força das ondas depois do grande cataclisma. Alguns foram dirigidos por mãos divinas para as Américas, outros para a Ásia e outros tantos para o Vale do Nilo.

Naquele dia, a Terra entrava em mais um novo ciclo de evolução espiritual. Mais um, de centenas que ela já viveu!

Prefácio da Segunda Parte
Palavras de Radamés

Sinto-me imensamente honrado pela oportunidade que nosso grande orientador espiritual, Hermes, me propicia. Tendo ele participado de acontecimentos tão marcantes do período que iremos narrar, na personalidade de Ramósis, sumo sacerdote do Templo de Osíris, cede-me o ensejo de relatar aquele momento fantástico para a evolução, tanto espiritual como material, da humanidade terrena.

É certo que ele estará me supervisionando e me amparando com sua luz e sabedoria nos momentos em que minha limitada capacidade exigir durante a segunda parte deste trabalho, que inicia-se agora.

Como Hermes relatou-nos anteriormente, caso o projeto espiritual planejado para realizar-se durante o período da décima oitava dinastia no Antigo Egito, no reinado de Akhenaton, tivesse obtido êxito, nossa humanidade teria obtido grandes avanços no campo espiritual, filosófico e científico nos primeiros anos do Cristianismo.

O trabalho de Akhenaton resumia-se em implantar o monoteísmo — crença religiosa em um único deus. Depois da preparação da civilização mais avançada da Antigüidade conhecida, desceria ao plano físico o "Grande Espírito", que ficou conhecido mais tarde no plano físico como Jesus de Nazaré, o Cristo de Deus. Sim, exatamente isso! Jesus nasceria em solo egípcio e, dentro de um universo mais propício, ele promoveria um grande avanço da humanidade encarnada.

Junto com a vinda do sublime Jesus e após sua reencarnação deveriam descer ao solo do mundo físico, na Grécia, grandes sábios que colaborariam para o desenvolvimento do homem no campo intelectual; entre eles, os filósofos Sócrates, Platão e Aristóteles.

Grandes cientistas auxiliariam a promover um rápido avanço da humanidade para que ela pudesse evoluir a passos largos, a exemplo do desenvolvimento de aparelhos à base de energia motriz e técnicas de produção que impulsionaram a Revolução Industrial, no século XIX. Já na área médica, sábios desenvolveriam técnicas para controlar epidemias e debelar as mais assustadoras doenças do mundo antigo, que os egípcios chamavam de "doenças mágicas", pois suas origens eram invisíveis aos olhos físicos e fugiam ao seu entendimento.

Assim, caso o projeto do deus Aton tivesse obtido sucesso no antigo Egito, a humanidade atual entraria na era dos computadores no ano 300 depois de Cristo, segundo os planos divinos, e não nos tempos atuais. Em decorrência do atraso espiritual de nossa humanidade, grandes sábios e pensadores foram mortos pela ignorância daqueles que detinham força e astúcia para destruir os projetos mais sagrados sob a orientação do reino das sombras.

Com o fracasso do projeto de Amarna, coordenado por Akhenaton, foi necessário enviar à Terra o espírito que ficou conhecido como Moisés. Ele codificou os dez mandamentos, base para a civilização dos espíritos bárbaros que iniciavam sua escalada evolutiva em solo terreno.

Desde a partida da civilização atlante, a humanidade estava carente de uma personalidade marcante que ao invés de utilizar o amor, linguagem compreensível somente aos espíritos maduros, empregaria a linguagem da força através de sua personalidade ímpar. Por meio do simbólico deus guerreiro Jeová, Moisés domou os espíritos desequilibrados que reencarnavam sistematicamente na Terra e relutavam em cultuar o Deus Único.

Foi necessário que um povo escravizado e sem nada a perder aceitasse o grande convite para a luz, já que o orgulhoso e rico povo egípcio optou por adorar ídolos de pedra e ouro, negando-se a prestar reverência ao Grande e Único Deus, o Criador Incriado, Fonte da Vida e do Universo; aquele que não se apresenta sob formas materiais, pois está acima da matéria e do próprio Universo em todas as suas dimensões, pois ele é tudo: a Mente Suprema.

Jesus, então, reencarnou na Terra 1200 anos mais tarde e foi recebido com hostilidade por espíritos embrutecidos e petrificados no ódio e na vaidade. Foi amado somente pelos pobres e humildes. Sua mensagem foi ofuscada pela pobreza de espírito da civilização, à qual teve de ensinar as palavras de luz. Era um grande sábio, pois ministrava conceitos metafísicos a analfabetos espirituais que, justamente por terem repudiado os ensinamentos do período que iremos narrar, não tiveram alcance para absorver em sua totalidade o Grande Sol Divino que descia à Terra.

Após um período de relativo avanço, marcado pela chegada dos sábios gregos, a humanidade voltou a afundar na ignorância e na superstição. Os projetos sagrados novamente foram vitimados pelo atraso espiritual daqueles que possuíam posição de mando entre os homens.

Esses constantes equívocos impeliram a humanidade a seu período mais negro: a Idade das Trevas ou, como é mais conhecida, a Idade Média, que durou mil anos. Depois dessa fase de total atraso evolutivo, a humanidade engatinhou até os nossos dias, tateando no escuro, caminhando sem rumo através de crenças obscuras e sem a luz da razão.

A civilização terrena perdeu-se em seu rumo por longos séculos. Possamos nós, durante este período profético que vivemos, ser os colaboradores do Grande Projeto de Reerguimento Espiritual da Humanidade Terrena. E, através de nossa humilde contribuição, incentivar o homem moderno a compreender o rumo do amor e da paz que deveria seguir, libertando-se da cegueira materialista em que vive.

Que através da ciência egípcia e do seu espírito religioso possamos fazer com que o homem moderno desligue o seu televisor, o "hipnotizador moderno", olhe para dentro de si e descubra o que veio fazer neste mundo de Deus! Não somos apenas máquinas que vivem dentro de um universo limitado, imposto pela sociedade materialista que crê ser o homem criado para acordar, comer, trabalhar e dormir, e acordar novamente, num ciclo contínuo e alienado, sem jamais refletir sobre quem é, de onde veio e para onde vai; ou seja: somos imortais em peregrinação infinita para tornarmo-nos filhos perfeitos de Deus! Portanto, cumpramos o objetivo pelo qual Deus nos criou: a evolução para a perfeição! Somente assim seremos eternamente felizes e livres das dores impostas pela nossa própria ignorância espiritual.

Para prosseguirmos com este trabalho, seguiremos com a narrativa de Hermes, adentrando o Vale do Nilo, após a submersão do continente Atlântico, onde estudaremos rapidamente a história egípcia até a décima oitava dinastia, no século XIV antes de Cristo. Nesse período, então, contaremos o que vimos e vivemos na terra de Kemi, terra maravilhosa durante a Antigüidade, um pedaço do paraíso no plano material, que nos dias atuais não é nem sombra do que foi!

Para que esta narração seja a mais fiel possível, minha personalidade se manifestará tal qual o meu estágio evolutivo naquela oportunidade de crescimento espiritual há 3300 anos. Os erros jamais devem ser encarados como motivos para vergonha, mas como oportunidades de aprendizado!

Jesus dê-me forças para narrar aquele importante período da história conhecida de nossa humanidade com perfeição e acerto, segundo a Sua Augusta Vontade!

Paz e Luz a todos!

Radamés
Fevereiro de 2001

Capítulo 1
A história de uma grande civilização

Menés, primeiro faraó egípcio. Unificou o Alto e o Baixo Egito.

Depois de várias semanas vagando pelo oceano, as primeiras embarcações adentraram no "novo mar" que se criou em decorrência das alterações na geografia do planeta causadas pela submersão da Atlântida. Alguns barcos que migraram do continente desaparecido seguiram as correntezas marítimas até chegarem ao hoje conhecido Mar Mediterrâneo.

Essas embarcações logo encontraram águas doces e lá constituíram pequenas tribos que se instalaram por toda a extensão das margens do rio, que passou a ser chamado de Nilo pelos novos habitantes da região.

Considerado como uma dádiva dos deuses por fertilizar o solo e facilitar as comunicações e o transporte por todo o país, o rio Nilo unificou a nação egípcia. Recebendo as águas das chuvas que caem nas suas nascentes, localizadas na África Equatorial e na Etiópia, eleva-se de julho a meados de dezembro, depositando no vale o limo fertilizante. Crescem ali o lótus e o papiro; cultivam-se vários cereais que já fizeram do Egito o "celeiro do mundo antigo".

Graças às dádivas do Nilo, que fertilizava as terras em uma região desértica, formaram-se os primeiros agrupamentos sedentários naquele território, constituindo as chamadas "culturas pré-dinásticas", pois precederam às dinastias de faraós reinantes que tornariam o povo egípcio a maior nação do mundo antigo conhecido pela nossa História. As tribos atlantes associaram-se aos povos primitivos nativos da região, trazendo-lhes cultura e conhecimento. Surgiu, assim, uma nova e exuberante raça no Vale do Nilo.

Essas culturas eram formadas por clãs independentes que estabeleciam um progressivo contato entre si, compondo as primeiras cidades que também detinham poder independente e ocupavam territórios denominados "nomos" governados por líderes regionais denominados "nomarcas".

Com o passar dos séculos essas comunidades se agruparam formando duas grandes unidades territoriais e políticas no Vale do Nilo: o reino do Alto Egito, que se estendia da primeira catarata do Nilo até a cidade de Mênfis, e o reino do Baixo Egito, mais ao norte, na região do Delta, onde o rio se ramifica.

O reino do Alto Egito, no sul, tinha por capital a nomarca de Necknes; seu soberano cingia uma coroa branca e seu símbolo era a cobra naja. O Baixo Egito, no Delta, fixou sua capital em Buto; uma coroa vermelha era usada pelo seu rei e o símbolo do reino era o abutre.

Desde a chegada dos atlantes, que se miscigenaram com os povos primitivos que já viviam na região, até a unificação do Alto e do Baixo Egito passaram-se mais de sete mil anos.

As técnicas agrícolas eram primitivas, mas o Nilo abençoava os habitantes da região com suas constantes e previsíveis inundações, permitindo ao povo inexperiente fartas colheitas, trazendo saúde e prosperidade para a terra de Kemi, que significa "terra negra" por causa da fertilização do solo pelas cheias do Nilo.

Aproximadamente quatro mil anos antes de Cristo deu-se início à primeira dinastia egípcia através do faraó Menés, que unificou todo o país sob um único cetro, cingindo as duas coroas e tornando-se o senhor do Alto e Baixo Egito. Menés fundou a cidade de Mênfis, mas governou em Tínis. A partir da terceira dinastia, no entanto, seus sucessores passaram a reinar em Mênfis.

Nesse período, os egípcios desenvolveram o calendário solar, o sistema de escrita, a irrigação do solo, aproveitando as cheias do Nilo, e a tecelagem.

Menés estabeleceu um governo teocrático, designando-se filho do deus Osíris. Os faraós passaram, então, a adotar o nome de Hórus, título real que os relacionava com a manifestação de um dos aspectos do deus-falcão Hórus, filho de Osíris.

Na terceira dinastia, o faraó Djoser mandou erigir a famosa Pirâmide de Degraus de Saqara, o mais antigo edifício de pedras daquelas dimensões do mundo, com sessenta metros de altura. Aquele colosso para a época foi construído a partir de uma "mastaba" comum (túmulo real primitivo). Seu arquiteto, Imhotep, foi construindo um nível sobre o outro até formar uma pirâmide de seis níveis, ou degraus. Imhotep ficou imortalizado em estátuas pelo seu grande feito. Já naquela época, os egípcios demonstravam sua fantástica capacidade artística, que chegaria ao auge na décima nona dinastia com o faraó Ramsés, "o Grande".

A quarta dinastia foi a época das grandes pirâmides, que eram um símbolo solar aliado ao culto do deus Rá. Por isso, os faraós incorporaram o título real "Filho de Rá".

Snéfru, fundador daquela dinastia, conquistou a Núbia, que tornou-se base para o comércio e expedições mineiras que traziam ao Egito ouro e outros metais nobres.

Nesse período, foram construídas as fantásticas pirâmides e templos dos faraós Khufu, Rakhaef e Menkaure no planalto de Gizé, que ficaram mais conhecidos pelos nomes gregos Keops, Kefren e Mikerinos. As técnicas utilizadas para a construção daqueles colossos até hoje impressionam nossa humanidade. Essa época produziu também grande parte das mais belas esculturas, relevos, inscrições e mobiliário de túmulos do Império Antigo.

Até o final da quarta dinastia os conhecimentos herdados da civilização atlante foram difundidos de forma notável no Vale do Nilo. Já no início da quinta dinastia, esses conhecimentos foram tornando-se cada vez mais secretos e somente de domínio dos sacerdotes iniciados. O povo em geral tornava-se cada vez mais inapto para assimilar informações profundas, denunciando a reencarnação sistemática de espíritos de pouca luz.

Na quinta dinastia o faraó Userkaf começou a emancipar-se da tutela sacerdotal e tornou-se um verdadeiro autocrata; decidia os rumos do país de forma independente. Ele aumentou notavelmente os impostos, o que descontentou o povo, porém nenhuma revolução se insurgiu contra seu governo.

Já na sexta dinastia, o faraó Pepi I mudou a capital do reino de Mênfis para Abidos. Ele conquistou a península do Sinai, onde havia minas de cobre. Durante o seu reinado houve cinco rebeliões asiáticas que o inexperiente exército egípcio controlou com certa facilidade. Depois, houve novamente um período de paz.

O governo do Antigo Império não era militarista. Os egípcios não possuíam exército permanente. O espírito belicoso não existia em razão da fertilidade da terra, da superioridade religiosa e da posição estratégica do Vale do Nilo, onde qualquer exército teria dificuldades para empreender uma ofensiva militar contra o povo da terra de Kemi.

As quatro dinastias seguintes se caracterizaram pela sucessiva decadência política e divisão do Império. As agitações internas aumentaram, os nomarcas tornaram-se mais e mais independentes, chegando cada um a ser um verdadeiro rei no seu nomo. O Egito foi dividido em quarenta nomos: vinte no norte e vinte no sul.

A instabilidade era tal que a sétima dinastia durou apenas setenta anos e teve setenta reis. A oitava dinastia, em quarenta e seis anos, teve vinte e sete reis. A situação do povo piorou, pois tinha que trabalhar para pagar impostos ao faraó, cujo poder era enfraquecido pelos nomarcas, como também para estes, que se tornaram verdadeiros senhores feudais. A situação só retornou ao normal quando o nomarca da mais estável dinastia tebana, Mentuhotep, derrotou a dinastia do norte e reunificou o país por volta do ano 2040 antes de Cristo. A personalidade ímpar de Mentuhotep acentuou a importância da realeza para o futuro do país.

Nas dinastias seguintes os nomos (cidades egípcias) cultivaram ainda um espírito individualista e desunido. Apesar disso, seu exército crescia e se aperfeiçoava. Os domínios egípcios se alastravam além de suas fronteiras. A Núbia foi definitivamente anexada. O território egípcio foi alargado até a segunda catarata do Nilo. Houve, nessa época, os primeiros assédios ao povo da terra de Kush, região da Alta Núbia, e também foram realizadas expedições à Palestina.

De 1780 até 1650 antes de Cristo a monarquia perdeu novamente sua influência sobre o país. Em cerca de 150 anos sucederam-se mais de setenta faraós. Apesar desse cenário de descontrole do poder, o país manteve-se relativamente estável em virtude das conquistas obtidas anteriormente.

A décima quinta dinastia foi o alto preço que o Egito pagou pela sua falta de união e espírito nacionalista. Por volta de 1650 antes de Cristo, o país foi invadido por nômades asiáticos. Os egípcios os denominaram hiksos, uma variação da palavra egípcia hekakhasut, que significa "governante de terras estrangeiras".

Esses invasores eram componentes de todas as classes operárias das cidades e dos campos do Império Assírio, de onde haviam saído depois de terem sido derrotados em uma sangrenta revolução. Ao ingressar no Egito, devastaram a terra, oprimiram o povo e entraram triunfantes em Mênfis. Seu chefe, Salatis, fez-se consagrar faraó. Ele construiu na parte oriental do Delta do Nilo uma cidade fortificada e protegida por enormes muralhas, a qual denominou Abaris.

Os hiksos eram chamados pelos egípcios de "reis pastores", "piores que a peste" e "ímpios que governavam sem Rá". Introduziram no Egito o cavalo, o uso do ferro e o carro de guerra. O domínio hikso despertou no povo egípcio o "sentimento nacionalista" e o "espírito militarista".

A rica cultura egípcia foi adotada pelos hiksos que, ao contrário do que normalmente ocorre com os povos dominantes, entregaram-se de corpo e alma ao estilo de vida egípcio, tanto na escrita, como nas artes e na religião.

Foi durante o reinado dos hiksos que os israelitas se estabeleceram no Egito, na terra de Gessen. José, filho de Jacob (sua história consta no Antigo Testamento), foi vice-rei (vizir) do faraó Apopi II. O título que lhe foi conferido pelo faraó era de "Adon" do Egito, título de origem síria que significa "senhor".

Por volta de 1540 antes de Cristo, o príncipe de Tebas, Tao II, iniciou a luta pela expulsão dos invasores. O herói da luta foi Amósis I. O sucessor de Tao II, Kamósis, foi mais longe estendendo as campanhas ao sul, até a cidade de Buhen, e chegando quase a Abaris, capital dos hiksos. Estes, entretanto, se aliaram aos reis núbios, ganhando uma sobrevida na batalha.

Nesse período, o povo egípcio adquiriu definitivamente o espírito nacionalista e restabeleceu-se a unidade nacional, dando o passo definitivo para tornar-se uma nação única no mundo. Iniciou-se, então, o período do Novo Império com a gloriosa décima oitava dinastia egípcia.

Amósis, sucessor de Kamósis e primeiro faraó da décima oitava dinastia, expulsou os hiksos definitivamente da terra de Kemi. Depois de algumas incursões na Núbia e na Palestina, Amósis deixou o país unificado, a economia desenvolvida e um exército determinado.

O território egípcio estendia-se do sul, da segunda catarata do Nilo, até regiões remotas da Palestina. Seu filho, Amenófis I, foi inexpressivo no trono, não deixou filhos homens, mas casou uma filha com aquele que foi seu sucessor, Tutmés I.

Os feitos militares de Tutmés foram extraordinários. Ele lutou contra o reino de Mitani, na Síria, chegando até o rio Eufrates (atual Iraque). No sul, chegou até a quarta catarata do

Nilo. A Síria e a Palestina pagavam tributo, embora tivessem uma certa autoridade, mas a Núbia era apenas um território colonial sem qualquer poder.

Tutmés II foi um governante sem luz, mas deixou dois grandiosos filhos. Tutmés III assumiu o trono; ele era filho de uma esposa secundária do faraó. O líder da nação, como os homens em geral, podia contrair outros matrimônios. Assim, o faraó possuía uma esposa principal, que era chamada de "a grande esposa real" e outras secundárias. O título de rainha não existia no Antigo Egito.

Sendo Tutmés III filho de uma esposa secundária e ainda muito criança, a filha da esposa real, Hatshepsut assumiu o poder em regime de co-regência com seu irmão. Sete anos após, ela tomou uma atitude insólita, proclamando-se "rei" feminino (na cultura egípcia não havia lugar para uma esposa real reinante). Inclusive deixou-se retratar com a "barba real", um dos símbolos do poder egípcio, junto com o chicote e o cajado reais.

Hatshepsut governou com personalidade dominante. Quando seu "irmão bastardo" ganhou maioridade, exilou-o para a cidade-fortaleza de Bouto para que ele não viesse a reclamar o trono. Ela governou com tal sabedoria que em seu reinado não houve guerras e o Egito cresceu em seus domínios. Foi um período marcado por grande desenvolvimento das artes, como, por exemplo, a introdução na cultura egípcia da harpa de vinte e uma cordas.

Hatshepsut reinou por vinte e dois anos, até seu meio irmão assassiná-la e tomar o poder para si. Tutmés III, então, lançou em seu governo uma longa série de campanhas militares no Oriente Próximo, aumentando ainda mais o Império Egípcio, que já se estendia do Mar Vermelho ao rio Eufrates. Além disso, chegou a estabelecer na Núbia uma capital provincial em Napata, perto da quarta catarata do Nilo.

Nos últimos anos de seu reinado, Tutmés III tomou para co-regente seu filho Amenófis II. Este faraó foi um hábil diplomata em relação às principais potências militares da época — os mitanianos, os babilônios e os terríveis hititas, eternos rivais dos egípcios e de quem ele chegou a receber presentes.

Seu sucessor Tutmés IV teve apenas dois pontos relevantes em sua regência: a sabedoria em manter aquele grande Império e realizar um grande empreendimento para remover a areia do deserto que estava soterrando as pirâmides e a famosa esfinge em Gizé. Ele sonhou, em determinada noite, que o deus da Esfinge se lhe apresentou e disse: "A areia da região onde tenho a minha existência me cobriu. Promete-me que a afastarás quando subires ao trono e eu te auxiliarei; terás um reinado longo e próspero". O príncipe prometeu o que a divindade lhe pedira e quando se tornou rei mandou retirar a areia e construiu um altar entre as patas da Esfinge, no qual se acha inscrita essa história.

Chegamos finalmente a Amenófis III, grande arquiteto que ergueu templos grandiosos em Karnak e Luxor. Ele desenvolveu a capital Tebas de forma nunca antes vista, ofertando à nobreza luxo e requinte e ao povo prosperidade e uma vida moderna para a época. Essa fase áurea de Tebas atraiu habitantes de outras regiões numa grande migração interna no país. A cidade tornou-se, então, uma grande metrópole.

O trabalho a que nos propomos realizar começa exatamente nesse ponto da História: o reinado de Amenófis III. Mas, antes de iniciar nossa narrativa, é importante citarmos aspectos da religião egípcia. Só assim entenderemos melhor os conflitos ocorridos na luta travada entre os deuses Amon e Aton na busca pela supremacia religiosa no Egito da décima oitava dinastia.

Para compreender a religião do Antigo Egito é necessário que estudemos antes um pouco da vida desse povo.

Em geral, os povos abraçam a crença divina por causa da miséria, da carência e da escravidão; em resumo: levados por suas dores e buscando uma "força superior" que lhes propicie dias melhores. Com o povo egípcio a história foi um pouco diferente.

A vida ao longo do Nilo era segura e próspera; em parte porque o Egito era relativamente inacessível ao resto do mundo e, com isso, tinha poucos inimigos e saqueadores a temer, e também porque o rio proporcionava abundância de riquezas.

A cada ano, em época previsível, o Nilo inundava as terras além de seu leito, depositando uma rica camada superficial de solo fértil sobre as planícies que se estendiam por suas duas margens, o que permitia aos egípcios produzir uma gama variada de produtos agrícolas. Os demais povos dependiam das chuvas inconstantes, que somente em algumas estações caíam em quantidade suficiente para irrigar o solo.

Mesmo quando as chuvas eram abundantes, em pouco tempo se esgotavam os nutrientes da terra daqueles povos para que ela fosse semeada mais de uma vez ao ano. Os egípcios, no entanto, não precisavam se preocupar, pois todos os anos colhiam uma safra abundante e variada, enquanto os outros países agradeciam aos deuses quando não passavam fome e privações.

Essa inundação anual do Nilo maravilhava o povo egípcio, que não compreendia o volume enorme e repentino das águas do rio, cuja tonalidade mudava para vermelho e depois para verde. Isso acontecia por causa das chuvas torrenciais da primavera na Etiópia, muito ao sul do Egito, que desciam pela nascente do Nilo e inundavam as terras egípcias. Mas, aos olhos do povo esse era um fenômeno fantástico só possível por meio de mãos divinas.

Aliado ao fantástico Nilo, aquela terra paradisíaca em meio ao deserto era abençoada por uma grande bola de fogo que todos os dias levantava-se no leste, percorria um céu sem nuvens e se punha com uma beleza indescritível nas mais belas nuanças de cores no oeste. Como não acreditar que deuses conspiravam para abençoar o Egito?

Tal combinação "Nilo e Sol" propiciava, ano após ano, safras cada vez mais fartas e variadas. Plantava-se de tudo e o povo vivia com fartura na mesa e em paz na vida cotidiana, pois o isolamento geográfico da terra de Kemi frustrava o assédio de seus vizinhos próximos.

A oeste do Egito espalhavam-se quilômetros intermináveis de deserto; a leste, o país era banhado pelo Mar Vermelho, com mais de cento e sessenta quilômetros de areias inóspitas; ao norte, centenas de quilômetros do Mar Mediterrâneo formavam uma outra barreira contra as invasões de inimigos; apenas no sul havia uma entrada agradável pelo rio, pois o Nilo estendia-se muito além da fronteira meridional do país.

Outro fator que inebriava o povo egípcio era a navegabilidade de seu rio, pois a correnteza flui do sul para o norte e os ventos dominantes vão do norte para o sul, ou seja: "navegava-se com a ajuda dos deuses". Por isso, para o norte bastava flutuar com a correnteza, utilizando os remos como leme; para as viagens ao sul bastava hastear as velas e seguir o vento.

Aos olhos do povo da terra de Kemi vivia-se no paraíso; tal era a crença. Embora os egípcios costumassem visitar outras regiões e delas trazer riquezas, era-lhes claro que viviam no paraíso. As terras dominadas eram logo abandonadas; todos os anos eles retornavam ou exigiam os tributos que lhes eram devidos. Nem mesmo os soldados aceitavam morar em outro lugar que não fosse o Vale do Nilo. Caso fosse diferente, o Império Egípcio teria sido ainda muito maior.

Os egípcios tinham um medo enorme de morrer longe de seu país, pois não poderiam partir para a "Terra do Poente", ou seja, a terra dos imortais, sem que seu corpo fosse mumificado para preservá-lo no reino de Osíris. O amor dos egípcios por seu país era tal que existia um adágio que dizia: "Todo aquele que uma vez bebeu água do Nilo, ansiará para sempre retornar para perto dele, pois a sede não se aplacará com as águas de nenhuma outra terra."

Com essas informações percebemos que os egípcios eram um povo religioso não por medo, mas por eterna gratidão por viver no paraíso do mundo: a terra dos eleitos pelos "senhores do mundo invisível".

Era tanto a agradecer e a pedir novas bênçãos que os egípcios possuíam uma infinidade de deuses a cultuar. Isso fez com que a classe sacerdotal crescesse a um ponto inimaginável dentro da sociedade egípcia. Tanto que estes, em sua sede de poder, chegaram na décima oitava dinastia a rivalizar sutilmente com o faraó considerado "filho dos deuses", o que seria uma heresia imperdoável e impensável nas primeiras dinastias egípcias.

Os deuses mais importantes do Egito eram: Osíris, Ísis, Hórus, Rá, Amon-Rá, Ptah, Thot e Anúbis.

O mito mais antigo e os deuses principais, no entanto, eram Osíris e Ísis, junto com seu filho Hórus. Além de irmãos, eles eram marido e mulher, fato que criou entre os faraós o costume de casarem-se com suas próprias irmãs. Por isso, geraram muitos filhos com anomalias genéticas e a mortalidade infantil era acentuada na família real.

Segundo diz a lenda, Osíris levou a civilização ao Egito, introduzindo a agricultura e a criação de gado, ensinamentos que livraram da miséria os primeiros habitantes do Vale do Nilo. Depois, ele partiu do Egito para civilizar o resto do mundo, deixando sua mulher Ísis, a poderosa deusa da magia, encarregada de cuidar do povo e controlar o seu irmão do mal, Set.

Quando Osíris voltou, Set obteve astutamente as medidas do irmão e construiu um esquife de madeira exatamente de seu tamanho. Durante uma festa, Set ofereceu o magnífico esquife de presente a quem coubesse nele. Mas nenhum convidado conseguiu acomodar-se no caixão, apenas Osíris obviamente. Tão logo isso ocorreu, Set fechou o caixão, derramou chumbo derretido sobre a tampa e atirou o esquife no Nilo, onde Osíris morreu.

Em seguida, uma violenta tempestade carregou o esquife até Biblos, no Líbano, e ele ficou preso nos galhos de uma árvore. O caixão com Osíris foi descoberto pelo rei de Biblos quando ele mandou derrubar a árvore para construir uma de suas pilastras durante a confecção de seu palácio.

Ao saber da notícia, Ísis correu para recuperar o corpo do marido e levá-lo de volta ao Egito para um sepultamento digno. Quando o corpo chegou ao seu país, Set o seqüestrou e o esquartejou em quatorze pedaços, espalhando-o por todo o Egito. Ísis terminou recuperando todos os pedaços, exceto um, o pênis, que fora atirado ao Nilo e devorado pelos peixes. Ísis remontou o corpo de Osíris e lhe moldou um falo artificial. Logo depois, ela transformou-se em uma ave, voou sobre o corpo do marido e trouxe-o de volta à vida, recitando versos mágicos. Foi quando, então, nasceu seu filho Hórus, o deus de cabeça de falcão.

Essa lenda explica toda a crença funerária dos egípcios que, ao contrário do que se pensa, não era um povo que adorava a morte. Eles adoravam a vida, e por ser ela tão bela desejavam intensamente que houvesse continuidade após a morte.

A busca dos pedaços de Osíris, bem como a moldagem de um falo artificial, demonstram a importância de um corpo intacto. Conservar o mesmo corpo em que havia habitado quando vivo e as palavras mágicas para ressuscitá-lo, toda essa epopéia do deus que deu vida ao Egito, desenvolveu no povo a cultura da mumificação, visando preservar os seus corpos para a morada eterna. Como se vê, os egípcios não acreditavam na reencarnação do espírito, mas sim na vida em um mundo paralelo que só seria possível com a conservação de seu corpo no mundo material. Somente os sacerdotes da alta hierarquia conheciam a reencarnação do espírito e a real utilidade da mumificação dos corpos.

O mito de Osíris e Ísis trouxe ao povo egípcio a crença da imortalidade e o desejo intenso de alcançá-la. Além disso, trouxe a noção de justiça, que talvez tenha desenvolvido a moral e a ética como a conhecemos através da religião cristã: o bem e o mal e o julgamento dos nossos atos após a morte.

O último ato da mais antiga novela do mundo conhecido nos diz que Hórus, o filho de Osíris e Ísis, travava uma batalha feroz para vingar a morte do pai e derrotar seu tio Set. Assim, a justiça prevaleceu.

Esse desfecho da lenda de Osíris fez com que o egípcio acreditasse que ao morrer seria convocado a comparecer ao Salão da Dupla Verdade, o Amenti, onde seria julgado por quarenta e dois juízes sob os olhos de Osíris.

Ali ele apresentaria suas alegações para ser aceito na Terra do Poente, também chamado de Reino do Ocidente, onde o Sol se punha. Se o réu fosse julgado digno, seria declarado "de voz verdadeira".

Num segundo julgamento, Anúbis, o deus do embalsamamento que possuía corpo de homem e cabeça de chacal, colocaria o coração do morto num dos pratos de uma balança e, no outro, seria posta uma pluma. Se a balança se mantivesse em equilíbrio, ou seja, se o seu coração fosse leve como uma pluma, sem mazelas, ele poderia seguir para o reino de Osíris; caso contrário, seria atirado para uma criatura com corpo de crocodilo e cabeça de hipopótamo, chamada de "o devorador de corações". Quando a criatura comesse o coração, o morto deixaria de existir no mundo.

Um fato interessante é que os egípcios acreditavam que a sede do espírito era o coração e não o cérebro. Tanto que no processo de mumificação eles conservavam o coração e jogavam o cérebro no lixo.

A importância de possuir um coração "leve como uma pluma" edificou na consciência do povo egípcio o dever de respeitar seus semelhantes e ser justo em todas as suas ações. A balança dos egípcios foi adotada como um símbolo de justiça no mundo ocidental, tal a força de sua representatividade.

E Set não foi morto na batalha, mas apenas vencido. Assim, o Egito deveria manter-se em vigilância constante, porque o mal estava à espreita, aguardando para perturbar a ordem divina.

Por fim, o faraó era a encarnação de Hórus, filho de Osíris. Ele deveria lutar contra o mal, representado por Set. Caberia ao senhor do Alto e Baixo Egito manter a ordem divina e todos os seus súditos deveriam apoiá-lo para que a paz e a prosperidade fossem abundantes no Vale do Nilo.

Outra lenda que demonstra a confiança que o povo deveria depositar no faraó, devendo considerá-lo como um deus necessário à sua segurança, é a de que o deus Rá ("o Sol") apareceu certa vez na Terra sob a forma humana para governar como faraó. Durante seu reinado o país tornou-se uma nação sem escassez, assim como o Egito o era. Os súditos de Rá tornaram-se tão despreocupados que aos poucos esqueceram-se de honrá-lo e respeitá-lo pela comodidade que desfrutavam. Isso enraiveceu o deus-faraó, levando-o a criar um demônio sanguinário sob a forma de uma leoa, Sekhmer, que ele soltou contra seus súditos negligentes para ensinar-lhes uma lição. A leoa matou centenas de pessoas. Então, os assustados sobreviventes voltaram a mostrar respeito e veneração. Mas Sekhmer estava enlouquecida por sangue e continuou a matar, a despeito de Rá ordenar-lhe que parasse.

Rá convocou todos os deuses para discutir uma forma de salvar a humanidade. Alguns deuses, então, produziram vastas quantidades de cerveja e outros buscaram tinta vermelha para colori-la. Rá ordenou que a mistura fosse espalhada pelo chão. No dia seguinte, Sekhmer viu a cerveja e achou que era sangue, bebeu-a até cair em sono profundo, embriagada. E foi assim que Rá salvou a humanidade. Com o tempo, ele voltou para o seu reino e mandou seu filho, Hórus, o falcão, o deus-faraó, governar em seu lugar.

Para seus súditos, o faraó era a encarnação de Hórus. Através de seu pai, Rá, o faraó preservava a raça humana, mas tinha o poder de destruí-la. O recado era claro: obedecer e respeitar o faraó para que nada de mal sucedesse. Essa crença fez com que os faraós fossem intocáveis por séculos. Era inimaginável um atentado contra o "deus protetor". Por esse motivo, era comum ver o faraó andando livremente, sem seguranças, em meio ao povo, nas primeiras dinastias. O povo apenas ajoelhava-se e agradecia aos deuses a oportunidade de chegar perto de um deus-vivo.

O deus Rá, durante as quatro primeiras dinastias, era compreendido sob três aspectos: Kheper, o divino escaravelho, pela manhã, durante o Sol nascente; Rá, o poderoso, durante o zênite, ao meio-dia, na hora mais intensa do Sol; e Aton, o completo, durante o final da tarde, no Sol poente.

Um último deus que devemos conhecer, a princípio, a fim de conseguirmos entender o povo egípcio e a sua cultura religiosa, é o deus Amon-Rá, que era o deus padroeiro da cidade de Tebas (Amon, "o Oculto"). A ele os egípcios atribuíam a ressurreição do país depois da anarquia das dinastias efêmeras e da dominação estrangeira dos hiksos, que haviam-se seguido no Antigo Império, da sétima até a décima sétima dinastia.

A vitória sobre os hiksos, principalmente, fortaleceu o poder de Amon de forma assustadora. Os sacerdotes do deus Amon chegaram a possuir, na décima oitava dinastia, um terço de todas as terras do Egito e ficaram quase tão poderosos quanto o faraó. Amon chegou a ofuscar até o antigo e fundamental deus solar Rá ao incorporá-lo num de seus títulos: Amon-Rá.

Esse deus era representado como um homem com uma coroa alta, encimada por duas plumas de avestruz. Amon era casado com a deusa Mut. O casal divino, unido ao seu filho Khons, formava a trindade, a sagrada família de Tebas. O próprio nome Amenófis, utilizado por alguns faraós da décima oitava dinastia, significa "Amon está satisfeito".

O deus Amon-Rá representava uma idolatria do terror. Seu poder pode ser comparado ao da Igreja Cristã da Idade Média, época em que contrariar os sacerdotes custaria a vida. A arrogância e a vaidade dos "cabeças raspadas", como eram conhecidos os sacerdotes de Amon, não tinham limites. Eles desafiavam os faraós e possuíam o povo em suas mãos através de ardilosas manobras, onde se explorava o espírito supersticioso das classes pobres.

A festa mais popular de Tebas, e conseqüentemente de todo o Egito, era o festival de Opet. Ele celebrava a visita anual de Amon e sua família ao Templo de Luxor, no início da estação da cheia do Nilo. Eram três as estações do ano para os egípcios: Akit, a estação da cheia; Peret, que correspondia a época do plantio; e Shema, o verão, a estação da colheita. Cada estação durava quatro meses de trinta dias. No final do ano eram acrescentados mais cinco dias; nos anos bissextos, mais seis.

Quando as águas começavam a subir em julho era sinal de que Amon abençoava o Egito naquele ano. Então, em dia solene, que era feriado em toda a terra de Kemi, para que peregrinos de outras localidades pudessem acompanhar a festa, os sacerdotes de Amon carregavam a pesada estátua de ouro maciço do deus Oculto para uma barca divina especial, enquanto outros levavam a estátua da esposa do deus, Mut, para outra barca. Formava-se, assim, uma procissão fluvial que partia do Templo de Karnak por dois quilômetros e meio do Nilo até o Templo de Luxor. Depois de concluídos os festejos, ocorria a viagem de retorno dos deuses Amon, Mut e Kohns para o Templo de Karnak. Essa era a única época do ano em que o povo via o deus e sua família sagrada, pois no santuário de Amon só podiam penetrar os sacerdotes e o faraó. Ao povo não era permitido passar do pátio de acesso.

Acreditamos que essas informações iniciais nos permitam narrar, com mais facilidade de entendimento ao leitor, fatos que poderiam ter transformado o mundo como o conhecemos nesta aurora do século XXI em que vive a humanidade terrena. Com o decorrer desta longa narrativa iremos analisar com maiores detalhes a religião, a política, a economia, os costumes e a cultura do povo do Antigo Egito. E procuraremos trazer à luz do terceiro milênio fatos marcantes para a evolução espiritual da Terra, ocorridos há 3300 anos, mas que foram apagados da rica história egípcia.

Existe uma crença egípcia antiga que cita: "Dizer o nome do morto é dar-lhe vida novamente". Por esse motivo, os faraós esculpiram tanto seus nomes e seus feitos em esculturas e obeliscos de granito. Assim, por séculos, eles seriam lembrados para que fossem imortais.

Neste trabalho, estaremos ressuscitando o deus Aton, que foi proscrito do Egito pela ignorância do povo da época. Ele e seu grande profeta Akhenaton receberam a temível frase egípcia: "Que seu nome jamais seja lembrado". Uma alusão contrária à anterior, que oferecia vida eterna ao morto. Jamais ser lembrado significava deixar de existir para todo o sempre!

Que o Cristo nos auxilie a esclarecer, com riqueza de detalhes, este grande projeto para a evolução planetária, o qual infelizmente não pôde ser concluído pela imaturidade espiritual desse maravilhoso povo, grande em feitos, mas de pequeno alcance espiritual para entender o único e verdadeiro Deus, o Criador Incriado!

Capítulo 2
O sonho de um lavrador

Osíris, deus-pai da nação egípcia, que trouxe a civilização para a terra de Kemi.

O sol escaldante da estação da seca do Nilo, época da colheita das safras, feria-me as costas e causava-me leve dor de cabeça. Caminhei até o carro de bois e peguei um chapéu para me proteger. Naquele instante, uma leve brisa soprou. Os trigais da fazenda de meu pai balançaram docemente com o vento, como se estivessem a bailar.

Eu observava os escravos de meu pai trabalhando duro na colheita, e pensava: "Eu tenho posição de mando, mas onde estão meus irmãos? Meu pai dá tudo que é bom e todos os privilégios a eles, e eu sou pouco mais do que um capataz de confiança!"

Subi pelo degrau, sentei-me na carroça e fiquei pensando na minha vida. Eu era filho da segunda esposa de meu pai, mulher bela e adorável que havia morrido repentinamente há oito anos. Meus outros três irmãos eram filhos da primeira esposa de meu pai. Após a morte de minha mãe fui relegado, pouco a pouco, a um segundo plano. Eu era tratado quase como um empregado.

A mulher de meu pai invejava minha beleza, minha elegância e sabedoria, coisa que faltava evidentemente em seus filhos. Eu possuía a tez morena, típica dos egípcios de alta linhagem, e olhos pretos, brilhantes. Meus cabelos eram negros, longos e sedosos; minha altura era ideal: um metro e oitenta centímetros. Meu porte físico, em virtude da lida no campo, era atlético. Eu procurava cuidar da minha pele e das minhas mãos para que a vida do campo não estragasse as minhas mais sagradas pretensões. Eu desejava ardentemente ser um sacerdote de minha cidade, Tebas.[1]

Meu deus de devoção era Osíris e desejava entrar para o templo do grande deus que fora morto pela traição de seu irmão Set. Sabia que para isso eu precisava estudar muito, pois o sacerdócio era permitido somente a egípcios de invulgar inteligência. Todas as noites, após o trabalho nos campos de meu pai, eu estudava os hieróglifos e procurava conhecer mais sobre a iniciação nos templos, contando com o apoio de um velho sábio, chamado Anek, que me instruía em seu pequeno casebre na periferia de Tebas.

Em tudo eu diferia de meus irmãos, que pareciam concorrer para ver quem era mais feio e deselegante. Eram grotescos, assim como a mãe, que, ao mimá-los, tornou-os mais desprezíveis para conquistar o apreço das moças e da sociedade em geral. Além do mais, desperdiçavam o tempo livre que nosso pai lhes permitia. Ao invés de estudar, eles se dedicavam a jogos estúpidos de guerra e ao falatório inútil dos bares noturnos da classe média de Tebas.

Eu não desprezava os prazeres da noite, mas sabia que era mais importante em minha idade, dezesseis anos, pensar no meu futuro. Ainda mais que minha posição, em meu lar, não era privilegiada.

A atitude da esposa de meu pai em relação a mim era muito estranha. Ela parecia desejar que eu não existisse e procurava afastar-me do convívio familiar. Desde a morte de minha mãe, meu pai parecia pensar da mesma forma, concordando com sua esposa. Isso facilitava as minhas saídas noturnas para estudar com Anek, pois eles nem mesmo procuravam saber onde eu ia todas as noites.

Na época em que minha mãe partiu para a Terra do Poente, eu era muito menino e não tinha percebido o ódio e a guerra silenciosa que a primeira esposa de meu pai promovia contra minha querida mãe. A beleza de Tuit causava uma inveja e um ódio avassaladores naquela infeliz mulher, feia como seus filhos.

Se eu soubesse, na ocasião, que ela tinha envenenado minha mãe para ter meu pai só para si, eu teria-lhe rasgado a garganta de orelha a orelha, com meu punhal. Mas isso são coisas do passado! Três mil anos de reencarnações fizeram com

---

1 Nota do Autor - Utilizaremos neste trabalho os nomes gregos atribuídos às cidades egípcias, pois foram os nomes pelos quais elas ficaram conhecidas. Tebas chamava-se *Uaset* na língua egípcia; Heliópolis era conhecida como *Iunu* e Hermópolis era *Jemenu*.

que o perdão abrandasse meu coração selvagem de outrora. Na verdade, todos somos irmãos, filhos de Aton ("o Criador"); devemos aprender a amar e a perdoar; resgatar nossos erros através do amor e da dor, corrigindo equívocos que causamos aos nossos irmãos nas incontáveis existências que vivemos.

Preso em minhas meditações, eu desci do carro de bois e fui lavar o rosto em uma bica que armazenava num poço um resto de água do Nilo. O nível do rio estava muito baixo por causa da estação seca; mal chegava a nossa fazenda através dos canais de irrigação.

Enquanto eu me lavava aproximou-se um dos servos e pediu para ir a uma pequena casa, onde os empregados se lavavam e faziam suas necessidades. Eu sorri e respondi:

— Ora homem, não precisas pedir. Vai logo!

Ele sorriu e disse, com voz tímida:

— O patrãozinho é homem muito bom. Que os deuses te abençoem com muitas dádivas. O senhor é um homem tão bom que nem nos castiga com o chicote.

Eu ri e mandei-o ir. Ele virou-se e percebi que de sua mão escondida sob o manto vertia sangue. Corri até ele e perguntei:

— Que sangue é esse em tuas vestes?

Ele, chorando, respondeu, aterrorizado:

— Patrãozinho, desculpa-me! A foice escorregou e me talhou a mão.

Eu retirei o pano e vi um corte profundo que jorrava sangue como os canais de irrigação na cheia do Nilo. Rapidamente fiz um garrote em seu braço e lavei na bica a ferida. Pedi que trouxessem sal e joguei sobre a ferida. Ele gritou como um porco no matadouro e depois desmaiou. Eu busquei meu material de costura para essas ocasiões e fiz os pontos como Anek havia-me ensinado, pois um sacerdote precisa ser também um bom médico.

Os demais escravos me observavam assustados. O velho homem acordou e perguntei o seu nome.

— Mo! — respondeu ele.

— O quê? — perguntei.

— Mo, patrãozinho.

— Isso é um nome ou um mugido de vaca?

Todos riram; o escravo abaixou a cabeça e disse, humilde:

— Escravo não tem direito a nome bonito. Escravo tem que agradecer por estar vivo e apanhar pouco como o patrãozinho faz conosco.

Aquelas palavras de Mo sensibilizaram-me. Eu não era

uma má pessoa, apenas possuía um gênio forte e muito desejo de poder, riqueza e conforto. As desigualdades sociais me magoavam. Por que Mo não poderia ter nome e deveria ser tratado como um animal?

Para a sociedade da época isso era normal, pois os egípcios eram, e deviam ser, superiores às demais raças consideradas inferiores. Mas isso me enchia de profunda tristeza. Enquanto inúteis como os meus irmãos gastavam o seu tempo com distrações pouco edificantes, homens idosos e doentes deviam realizar o trabalho para o sustento alheio. Assim é muito fácil ser uma nação poderosa: com pessoas em condições sub-humanas trabalhando para dar conforto e sustento para um pequeno grupo de arrogantes.

E foi assim no Egito, em Roma Antiga e em vários impérios que se sucederam depois desses até os dias atuais.

Os companheiros de Mo levaram-no para o galpão fétido onde dormiam para que ele repousasse. Eu limpei as mãos e voltei aos meus devaneios, enquanto os homens empunhavam as ferramentas de trabalho e se dirigiam ao trigal para prosseguir com a colheita.

Divaguei por várias horas pensando no futuro. Deixei-me levar pelos meus sonhos e não percebi o tempo passar. Minha mente era uma usina arquitetando projetos e anseios de uma vida melhor. A busca pelo conhecimento me excitava, e quanto mais eu sabia, mais desejava saber.

Algumas vezes Anek precisava me expulsar de sua casa, pois a noite ia alta e eu não desejava ir embora. Fazia-lhe uma pergunta atrás da outra. O bom velho sorria e respondia com ar de satisfação, gratificado com o meu interesse vivaz.

Em meio às minhas viagens mentais, fui interrompido por um escravo núbio que disse-me:

— Meu senhor, se fosses cruel e vingativo não ousaria dizer-te, mas como és bom amigo dos que sofrem a dor da escravidão, ouso falar-te que a hora do repouso do almoço já está adiantada. Tua família deve estar esperando a tua companhia para a hora do alimento, e nós também precisamos descansar e comer para termos forças para trabalhar durante a segunda metade da viagem do grande deus Rá pelo céu.

Eu olhei para o relógio de água da fazenda e corri em direção a nossa casa, dispensando os escravos para o almoço. Ao chegar na soleira da porta, vi a mulher de meu pai colocando uma grande quantidade de comida no cocho para os porcos.

Ao me ver, ela disse irritada:

— Radamés, pensas que podes chegar à hora que bem entendes para almoçar? Não estamos aqui a tua disposição para servir-te!

Eu procurei me desculpar, mas foi em vão. Ela apenas falou:

— Se desejas comer, pega um prato e recolhe a comida do cocho dos porcos.

Ela tinha colocado toda a comida feita há poucos minutos no cocho dos porcos. O ódio que aquela mulher sentia por mim parecia não ter limites. E o meu pai demonstrava que o assunto não lhe dizia respeito.

Eu abaixei a cabeça e fui para o centro-baixo da cidade almoçar. Entrei em um pequeno restaurante e pedi um prato de comida e um copo de cerveja. A verdade é que me sentia mais feliz fora de casa do que nela. Aquele realmente não era o meu lar! Logo chegaram alguns amigos e a minha mente se desanuviou. Conversamos e almoçamos juntos, alegremente.

À tarde, voltei ao trabalho, conduzindo os carros de boi com a safra de trigo. Encaminhei outros homens para colher as cebolas e distraí-me, esquecendo o incidente do almoço.

Enquanto os homens trabalhavam arduamente, eu caminhava entre eles administrando o trabalho e respeitando as limitações e necessidades de cada um. Entre um ponto e outro da lavoura, eu descansava sob a sombra acolhedora de um sicômoro.

O disco solar já começava a iniciar o seu espetáculo diário de fim de tarde, repousando na margem ocidental do Nilo, em um colorido que só é possível se ver nas margens do rio sagrado, quando um escravo da casa surgiu ao longe gritando o meu nome. O jovenzinho corria mais rápido que suas pernas. A cada passo parecia que ele ia cair nos restos da colheita espalhados pelo chão.

— Calma, Senet, respira um pouco e conta-me o que houve!

O jovem escravo chamava-se Senet por adorar o famoso jogo de tabuleiro tão apreciado no Antigo Egito. Sua habilidade fez com que ele fosse transferido da casa dos escravos para a nossa residência, onde o pequeno menino distraía a todos que desejassem jogar Senet, que era a coqueluche do momento. As pessoas que buscavam espaço na sociedade precisavam saber jogar com habilidade aquele jogo para se destacarem no meio social.

O menino, com os olhos arregalados e o peito ofegante, me disse:

— Foge, meu senhor, teu pai está vindo para cá e está fora de controle. Dizem pelas fazendas vizinhas que o sumo sacerdote do Templo de Osíris, o nobre Ramósis, está a tua procura.

O grande Ramósis! Então pensei: "Por que ele estará me procurando? Será que minhas preces aos deuses foram ouvidas?"

Fiquei meditando sobre essa questão, quando percebi a aproximação do meu pai em rápidos passos. Ele nada disse, apenas aproximou-se e desferiu uma grande bofetada em meu rosto. Eu caí aturdido com sangue escorrendo pelo canto da boca, enquanto ele gritava enlouquecido:

— O que fizeste, desmiolado? Podemos perder as terras ou então, pior, o poderoso deus da morte lançará sua maldição sobre nossa família e perderemos o paraíso aqui e na Terra do Poente.

Eu fiquei tão impressionado com a reação daquele homem que se dizia meu pai, que me calei sem nada responder. Logo vieram os escravos avisá-lo que Ramósis estava na casa grande.

Extremamente magoado, dei-lhe as costas e continuei meu trabalho. "Dane-se!", pensei. Minha vida não fazia mais sentido. Que paraíso eu perderia? Aquela vida que eu levava poderia não ser dura, mas os laços afetivos que eu possuía eram piores do que ter o coração jogado para os crocodilos do Nilo.

Meu pai apenas resmungou que tentaria salvar-me da condenação, mas que era necessário preocupar-se com a sua família, que lhe era mais importante. Mais uma vez ele demonstrava a minha condição de intruso e, quiçá, de causador de seus infortúnios desde a morte de minha mãe.

Continuei o meu trabalho apreciando o deus Rá, que descia pausadamente no horizonte em sua exuberante beleza. Talvez fosse a última vez que o veria. Se o meu pai estivesse certo, naquele mesmo dia eu seria morto no reino dos homens e os quarenta e dois juízes do Amenti me condenariam sei lá eu por qual crime. Osíris, então, a quem eu orava todas as noites, não me ressuscitaria na Terra do Ocidente.

"Mas eu nada fiz", pensava. "Ramósis deve ser um grande sábio. Por que ele viria até minha casa para condenar-me se eu não cometi crime algum?"

Caso fossem os sacerdotes de Amon, isso seria possível, porque daquela corja tudo se poderia esperar. Mas do Templo de Osíris a quem eu orava diariamente!...

Essas reflexões me deram confiança. Eu resolvi, então,

apostar no bem, no amor e na crença de que os deuses estavam me sendo benéficos com a visita do sumo sacerdote do Templo de Osíris.

E assim foi! Logo, todos os servos pararam o serviço, deitaram o rosto no chão e começaram a entoar cânticos de hosanas ao sumo sacerdote que se aproximava, a pé. Ele havia dispensado a liteira e seu séquito na casa da fazenda. De forma despreocupada e segurando uma mão na outra pelas costas, ele aproximou-se. Ajoelhei-me, perguntando:

— Por que me procuras, nobre senhor? Ao contrário do que crê o meu pai, deve ser por um bom motivo, pois procuro ser sempre honrado e amo a Osíris e sua nobre esposa Ísis, como se fossem meus pais.

Ele sorriu com um majestoso brilho nos olhos, misto de amor e sabedoria, e disse:

— Então, crês ser Hórus, filho de Osíris e Ísis, o grande deus, encarnação do faraó.

Eu enrubesci e disse com voz trêmula:

— Desculpa-me, emissário dos deuses, não foi minha intenção comparar-me ao faraó! Que os deuses sempre o protejam![2]

Ramósis aproximou-se de mim de forma descontraída, colocou sua mão sobre o meu ombro e convidou-me a caminhar pelas extensas terras de meu pai, pois na verdade nunca foram minhas.

Os escravos voltaram ao trabalho à medida que nos afastávamos. A presença de Ramósis me trouxe uma sensação fantástica de encontrar um amigo que eu não via há muito tempo.

Enquanto caminhávamos, apreciando a beleza do Nilo e do Sol poente, percebi o quanto eu e aquele importante sacerdote éramos parecidos, tanto no aspecto físico, como no espiritual. Eu desejei ardentemente que aquele homem fosse o meu pai, e não aquele que me esbofeteara minutos antes e que há tempo já me era uma criatura odiosa.

Ramósis, depois de longo silêncio, perguntou-me:

— Sabes o motivo de minha presença aqui hoje?

Eu vacilei alguns segundos, mas respondi com convicção:

— Acredito que Osíris ouviu as minhas preces e comunicou ao seu representante na Terra, o nobre Ramósis. Assim,

---

2 *Que os deuses o protejam!* - Esta era uma saudação obrigatória quando o nome do faraó era citado. Todos deviam pronunciá-la; do contrário, demonstrariam desrespeito ao soberano do Egito.

hoje receberei a oportunidade de minha vida. Eu me libertarei dessa família que só me deseja o mal e serei aceito como neófito no grande Templo de Osíris.

Ramósis, com um largo sorriso que impressionava pela brancura dos dentes e o brilho de seu rosto, então, respondeu:

— Tens razão, os deuses ouvem as nossas preces! Mas um pedido nada mais é do que a nossa intenção de espírito. O que realiza nossas aspirações e move os braços divinos em nosso socorro são as nossas boas ações. Osíris ouviu as tuas preces, mas as atendeu pela tua benevolência em relação ao pobre Mo!

Um frio correu-me pela espinha. Como Ramósis podia saber do ocorrido? Osíris teria-lhe falado em espírito? Eu gaguejei uns instantes e, confuso, disse-lhe:

— Mas eu não sabia que isso poderia acarretar as bênçãos dos deuses. Eu ajudei o meu pobre escravo espontaneamente; fiz sem esperar nada em troca.

— Se não fosse dessa forma, Osíris não atenderia ao teu pedido. Se fizesses esse gesto de caridade por interesse, nenhum valor teria; e os deuses não te abençoariam. Entendes?

Concordei com um gesto e prosseguimos caminhando e conversando. O tempo parecia haver parado para mim. Tudo o que eu desejava para a minha vida estava acontecendo naquele instante. A amizade do sumo sacerdote, a perspectiva de muitos estudos, tanto no campo da medicina, como no da magia e da iniciação oculta aos homens comuns. Tudo estava se concretizando como em um adorável sonho.

Ramósis colocou a sua destra sobre o meu ombro e falou:

— Tu não estás sonhando, Radamés. Tudo que desejas se realizará, mas devo prevenir-te de que nem tudo será um paraíso. Em breve estaremos entrando em um período de grave turbulência religiosa e política no Egito e deverás demonstrar teu valor.

Aquelas palavras me confundiram. Nunca o Egito estivera com um governo tão estável. Amenófis III era um exemplo de estabilidade e prosperidade para o país. O povo, os sacerdotes, os militares, todos o adoravam. Inclusive os perigosos sacerdotes do deus Amon o admiravam. A cada dia ele desenvolvia mais e mais a cidade-capital do Império. Nos templos de Karnak e Luxor trabalhava-se incessantemente. Vários templos e estátuas eram construídos a todos os deuses do Egito, principalmente ao padroeiro de Tebas, Amon-Rá.

Os operários, arquitetos e engenheiros construíam grandes obras de artes, propiciando emprego e prosperidade para todos. Excetuando a poeira contínua na cidade por causa do polimento das grandes pedras de granito, tudo era maravilhoso em Tebas. O que deveríamos temer?

Além das magníficas construções realizadas em granito para imortalizar o nome dos deuses e dos faraós, a fim de que tivessem vida eterna, os artesãos construíam diariamente magníficos templos, casas residenciais e comerciais com material destruído pelo tempo, mas que em meados de 1300 antes de Cristo transformaram a capital do Egito e as principais cidades do Império em algo realmente espetacular. Poucas cidades hoje em dia poderiam rivalizar com a beleza de Tebas durante a décima oitava dinastia egípcia.

Aqueles que visitam o Egito atualmente e se impressionam com a beleza dos imponentes templos, pinturas, estátuas e obeliscos, não imaginam que ali está uma pálida expressão do Império Egípcio de outrora, onde havia belas construções e jardins, com sistemas de irrigação do Nilo para embelezar e transformar a cidade imperial em um oásis em meio a uma região sem chuvas.

As ruas centrais eram limpas e ajardinadas e a Casa Dourada do faraó era puro requinte e luxo. É certo que na periferia havia uma construção desordenada de casas pobres, como em toda a grande cidade que atrai multidões, mas o plano central era algo belíssimo.

Portanto, naquele instante as observações de Ramósis me pareceram despropositadas. Mas eu era um simples lavrador. O que eu podia saber das questões da corte e do sacerdócio? E muito menos sobre o que o futuro nos aguardava?

Retornamos à casa da fazenda com o Sol se pondo na margem ocidental do Nilo. O astro rei se apresentava naquele instante como uma grande bola vermelha de fogo com matizes alaranjados. Eu pensei: "Não será a última vez que te verei, grande deus Rá!"

Ramósis comunicou ao meu pai que eu estava sendo requisitado a servir no Templo de Osíris e, portanto, eu deveria pegar algumas vestes e transferir-me imediatamente para lá.

Arrumei rapidamente minhas roupas e atravessei a soleira da porta sem olhar para atrás. Meu pai estendeu-me o braço desejando-me sorte e disse que aguardaria uma visita minha para abençoar sua "humilde casa"; meus meio-irmãos e sua esposa o acompanharam na gentileza.

Mas aquilo foi demais para mim! Eu olhei fundo nos olhos do meu pai, cuspi em seus pés e disse a frase que atemorizava a todos os egípcios supersticiosos: "Amaldiçoada seja esta casa e aqueles que vivem nela!"

A mulher de meu pai desmaiou. Meus irmãos me xingaram, amparando sua mãe, e o meu pai ficou boquiaberto sem saber o que fazer. Afinal, eu era um escolhido de Osíris e minha praga poderia ter uma força avassaladora.

Virei sobre os calcanhares e entrei na liteira de Ramósis, enquanto meu pai se ajoelhava e beijava os pés do sumo sacerdote, pedindo-lhe que cancelasse a praga que eu havia proferido.

Ramósis ergueu-o pelos braços e disse-lhe, com serenidade e sabedoria:

— Meu irmão, nossos atos e pensamentos é que selam nossos destinos. Avalia a tua vida e de teus familiares e vê as ações que praticaste. Osíris é soberanamente bom e justo. Faze com que teu coração seja leve como uma pluma e terás uma vida feliz e harmoniosa. Assim, ingressarás na Terra do Poente com as bênçãos do deus-pai da nação egípcia.

Portanto, não te preocupes com as palavras de Radamés. Elas são fruto de um coração ferido. Utiliza essas palavras para refletir no mal que fizeste ao teu filho!

Ramósis despediu-se de meu pai e de seus familiares, que choravam compulsivamente, e ingressou na liteira. Eu permaneci de olhos baixos, aguardando a repreenda de meu novo mestre. Ele apenas disse:

— Precisamos rever alguns conceitos... Prefiro acreditar que essa tua atitude foi fruto de uma grande chaga em teu coração.

E assim a liteira se distanciou daquela casa que eu nunca mais iria ver.

Não sei se foi a praga que roguei, mas dois anos depois de minha despedida, meu pai adquiriu um escravo da terra de Kush que estava infectado com uma "peste maldita". Várias pessoas morreram na fazenda por causa da estranha doença contagiosa. Os egípcios tinham horror às "doenças mágicas". Por segurança, o prefeito de Tebas mandou incendiar toda a fazenda com seus ocupantes dentro, estivessem eles vivos ou mortos.

Capítulo 3
Isetnefret - A bela Ísis

Ísis, deusa da magia e esposa-irmã de Osíris.

Depois de minha despedida da fazenda fiquei várias semanas sem ver Ramósis. Eu fui instalado em um quarto do Templo de Osíris e passei a freqüentar as aulas de iniciação na doutrina secreta. Estudávamos o Livro dos Mortos e as crenças que deram origem aos deuses. Aqueles primeiros ensinamentos foram para mim muito monótonos. Parecia que aquilo tudo já me era velho e superado. Eu desejava mais!

Em alguns momentos sentia saudades do velho Anek que, apesar de não possuir títulos sacerdotais, sabia mais do que os professores de nível básico do templo.

Portanto, as aulas mais interessantes para mim naquele momento eram as de medicina, realizadas na Casa da Vida. Ali estudavam todos os sacerdotes dos diversos templos de Tebas e das regiões vizinhas.

Desse modo, pude conhecer melhor os "cabeças raspadas", sacerdotes de Amon, que eram calados e mantinham sempre um olhar superior, como se os demais sacerdotes de outros templos fossem inferiores a eles. Olhavam-nos com desdém e procuravam sempre obter informações que os pudesse beneficiar, mais do que dividir seus conhecimentos com os demais.

Com os outros sacerdotes fiz boas amizades e nos deslumbrávamos juntos com os novos conhecimentos adquiridos. O povo pobre buscava a Casa da Vida para o atendimento gratuito, já que os médicos formados, em geral, cobravam valores exorbitantes por uma simples consulta. Como vemos, poucas coisas mudaram no passar dos séculos! Tivemos, portanto, um imenso material de estudo das mais diversas doenças, tanto das comuns, como das mágicas.

Havia as doenças práticas como fraturas ósseas, cortes profundos causados por mordida de crocodilo, conjuntivites, dores musculares, problemas estomacais, pulmonares etc. E existiam as "doenças mágicas", que eram as de origem desconhecida, como febres, doenças de pele nunca diagnosticadas, epilepsia, doenças mentais etc., atribuídas a demônios ou à feitiçaria maligna. Logo, o tratamento deveria ser realizado pela "medicina mágica".

As "doenças mágicas" exigiam a entoação de cânticos sagrados e exercícios poderosos de poder mental para afugentar a influência perniciosa. Era algo semelhante às técnicas de cura através da fé, muito comuns na medicina holística moderna.

Outro estudo interessante que realizávamos na Casa da Vida era a trepanação de crânios para retirar o feitiço dos "espíritos malignos". Essa era a operação cirúrgica mais ousada da época e, por incrível que pareça, algumas vezes dava certo.

Tal cirurgia consistia em abrir o crânio do paciente, depois de raspar seu cabelo e embebedá-lo ou narcotizá-lo com a nova droga mágica da décima oitava dinastia — o ópio, que era importado de Chipre. Com o paciente já anestesiado, o cirurgião cortava o couro da cabeça e puxava a pele para os lados. Em seguida, cauterizava os vasos sangüíneos que persistissem em jorrar sangue. Cessada a sangria, o cirurgião abria a caixa craniana do doente com uma broca para perfuração e com instrumentos de corte avaliava a massa cerebral. Caso encontrasse algo de anormal, simplesmente a retirava.

Nessas intervenções cirúrgicas era comum encontrar grandes tumores enegrecidos, que eram retirados imediatamente, não importando a finalidade daquela área cerebral. Como já citamos anteriormente, para os egípcios o cérebro servia tão--somente para segurar os olhos! A sede do espírito era o coração. Eles acreditavam que os espíritos malignos colocavam seus feitiços no cérebro para de lá influenciar o órgão sagrado: o coração.

Depois de limpar o cérebro, a tampa do crânio era recolocada no lugar e a pele da cabeça costurada. Obviamente que noventa por cento dos casos resultavam em óbito, mas havia alguns em que se obtinha fantástico resultado; curas interessantes foram obtidas assim. Mas, seqüelas como a paralisia parcial ou total dos membros aconteciam ocasionalmente. Se o paciente sobrevivia, já era uma grande vitória. O cirurgião, então, obtinha grande prestígio em toda a terra de Kemi. Aqueles que mais se destacavam recebiam o título de "trepanadores reais" e eram autorizados a atender a família real quando necessário.

Outra atividade que concentrava minha atenção por diversas manhãs era o embalsamamento de cadáveres para a vida eterna. Apesar de jamais ter que realizar essa atividade, era interessante estudar o processo de mumificação. Mais do que ninguém, os sacerdotes de Osíris precisavam conhecer a preparação do morto para ser ressuscitado na Terra do Poente.

Uma das atividades principais dos sacerdotes era realizar a "cerimônia da abertura da boca" daquele que estava partindo para a "Terra do Ocidente". Eles retiravam as bandagens da múmia na altura da boca e colocavam um instrumento muito semelhante ao formão dos carpinteiros para abrir a boca do morto. Em seguida, assopravam na boca da múmia e recitavam alguns versos mágicos do Livro dos Mortos. Assim, o morto retornaria à vida no mundo paralelo: a Terra do Poente.

Os versos diziam em determinado trecho: "Abri tua boca com o instrumento de Anúbis (deus responsável pela mumificação), com o utensílio de ferro com que foram abertas as bocas dos deuses. Hórus abriu a boca dos mortos, como nos tempos de outrora abrira a boca de Osíris com o ferro que veio de Set. E agora abre a tua boca com ele. Os mortos caminharão e falarão, e o corpo dele estará na companhia grandiosa de todos os deuses, na Grande Morada do Ancião."

Durante esse ritual fúnebre, os convidados à cerimônia e os escravos realizavam uma encenação, simbolizando o mito de Osíris. O luxo e a pompa da cerimônia era de acordo com a posição social do morto. A classe média recebia o direito à mumificação e a simples cerimônias, mas os escravos e os pobres nem direito à mumificação tinham. A nobreza em geral e os grandes dignitários do reino ainda tinham o direito a uma mastaba simples. Já os faraós possuíam grandes tumbas, onde construíam uma maquete de tudo o que gostariam de levar para o outro mundo. Eles acreditavam que assim assegurariam os seus prazeres e distrações no mundo de Osíris. Eram enterrados com pequenas estátuas, chamadas "ushabtis", que representavam os servos que deveriam voltar à vida no Além e executar qualquer tarefa necessária. O faraó Tutankhamon, por exemplo, tinha em sua tumba quatrocentos e vinte e três "ushabtis": trezentos e sessenta e cinco trabalhadores, um para cada dia do ano, trinta e seis capatazes, um para cada turma de dez trabalhadores e mais doze supervisores mensais.

Nos estudos na Casa da Morte, onde os embalsamadores e lavadores de cadáver trabalhavam, aprendemos muitos conceitos sobre anatomia humana. Os egípcios, apesar de sua crença sobre feitiçaria, algumas vezes correta outras descabida, eram excelentes médicos cirurgiões. O trabalho de abertura de cadáveres e retirada das vísceras era um verdadeiro trabalho de autópsia, pois eles tinham vasta convivência com os órgãos internos do corpo humano.

A atividade de embalsamamento era realizada geralmente por criminosos que recebiam o perdão ou por pessoas que tinham sido amaldiçoadas. Em resumo: era a atividade mais detestada do Egito! O cheiro forte dos componentes utilizados para a mumificação, como o natrão, impregnavam-se no corpo dos lavadores de cadáveres, que podiam ser reconhecidos de longe pelo odor que era inseparável do ofício. Assim, toda a sociedade os evitava e não eram aceitos nas casas públicas de alimentação, nem nos bares noturnos.

Justamente por causa desse isolamento do convívio social é que passavam a ter um comportamento estranho, até mesmo grosseiro. Assim, não foram poucas as vezes em que danificaram as múmias ao manuseá-las com suas mãos pesadas. Era comum quebrarem costelas ou destroncarem a cabeça do cadáver por falta de cuidado. Como era fácil esconder embaixo das bandagens os seus erros, não se preocupavam em causar danos aos defuntos.

Outro fato interessante em relação aos embalsamadores era a preocupação dos parentes quando uma moça bonita falecia. Como os lavadores de cadáveres exalavam o cheiro da morte, as prostitutas não os aceitavam nem mesmo a peso de ouro. Por isso, os familiares enviavam guardas para velarem pelo corpo de suas meninas com receio de que aqueles homens pudessem se aproveitar para saciar seus desejos sexuais com a pobre falecida; o que não era improvável.

O trabalho de mumificação iniciava-se com a colocação do corpo sobre uma mesa de alabastro que possuía uma pequena inclinação para facilitar o escorrimento dos líquidos enquanto o cadáver era trabalhado.

O cérebro era retirado mediante a introdução de um arame longo pelas narinas, que atravessava o osso etmóide até chegar ao crânio. Em seguida, o arame era girado como se fosse uma batedeira para transformar o tecido cerebral em material líquido. Assim, o corpo era virado de bruços para que o líquido escorresse pelas narinas.

Eis mais uma prova de que o cérebro não tinha função relevante para os egípcios! Confesso que também pensava assim, até Ramósis me elucidar sobre a importância desse órgão, onde se localiza verdadeiramente a sede do espírito no corpo humano.

Logo depois desses procedimentos, era feita uma incisão na parte inferior esquerda do abdome para a retirada dos órgãos internos. O estômago, o fígado, os intestinos e os rins eram extraídos e colocados em vasilhas rasas. Apenas o coração era deixado no corpo para o momento da ressuscitação.

Para eliminar a umidade do corpo, que causaria a putrefação, os embalsamadores cobriam o corpo e os órgãos retirados com natrão, uma mistura natural de carbonato de sódio, bicarbonato de sódio e cloreto de sódio. O cadáver repousava por trinta e cinco dias no natrão para extrair todo o líquido do corpo. Depois, os embalsamadores enfaixavam o morto e enviavam-no para os sacerdotes.

Colocávamos, então, a máscara de Anúbis, "o Chacal", deus do embalsamamento, e iniciávamos o nosso trabalho. Os órgãos que tinham sido colocados em vasos "canopos" pelos embalsamadores recebiam um determinado ritual religioso para a sua conservação. Em seguida, dentro de cada pequeno vaso com as entranhas do morto eram colocados uma oração do Livro dos Mortos e uma coletânea de dezenas de feitiços, encantamentos e orações.

Aplicávamos a segunda bandagem abençoada pelos deuses, que tinha a mesma finalidade da "água benta" das religiões modernas, e líamos encantamentos mágicos que garantiriam a preservação e a ressurreição do corpo. Caso a família fosse rica, colocava-se jóias dentro das bandagens de linho; senão, somente pequenos amuletos trabalhados em pedra ou madeira.

Depois de mais trinta e cinco dias de rituais e leituras sagradas, encerrava-se o período determinado de setenta dias. O morto estava, então, pronto para ingressar no mundo de Osíris. Era realizado o ritual de "abertura da boca" e finalizavam-se as cerimônias com o fechamento da tumba.

Depois do curso sobre mumificação, resolvi me dedicar a cuidar dos vivos, algo muito mais interessante para mim. Eu era muito comunicativo para ficar encerrado numa sala escura, recitando versos para uma múmia que não teria nada a me dizer e me ensinar.

Para o leitor que analisa esses rituais tão distantes de sua cultura, pode parecer um procedimento ilógico. Até mesmo pela impossibilidade de o corpo mumificado retornar à beleza e à vivacidade de um ser humano. Mas para quem estava envolvido por aquela cultura, onde todos pensavam da mesma forma, era difícil crer em algo diferente. Ainda mais para um camponês, como eu, que achava tudo maravilhoso e perfeitamente aceitável.

Apenas mentes preparadas poderiam conceber o absurdo daquelas crenças e promover uma mudança, pondo fim a todos aqueles rituais supersticiosos de tão pouca validade para a alma imortal, que prescinde do corpo para a sua vida no plano espiritual. Eis aí as grandes transformações que Ramósis havia mencionado em nosso primeiro encontro e eu nem imaginava do que se trataria!

Naquelas semanas de estudo na Casa da Morte o meu espírito impregnou-se com as crenças egípcias comuns de tal forma que quando Ramósis começou a me dar aulas de iniciação oculta sofri grandes decepções.

Mas eu estava plenamente feliz! No final das aulas, eu e meus colegas mais próximos íamos para os bares com terraço que davam vista para o Nilo e apreciávamos o belo pôr-do-sol de Tebas e as belas moças daquela época áurea do Egito.

Ao contrário dos sacerdotes cristãos, os egípcios que envergavam as túnicas de servidores dos deuses não tinham nenhum compromisso com o celibato e o regramento moral. Nós éramos apenas servidores do templo, como qualquer funcionário de uma empresa. É certo que ao crescer dentro da hierarquia devíamos nos comportar de acordo com os nossos cargos. Mas aos neófitos era permitido viver uma vida livre de obrigações. Logo, todas as noites íamos aproveitar o que aquela cidade, que poderíamos chamar de "a Paris da Antigüidade", nos oferecia.

O povo egípcio era muito dado ao convívio social e eram raros os dias em que não havia uma festa oferecida pelos nobres abastados. Nas primeiras semanas nos contentávamos em ficar nos bares tomando cerveja ou vinho, conversando alegremente. Com o tempo, eu e meu amigo mais próximo, Sen-Nefer, fizemos novas amizades.

Através de nossa posição como sacerdotes, eu do Templo

de Osíris e ele do Templo de Toth, conquistávamos respeito e admiração por parte das moças da sociedade tebana. Ao contrário dos sacerdotes de Amon, carecas e antipáticos, possuíamos beleza e simpatia que agradavam as belas jovens da nobreza egípcia. Em pouco tempo estávamos sendo convidados para uma festa atrás da outra, noite após noite.

Estando no auge da juventude, meu corpo suportava bem as noitadas. Moderava na bebida e demais excessos naturais, pois o mais importante para mim, sempre, era a carreira como sacerdote. Sen-Nefer era diferente. Ele era mais abusado e imprudente. Por diversas vezes tive que chamá-lo à razão por seus excessos.

Minha vida havia mudado completamente. Alguns meses antes eu era um lavrador odiado pela família e naquele momento um sacerdote que amava a profissão, tanto no campo religioso como na área médica.

Eu adorava recitar as orações sagradas no templo e tinha verdadeira paixão pela medicina. Confesso que as intervenções cirúrgicas não eram o meu forte, mas o diagnóstico e a cura, através de simples medicação, como chás, drogas e ungüentos, me fascinavam. Minha vaidade de jovem médico ia às alturas com o reconhecimento dos pacientes.

Em poucos meses de estudo oficial na Casa da Vida, eu já era autorizado a clinicar sem a aquiescência de um supervisor. Somente nos casos mais graves eu deveria pedir a concordância dos médicos já formados.

Em alguns dias do mês, ao fim da tarde, eu visitava meu bom amigo Anek, que derramava lágrimas de felicidade pelas minhas conquistas. As faces do velho sírio ficavam rosadas de tanta alegria. Eu o amava realmente. Sendo sempre odiado pelo meu verdadeiro pai, o rosto afetuoso do nobre senhor me ativava de uma forma que eu lutaria contra mil homens para defendê-lo, se isso fosse necessário. Mesmo estando na opulência, jamais o abandonei. Eu sempre encontrava tempo para vê-lo e fazer-lhe companhia.

Em outros dias, eu e Sen-Nefer passeávamos com as amigas e namoradas que conquistávamos nas festas noturnas. O local mais visitado naquela época era o Templo de Karnak, onde o faraó Amenófis III construía monumentos e templos num frenesi sem precedentes na história egípcia.

As forças militares raramente precisavam ser acionadas, tal o poder avassalador demonstrado nas invasões anteriores.

Os vencidos haviam constatado que era um mau negócio contrariar os desejos de um vizinho tão poderoso. Os reis de Mittani, da Núbia e da Síria decidiram ser mais diplomatas para evitar novas destruições em seus países. O exército egípcio, com seus carros de guerra puxados por cavalos, tinha impressionado os inimigos durante o governo de Tutmés III. Somente os habitantes da terra de Hati continuavam destemidos.

Os povos conquistados enviavam ao Egito ungüentos, óleos preciosos, perfumes, turquesa, lápis-lazúli, ouro, cedro e muitas outras riquezas. A comida era farta e havia paz. E a Núbia, que era uma verdadeira colônia egípcia naquela época, enviava ouro em abundância para Tebas, pois lá o ouro era tão abundante quanto o pó de granito em Tebas.

Os grandes monumentos em construção a serem visitados eram duas estátuas do próprio faraó com vinte e um metros de altura, que abririam o caminho para um novo templo magnífico dedicado a sua memória. O interesse das pessoas ainda era maior porque oito funcionários haviam morrido no desabamento de um andaime que estava à altura do pescoço da estátua à esquerda da entrada do templo.

Naquela época, tragédias como essa também eram motivo de curiosidade para o povo. Tanto que a história da morte de cerca de quatrocentas pessoas, mais de mil anos antes, durante a construção da pirâmide conhecida por romboidal ou pirâmide de dupla inclinação, do faraó Snéfru, pai de Keops, o construtor da maior pirâmide do Egito, ainda era lembrada naqueles dias com grande alvoroço. Eis aí o motivo da inclinação dessa pirâmide. Foi necessário diminuir o peso sobre a base para evitar novos desmoronamentos nas câmaras inferiores.

No fim da tarde, quando os operários saíam do trabalho, eram permitidas as visitas ao monumento que ficou conhecido como "os colossos de Memnon". Em algumas construções, como essa, o faraó designava verdadeiros guias turísticos para enaltecer a obra do soberano do país. Era uma boa política de autopromoção que o faraó realmente não necessitava, pois era reconhecido em sua glória por todos os seus súditos. Ele e sua esposa real Tii possuíam a simpatia do povo.

Amenófis III sempre agia com muita diplomacia. Até para conquistar a admiração dos poderosos sacerdotes de Amon, ele nomeou seu filho e sucessor Tutmés como sumo sacerdote de todos os templos em Mênfis, a segunda cidade mais importante do Egito, onde o deus padroeiro era Ptah.

Tutmés era um espelho do pai: determinado e aguerrido, preparava-se com empenho para suceder Amenófis III no trono da nação mais poderosa do mundo. Mas o destino é cheio de surpresas, ou quem sabe sejam surpresas somente aos nossos olhos? Aos olhos do Todo-Poderoso, talvez as nossas surpresas sejam apenas mecanismos para "transformar" a humanidade das trevas para a luz.

E assim eu passava os meus dias. Após os passeios pela paradisíaca Tebas nos fins de tarde, partíamos à noite para festas em casas que possuíam terraços belíssimos, onde a boa música era tocada por ilustres instrumentistas e vozes femininas abençoadas pelos deuses, tal a beleza das canções que nos envolviam em um mundo de sonhos e prazeres. Os jardins sempre floridos com lótus e jasmins ao redor de chafarizes artificiais, esculpidos pelos incomparáveis escultores egípcios, realçavam ainda mais a crença de que vivíamos no paraíso dos deuses.

Passavam-se os meses, até que em determinada noite eu decidi não sair. Sen-Nefer tentou me convencer, mas livrei-me do amigo com delicadeza. Eu estava muito estafado e precisava estudar para uma importante prova que se realizaria no dia seguinte na Casa da Vida. Eu necessitava meditar também. A vida era bela, mas duas coisas oprimiam o meu coração.

Uma era a ausência inexplicável de Ramósis desde o dia em que fui convocado para o templo. A outra era o vazio que se apoderara do meu coração, apesar das festas e das namoradas, pois as moças só conversavam coisas fúteis e triviais. O meu espírito, que sempre procurava encontrar as respostas mais profundas para todos os assuntos, se entediava com as conversas vazias, típicas da juventude inconseqüente que só busca os prazeres do corpo.

Em relação a Ramósis, haviam-me informado que ele estava ocupado com a instrução do segundo filho do faraó. O rapaz chamava-se Amenófis, como o pai, e pelo que eu tinha ouvido falar era um rapaz com uma personalidade estranha e possuía até mesmo traços físicos anormais. Algumas pessoas até insinuavam que ele não era filho do faraó, mas sim um fruto proibido da esposa real Tii. Além disso, ele odiava os exercícios de guerra e vivia sofrendo fortes enxaquecas; foi até apelidado pelo povo de "o cheio de enxaquecas". Na verdade, era uma fuga do rapaz para não ter que participar do "protocolo real", que lhe era extremamente tedioso.

Aquela situação não me era estranha. Tutmés era o herdeiro; obviamente o poderoso sumo sacerdote de Amon, Ptahmósis, é quem deveria dar-lhe a instrução religiosa. O cargo de Tutmés, sumo sacerdote de Mênfis, era puramente simbólico. Ele deveria obter a iniciação religiosa com um sacerdote de alta graduação como rezava a tradição. Já ao inexpressivo e estranho segundo filho do faraó, foi delegado Ramósis para exercer a função de professor real.

Preso em meus pensamentos, caminhei por um longo tempo pelos luxuosos corredores do templo, esquecendo até mesmo de meu teste na Casa da Vida no dia seguinte. Mas, quando ingressei no jardim central do templo, tive uma visão angelical. Eu senti, então, uma energia celeste perpassar todo o meu ser. Imediatamente lágrimas desceram de meus olhos por causa da forte emoção. Estaquei o passo e concentrei minha atenção no jardim central do grande Templo de Osíris.

Lá estava, sentada junto à fonte, uma menina linda, uma verdadeira deusa da beleza na sua mais complexa definição. Sim, ela deveria ser uma deusa! Não somente pelo encanto, mas pela doçura que irradiava de seu rosto. Seus olhos denotavam um amor incondicional à vida e aos semelhantes.

Como se sua beleza não fosse suficiente por si só, ela brincava com seu lindo pezinho descalço, importunando um gatinho branco que rolava e abraçava seus pés. Seu rosto encantador sorria com as estripulias típicas dos gatos, quando ainda são filhotes.

Eu olhei para mim mesmo e me vi bem vestido, em condições de apresentar-me a tão bela moça. Ao contrário de minhas investidas na noite tebana, ali eu me sentia trêmulo e com o coração batendo aceleradamente.

Com passos vacilantes e suor no rosto, aproximei-me lentamente para não parecer brusco. Eu sabia como as mulheres egípcias apreciavam a educação e o cavalheirismo, ao contrário dos demais povos da época.

Ao chegar perto da fonte, meu deslumbramento foi ainda maior. Os cabelos negros presos por uma fita de cor violeta e os olhos verdes, como esmeraldas, contornados pelas típicas pinturas egípcias, aliados à boca de irrepreensível beleza e ao nariz delicado, fizeram meu coração bater alucinadamente de louca paixão por aquela menina.

Os braços delicados e a silhueta curvilínea, tão própria da beleza das mulheres egípcias, fizeram-me crer que estava realmente diante da grande deusa Ísis. A bela menina vestia um longo vestido de linho branco e calçava lindas sandálias com um pequeno salto.

Ela, então, virou-se para mim e se assustou com minha presença inesperada. Eu fiquei desconcertado e gaguejei algumas desculpas, o que não me era típico, porque a fala para mim sempre foi algo fácil. Além disso, eu possuía rapidez de raciocínio para me expressar com facilidade.

Desejando parecer educado, me aproximei sorrateiramente, mas acabei por parecer um intruso espreitando a bela moça. Ao perceber isso, expliquei-me:

— Desculpa-me, estava meditando sobre questões da vida quando imaginei enxergar a deusa Ísis junto a essa fonte. Aproximei-me com cautela para não ofender a deusa, mas ao chegar aqui constatei que tu não eras Ísis, esposa do deus que sirvo, mas uma mortal tão bela que poderia reinar até mesmo no mundo dos deuses.

A linda moça sorriu e disse:

— Não precisas desculpar-te. Eu é que estava entretida com esse mimosinho e não percebi tua presença. Mas, pelo que vejo, és estudante do Templo de Osíris.

— Sim — respondi —, o grande deus ouviu minhas preces e me convocou ao serviço do templo através de seu representante na terra de Kemi, o nobre Ramósis. E tu quem és, pois nunca te vi em nosso templo?

Ela sorriu, levantou-se com elegância, estendendo-me a mão, e respondeu:

— O meu nome é Isetnefret! Eu sou sacerdotisa do Templo de Ísis. Estou aqui para visitar meu pai.

Aquela informação me alegrou sobremaneira. Uma mulher culta e que deveria conhecer vários segredos dos iniciados. Então, expliquei-lhe meu interesse pela deusa da magia, a esposa e irmã do deus a quem eu servia, Osíris, e pedi-lhe que me ensinasse algo sobre a deusa Ísis.

Ela convidou-me a passear pelo jardim e contou-me diversas coisas sobre o mito de Ísis e os trabalhos de magia através da utilização da mente e da comunicação telepática. Falou-me também sobre o trabalho com os gatos, grandes catalisadores de energias astrais.

Entre uma explicação e outra ela tecia conclusões de profunda riqueza espiritual. A menina alternava momentos de doce infantilidade, subindo nos degraus dos jardins e piscinas artificiais do templo, e de profunda maturidade espiritual quando formulava conceitos sobre o amor e a fraternidade entre os homens. Devemos lembrar que vivíamos numa época muito anterior à chegada de Jesus com seus sublimes ensinamentos de igualdade e de fraternidade entre os homens.

O povo egípcio era um povo maduro por natureza. Aos doze anos, muitas vezes, os jovens já estavam casados e com sabedoria ante as suas obrigações matrimoniais. Ise estava naquela época com quinze anos, mas demonstrava uma maturidade de mulher realizada e vivida, como as que possuíam vinte e cinco anos.

A noite passou rápida e eu me sentia profundamente atraído pela beleza da encantadora Ise. O perfume de seus cabelos e de sua pele inebriavam meu coração de uma forma que nunca antes havia sentido.

Em determinado momento, quando estávamos passando em frente às grandes estátuas de Osíris e Ísis de mãos dadas, eu lhe disse:

— Um dia desejo encontrar uma mulher tão valorosa como a deusa Ísis, que lutou para ressuscitar o seu amado Osíris e derrotar o vil Set.

Ela sorriu e afirmou com carinho:

— Encontrarás, certamente. És um homem valoroso e muito inteligente. Os deuses te serão benéficos!

Sem conseguir me controlar, passei meu musculoso braço por sua cintura e lhe disse, aproximando-a de encontro ao meu peito:

— Isetnefret, acredito que já encontrei! E estou olhando para os lindos olhos da valorosa princesa que não desejo perder de vista por mais um dia sequer. Se tu ainda não és casada, não quero correr o risco de te perder para outro pretendente.

Ela sorriu timidamente e seus olhos ficaram úmidos. Senti naquele instante uma irradiação de paz e de amor incríveis. Eu aproximei os meus lábios dos dela e ela inclinou o rosto em meu peito para proteger-se do meu assédio.

Calei-me e aguardei suas palavras. Ela levantou a cabeça e me disse:

— É muito cedo para dizeres essas coisas. Tens certeza do que falas ou estás temporariamente enfeitiçado? O amor é algo muito maior que um sentimento de paixão enlouquecida. Casarias com uma mulher que mal conheces a personalidade? E se eu for uma menina mimada que jamais atenda aos teus mais sagrados anseios?

— Eu sei que assim não és! Sinto que minha vida te pertence e nada poderei fazer para amar outra mulher que não seja tu. Acredito que está escrito nas estrelas, de onde os deuses governam nossos destinos.

Ela olhou-me nos olhos e falou emocionada:

— Sim, é verdade! Mas, como conversávamos anteriormente, as ações e os pensamentos do ser são iniciativas que visam alimentar o espírito, que é a sede do nosso verdadeiro "eu". Através de nossos corpos nos manifestamos para atingir alegria, amor e sabedoria ou, então, se não formos prudentes, nossas ações nos causarão dor e sofrimento.

Não posso beijar-te agora, pois preciso da autorização de meu pai para o nosso namoro, mas posso dar-te o "beijo espiritual", que é o que nossas almas sentem quando os lábios se encontram.

Ise levantou as mãos e espalmou-as em minha direção, à altura do peito, orientando-me a fazer o mesmo. Eu concordei como uma criança que a nada questiona. Ela aproximou suas mãos das minhas até uma distância de dez centímetros e olhou-me profundamente nos olhos.

Em questão de segundos o seu corpo espiritual saiu de seu físico e aproximou-se de meu rosto, beijando-me os lábios com um sorriso maroto. Naquele instante, ficamos envolvidos por uma luz prateada e violeta que trazia-me a sensação plena de amor por ela, e vice-versa. A energia foi tão grande que naquela noite eu não consegui dormir.

Passados alguns minutos, que me pareceram segundos, o duplo espiritual de Ise retornou ao seu corpo físico. Ela sorriu e disse com uma meiguice única:

— Viste, nos beijamos!!

Eu sorri, espantado, e completei:

— Foi maravilhoso! Agora entendo que o corpo é somente um veículo para conduzir a alma no mundo dos homens. Com certeza os beijos dos que se amam na Terra do Poente devem ser assim!

Ela concordou com um gesto de radiante felicidade. "Como uma menina de quinze anos de idade pode realizar tais proezas?", pensei.

Enquanto voltávamos para o salão principal do templo, "o salão do renascimento", os deuses novamente conspiraram a meu favor. Ise, com suas travessuras, quebrou o salto da sandália e torceu levemente o pé. Eu a amparei para que não caísse e tive que carregá-la no colo até o salão principal.

Durante o trajeto, pude me encantar com o perfume de seus cabelos que repousavam em meu ombro. Eu caminhei vagarosamente para que o percurso do jardim ao salão não terminasse nunca. Ao adentrarmos o recinto, deparamo-nos com Ramósis. O sangue gelou em minhas veias. O que ele iria pensar daquela situação?! Como eu iria explicar aquela moça em meu colo no recinto sagrado do templo? Meu coração, por fim, entrou em pânico quando Ise chamou-o de pai.

Ele correu até nós e perguntou:
— Ise, minha filha, o que te aconteceu?
— Eu torci o pé, papai. Mas Radamés me socorreu!

Resolvi ficar quieto, enquanto os dois conversavam. Pensei que era melhor me calar. Talvez eu me complicasse ainda mais se tentasse esclarecer alguma coisa. Minha cabeça estava dando voltas, afetada pelo amor. Era melhor guardar silêncio.

Ramósis examinou o pé da filha e concluiu não ser nada preocupante. Seguimos até o quarto do sumo sacerdote de Osíris, onde deixamos meu grande amor para repousar. Durante o percurso, eu observava os corredores que davam acesso aos aposentos do grande dignitário do faraó. Uma mobília, esculturas e pinturas maravilhosas decoravam o ambiente. Entramos no quarto e deitei Ise na cama. Ramósis solicitou que eu o aguardasse no salão principal. Assim o fiz!

Trinta minutos depois, ele retornou com um sorriso no rosto, o que me tranqüilizou. Ele desculpou-se por ficarmos tanto tempo sem nos ver, e disse que desejava que eu tivesse uma formação inicial no templo antes de iniciarmos os nossos trabalhos e os estudos.

Agradeci comovido a atenção e lhe falei que estava ansioso para começar a estudar com o meu grande mestre. Ele sorriu e disse algo que me confundiu no momento:
— Não me chames de mestre, pois somos todos apenas irmãos em busca da luz do grande deus Aton.

"Ramósis citando Aton, o antigo e pouco cultuado deus solar de Heliópolis, com tal deferência?," pensei.

Mas eu não estava com cabeça para grandes reflexões. Ramósis havia percebido o meu encantamento pela sua filha. Ele meneou a cabeça e concluiu, sorrindo:
— Vejo que teus pensamentos vagueiam longe nesta noite. O que está escrito nas estrelas começa a se cumprir...

Eu acordei para as suas palavras e disse, envergonhado:

— Perdoa-me, nobre Ramósis; as duas coisas que eu mais desejava aconteceram esta noite. Eu queria poder falar-te novamente, depois de tantas semanas, e desejei encontrar uma pessoa especial. As duas coisas aconteceram... Espero não estar sendo imprudente revelando-te isto!

— Tranqüiliza-te, Radamés! Entendo as tuas palavras e fico feliz por ti e por minha filha. Lembra-te, fui eu quem te trouxe para o nosso convívio. Mas, hoje não estás em condição para conversarmos. Estás com a cabeça flutuando mais alto que as novas estátuas do faraó! Vai descansar e amanhã irás conosco a uma recepção na Casa Dourada, no palácio de nosso grande rei. Então conversaremos melhor.

Eu agradeci a atenção de Ramósis e, num ímpeto desenfreado de amor, pedi autorização para despedir-me de sua filha. Ele concordou serenamente.

A sociedade egípcia, ao contrário de nossa sociedade atual, era muito responsável e não exigia cuidados em relação à honra de uma moça. Tanto os homens como as mulheres eram muito respeitadores. Eram muito raros os atos ilícitos, quase sempre punidos com a morte. Portanto, eu entrei sozinho no quarto de Ramósis, onde repousava Ise. Ela estava de olhos fechados, dormindo. Ao me aproximar, ela acordou e disse, com um sorriso:

— Conversaram bastante?

— Teu pai começou a falar e eu tive que me esforçar para te esquecer por alguns segundos, e assim prestar atenção nas palavras dele.

Ela passou a sua delicada mão em meu rosto, que transbordava amor e cuidados para com ela, e disse:

— Ele abençoará nossa união, tenho certeza!

— Eu acho que já abençoou, pois me convidou para ser teu acompanhante na recepção do faraó amanhã à noite e ainda disse: "O que está escrito nas estrelas começa a se cumprir." Sabes do que se trata?

Ela sorriu e falou com sabedoria, com o timbre encantador de sua voz:

— As estrelas indicam o caminho, mas não nos obrigam a segui-lo. Ali está a mensagem dos deuses para a nossa felicidade e crescimento espiritual. O tolo segue o seu caminho sem saber interpretar o que está escrito nas estrelas. Muitas vezes, ele sofre, erra e perde o caminho da luz por sua ignorância e

imaturidade. Já o prudente, lê com atenção o que lá está escrito; através dessa leitura adquire sabedoria para bem viver. E, por fim, os sábios escrevem nas estrelas, transformando o futuro e trazendo crescimento para a humanidade; estes últimos são raros. Entre eles estão o meu pai e o filho do faraó.
Naquele momento, acreditei que Ise referia-se a Tutmés, herdeiro do trono, mas estava enganado. A noite já ia alta; portanto, beijei a fronte de minha futura noiva e retirei-me, dizendo:
— Então vamos aprender a ler o que teu pai escreverá para nós nas estrelas. E acredito que ele escreverá uma vida repleta de felicidades, aqui e na Terra do Poente, quando partirmos para a Vida Maior.
Ao passar pela soleira da porta, virei-me e acenei mais uma vez para o amor de minha vida. Ela, deitada elegantemente, enviou-me um beijo com a mão. A sua força magnética era incrível, parecia que as barreiras físicas não existiam para ela. Eu senti o seu beijo tocar o meu coração.
Despedi-me de Ramósis e tentei dormir, mas era impossível! O coração saltitava em meu peito. Levantei-me e fui para o bar noturno, onde Sen-Nefer estava com um grupo de amigos.
Durante o caminho, ajoelhei-me no meio da Avenida das Esfinges e gritei:
— Ó Osíris, tiraste-me da mão de familiares que me odiavam; deste-me um homem sábio e bondoso para ser meu mestre, ofereceste a este coração sofrido a mais bela de tuas filhas e, por fim, ainda convidas-me a cear no palácio real com o faraó. O que fiz eu para merecer tantas dádivas?
As pessoas na rua riam da minha felicidade. Por certo pensavam que eu era mais um louco que se dizia amigo íntimo do faraó.
E assim o mundo gira! O todo-poderoso deus Aton conspirando pela nossa felicidade e nós, tolos, não lemos o que está escrito nas estrelas sobre o nosso destino; assim comprometemos nossa felicidade e nossa ventura espiritual.
Quando me recordo dos erros que cometi, comprometendo todas as bênçãos que naquela noite eu agradecia, eu me entristeço deveras! Mas o Pai é magnânimo, sempre nos permite corrigir nossos erros.
Encontrei Sen-Nefer e os demais amigos e bebemos a noite toda. Eu só tinha olhos e palavras para Isetnefret, a bela Ísis. Por mais que meus amigos insistissem em chamar minha atenção para outras moças, eu só queria beber e comemorar a minha felicidade.

No dia seguinte, meu instrutor na Casa da Vida me perguntou se eu havia comido esterco de vaca na refeição da manhã, pois eram dessa natureza as minhas respostas no teste. Além disso, meus olhos e minhas mãos tremiam como vara verde por causa do cansaço e do excesso de álcool no sangue.

Ele me dispensou e, em virtude de minha inquestionável vocação para a medicina, transferiu minha prova para a semana seguinte. Com a cabeça refeita, fui aprovado com louvor no teste básico para ingressar em estudos médicos mais profundos na Casa da Vida.

Capítulo 4

Primeiro encontro com a realeza

Amenófis III, pai de Akhenaton.

Na noite seguinte vesti um longo saiote branco, preso na cintura por uma faixa listrada em azul e dourado, cujas pontas desciam até a altura dos joelhos. Em torno do pescoço prendi um belo colar de flores e pedras que cobria todo o meu peito e os ombros. Esse tipo de colar era muito comum naquela época e fazia as vezes de adereço e também de manto para cobrir os ombros. Nos pulsos, coloquei dois braceletes de ouro que recebi de presente do meu nobre orientador, Ramósis.

Entrei na liteira à disposição dos sacerdotes de Osíris e solicitei aos carregadores que me levassem até o Templo de Ísis, a algumas centenas de metros de onde estávamos. Eu ia buscar Ise para a recepção no palácio do faraó. Minhas mãos suavam de nervosismo, tanto pelo encontro com o grande líder da nação egípcia, como por rever aquela que encantou meu coração.

Os carregadores bufavam por causa do forte calor, enquanto eu meditava dentro do veículo com luxuosos assentos. As incríveis transformações ocorridas em minha vida ainda me causavam enorme surpresa. Coloquei a mão em meu cinto e retirei um amuleto esculpido em madeira com o formato de um escaravelho. Nós, os egípcios, acreditávamos que aquele pequeno inseto simbolizava a metamorfose da vida. Ele era muito utilizado nos funerais, pois o morto estava entrando em uma outra vida e, portanto, sofrendo uma grande metamorfose. Apesar de não ser exatamente o meu caso, encontrava uma fantástica similaridade. Eu não estava morrendo para a vida medíocre que levava para ingressar no paraíso?!

Logo chegamos ao templo. Ise, sempre pontual, já aguardava minha chegada. Seu pai havia-nos avisado que iria mais cedo para o palácio real a pedido do faraó.

Ao primeiro olhar daqueles lindos olhos verdes, meu corpo estremeceu. Eu a amava e ela me correspondia em plena intensidade. Naquela noite, Ise vestia um vestido justo de linho branco, que acentuava a beleza de seus seios e a impecável cintura. Em seus pés, delicadas sandálias com tiras brancas enlaçavam seus tornozelos, estendendo-se até os joelhos e realçando a beleza de suas pernas morenas. Um colar de flores e pedras, semelhante ao meu, adornava seu pescoço e os ombros. Seus cabelos estavam trançados e ornados com uma bela tiara de flores perfumadas.

Eu beijei suas mãos e a convidei a sentar-se ao meu lado. Os carregadores, enxugando a testa e a cabeça com suas túnicas por causa do calor insuportável daquela noite, reergueram a liteira e nos conduziram até um cais na margem do Nilo, onde uma barca real nos aguardava para o transporte até o palácio.

Sentamo-nos enquanto os remadores apenas utilizavam seus remos como leme, seguindo a correnteza do rio sagrado. A noite de lua cheia estava belíssima. Iniciava-se, naquela semana, a estação da cheia do Nilo. O rio estava começando a inundar as terras ribeirinhas, trazendo o limo fertilizante que dava abundância à terra de Kemi.

Não me cansarei de dizer: o Egito era uma terra deslumbrante há três mil anos. A beleza do Duplo País era incomparável! E a vida em Tebas coroava aquele paraíso. Tanto o clima como as belezas naturais, aliados à abundância de riquezas e monumentos riquíssimos em harmonia e magnitude, faziam do Egito o paraíso na Terra.

Ao cair da noite, a cidade iluminada pelos archotes, agitada pelo burburinho das pessoas caminhando nas ruas ou apreciando a paisagem rodeada de sicômoros à beira do Nilo, envolvia-nos em uma mística que fazia-nos amar a vida de uma forma única. Até mesmo a plebe, os escravos e os povos conquistados amavam o Egito por tudo de bom que o país oferecia aos seus filhos e aos estrangeiros.

No reinado de Amenófis III, um diplomata por natureza, os povos estrangeiros foram tratados com imenso respeito; até mesmo aqueles que eram subjugados e deviam impostos ao Egito eram tratados respeitosamente. A esposa do faraó, Tii, era filha de um rei de Mittani, o que quebrava a tradição de o faraó casar-se sempre com suas irmãs para não conspurcar a linhagem real. Esse era um gesto pelo qual os mitanianos não cansavam de se gabar como uma grande honra, pois com isso sua raça passou a fazer parte da família real do país mais poderoso do mundo.

A viagem foi rápida, pois a correnteza do Nilo estava acelerada por causa do período de inundação. Ao chegarmos na Casa Dourada fiquei impressionado com a beleza arquitetônica do átrio de entrada. Eu estranhei o silêncio e disse a Ise:

— Acredito que chegamos muito cedo! Não vejo os demais convidados.

— Radamés, não haverá uma grande recepção aqui hoje, e sim uma ceia íntima com alguns representantes mais chegados ao rei.

Eu me senti deslocado, pois acreditei que haveria diversas pessoas e, portanto, não seria notado em meio à multidão. Mas se era um jantar íntimo o que eu estava fazendo ali?

— Hoje irás conhecer a família real e inteirar-te dos planos do faraó para evitar o assustador crescimento do culto a Amon. O grande Amenófis III, que os deuses o protejam!, irá debater com os seus convidados medidas para impulsionar o deus Aton com o objetivo de diminuir a influência dos sacerdotes de Amon, que mais procuram o interesse material do que o contato espiritual com o Mundo Maior — revelou Ise.

Eu já tinha ouvido falar daquele deus, pouco conhecido, chamado Aton, que significa "o disco solar". Era uma variação do deus Rá, o Sol. Representava mais a sua ação através dos raios solares do que o astro rei em si. Aton era o deus Rá durante o Sol poente. Ele simbolizava também a sabedoria e era chamado de "o Completo", pois, a exemplo da vida, era o final do ciclo diário do Sol, assim como em sua existência o homem torna-se sábio no final do ciclo da vida. Aton era um deus cultuado na cidade de Heliópolis, onde grandes sacerdotes dominavam o conhecimento espiritual com imensa profundidade.

Em resumo: Amon era o padroeiro de Tebas, um deus cuja influência crescia a cada dia em todo país. Esse agigantamento de poder estava ameaçando a Casa Real, pois eram constantes as insinuações e tentativas de influenciar as decisões reais por parte dos sacerdotes de cabeça raspada. Aliás, não era só a cabeça que eles raspavam, mas todos os pêlos do corpo. Mantinham os corpos sem pêlos, mas a alma cheia de máculas; hipocrisia que só encontramos semelhante na Igreja Cristã da Idade Média.

Em virtude do crescimento do poder dessa casta sacerdotal, o faraó procurava engrandecer um outro deus para que os sacerdotes de Amon perdessem poder político e religioso no Duplo País.

No saguão de entrada encontramos uma jovem que nos convidou a acompanhá-la. Era Sit-Amon, segunda filha do faraó; menina encantadora, mas muito mimada. Ela tinha cabelos da cor castanha e pele clara, assim como a mãe; traços típicos do povo de Mittani.

Enquanto a seguíamos, fiquei maravilhado observando os afrescos gravados nas paredes e as lindas pinturas no piso do palácio. O chão possuía gravuras tão belas que fiquei constrangido de pisar sobre aquelas obras de arte.

Portas de cedro foram abertas e adentramos na sala de recepções do palácio. Havia mais ou menos quinze pessoas sentadas em confortáveis banquetas em derredor do faraó e sua esposa, que estavam nos tronos reais.

O faraó me impressionou; ele estava muito mais gordo do que quando o vi anos antes, na grande procissão anual de Amon. Seu rosto parecia cansado. Ele estava realmente muito abatido, ao contrário de sua esposa, que tinha os olhos vivos como os de uma serpente. Ela acompanhava as palavras de todos com impressionante atenção e astúcia.

Ramósis, que estava próximo ao faraó, pediu licença para anunciar nossa chegada. Naquele instante, ele apresentou-me a todos os presentes. Ajoelhei-me perante o faraó e sua esposa desejei-lhes vida longa, conforme o protocolo real.

Todos deram pouca importância às minhas palavras e logo voltaram para o tema que discutiam. A grande esposa real, Tii, desejava construir um grande lago a alguns metros do Nilo para inaugurar o seu novo barco real. Era um desejo um tanto insólito, mas a rainha justificava-se:

— É necessário realizarmos obras de grande impacto para assim enaltecermos o nome de Aton e fazer com que o povo volte suas preces ao deus solar.

O faraó meneava a cabeça e dizia:

— Onde eu estava com a cabeça quando ergui o maior templo do Egito para Amon e Mut. Essa obra tornou o "deus obscuro" muito poderoso aos olhos do povo. Agora, temos que enfraquecê-lo, pois Ptahmósis, o sumo sacerdote de Amon, está tornando-se a cada dia mais ousado. Antes, eram apenas insinuações, agora ele ameaça derrubar nossa dinastia caso não atendamos sua sede de poder e de riqueza.

Tii esperou o marido concluir, voltou os olhos para os presentes e continuou, empolgada:

— É necessário darmos total atenção a Aton! Por esse motivo, iremos construir o grande lago. E no dia da inauguração, aos olhos do povo, irei inaugurar também o meu novo barco real, que será batizado com o nome "Aton Brilha". Isso irá demonstrar que a família real é devota de Aton!

Um rapaz belo e forte, com insígnias reais, levantou-se e disse com os olhos brilhantes e com ímpeto de exterminar os sacerdotes rivais:

— Bravo, minha mãe! Devemos seguir por esse caminho. E digo-vos mais, meus amigos, assim que meu pai, o divino filho de Hórus, encerrar sua missão neste mundo, conduzindo o Alto e Baixo Egito, eu assumirei e concluirei o trabalho realizado pelo maior soberano da terra de Kemi, colocando Aton acima de todos os deuses do Egito. Não podemos nos curvar a esses hipócritas de Amon. Afinal, o faraó é um deus encarnado e não deve submeter-se a esses ímpios miseráveis, "cães sem dono".

Aquele era Tutmés, o primogênito do faraó e seu preferido. Desde criança havia sido instruído nas artes de guerra, adquirindo um belo físico e um porte nobre. Ele também estudou no Templo de Amon para adquirir o conhecimento espiritual, mas foi sob a instrução dos sacerdotes de Heliópolis que percebeu que o Templo de Amon era uma grande fraude e um antro de corrupção.

Durante os estudos em Heliópolis, Tutmés aprofundou-se em um espírito religioso verdadeiro através do deus Rá-Harakthy (Rá, "o Hórus do horizonte"), representado como um homem com cabeça de falcão, usando o saiote real. Aton era uma nova personificação do deus Sol, onde o disco solar substituía a imagem do falcão. Era uma forma mais simples de culto ao Sol, haja vista o falcão que representava Rá ser de pouco significado para as classes inferiores do Egito e os povos estrangeiros que Amenófis III desejava arrebanhar para a sua crença. O deus Rá-Harakthy era um deus elitista. Já com a metamorfose para Aton, pretendia-se um culto solar com bases populares.

Amenófis, então, compreendendo que o filho não possuía mais equilíbrio emocional para suportar a hipocrisia dos padres de Amon, transferiu-o para Mênfis na qualidade de sumo sacerdote da cidade, que era a segunda capital do Egito. Uma manobra inteligente que não causou maiores suspeitas no clero de Amon.

O rapaz, com desenvoltura e grande ambição pelo trono, realizava todos os protocolos reais destinados ao príncipe herdeiro. Isso orgulhava muito os seus pais.

Já naquela época, o faraó andava muito doente e abatido. A alimentação à base de pão moído na pedra tinha desgastado os seus dentes, expondo-os às cáries. Os médicos egípcios eram hábeis em medicina clínica e cirúrgica, mas não possuíam grandes conhecimentos de odontologia. A solução comum era a extração dos dentes. Mas como isso era muito doloroso e antiestético, o faraó relutava em permitir a retirada de seus incisivos direitos inferiores e o canino superior direito, que estavam estragados.

Os médicos reais do faraó resolveram, então, aplicar uma pasta à base de ópio para amenizar as dores dentárias de Amenófis. Pude perceber várias vezes, durante aquela noite, que ele retirava do cinto uma caixinha com uma pasta e esfregava-a nas gengivas. Depois, tomava vários copos de vinho.

Em seguida, o chefe da cozinha anunciou que o banquete estava servido. O prato principal era ganso com cebolas. Diga-se de passagem que esse sempre foi o meu prato preferido em toda aquela minha encarnação. Era uma comida típica da cidade de Tebas, pois os egípcios adoravam a carne de aves, principalmente gansos, patos e faisões. A caça desses animais era uma grande fonte de renda, assim como a pesca, e um passatempo comum por parte da nobreza que, ao passear com seus barcos pelo Nilo, realizava caçadas com lanças e arco e flechas.

Ao nos dirigirmos à mesa, o faraó disse-nos, encerrando a conversa:

— Então fica assim decidido! Iremos construir o lago e também realizar a minha festa de "revitalização real" (festa Sed) em Soleb, na Núbia, fora das terras do Egito. Assim, estenderemos a nossa cultura para os povos conquistados e diminuiremos o poder dos sacerdotes de Tebas. Lá erigiremos um templo a Aton.

O faraó olhou para um homem pequeno com as mãos calejadas e disse-lhe:

— Amenhotep, filho de Hapu, o grande arquiteto, ficarás incumbido dessa tarefa!

O baixinho concordou com a cabeça, silenciosamente, e retirou-se como se aquela atividade devesse ser iniciada imediatamente.

Encerrada a reunião, nos sentamos à mesa e apreciamos o bom vinho da Casa Real e o apetitoso prato. Em meio à ceia, surgiu correndo pela sala de jantar um menino com traços únicos, já entrando na adolescência. Seu rosto era alongado e os olhos estreitos e oblíquos, semelhantes ao perfil asiático; provavelmente herança de sua mãe. Seu pescoço era comprido, bem diferente do de seu pai, que parecia não possuir pescoço, tal a proximidade da cabeça em relação aos ombros.

O jovem tinha pele clara e o que mais me impressionou naquele instante foi a visão paranormal que tive pela primeira vez em toda aquela existência. O menino estava envolto em uma luz dourada belíssima; parecia um Sol radiante. Como ele mesmo viria a se autoproclamar alguns anos após: o "Filho do Sol". Além disso, havia um homem com barbas longas atrás do rapaz, sorrindo e dizendo, olhando-me nos olhos: "Eis o emissário do 'Grande Espírito'!"

Aquela cena deixou-me extasiado. O garoto olhou-me sorridente e cumprimentou-me, dizendo:

— Deves ser Radamés!

Eu concordei, com os olhos vidrados naquela adorável criatura que, ao contrário do que diziam, era bela e atraente, só que diferente; apenas possuía traços incomuns para os homens da época. Ele era esguio e possuía um corpo nada atlético; também detestava os jogos de guerra e, segundo sua mãe, era comum inventar dores de cabeça e indisposição quando devia acompanhar o irmão nos exercícios da família real.

O segundo filho do faraó possuía traços típicos de alguma síndrome genética, mas eram quase imperceptíveis. Mas, aos olhos do vaidoso povo egípcio, que via mais beleza nos padrões estéticos vigentes do que nos valores da alma, o menino era tratado como fraco e doente.

O faraó repreendeu o seu segundo filho varão, que tinha o seu nome, Amenófis, pelo atraso ao jantar. Olhou-o com desdém e voltou-se a conversar com o seu preferido, Tutmés. Foi-

-me possível observar os olhos do faraó voltados para as mãos do filho no copo de suco, que ele tomava afoito. Os dedos do jovem eram longos e finos, bem diferentes do biótipo egípcio.

Eu sempre adorei analisar o perfil psicológico das pessoas e percebi que aquela atitude de indiferença e de total preferência por Tutmés não afetava aquela criatura de personalidade ímpar, que apesar de possuir traços exóticos tinha em seu rosto uma luz envolvente, cativante. Uma beleza incompreensível para aqueles que não enxergam além das formas físicas.

Após a ceia, concentrei minhas atenções naquele menino, ao ponto de me esquecer completamente da adorada noiva. O rapaz, sentindo minha curiosidade, sentou-se junto a mim. Enquanto isso, todos os demais prosseguiam no debate sobre como evitar o sombrio domínio dos sacerdotes de Amon.

A família real encontrava-se no amplo salão de recepções, enquanto eu e o jovem Amenófis subimos ao terraço para apreciar a beleza do luar e da enchente do Nilo.

O menino, então, disse:

— Vê, meu pai agora está no mundo oculto, mas não esquece de nós, iluminando a lua que, através de seu reflexo, traz-nos a vida e possibilita-nos enxergar nas trevas da noite!

Intrigado com a crença da família real sobre o deus Aton, perguntei:

— Meu menino, quem é Aton ao teu ver?

Ele sorriu de forma enigmática, com seus vivos olhos oblíquos, e respondeu:

— Aton não é apenas o Sol e seus raios, nem é apenas o deus que meus pais e meus irmãos cultuam de forma exterior para vencer o falso Amon. Aton é o Criador da vida, o Deus Único, aquele que está acima de todos e que tudo conhece. O Duplo País só se tornará a maior nação do mundo, respeitada eternamente pelos demais povos, quando reconhecer que devemos amar ao grande e único deus Aton, que está na natureza, que está nos raios do Sol, que está em mim e em ti. O Pai que ama seus filhos seja qual for a classe social ou o país onde tenham nascido, porque somos todos irmãos aos seus olhos, tanto que lança seus raios sobre ricos e pobres, nobres e escravos. E ele não deseja que lutemos pelo poder, mas para crescer no campo espiritual e, assim, nos tornarmos mais fraternos uns com os outros.

A melhor representação para que possamos entendê-lo é o Sol, pois seus raios ofertam a vida e estão em toda a parte, assim como o único e verdadeiro Deus, o Criador de todas as coisas, que é presente em toda a sua obra. Devemos adorar ao deus invisível! Jamais cultuar ídolos. Amon é um ídolo! Como crer que uma estátua de ouro de um ser humano como nós pode ser Aquele que vive em toda a parte? Como acreditar que amuletos e crendices podem ter mais efeito do que a mágica energia criadora do Grande Pai?

Enquanto o pequeno príncipe falava, sua aura brilhava na cor dourada; seus olhos se enchiam de verdadeira paixão pelo seu Deus, que na verdade é nosso, de todos aqueles que já encontraram a luz.

Amenófis, ao contrário de sua família, possuía o verdadeiro ideal para promover a grande mudança que todos maquinavam na sala abaixo. Mas ele, o grande arquiteto do culto a Aton, era tratado como um doente ou fraco de espírito. Ironicamente, o grande escolhido por Aton era apartado das discussões sobre os rumos da nova religião.

Aquilo me impressionou muito. Eu cruzei as pernas e pedi que o menino prosseguisse, pois suas palavras embebiam meu espírito de um grande ideal. Os meus estudos sobre Osíris e os demais deuses tornaram-se uma pálida crença perto da luz de Aton.

Ele, então, esboçou com entusiasmo profundos esclarecimentos sobre a vida e a fórmula para a humanidade ser feliz, segundo seu entendimento. O jovem parou alguns segundos para respirar, o que permitiu-me perguntar:

— Tu serias a pessoa certa para promover as mudanças religiosas que teu pai deseja. Por que Aton, o Criador do mundo e da vida, não te colocou antes de teu irmão no mundo, a fim de que pudesses ser o futuro faraó e, assim, tua luz brilhasse?

Ele sorriu e meneou a cabeça, constrangendo-me pela audácia de minha pergunta. Afinal, eu estava diante de um príncipe real que poderia punir-me pela ousadia. Mas, felizmente, ele era um pequeno sábio e, então, respondeu:

— Aton sabe o que faz! Nós é que somos pequenos para compreender sua luz e sua vida. Se ele colocou-me nesta situação, cabe a mim servi-lo dentro do universo em que ele me inseriu. Eu sou um servidor de Aton! Caso ele me colocasse para polir o granito dos grandes obeliscos ou lavar cadáveres na Casa da Morte, eu o serviria com o mesmo amor e desvelo, porque ele sabe melhor do que nós onde seremos mais úteis, pois possuímos a visão embaçada pela limitação da vida deste mundo em que vivemos. Que sabemos da vida na Terra do

Poente? Quantas coisas desconhecemos? Tu que és médico, Radamés, e desconheces a cura para diversos males!

O menino-luz levantou-se, apoiou-se na murada do terraço e com os olhos voltados para o Nilo, concluiu:

— Aton, o verdadeiro Deus, a tudo conhece. E aquele que o conhecer será feliz e sábio. Com Aton a vida resplandece, todo aquele que vir a sua luz será feliz. E seja como faraó ou lavador de cadáveres, eu o servirei e farei o Alto e o Baixo Egito receberem a sua luz. Se Aton colocou-me como segundo filho do faraó, trabalharei para ajudar meu irmão nesse grande empreendimento. Quem sabe não consigo fazer com que Tutmés veja a vida além dos jogos de guerra e da tradição real de nossos antepassados?!

Eu percebi vagamente a presença de luzes a envolver o menino e seres diáfanos a iluminá-lo com amor, velando por ele. Naquele instante, eu tive certeza de que estava frente a frente com alguém muito especial. Meu coração sobressaltou-se dentro do peito. Então, eu disse:

— Pequeno Amenófis, caso tuas palavras se confirmem e tu venhas a ser a luz de Aton, tem a certeza de que eu te apoiarei e seguirei os teus passos com total fervor.

Ele abraçou-me de forma espontânea, envolveu-me em sua agradável aura e afirmou, sorrindo:

— Eu sei disso, Radamés! Aton assim escreveu nas estrelas! Cabe a ti cumprir os desígnios do Deus Único.

Eu fiquei olhando para o menino, admirado com a sua convicção e a certeza de suas palavras. Nem percebi quando Ise aproximou-se de nós e convidou-nos a assistir uma pequena apresentação das dançarinas do Templo de Ísis.

Nós descemos as escadas e nos sentamos. Eu e Ise ficamos numa poltrona ao lado de um homem magro com olhos de raposa, que estava sempre junto ao faraó e se chamava Aye. Ao olhar para aquele homem, a minha alma se angustiou; senti uma grande depressão, como se o meu espírito inconscientemente previsse o futuro que nos aguardava. Já ao lado do pequeno Amenófis, sentia-me feliz e iluminado.

O sábio garoto olhou os pais, que davam atenção exclusiva ao jovem Tutmés, e dirigiu-se a Ramósis. O sacerdote de Osíris abraçou o jovem e convidou-o a sentar-se junto dele com grande amor e carinho. O pequeno príncipe deitou a cabeça no ombro do meu futuro sogro e apreciou a dança até o sono envolvê-lo.

Eu não tirava os olhos do menino, que me havia impressionado com suas palavras de uma forma única. Enquanto isso, aquela alma iluminada dormia o sono dos anjos. Pelo seu semblante parecia que ele estava em espírito junto ao seu deus, Aton.

Ise chamava minha atenção para a beleza dos movimentos das suas colegas do templo, mas nada fazia meus olhos abandonarem o menino.

Somente quando Ise foi tocar uma harpa de vinte e uma cordas é que abandonei meus pensamentos para apreciar aquela bela mulher, aquela grande alma. É raro unir-se a beleza física à beleza espiritual em nosso mundo de precária evolução espiritual. Ise era um desses raríssimos casos. Ela foi minha esposa e me amou intensamente; um amor tão grande que não o compreendi naquela época em sua totalidade.

Ao vê-la tocando, imaginei estar enlouquecendo. Mais uma vez me perguntava: "Será que eu mereço tanta alegria?" As palavras sobre o Deus Único do pequeno príncipe; a oportunidade de casar-me com aquela bela e maravilhosa mulher: minha mente viajava em plena felicidade!

A melodia dos sons harmoniosos que Ise extraía das cordas, os seus olhares de relance, procurando os meus olhos para ver se a sua música me agradava, tudo era mágico, tudo era maravilhoso!

A noite encerrou-se com grande alegria para mim. Os convidados retiraram-se e o faraó, passando a pasta de ópio nos dentes, despediu-se de todos com um gesto.

Durante o retorno pelo Nilo, eu disse a Ramósis:

— Eu fiquei impressionado com a sabedoria do segundo filho do faraó. Pelo que vi, tu estás instruindo o menino com novos e revolucionários ensinamentos.

Ramósis olhou-me nos olhos e colocando a mão sobre o meu joelho, falou:

— Radamés, aquele menino possui luz própria. Eu apenas estou auxiliando-o a descobrir o que seu ká (alma) já conhece. É bom que tenhas simpatizado com ele, porque aquele jovem será a luz que está para surgir no novo Egito.

No dia seguinte, dediquei a manhã aos meus estudos de medicina e aos serviços religiosos no templo. Após a hora do almoço, coloquei um belo "klaft"[1] azul e branco com a insígnia do Templo de Osíris para proteger a cabeça do sol forte e fui vi-

---

1 Klaft - Espécie de touca raiada usada pelos egípcios.

sitar alguns doentes que não tinham condições de ir até a Casa da Vida. Ao passar perto do palácio do faraó deparei-me com uma grande agitação. Trabalhadores estavam sendo recrutados para cavar o lago de Tii, quando um homem foi preso. Ele era encarregado das finanças para a construção das duas grandes estátuas do faraó no Templo de Karnak. O soberano havia descoberto que ele estava desviando as verbas das obras para investimentos próprios, pois sua fortuna havia aumentado em três vezes no período de apenas um ano.

Ocorreria, portanto, ali, o julgamento e veredicto da infração em praça pública. Os trabalhadores que aguardavam na fila para inscrever-se na obra do lago, e o povo em geral, faziam apostas antecipando a condenação que o faraó determinaria.

Logo em seguida, Aye, o chefe das armas do faraó, que eu havia conhecido na noite anterior, surgiu na praça escoltado por guardas que traziam o infrator. O julgamento foi rápido. Ele confessou o crime depois de arrancarem suas unhas e as pálpebras. A sentença foi, afinal, proferida:

"Todas as suas propriedades e suas riquezas serão confiscadas e passarão às mãos do faraó. O infrator será levado ao deserto para secar ao Sol com os pés e as mãos atadas em forma de cruz, onde lhe serão aplicadas cinquenta chibatadas, cujas feridas serão cobertas com sal. Sua língua será cortada para que os abutres possam trabalhar em paz. Sua esposa terá os mamilos arrancados para que nunca mais possa amamentar filhos e os polegares das mãos e dos pés cortados para quem a vir ao longe saiba que foi mulher de um ladrão. Seus filhos serão vendidos como escravos e os nomes de todos da família serão apagados, a fim de que não sejam lembrados por toda a eternidade. Anúbis, a mando de Osíris, jogará seus corações para Sobek, o deus crocodilo."

Os soldados tiveram de se esforçar para proteger o prisioneiro, pois o povo se atirou sobre o culpado para espancá-lo. A justiça era algo muito sério no Egito. Aquele que burlasse qualquer regra legal sofria punições terríveis. Por esse motivo, os crimes eram raros na terra de Kemi.

Eu achei aquele procedimento perfeitamente louvável e comum, pois esse tipo de punição mantinha a paz e a ordem. O meu único interesse pelo condenado foi, então, científico. Dias depois, pedi autorização para Aye e fui analisar o corpo do larápio que estava secando ao sol. Tive que brigar com os abutres, que não permitiam trégua para os meus estudos. Infelizmente o coração já havia sido devorado; não por Sobek, mas pelos abutres. Eu desejava avaliar se o coração do infrator possuía alguma característica diferente do das pessoas honestas, nas quais eu realizava autópsias em estudos na Casa da Vida, conforme pregava a crença do julgamento de Osíris.

Eu amaldiçoei os abutres e voltei para a cidade. Lá, Ramósis me informou que o menino da luz dourada, que me havia encantado no palácio do faraó, estava muito doente em decorrência do choque que recebera com a notícia sobre a condenação do tesoureiro do faraó.

Eu pedi, então, autorização para visitá-lo. Ao entrar em seu quarto, vi o jovenzinho deitado, abatido, muito triste. E perguntei-lhe:

— Meu grande senhor, luz de Aton, o que se passa? Onde está o brilho que vive em tua alma?

— Radamés — respondeu ele —, um homem morreu de forma cruel! O meu deus está triste, pois o homem não sabe amar e ensinar, somente odiar e punir.

Atônito, eu perguntei:

— Mas, meu amiguinho, deveríamos perdoar o criminoso e devolver-lhe a liberdade para roubar ainda mais?

Ele olhou-me nos olhos e disse:

— Cabe ao grande Deus julgar-nos, Radamés. Nós devemos amar e instruir. O criminoso deve pagar sim, mas segundo a justiça divina, que sabe a melhor forma de cobrar do infrator o erro cometido. Nós devemos é elucidar os homens para que eles não cometam mais erros e ofendam a Aton.

— Meu menino — disse-lhe —, és muito jovem para compreender que os homens não mudam somente através de uma boa orientação espiritual. Mesmo que tu já estivesses iluminando o mundo com a luz de Aton, os homens continuariam a errar, pois nem todos estão preparados para tamanha luz. A natureza humana é imperfeita, nem todos possuem o brilho de tua alma, meu senhor.

Ele me olhou com seus olhos, curiosamente arregalados, e perguntou:

— Radamés, como podes saber que assim é? Tu não és muito mais velho que eu?

Eu abaixei os olhos e lembrei-me do meu passado, de meus pais e da vida que levava, e respondi:

— Tu nasceste em um palácio, eu nasci entre os homens do povo. Tu conheces a beleza da Casa Real, eu conheço as dores e os sofrimentos dos pobres. E te digo, os homens em geral não possuem capacidade para assimilar a luz que tu proclamas. Eles querem apenas ter uma vida abençoada pelos deuses e riqueza para saciar seus vícios. Eles são, como disseste, idólatras. Desejam apenas cumprir seus rituais e acreditar que o deus Amon, que oferta riquezas materiais, irá abençoá-los. Se libertarmos os criminosos, ensinando-lhes que devem amar e respeitar ao deus Aton, a ordem geral será abalada, porque o crime sem punição é porta aberta para a desordem.

— Talvez tu estejas certo, Radamés. Mas é difícil aceitar que tenha que ser assim.

Ele me olhou com admiração e respeito e, então, prosseguiu:

— Radamés, tu estarás sempre comigo?

— Se prometeres que levantarás dessa cama e esquecerás esse triste acontecimento, eu te prometo!

O iluminado menino levantou-se da cama e foi adorar o seu deus, que repousava no horizonte naquele momento. O dia havia chegado ao fim e a prostração do segundo filho do faraó também.

Sua súbita melhora com a minha visita fez com que eu conquistasse a simpatia de Tii, sua mãe. Isso permitiu-me ter acesso livre ao palácio real e também o privilégio de estudar junto com o pequeno Amenófis sob a orientação de Ramósis.

Mas as aulas foram breves. Em poucos meses a família real deslocou-se para Soleb, na Núbia, onde o faraó iria realizar a sua festa Sed. Lá ele revitalizaria o seu espírito com o poder mágico dos deuses para assim continuar iluminando o Alto e Baixo Egito e, segundo sua crença, toda a Terra.

Ramósis e Isetnefret seguiram com a comitiva real para o sul. Eu me despedi no cais, enquanto a barca real, com mais de sessenta metros de comprimento, hasteava as velas para seguir rumo à Núbia contra a correnteza do rio sagrado.

Voltei, então, à minha rotina anterior. Muitos estudos na Casa da Vida e noitadas memoráveis com Sen-Nefer em meio à nobreza de Tebas. O meu grande amigo comemorava com vinho e muitas bravatas o meu retorno às festas da exuberante Tebas.

Apesar de ser um procedimento de nenhum valor para a minha evolução espiritual, aquele período foi de grande tranquilidade e felicidade para mim. As vinte e quatro horas do dia me eram especialmente agradáveis, tanto no trabalho como no lazer e no descanso. Não havia preocupações, apenas uma relação de troca pura de energias e conhecimento entre os médicos, o contato edificante com os pacientes e a despreocupada conversa de final de tarde nos bares tebanos.

Durante aquelas longas semanas, conheci Kermosa, uma linda hebréia de pele clara e cabelos negros. Por causa da minha postura de noivo inseduzível, as mulheres da sociedade aguçavam suas fantasias em relação a mim. Além do mais, era noivo da "bela Ísis", Isetnefret; portanto, além da minha beleza pessoal, eu deveria possuir um encanto único para conquistar o amor daquela que era considerada uma das mais belas egípcias da época.

Kermosa era persuasiva e determinada. Ela tinha colocado na cabeça que iria me conquistar a qualquer preço. No início, eu achava graça de sua vontade ferrenha e determinada, mas com o tempo fui me preocupando com sua obsessão em relação a mim. Pouco a pouco, fui me afastando para evitar maiores problemas quando minha noiva retornasse e também para evitar as insinuações sobre um possível romance entre nós, que certamente não existia.

Por diversos dias evitei comparecer às festas sociais de nosso grupo de amigos. Pedi para Sen-Nefer comunicar aos nossos companheiros minhas desculpas por declinar dos convites em razão dos estudos inadiáveis que eu deveria realizar na Casa da Vida sob a orientação dos sacerdotes mais graduados, que se impressionavam com minha vocação para a medicina clínica.

E isso não deixava de ser verdade! Eu havia recebido o convite para participar de um grupo de estudos que realizava encantamentos mágicos com o objetivo de desfazer energias astrais negativas geradas por espíritos obsessores. Muitos dos problemas mentais que os médicos tradicionais tratavam com a trepanação do cérebro poderiam ser tratados apenas com encantamentos ou preces que desvinculavam o espírito obsessor de sua vítima.

Em alguns casos, conseguimos realizar até mesmo a materialização de um desses espíritos malignos. Ele se apresentou com cabeça de crocodilo, dizendo ser o próprio Sobek, o deus crocodilo, e desejava "comer" o coração de sua vítima, que jamais deveria ser aprovado no tribunal de Osíris.

Na verdade, aquele era o espírito de um homem que havia sido assassinado pelo nosso paciente e reclamava sua vingança através das crenças egípcias. Em resumo: apenas mais um caso de obsessão espiritual tão rotineiro como o nascer do Sol, mas tão pouco conhecido pela humanidade durante os séculos pela sua falta de maturidade espiritual.

Caso não fosse o meu espírito curioso e ávido de conhecimento pela medicina e o mundo oculto, eu teria fraquejado ao assédio de Kermosa, que chegou a procurar-me na Casa da Vida em determinada manhã, quando eu atendia a fila de pacientes pobres que buscavam socorro médico na escola de medicina do templo.

Ela chamou-me a um canto ameaçando-me com um escândalo caso eu não a atendesse. Com os olhos em chamas por causa do ódio por ter sido desprezada e os dedos encrespados pelo seu sistema nervoso abalado, ela me disse:

— Radamés, quem pensas que és? Roubas o meu coração e desapareces! Sabes que eu jamais fui tratada dessa forma tão desprezível e não admitirei tamanha afronta.

Kermosa, apesar de não ser egípcia, gozava de prestígio em meio à nobreza porque sua irmã mais velha era casada com um importante funcionário da guarda do faraó.

Eu, então, apenas respondi:

— Kermosa, sabes desde o início que sou noivo de Isetnefret. Por que alimentas esperanças sem fundamento? Em nenhum momento me insinuei a ti. Considero-me livre de qualquer compromisso ou responsabilidade em relação ao sentimento que nutres por mim.

Ela jogou-me no rosto os vestidos que havia comprado no comércio local e socou o meu peito enraivecida. Eu a segurei em meus braços e disse com voz autoritária:

— Controla-te, mulher! Onde pensas que estás? Aqui é um lugar de silêncio e respeito. Essas pessoas estão doentes e necessitam de atendimento e paz. Vai cuidar de tuas futilidades e deixa-me trabalhar!

Minhas palavras feriram ainda mais aquele coração selvagem. Se eu pudesse imaginar naquela época a lei inexorável da reencarnação do espírito e se eu conhecesse os elos que me ligavam a Kermosa, teria tido com certeza outro comportamento. Mas a minha mente imatura pensava somente em uma forma de me livrar daquela mulher que, apesar de bela, era estranhamente obsessiva e perigosa.

Ela mirou-me nos olhos e disse, com fogo no olhar, algumas palavras a que eu deveria ter prestado mais atenção. Caso soubesse contornar tais problemas, meu destino teria sido diferente.

— Ouve-me Radamés! Agora me desprezas, mas ainda serás meu esposo, e se não for assim desgraçarei a tua vida! Pode não ser agora, pode demorar dez anos, mas serás meu marido.

Ela me empurrou e saiu correndo pela porta lateral da Casa da Vida. Naquele instante, eu apenas me envaideci com o "poder avassalador" de minha beleza sobre os corações femininos. Antes eu tivesse procurado ouvir aquela alma inquieta e procurado auxiliá-la com palavras fraternas. Antes eu a tivesse tratado como a uma irmã, como realmente todos somos, filhos de um único Pai, Aton.

Passados quase três meses da partida da família real para Soleb, na Núbia, ouvi uns gritos enlouquecidos na rua. Dirigi-me à porta da Casa da Vida e vi mulheres rasgando suas roupas, jogando terra sobre suas cabeças e chorando desesperadas. Havia um grande tumulto nas ruas e o povo corria de um lado ao outro para dar a mensagem trazida pelos soldados que vieram à frente da comitiva. A barca real estava ainda a dois dias de Tebas.

Caminhei até o meio da rua, quando um homem passou por mim aos gritos, dizendo:

— O filho do faraó morreu! O filho do faraó morreu!

Imediatamente me lembrei do meu frágil amigo, Amenófis, e puxei vigorosamente o homem pelo braço e gritei-lhe:

— Por Hórus e todos os deuses, homem, explica-te! Quem morreu?

O homem, chorando como uma criança e rasgando ainda mais as roupas, representação típica dos egípcios para demonstrar seu pesar, respondeu:

— Tutmés, o herdeiro do faraó, morreu!

Eu sorri aliviado e disse algo que chocou o homem que imaginou estar eu comemorando a morte do filho do rei.

— Menino esperto! Ele sabia que seria o faraó. Seu deus, Aton, deve ter-lhe informado.

Capítulo 5
O príncipe da Luz

Akhenaton antes de tornar-se faraó, ainda utilizando o nome Amenófis IV.

A chegada do faraó a Tebas foi um dia de grande emoção. O soberano, em total abatimento, desceu a rampa do barco amparado por seu séquito. Seus passos estavam pesados. A cada dia sua saúde piorava.

Em seguida, escravos núbios desceram com o corpo de Tutmés e o encaminharam imediatamente para a Casa dos Mortos, onde o herdeiro do rei seria preparado para ingressar na morada eterna.

Ise, ao ver-me, correu para meus braços com os olhos marejados de lágrimas.

Ramósis apenas olhou-me com sua típica serenidade. Eu procurei, envolto em angústia, pelo pequeno Amenófis; ele descia pela escada da proa do barco, amparado por algumas servas particulares. O menino, extremamente sensível, estava muito abatido. A morte, em nenhum momento de sua vida, lhe foi algo fácil de assimilar. Aquele pequeno coração ainda iria sofrer muito em sua existência.

O exército teve dificuldades para conduzir a família real ao palácio. A aglomeração e o desejo do povo de externar sua tristeza angustiavam ainda mais o faraó e sua esposa principal. O rei confidenciava aos funcionários mais próximos que ficaram em Tebas administrando o país em sua ausência:

— É o fim, tudo está acabado! Como fazer viver o meu legado sem o meu querido filho! Aton me abandonou!

A grande esposa real Tii, ao perceber as palavras do marido, afastou todos do faraó e o impediu de dar novas explicações. O rei foi rapidamente conduzido ao palácio por um carro de cavalos, enquanto Tii dava grande demonstração de força. Ela secou as lágrimas e falou a todos os presentes com firmeza e emoção:

— Súditos da terra de Kemi, os deuses acharam melhor que meu adorado filho Tutmés fosse mais cedo para a Terra do Poente para de lá, ao lado de Osíris, Ísis, Aton, Ptah, Amon e os demais deuses de nossa terra, dirigir nossas vidas para a prosperidade do Egito. Durante setenta dias o nosso país estará em luto, preparando o grande filho do faraó para a morada eterna.

Agora necessitamos repousar para que nossas forças sejam refeitas. Amanhã será um novo dia e, portanto, devemos nos conformar com a vontade daqueles que regem nossos destinos: os deuses do Egito. Contamos com as preces de nosso amado povo para que o filho do faraó atravesse as salas escuras do Amenti amparado por Osíris!

Ao final daquelas palavras, o povo silenciou e abriu passagem para aquela mulher de impressionante personalidade, a mitaniana que havia conquistado o coração dos egípcios, filha de um povo dominado, mas que havia galgado o mais alto degrau para uma mulher na estrutura social egípcia.

Tii era tão especial que Amenófis III quebrou a tradição dos faraós de se casarem com suas próprias irmãs para manter o sangue real e desposou uma plebéia. O escaravelho esculpido em pedra para celebrar o seu casamento dizia: "Viva Tii, a grande esposa do rei. O nome de seu pai é Yuya. O nome de sua mãe é Tuya. Ela é esposa de um poderoso rei."

Aquele escaravelho real demonstrava a importância de Tii, que não se tratava de mais uma esposa para o harém, mas sim da "grande esposa real" do faraó. Os egípcios entenderam o recado e aceitaram a plebéia com respeito e submissão.

O povo terminou dispersando-se para suas casas. Eu segui em companhia de Ise e Ramósis para o Templo de Osíris. Lá, o sumo sacerdote explicou-me que Tutmés fora acometido por uma febre maligna. Naquela época desconhecíamos a malária. Tutmés tinha sido picado pelo inseto transmissor dessa doença e morrido após delirar por vários dias e noites com febre alta.

Apesar dos esforços de Ramósis e dos médicos da corte, Tutmés não resistiu, sucumbindo à doença durante a construção de um templo a Aton, em Soleb.

O faraó entrou em profundo abatimento, piorando ainda mais a sua saúde já debilitada pelos abscessos nos dentes. A partir daquele dia, Tii teve praticamente que tomar para si a responsabilidade de conduzir o Egito.

Por vários meses, o Duplo País ficou sob a orientação de uma mulher, assim como havia ocorrido durante o reinado de Hatshepsut. Mas o povo, os sacerdotes e os militares não desejavam uma nova quebra na tradição egípcia. Nem Tii desejava tornar-se um faraó feminino. Ela queria que seu segundo filho assumisse como Amenófis IV.

Os sacerdotes de Amon, sentindo-se enfraquecidos com a repentina ascensão de Aton, iniciaram um trabalho sutil de desmoralização ao novo deus. Boatos surgiram por toda Tebas de que a morte de Tutmés era fruto do culto a Aton. Sem a proteção do divino deus padroeiro de Tebas, Amon, o filho do faraó havia sofrido a influência dos espíritos malignos que lhe inocularam a "doença mágica".

Além disso, os padres de Amon promoveram a idéia de que o sucessor do faraó deveria ser um filho de pura linhagem egípcia, o que desbancaria o segundo filho da rainha Tii, chamado de afeminado, fraco e deformado. "Ele não é uma boa imagem do país e com certeza não é filho dos deuses como todo faraó", diziam os sacerdotes.

Além de Tii, havia uma segunda esposa do faraó, que era a mais respeitada do harém real. Chamava-se Telika, a asiática, e era uma mulher que tinha grande intimidade espiritual com o faraó e o novo sucessor do rei.

Muitas das idéias revolucionárias do deus Sol foram trazidas pela mente refinada daquela mulher, que possuía grande personalidade. O Egito era abundante em mulheres valorosas. Elas eram determinadas, possuíam fantástica capacidade administrativa e um bom senso e diplomacia impressionantes.

Telika era mais um empecilho para os sacerdotes, pois possuía também um filho varão com o senhor das Duas Terras. E como ela era fervorosa defensora de Aton, tanto Amenófis quanto o filho de Telika eram sucessores perigosos.

Mesmo possuindo intimamente o desejo de ver seu filho na qualidade de herdeiro do trono, Telika correspondia ao ideal dos planos das esferas superiores de elevar ao trono o jovem Amenófis. Era muito comum encontrarmos aquela enigmática mulher conversando por horas com o herdeiro real. Tii não se importava com aquilo, até estimulava a amizade entre os dois. As esposas do faraó raramente se atritavam ou alimentavam ciúmes ou inveja entre si. Era clara a distinção entre elas: uma era a grande esposa real, as outras apenas mulheres que o faraó privilegiaria com riqueza e conforto. Somente a primeira esposa do faraó respondia pela família real e acompanhava o faraó em sua atribulada agenda pelo país. Tii era uma mulher notável, mas extremamente apegada à pompa e à nobreza. Seu único interesse pelo deus Aton justificava-se pelo seu objetivo de desbancar os sacerdotes de Amon. Ela apenas desejava manter o poder em sua família e diminuir a influência dos sacerdotes. Já Telika era uma mulher introspectiva e muito bela, como todas as esposas do faraó. Possuía um olhar penetrante e pesquisador. Por diversas vezes cruzamos olhares avaliando um ao outro. Ela gostava muito de analisar as pessoas e avaliá-las discretamente, assim como eu. Telika tinha um olhar de pessoa que vivia mais com o espírito do que com o corpo. Muito ela contribuiu para as reflexões do futuro faraó que revolucionaria o Egito.

Passaram-se assim quase dois anos de uma administração conturbada no Egito, onde os sacerdotes de Amon trabalharam incansavelmente para desestabilizar a dinastia real. Muitas vezes eu sentia uma imensa tristeza em ver o jovem herdeiro sendo ironizado pelo populacho ignorante que não passava de marionetes nas mãos dos padres do deus obscuro.

Os boatos a respeito do menino tornavam-se cada vez mais ofensivos. Inclusive as fingidas enxaquecas para não participar dos jogos de guerra eram insinuadas como "doenças mágicas" de espírito maligno, que obscurecia a mente do adolescente com idéias favoráveis ao deus Aton, em detrimento de Amon ou, então, o desinteresse do garoto pela virilidade dos jogos era devido à sua falta de masculinidade. Era impossível evitar que tais boatos chegassem aos ouvidos do jovem herdeiro, que já se aproximava dos quinze anos de idade.

Passamos naqueles dias por longos períodos de estudo. Algumas vezes começávamos após as orações ao deus Sol, na primeira hora da manhã, e encerrávamos no final da tarde, quando o herdeiro real fazia questão de apreciar o símbolo de seu deus se pondo no horizonte, na margem ocidental do Nilo.

Depois das aulas eu me dirigia para a Casa da Vida, onde atendia alguns dos meus pacientes que me aguardavam sempre ao anoitecer. E, por fim, eu ia visitar minha noiva no Templo de Ísis, onde ouvia sua bela música tomando um saboroso copo de vinho. O sono era algo de que meu corpo prescindia. Às vezes, Ise me enxotava para casa, assim como o bom Anek, pois por mim eu viraria a noite filosofando sobre os ensinamentos de meu nobre orientador Ramósis.

Ise respondia com um encantador sorriso no rosto:

— Eu ouço os ensinamentos de meu pai desde criança. Não é necessário fazer uma revisão completa até o amanhecer. Preciso descansar, Radamés! Como pode ser! Tu não tens necessidade de repouso? Quem sabe quando quebrares um cântaro comigo, não ficaremos até o raiar do Sol, conversando sobre as leis que regem o Universo?!

Meus olhos brilharam com a perspectiva de me casar com Ise. Então, perguntei:

— Quando nos casaremos, Ise? Eu adoraria poder acordar todos os dias ao teu lado! Sentir a tua respiração em meus cabelos e o teu rosto em meus lábios.

Ela sorriu, com os olhos sonolentos, e me disse:

— Em breve, muito em breve!

No dia seguinte, conversei por horas com Ramósis. Ele me informou que os sacerdotes de Amon haviam imposto ao faraó que nomeasse como co-regente um filho seu com uma esposa secundária de pura linhagem egípcia. O rapaz chamava-se Ameneminet e era devotado ao deus Amon.

Apesar da fantástica habilidade diplomática de Tii, que lia e falava o acádio, a língua internacional da época, de sua presença de espírito, que deslumbrava os interlocutores de outros países, era necessário um homem à frente dos assuntos de Estado. Já que a saúde do faraó exigia cuidados, era imprescindível nomear um co-regente.

Segundo Ramósis, Tii impôs ao faraó a sua vontade de ferro e convenceu-o a nomear como co-regente o seu filho Amenófis. Após um grande debate, ela convenceu o marido das qualidades do filho enjeitado por ele. Amenófis III aceitou o pedido de sua esposa real principalmente para não ceder ao pedido autoritário de Ptahmósis, o sumo sacerdote de Amon.

Portanto, a partir daquele dia, o jovem príncipe iria iniciar a sua preparação para a coroação como co-regente ao lado do pai. A festa se daria dentro de três meses e o menino seria anunciado como herdeiro real durante a Festa dos Tanques, que ocorreria dentro de duas semanas. O lago artificial de Tii estava quase concluído. Os canais para desviar a água do Nilo já estavam prontos e começariam a encher o lago no dia seguinte. Por ocasião da festa, Tii inauguraria o seu barco real "Aton Brilha".

Depois de tratarmos de outros assuntos referentes ao templo, despedi-me de Ramósis e fui até o palácio para cumprimentar o futuro novo faraó. Apesar de desejar poder e riqueza, jamais pensei em aproveitar-me da posição do filho de Aton. Eu realmente simpatizava com ele e desejava toda a glória do mundo para o seu futuro reinado.

Ao receber-me, ele disse, olhando-me com seus olhos sonhadores:

— Acho que agora a tua pergunta está respondida. Vou ser o faraó e espero que cumpras a tua palavra de estares sempre ao meu lado.

Eu concordei com um gesto de deferência ao futuro soberano. E respondi:

— Podes ter certeza disso, meu senhor! E estarei presente na primeira fila para honrar o mais glorioso faraó que o Egito terá em toda a sua história.

Ele esboçou um sorriso pálido e disse-me:

— Sabes que o meu trabalho é difícil e terei inimigos poderosos. Precisarei da ajuda de todos que me amam.

— E terás, meu amigo. Podes ter certeza disso!

— Radamés — replicou ele —, são poucos, como tu, que não me vêem com maus olhos. Minha forma física anormal aos olhos do vaidoso povo egípcio e minhas idéias, completamente adversas à cultura egípcia, me trarão grandes dificuldades para que eu administre as Duas Terras.

Eu apenas concordei. Ele tinha razão, o seu trabalho não seria fácil! Fiquei imaginando qual seria a reação dos sacerdotes de Amon quando soubessem que o co-regente seria o odiado Amenófis, filho de Tii.

O jovem faraó abraçou-me, enquanto eu estava absorto em meus pensamentos, e disse:

— Vamos deixar os problemas para serem solucionados em seu devido tempo. Agora quero sugerir-te que te cases com Isetnefret no dia de minha posse.

Os meus olhos brilharam de emoção e eu respondi ao esguio menino:

— Tua vontade é uma ordem, meu senhor!

Ele sorriu e disse algo que jamais esquecerei:

— Radamés, não me chames de senhor, pois tu não és meu servo. Essa forma de tratamento resumiria a nossa relação a algo vinculado à obrigação de um servo em relação ao seu rei. Chama-me de amigo, porque isso demonstraria que a nossa relação é forte e verdadeira, como somente na amizade pura encontramos. Aquele que se coloca na posição de servidor trabalha por interesse e aquele que se diz amigo desempenha sua função por amor e para o bem daqueles a quem ama.

Meus olhos ficaram úmidos de emoção. Apenas abaixei a cabeça e respondi:

— É uma honra chamar-te de "meu amigo", pois realmente é esse o sentimento que nutro pelo meu futuro soberano. Nunca o Alto e Baixo Egito foi governado por um faraó como tu. Que Aton te dê vida longa e muita energia para que consigas modificar a mentalidade do povo como desejas.

O esguio rapaz abraçou-me e disse:

— Obrigado por tuas palavras, Radamés. Eu sei que não as ouvirei sempre! Será uma grande luta, mas é por isso que estamos aqui... Para realizar a vontade do Grande Deus e fazê-lo conhecido entre os homens. Teremos que vencer todas as resistências para que isso se realize. A mudança é sempre traumática! Os homens possuem imensa dificuldade para modificar sua maneira de pensar. Ainda estão presos ao instinto de autodefesa em relação a tudo que fuja ao seu entendimento.

A cultura egípcia é milenar, o que torna minha tarefa ainda mais difícil. Amon está incrustado na alma do povo de nossa terra, mas eu me candidatei para servir ao meu deus e não posso reclamar. Que Ele, o Verdadeiro e Único Deus, me ilumine para que eu acerte sempre em minhas iniciativas.

O jovem Amenófis convidou-me a tomar um copo de vinho no terraço. Ficamos, ambos, olhando para a margem ocidental do Nilo, apreciando a beleza daquela inesquecível terra. Em silêncio, meditávamos sobre o nosso futuro. Ele, como faraó; eu, como esposo de Isetnefret!

Capítulo 6
A festa dos Tanques

Tii, esposa de Amenófis III e mãe de Akhenaton.

Amenófis teve duas semanas intensas de preparação para as festas protocolares. Apesar de ser somente um comunicado para a futura festa de nomeação do co-regente, a Festa dos Tanques iria gerar muita tensão. Os sacerdotes de Amon obtiveram informações, através de seus espiões dentro do palácio, sobre a inauguração do barco de Tii. Em contrapartida, o irmão da rainha fazia parte da Igreja de Amon; portanto ele também observava as movimentações frenéticas dos padres para prejudicar as intenções da família real.

Tii, utilizando-se de sua grande habilidade para organizar eventos, contratou diversos cidadãos da periferia de Tebas para aplaudir e ovacionar o faraó. Além disso, ela orientou a guarda real para bloquear a entrada daqueles que foram contratados para vaiar o faraó pelos padres de Amon.

Naqueles dias, apesar de intocável, o faraó já não era mais respeitado como nos tempos de Snéfru, na quarta dinastia egípcia. O rei era visto como um deus somente de forma simbólica. Era comum o povo demonstrar seu descontentamento através de vaias em meio à multidão, atitude que seria inaceitável mil anos antes.

O faraó estava muito bem naquele dia. Os médicos tinham arrancado seus dentes cariados. As dores nas gengivas haviam amenizado e ele estava sem as dores reumáticas que também o perseguiam e tornavam o seu andar pesado e lento.

Tii, com um vestido real deslumbrante, surgiu no pequeno cais do lago artificial em companhia de seu marido e do filho.

Amenófis portava na cabeça a dupla coroa do Alto e Baixo Egito e segurava nas mãos o símbolo do poder real: o chicote e o cajado. O jovem herdeiro usava um "klaft" em listras douradas e azuis. Sua roupa de linho branco era de deslumbrante acabamento. Pulseiras e colares belíssimos, trabalhados em ouro pelos mais renomados joalheiros de Tebas, glorificavam o sucessor do trono. Houve uma preocupação especial de Tii em apresentar o filho no máximo de sua dignidade real.

Eu fiquei muito contente, pois ele estava causando uma boa impressão. Sua beleza exótica havia comovido o povo, que o via agora com outros olhos.

Seguiram-se, então, diversos discursos, típicos de inaugurações. Ramósis, o prefeito de Tebas, que possuía o mesmo nome de meu orientador, discursou por longo tempo enaltecendo a cidade escolhida pela família real e pelos deuses para reinar sobre o Vale do Nilo. Eu percebi que ele ainda estava magoado com o faraó, que havia realizado a sua festa de revitalização em Soleb, na Núbia, em vez de Tebas. Em alguns momentos ele dirigiu algumas indiretas nesse sentido.

O calor estava escaldante. Os convidados principais e a família real estavam sob toldos instalados na margem do lago. Nós recebíamos a atenção dos "abanadores reais", que nos refrescavam com os abanos de penas de avestruz. Os reflexos do Sol na piscina artificial de Tii se refletiam nos olhos do público, que mal conseguia mantê-los abertos. Já o povo suava e sofria a ação cruel do Sol do fim da manhã. Os discursos entediantes seguiam-se um após o outro, até que o faraó ergueu-se atraindo a atenção da multidão. Ele demonstrava uma disposição incomum para quem há anos vivia enfermo. Ao aproximar-se da tribuna, sorriu, o que era raríssimo, pois Amenófis III era um homem muito austero, e disse:

— Súditos da terra de Kemi! Hoje é um dia memorável para a história do Egito, pois o faraó, filho de Rá e servo de Aton, irá proclamar nesta festividade a sua intenção de nomear o seu co-regente para doravante reinar em conjunto com o grande filho de Hórus até seu retorno à Terra do Poente.

O faraó pigarreou, enquanto o público permanecia em silêncio, estático. Alguns segundos de indecisão se seguiram, depois ele prosseguiu:

— O Egito torna-se a cada dia uma nação sem fronteiras, estendendo seus domínios por toda a terra. É justo, portanto, que pensemos além dos limites demarcados por nossas estelas.[1] Uma nova era de crescimento espiritual deve surgir na terra de Kemi e se alastrará pelas nações irmãs, como a Núbia, por exemplo. E para que isso se realize, o faraó deve assumir uma nova atribuição ante seu povo, encarnando uma nova identidade junto a todas as que já possui. Por isso, a partir desta data o faraó passa a receber o título real de "Brilhante disco solar de toda a terra" em homenagem ao deus Aton, aquele que ilumina a todos, pobres e ricos, egípcios e demais povos da terra, restabelecendo o poder divino dos filhos de Rá, que enfraqueceu-se durante os séculos.

Hoje, portanto, o faraó intitular-se-á filho do deus Aton, que nos dá vida através de seus raios. Todo o cidadão egípcio deve honrar o seu faraó, que é filho do deus Sol. O Egito é mais do que um deus regional que se esconde atrás de templos. As Duas Terras são a nação do poderoso Sol, que nasce todos os dias para dar vida ao faraó e, por conseqüência, ao seu povo — comunicou o soberano.

Aquelas palavras, atacando o "deus obscuro" Amon, revoltaram os sacerdotes e alguns dos contratados por eles, que conseguiram obter ingresso para a cerimônia. Logo, uma grande vaia fez-se ouvir por todos, enquanto o povo em geral mantinha-se boquiaberto, com a cena inusitada.

Amenófis III permaneceu em silêncio sustentado pela altivez de sua nobre esposa, Tii. Ele aguardou serenamente até a revolta dos padres cessar e, então, prosseguiu:

— O que devia ser dito, está dito! E a palavra do faraó é lei! Sigamos, portanto, com as festividades de hoje, com a inauguração do barco da grande esposa real: "Aton Brilha".

Sacerdotes de Heliópolis, do deus Rá, vieram especialmente de sua cidade a pedido do faraó para abençoar a embarcação. Os padres do deus Rá-Harakthy realizaram os ritos sagrados, que compunham-se de cantilenas e encantamentos sagrados. Depois do ritual, o faraó disse ao povo de forma inusitada:

— Povo do Egito! Comunico-lhes que no início da estação da germinação (Peret), o responsável pelas futuras transformações que devem ocorrer na gloriosa nação egípcia, meu filho Amenófis IV subirá ao trono, ao meu lado, em regime de co-regência.

Parte do povo aplaudiu, outra parte vaiou. Gritos de revolta e indignação do povo abafaram os aplausos comedidos dos convidados. Os padres de Amon, com revolta, estimularam os

---
1 Estelas - Espécie de coluna destinada à demarcação de terras.

indecisos a vaiar.

Mais uma vez a família real manteve-se em silêncio. Longos minutos de algazarra transcorreram. Quando o silêncio se fez, o faraó reergueu-se para falar novamente ao povo. Mas, eis que seu filho levantou-se, para assombro do povo. O rei, então, virou-se e viu o jovem vindo em sua direção, pedindo-lhe a oportunidade para falar aos seus súditos.

O faraó, a princípio, ficou indeciso, sem saber como agir. Mas ele nada pôde fazer a não ser aquiescer ao pedido do filho. Com o semblante preocupado, ele sentou-se em seu trono ao lado de Tii para aguardar as palavras imprevisíveis do filho.

Minhas mãos começaram a suar frio. Eu as sequei na minha túnica sobre os joelhos. Ise segurou a minha mão, demonstrando também apreensão. O jovem aproximou-se do povo e disse com naturalidade:

— O faraó ama seu povo e por amá-lo decide ligar-se ao Grande Deus Aton. Assim, as bênçãos dos planos superiores descerão sobre a terra de Kemi. Meus queridos súditos, confiai em vosso faraó, assim como os nossos antepassados confiaram no grande faraó Menés, que unificou o nosso povo e trouxe prosperidade à nossa terra. Às vezes, é difícil compreender aquilo que desconhecemos! Não devemos rejeitar o que é novo, mas procurar desvendar os mistérios, assim como fizemos no passado para transformar o Duplo País em uma grande nação.

Observai o Nilo, nosso rio sagrado! Hoje conhecemos as suas inundações e tiramos proveito delas para termos colheitas abundantes. Desconhecíamos os cavalos como elemento da natureza para auxiliar-nos; com o doloroso domínio hikso, percebemos que esses animais são domesticáveis e podem nos trazer grandes benefícios, tanto para a arte da guerra, como para o transporte terrestre.

Aton, meus amigos, é mais uma dessas grandes novidades que trará prosperidade ao Alto e Baixo Egito. Cultuando o grande deus Sol, nossas lavouras produzirão com abundância e qualidade. Nossa vida será, então, plena de saúde e felicidade.

Meus irmãos, o grande deus Aton não é um senhorio cruel como alguns deuses do Egito, mas é Pai e irmão. Assim como desejamos boas coisas aos nossos familiares, assim é Aton! Ele é o verdadeiro símbolo da família egípcia.

Amenófis agradeceu timidamente a atenção de todos e sentou-se ao lado da mãe. O público ficou em silêncio, magnetizado pela singela sinceridade do jovem rapaz. Eu percebi um sorriso no canto dos lábios do faraó.

Os sacerdotes de Amon mordiam os lábios de ódio e indignação. O jovem sábio havia tomado de Amon o título de símbolo da família egípcia, um dos pontos fortes do espírito religioso do povo.

Logo em seguida, a família do faraó ingressou na barca real e navegou pelo lago artificial sob os aplausos do povo. Em um primeiro momento todos estavam felizes, ovacionando a família real. A festa parecia ter sido um sucesso, até que um homem irado, provavelmente alcoolizado, gritou quando a barca real passou perto da margem:

— Onde está a saúde e a felicidade, reizinho afeminado? Teu irmão está morto por causa desse maldito deus Aton!

O homem, provavelmente sacerdote de Amon, pois estava com a cabeça raspada, mal terminou aquelas palavras e foi atingido pelo machado de um soldado da guarda real. Sua cabeça abriu ao meio e verteu sangue em abundância. O povo gritou assustado. O jovem Amenófis baixou os olhos e ficou olhando fixo para as ondas que o barco fazia na água. Suas mãos tremiam nervosas e seu coração se oprimiu com tanta violência e estupidez. Seus lábios se contraíram e seu olhar tornou-se apático. Em seguida, lágrimas desceram de seus olhos. Tii rapidamente desceu com o menino e solicitou-me que o levasse para dentro do palácio.

Eu o conduzi maquinalmente ao seu quarto, onde ele deitou-se na cama e ficou em silêncio, como se estivesse fora do mundo, em outra realidade. Telika correu rapidamente até o quarto e deitou-se ao lado do menino, afagando seus cabelos, procurando acalmá-lo.

Pela janela, eu observei a continuidade da cerimônia. O casal real prosseguia o protocolo com brilhantismo. O jovem herdeiro teria que se acostumar a uma vida assim! No futuro ele teria que ter forças para suportar as adversidades que lhe seriam uma rotina desgastante.

No final da cerimônia, o faraó ofereceu ao povo pão, cerveja e um espetáculo de artistas sírios. Aquela era uma estratégia para angariar prestígio. Assim como hoje em dia, era comum comprar a massa popular com pão, cerveja e circo!

As festividades seguiram até a noite. O povo embriagado causou grandes problemas ao exército, que fora convocado para manter a ordem durante a festividade.

Já os sacerdotes de Amon dirigiram-se para o seu santuário no centro da cidade como ratazanas fogem para a toca. Lá, informaram Ptahmósis sobre os acontecimentos e, principalmente, sobre o novo título real do faraó: "Brilhante disco solar de toda a terra".

Os nomes para os egípcios possuíam um real significado. Tanto que todas as coisas recebiam nomes próprios, assim como as pessoas; ao contrário de nossa sociedade moderna, onde os nomes em geral não possuem significação, ou até possuem, mas as pessoas não estão interessadas em saber ou ligar-se ao seu significado.

Quando um egípcio assumia um novo nome, isso queria dizer que ele iria reverter todas as suas atitudes e o rumo de sua vida para aquele novo significado. Assumindo o título real de disco solar, ou seja Aton, o deus solar, o faraó estaria mudando o seu rumo religioso. O nome original Amenófis ("Amon está satisfeito") perdera, portanto, o seu valor e sentido.

A partir daquela fatídica manhã as relações entre o clero de Amon e a realeza estavam definitivamente abaladas. Já naquela noite, o sumo sacerdote de Amon reuniu-se com seus padres e iniciaram reuniões sistemáticas para prejudicar os objetivos do faraó, o que viria a influenciar diretamente o início do reinado do sucessor Amenófis IV.

Capítulo 7
Heliópolis - A cidade do Sol

Toth, deus da escrita e da sabedoria; na verdade, uma das encarnações de Hermes Trimegisto.

No dia seguinte, Ramósis e eu partimos para Heliópolis com o objetivo de estudar com os sábios sacerdotes de Rá. Ise ficou em Tebas preparando-se espiritualmente no Templo de Ísis para a realização de nosso casamento. Já o futuro herdeiro teve que dedicar-se à preparação para a posse como co-regente.

A contragosto, ele teve de estudar a arte da guerra. Depois de muito relutar, terminou surpreendendo o então instrutor da cavalaria egípcia, Horemheb. Amenófis adorou dirigir os carros de guerra e demonstrou grande habilidade para controlar os cavalos. O objetivo do sucessor do faraó era utilizar os veículos de guerra para desfiles em honra ao seu deus, e não para campanhas militares. Se Horemheb imaginasse isso naqueles dias, teria praguejado feito um louco, como era o seu estilo.

Ise acompanhou-nos até o cais. Enquanto o barco seguia a correnteza do Nilo rumo a Heliópolis, ao norte de Tebas, eu fiquei sentado na proa acenando para a minha bela noiva, que a cada minuto ficava mais distante no horizonte.

Ramósis dedicou-se naquele dia a avaliar alguns documentos do templo. Eu pude entregar-me aos meus pensamentos e ao relaxamento do espírito. As viagens pelo Nilo eram extremamente agradáveis. O ritmo lento e tranqüilo das águas, a beleza dos sicômoros e dos campos de plantio abandonados por causa da estação da cheia do rio envolviam-nos em um imenso bem-estar.

O papiro, o lótus e as demais plantas aquáticas à margem, nas regiões que geralmente não eram cultivadas, produziam um clima de romance e paz no Egito. Era comum ver jovens com suas namoradas passeando em pequenos botes. Eles se aproximavam da margem e recolhiam a flor de lótus para suas amadas. Essa bela flor era a "rosa dos egípcios" e possuía um significado de paixão e amor. Seu simbolismo era algo tão marcante na sociedade egípcia que se um homem oferecesse uma flor de lótus a uma mulher casada significaria grave ofensa ao marido.

Nossa viagem durou pouco mais de duas semanas. Pude, então, conhecer melhor o meu enigmático mentor. Algumas vezes eu tinha uma sensação nítida de já nos conhecermos há muito tempo. Até aquele dia eu ainda não havia sido iniciado nos mistérios da reencarnação do espírito. Portanto, eu procurava encontrar uma ligação com Ramósis em minha infância ou na juventude. Inclusive, eu desejava intimamente que minha mãe tivesse conhecido o meu nobre mestre em sua mocidade e eu pudesse ter sido fruto de um belo amor, e não da criatura odiosa que fora meu verdadeiro pai. Mas era apenas o sonho de alguém que havia encontrado, depois de anos, uma verdadeira figura paterna.

Conversávamos longas horas apreciando a beleza da paisagem. Nos finais de tarde subíamos ao terraço da embarcação e apreciávamos o pôr-do-sol belíssimo do Nilo. Naqueles momentos, Ramósis se inspirava e ia, pouco a pouco, educando o meu espírito. Ensinava-me com carinho e atenção e se deslumbrava com a minha rápida capacidade de assimilação dos mais profundos conceitos espirituais.

Naqueles dias, eu comecei a compreender a importância do deus Aton, que nada mais era do que Osíris e todos os deuses nobres agrupados em um único e soberano deus. Ramósis dizia-me:

— Radamés, na verdade, a maioria dos deuses do Egito são espíritos de muita luz que trabalham segundo a orientação do único Deus. Somos todos filhos de um mesmo Pai! Alguns mais à frente na evolução, outros mais atrás. Os deuses de nossa terra são esses nossos irmãos que já se encontram em altos estágios de evolução do espírito e trabalham pela nossa maturidade espiritual. Mas existem também aqueles deuses que são frutos das paixões e interesses mesquinhos dos homens; entre eles encontramos Amon, que é representado por espíritos do mal que desejam que o povo egípcio continue escravizado na ignorância e na subserviência a ele e aos seus sacerdotes.

A informação era lógica, mas incompleta para quem não conhecia a crença da reencarnação do espírito. Com a mente fervilhando de curiosidade e interesse, perguntei:

— Mas, grande mestre, como compreender que alguns sejam tão mais avançados que outros? Olha como exemplo a ti mesmo! Como podes ter tanta harmonia e sabedoria, enquanto vemos pessoas ignóbeis e que só sabem cultivar o ódio e a mesquinhez em seus corações? Esse nosso grande deus Aton não nos cria a todos iguais?

Ramósis sorriu com as minhas corretas conclusões e disse:

— Meu querido amigo e futuro genro, com o tempo irás conhecer toda a verdade e compreenderás que não existem equívocos na vida criada por Aton. Ao chegarmos em Heliópolis, conhecerás Panhesy e Meri-Rá, grandes sábios que trabalham pela divulgação das verdades eternas. Junto com eles estudaremos por algumas semanas sob o clima espiritual único dessa cidade iluminada, longe das baixas vibrações espirituais de Tebas.

Aquelas palavras me impressionaram! Eu semprei achei Tebas uma cidade iluminada pelos deuses e Ramósis me dizia que ela possuía cargas intensamente negativas.

— Radamés — disse-me ele —, todas as áreas densamente povoadas são focos de grande concentração energética para a luz ou para as trevas. Vê a posição do clero de Amon rivalizando radicalmente com a família real! Imagina os boatos que eles espalham nos bares, no comércio e em todos os locais onde o povo se reúne! São sentimentos maus, de inveja, de ódio e de ciúme, gerados a partir da mais venenosa das cobras: a maledicência. A aura da cidade de Tebas está impregnada por sentimentos negativos que envolvem sorrateiramente a sua própria gente.

Ramósis tinha razão! Naquela época, o Alto e Baixo Egito contava com uma população de um milhão e oitocentos mil habitantes. Na região metropolitana de Tebas vivia quase um terço de toda aquela população. A periferia da cidade estava apinhada de casebres construídos de forma desordenada.

Apesar de o povo egípcio ser extremamente asseado e dado a banhos diários, herança da raça atlante, aquela região da cidade era uma verdadeira imundície. Os ratos andavam livremente pelas ruas e a superpopulação dos bairros periféricos gerava uma sujeira que exigia limpezas constantes da prefeitura.

A falta de saneamento planejado gerava muitas doenças e a proliferação do mosquito transmissor da malária era assustadora nos banhados da região. Isso gerava muitos óbitos, que eram entendidos como "doenças mágicas" pelos médicos-sacerdotes. Outras doenças muito comuns naquela época eram a varíola e a tuberculose, o que tornava a mortalidade infantil alta e a expectativa de vida do povo muito baixa.

Tebas havia-se tornado uma cidade semelhante às grandes metrópoles atuais, onde o vício e a criminalidade imperam. As classes pobres, ao verem a opulência dos nobres, desejavam viver semelhante vida. O único preço, muitas vezes, era atender a interesses escusos.

O poder do faraó havia enfraquecido. Ele já não era mais visto como um deus na Terra, filho de Hórus. O povo tinha uma sensação de relativa impunidade pelo fato de Amenófis III não ter sido um faraó que realizava campanhas militares e raramente aplicava penas drásticas, como a ocorrida com o seu tesoureiro alguns meses antes.

Grandes centros populacionais tornam difícil o controle sobre a ilegalidade. A elevada filosofia de amor e paz do sucessor do faraó iria agravar ainda mais essa situação. Espíritos primários necessitam de leis rígidas e punições rigorosas, caso contrário a situação pode tornar-se insustentável. A liberdade sem maturidade espiritual é um poder sem direção, que pode ferir o seu próprio detentor e o meio em que vive.

Refletindo, então, sobre as palavras de meu instrutor, observei que realmente à medida que nos afastávamos de Tebas o meu coração ia se tornando mais leve e o meu espírito sentia-se mais livre. Eu apenas sentia por Ise não ter viajado conosco.

O silêncio da viagem, apenas rompido pelo barulho do choque das águas no casco do barco, dos pássaros cantando e das crianças brincando à margem do rio, permitia-me realizar reflexões que em Tebas eu não encontrava tempo nem clima para fazer. Ramósis, então, dizia:

— Desliga-te do mundo exterior e volta-te para o teu eu interior. As perguntas que procuramos fora encontram-se dentro de nós, pois tudo que está fora está dentro e tudo que está acima, também está abaixo. Assim é o Universo criado por Aton. Desliga-te do convencionalismo da vida humana e une-te ao espírito do Grande Deus. Ouvirás, então, a voz dos irmãos que dirigem a Vida Maior e que iluminam a nossa caminhada.

Concordei com um gesto e refleti por longas horas, sentado na proa da embarcação. O vento suave do final de tarde balançava os meus cabelos. Ramósis lia alguns documentos sentado no terraço, enquanto eu refletia sobre tudo que havia aprendido naqueles meses. Eu pensava também no grande projeto a ser realizado pelo futuro faraó. Era realmente uma fantástica revolução que modificaria a face da humanidade. Após a vitória do deus Aton, o mundo jamais seria o mesmo, rumando para a evolução, o amor e a paz.

Ramósis, então, terminou seus estudos. Aproveitei o ensejo e me dirigi a ele para fazer novas perguntas. Sentei-me ao seu lado e perguntei:

— Ramósis, poderias me falar mais sobre o deus Aton e como será o Egito depois dessa maravilhosa transformação religiosa?

Ele sorriu e olhou para as crianças brincando e acenando para nós da praia paradisíaca com belos sicômoros ao fundo. Estávamos passando por Jemenu, que ficaria conhecida nos dias atuais como Hermópolis. Ramósis ergueu a mão para os meninos, retribuindo o aceno, e voltou-se para mim, dizendo:

— Depois dessa transformação, o amor começará a reinar entre os homens. Será o fim das desigualdades; e o Egito, como centro do mundo conhecido, balizará as leis de respeito mútuo e justiça. Não haverá mais escravidão e povos conquistados, mas sim uma grande família onde todos trabalharão pelo bem comum. Mas isso não acontecerá agora! O trabalho que o novo faraó deve empreender é o de fixar os alicerces para a Grande Construção que irá se edificar no futuro. Ele preparará o terreno para o Grande Semeador, o maior espírito de nosso planeta, que descerá ao Egito para trazer a luz dos planos superiores a toda humanidade. Ele plantará no coração dos homens o amor e a paz e essa semente germinará para que nossa humanidade evolua da barbárie em que vivemos para tempos melhores.

Essa é a grande tarefa que devemos realizar. Precisamos auxiliar o faraó a preparar o terreno para a vinda desse Grande Espírito Iluminado. Tal é a sua luz que Ele já está por iniciar o seu trabalho de redução vibratória para conseguir habitar este mundo obscuro em que vivemos. Que Aton nos dê forças para conseguirmos auxiliar o faraó a preparar o Egito para a vinda desse Grande Missionário, representante máximo do Grande Deus na Terra!

Impressionado com as palavras que ouvia, eu disse:

— Mas quem é esse "Grande Espírito"? Será um novo deus que desconheço?

— Radamés — disse-me Ramósis —, tem a certeza de que só existe um único Deus, criador da vida e de todo o Universo, do qual somos filhos. Esse espírito de que te falo é o grande responsável pela evolução espiritual em nosso mundo. Ele era o espírito a quem eu e tu chamávamos de deus Osíris, responsável pelos nossos destinos tanto aqui, como na Terra do Poente, que é o mundo espiritual.

Eu meditei alguns instantes, assimilando aqueles novos conceitos que Ramósis me expunha. Em seguida, perguntei-lhe:

— Se somos todos irmãos, filhos do grande deus Aton, que prega a igualdade e a justiça entre seus filhos, pergunto-te novamente: Como existe tanta diferença entre tu, eu e o povo em geral? Por que alguns são mais sábios do que os outros desde cedo? Vê o jovem faraó! Ele é um sábio por natureza, mesmo sendo pouco mais que uma criança. De sua boca ouvimos conceitos que algumas pessoas nem em mil anos conseguiriam compreender. E em relação a esse "Grande Espírito", ele não pode ter chegado a tão alto estágio no curto tempo de uma vida. Certamente ele já descerá ao nosso mundo para sua missão possuindo grande sabedoria espiritual, assim como o jovem Amenófis.

Ramósis olhou-me com um sorriso enigmático e disse:

— Vejo que teremos que antecipar os estudos que realizaríamos em Heliópolis, junto a Panhesy e Meri-Rá! Radamés, meu filho, existe algo dentro do princípio religioso que resume e explica a lei, a justiça e a sabedoria do grande Deus. Como tu mesmo disseste: "Onde estaria a justiça se não nascêssemos todos iguais e com as mesmas oportunidades de progresso?" O que eu vou te ensinar vai modificar todos os teus conceitos e te fará ver a vida com outros olhos.

O grande orientador respirou fundo e com grande sensibilidade, característica típica de sua personalidade, prosseguiu:

— Na verdade, não vivemos uma única vida neste mundo! Somos espíritos imortais: nascemos, vivemos, morremos e voltamos a renascer em uma nova vida, onde continuamos nossa jornada evolutiva.

Aqueles que possuem mais sabedoria, amor, compreensão e conseguem enxergar além dos olhos físicos são os que possuem uma idade milenar, que já reencarnaram milhares de vezes. Esses são os espíritos adultos de nossa humanidade. Já aqueles que se aprazem no ódio e nos sentimentos inferiores, geralmente são espíritos primários que ainda estão iniciando a sua jornada, ou são os recalcitrantes que demoram mais do que os outros a assimilar a lição do amor. Estes deverão aprender a amar pelo caminho da dor e do sofrimento.

Assim, o "Grande Espírito", o nosso jovem faraó, eu, Ise e até mesmo tu já temos uma outra forma de ver a vida em virtude de nossa maior bagagem espiritual — concluiu o sacerdote.

Aquelas palavras eram revolucionárias para mim. Mas o meu espírito, sempre preparado e com uma dinâmica capacidade de assimilação e adaptação a fatos novos, não se abateu. Perguntei, então, ao sábio mestre:

— Mas vê, Ramósis. Nossa humanidade é relativamente nova para que possamos ter possuído essas milenares encarnações. Eu não consigo entender como esse "Grande Espírito" ou até mesmo nós possamos ter reencarnado tantas vezes.

— Radamés — disse-me o grande mestre —, a vida não se resume ao nosso planeta. Olha para as estrelas no céu! Acreditas que só aqui teria vida? É por esse motivo que não podemos crer nos deuses limitados do Egito, pois a vida é infinitamente maior. O "Grande Espírito" responde pela Terra, enquanto Aton é o criador e o responsável pelo Universo infinito.

— Mas Aton não é tão-somente o Sol, que dá vida ao nosso mundo? — perguntei.

— Ele é apenas representado pelo Sol para que o povo tenha como entender a essência de um deus que é abstrato, invisível aos olhos físicos, e que jamais deverá ser representado por estátuas, pois seria diminuí-lo e, ao mesmo tempo, alimentar a idolatria insensata que já observamos com o deus Amon. O grande Deus é essência; devemos senti-lo em nossos corações e nossas ações, jamais idolatrá-lo ou fazer oferendas insensatas a estátuas de pedra, utilizando até mesmo o sangue de animais.

As palavras de Ramósis muito me alegravam. Eu detestava os sacrifícios de animais nas festas religiosas e também os rituais dos sacerdotes de Amon, que matavam um animal e lhe examinavam as vísceras para predizer o futuro ou para encontrar a causa de uma doença em um paciente. Pura estupidez!

Enquanto Ramósis levantou-se para respirar o ar puro e sentir a brisa do início da noite, eu fiquei me lembrando da festa anual de Amon. A multidão seguindo as estátuas dos deuses Amon, Mut e Kohns, muitas vezes de joelhos, implorando as bênçãos de uma fria estátua de ouro. Junto à procissão, um inofensivo boi era levado para o sacrifício. As pessoas então cantavam, realizando uma coreografia de servilismo às estátuas: "Mata! Mata! Mata esse boi sagrado! Ele segue docilmente e é manso e gentil. Mata! Mata! Mata para nutrir Amon e nos trazer riqueza."

No final da cerimônia, o sumo sacerdote de Amon chamava um padre com vestes brancas, que usava a "máscara do carneiro" e era denominado de "o sacerdote sacrificador". Ele cravava um punhal longo no coração do boi sagrado. O animal morria agonizando sob os aplausos da massa ignorante que cantava, então: "Apunhalado, morto, Amon está satisfeito!"

Aquelas lembranças me enojaram. Essa última frase, na linguagem do Antigo Egito, dizia: "Dima tám, Amenófis!" Imaginem o desgosto do jovem herdeiro ao saber que o seu nome tinha origem naquele ritual sinistro! Não é de se admirar que logo que pôde ele tratou de trocar o seu nome para "Akhenaton", que significa "O espírito atuante de Aton" e foi como ele ficou conhecido para a posteridade.

E o pior é que nos dias atuais, três mil anos depois da época aqui narrada, ainda vemos crenças similares no que diz respeito ao sacrifício de animais e à idolatria de estátuas.

A noite ia alta e conversávamos indiferentes ao sono. Ramósis também repousava poucas horas por noite e assim podíamos conversar, estudar, trocar idéias por toda a madrugada. Algumas vezes nos surpreendíamos com o Sol despontando no oriente, simbolizando o reinício da jornada de Aton para trazer vida à terra de Kemi.

Os nossos estudos prosseguiam dia após dia, noite após noite. Em determinada madrugada, Ramósis falou-me sobre a necessidade de sermos completos. Já que somos espíritos imortais e reencarnamos quantas vezes forem necessárias para alcançarmos a perfeição, era fundamental que experimentássemos todas as formas de evolução espiritual.

— Como assim? — perguntei ao nobre instrutor.

Ele levantou-se e respondeu:

— O nosso Criador e Pai, que o faraó chama de Aton, deseja que sejamos perfeitos assim como Ele o é! Como atingir a perfeição se não passarmos por todas as situações e aprendermos com a encarnação o que é sentir, por exemplo, as vivências tanto de um miserável como de um rei? Logo, para a nossa evolução, é necessário vivermos uma vida na riqueza, outra na pobreza; uma vez saudáveis, outra com enfermidades que nos façam valorizar as dores alheias. Devemos também aprender a valorizar o que somente o coração feminino pode sentir, renascendo algumas vezes homem, outras mulher, para assim sermos perfeitos!

Eu mirei Ramósis com um olhar surpreso e exclamei:

— Reencarnar como uma mulher!!

Ele sorriu e me disse:

— Sim, devemos ser completos! Como valorizar as mulheres e atingir a perfeição se não conhecermos o valor do espírito feminino? Jamais amarás como uma mulher, que se desprende de tudo por amor. O homem só conhecerá a verdadeira face do amor depois de viver algumas encarnações como mulher e, além disso, viver intensamente o amor maternal, o mais forte e profundo na escala da evolução a que estamos submetidos.

Ramósis caminhou a passos rápidos, fruto de seu entusiasmo pelo nosso debate, até uma escrivaninha e lá pegou alguns manuscritos. Com seus negros olhos brilhando, falou:

— Vê estes textos! Eles são o resumo dos ensinamentos do maior sábio de nossa terra.

Eram os preceitos doutrinários do grande Hermes, que ficou conhecido na Grécia pelo nome de "Hermes, o Trimegisto, o Três Vezes Grande". Ele tornou-se um deus aos olhos do povo egípcio. Ele era Toth, o deus da sabedoria, cultuado em Jemenu (atual Hermópolis), onde viveu.

Eu peguei as folhas de papiro e as li atentamente.

"Os sete princípios básicos do conhecimento:

Primeiro — O princípio do Mentalismo: a mente é tudo. O Universo é mental. Por sobre tudo aquilo que conhecemos há o plano de um Espírito Maior que não podemos conhecer. Ele é a Lei. O Todo-Poderoso está em tudo!

Segundo — O princípio da Correspondência: como é em cima, é embaixo; como é embaixo, é em cima. Tudo se corresponde. As mesmas leis que atuam sobre o homem atuam sobre uma lagarta ou uma estrela. Assim como os astros se deslocam no céu, seguindo um princípio inteligente, assim é com nossas vidas; devemos interagir em relação ao universo que nos cerca com sabedoria; então, cumpriremos o plano divino.

Terceiro — O princípio da Vibração: nada descansa, tudo se move. Nada desaparece, tudo se transforma. Há vida em tudo, pois tudo possui energia!

Quarto — O princípio da Polaridade: tudo é dual. Tudo tem dois pólos. Os opostos são idênticos, da mesma natureza, porém em diferentes graus. Os extremos se tocam.

Quinto — O princípio do Ritmo: tudo flui, fora e dentro. Tudo tem suas subidas e descidas, assim é a vida. O ritmo compensa e mantém o equilíbrio. O sábio deve saber comandar os ciclos vitais, seguindo o seu fluxo, nunca violentando-os! Ele sabe que tudo possui sua época e que a balança oscila de acordo com o peso específico de cada ação. O sábio deve ser puro equilíbrio!

Sexto — O princípio da Causa e Efeito: qualquer causa tem seu efeito. Qualquer efeito tem sua causa. Tudo acontece de acordo com a Lei. Nada escapa dela. A cada ação devemos antever a sua reação. Assim, seremos sábios em nossas decisões e promoveremos a paz e a felicidade entre os homens!

Sétimo — O princípio do Gênero: tudo tem seu princípio masculino e seu princípio feminino. O gênero se manifesta em todos os níveis da existência. Todo o espírito é co-criador. Algumas vezes somos pai, outras mãe, logo o potencial criador está dentro de cada um!"

Eu terminei a leitura e virei-me para Ramósis com olhos indagadores. Ele, então, me falou:

— Este fabuloso resumo das leis de Deus é chamado de "A tábua de Esmeralda", porque esses princípios valem mais do que todas as esmeraldas do mundo!

Estuda e reflete sobre esses ensinamentos; eles resumem a Lei do Criador do Universo. Lembra-te, sempre: tudo tem seu princípio masculino e seu princípio feminino. A soma de ambos é a Criação. Nenhum homem é inteiramente homem, nenhuma mulher é inteiramente mulher. A mente é dual. Tudo é dual!

Vê o sexto ensinamento: toda causa gera um efeito. Tudo o que plantares, terás que colher! E talvez não seja nesta vida, e sim em vidas futuras. Quando vires um homem desvalido ou com má sorte na vida, crê: assim é porque ele colhe agora o que plantou no passado. Não existem injustiças no plano do Grande Deus Aton.

Ramósis bocejou e completou:

— Agora vai, deixa-me descansar! Já que o sono te é raro, aproveita para estudar esses ensinamentos. E jamais esquece: quem conhece a Lei é capaz de escrever nas estrelas!

Hoje em dia, quando me lembro daquela noite, eu me admiro com a sabedoria de Deus, que permite através da reencarnação de seus filhos no mundo físico que essas incríveis situações ocorram.

Ramósis entregou-me para estudar naquela noite os princípios da Lei que ele mesmo havia codificado séculos antes, no Egito pré-dinástico. Em minha frente, iluminando o meu obscuro espírito, estava o próprio Hermes, o Trimegisto, reencarnado como Ramósis!

Na tarde do dia seguinte, nossa embarcação chegou a Heliópolis. A cidade era tranquila, tipicamente do interior, e possuía um clima espiritual completamente diferente de Tebas. Seus habitantes eram contemplativos, desligados dos interesses materiais; produziam o suficiente para seu sustento e entregavam-se diariamente à meditação e ao estudo das forças espirituais.

Não era por menos que os grandes sacerdotes de Rá eram respeitados em todo o Egito por seus profundos conhecimentos. Dizia-se, inclusive, que eles possuíam a capacidade de desaparecer em um recinto e surgir em outro.

Os sacerdotes de Heliópolis também conheciam a Astronomia com precisão, tanto que diziam ser os responsáveis pelos cálculos para a construção das pirâmides de Gizé em alinhamento com o cinturão de Orion.

Seguimos pelas ruas bucólicas em direção ao grande Templo de Rá, que se localizava em uma região mais elevada da cidade. Lá, do topo de uma colina, podíamos enxergar o horizonte e apreciar o repouso do grande deus solar. Como uma bola de fogo sendo engolida pela terra, assistíamos ao Sol se pondo atrás das rochas da margem ocidental do Nilo.

Ao ingressarmos no templo, fomos recepcionados por Meri-Rá, que significa "o amado de Rá", um homem que apesar de egípcio, possuía traços asiáticos, provavelmente uma herança genética de seus antepassados. Ele apresentava os cabelos levemente grisalhos e seu olhar denotava profunda sabedoria. Meri-Rá vestia sempre a toga dos sacerdotes de Rá, confeccionada em linho, muito semelhante às túnicas gregas.

Esse foi o meu primeiro contato com o espírito conhecido atualmente como Ramatís. Meri-Rá foi uma das encarnações desse grande colaborador do Cristo!

Seu olhar sereno e que emanava paz fez-me compreender que a conquista da sabedoria espiritual transforma os homens em seres iluminados. Ele conduziu-nos ao interior do templo, repleto de imagens do deus com cabeça de falcão, que também representava Rá, e de desenhos tradicionais da ave Fênix que simbolizava o renascimento. Víamos também, por todas as paredes, o escaravelho, o elemento da eterna metamorfose da vida.

Durante o percurso pelo interior do templo, Meri-Rá perguntou a Ramósis:

— Como estão as coisas em Tebas?

O meu orientador meneou a cabeça e respondeu:

— Difíceis, Meri-Rá! Ptahmósis irá tomar providências para evitar que o deus solar se erga sobre Amon. Devemos nos precaver e traçar estratégias para que esse projeto único na história da humanidade não sofra prejuízos.

Em breve o escolhido pelo Grande Deus assumirá o trono e teremos que dar-lhe total apoio para que ele não sucumba à ignorância do povo e à intransigência daqueles que não abrem mão do poder e da riqueza para seu interesse próprio.

Meri-Rá apenas assentiu com a cabeça e disse-nos, com sua voz afável:

— Será feito conforme a vontade do Grande Deus que vive em mim, em ti e em todos nós, que é a essência da vida e da natureza! Mas caberá a nossa civilização decidir se aceita a luz ou se irá desprezar a oportunidade de crescimento e felicidade, como ocorreu no passado, quando o nosso povo vivia na "Grande Ilha" (Atlântida).

Estaremos sempre dispostos a propagar a luz divina que emana através dos raios de Aton, que nos dá a vida. Que os homens não prefiram as trevas em detrimento da luz!

Meri-Rá parecia profetizar o futuro. Na época, não dei muita importância às suas palavras. Por que o povo não aceitaria um deus pacífico e que vê a todos com igualdade? Os pobres e os escravos com certeza iriam aceitar esse Grande Deus com entusiasmo, pois eles seriam os maiores beneficiários. Os sacerdotes de Amon teriam que se render aos apelos populares. Mas eu ainda tinha muito a aprender sobre a natureza humana!

Entramos em um amplo salão, onde um homem estudava alguns papiros sobre a mesa. Este era mais jovem do que Meri-Rá e tinha um olhar que denotava ser um homem prático. Possuía longos cabelos negros e traços típicos da nobreza egípcia. Tratava-se de Panhesy. Ele nos cumprimentou com entusiasmo e nos encaminhamos, todos, para uma varanda do templo, de onde era possível apreciar a bela vista do local mais alto.

Ali os mestres conversaram por horas. Os meus ouvidos atentos nada perdiam! Eu compreendi que estava numa situação privilegiada, pois realmente algo de grandioso, regido pela Alta Espiritualidade de nosso planeta, iria suceder-se durante o reinado de Amenófis IV. E o mais incrível era eu estar participando daqueles encontros junto àqueles grandes espíritos iluminados. Por que Ramósis havia-me resgatado das trevas, na lavoura da fazenda de meu pai, para alçar-me à nobreza da sociedade egípcia? Quem sabe eu não deveria estar ali para 3300 anos após relatar os fantásticos acontecimentos do reinado de Akhenaton à humanidade moderna? Lembro-me que meu amigo Sen-Nefer brincava comigo, dizendo que eu era um lavrador de sorte por ser alçado ao nível social dos sacerdotes. Agora eu estava muito acima do próprio Sen-Nefer; estava no nível social da família real e dos grandes sumos sacerdotes do Egito!

Aquelas semanas junto a Ramósis, Meri-Rá e Panhesy transformaram-me de tal forma que, quando retornamos a Tebas, eu já era um novo homem, transformado em meus conceitos. Decididamente um homem melhor! Inclusive Isetnefret comentou essa mudança tão radical de minha forma de pensar e encarar a vida. A luz dos planos superiores havia iluminado o meu espírito!

Após longos debates filosóficos, onde eu não ousava tecer considerações, todos descíamos à margem do Nilo e nos banhávamos nas águas do rio sagrado. Junto às crianças, parecíamos recuperar a infância. Eu olhava para os sábios e meditava: "Como podem eles se tornarem tão simples como as crianças depois de tão complexos ensinamentos?" Minha mente desacostumada com aqueles conceitos tão profundos sofria grandes desgastes para assimilar o abrangente conhecimento.

As águas do Nilo revigoravam o meu corpo exausto pelo trabalho incessante da mente. Mesmo depois que os mestres retornavam para o templo, eu continuava no rio, nadando para aliar ao exercício mental algum exercício físico. Isso era muito revigorante e relaxava minha mente para novos ensinamentos.

Assim, ali em Heliópolis, passei semanas muito agradáveis. Grande parte da base necessária para conseguir acompanhar o raciocínio profundo do faraó obtive naqueles dias.

Com o tempo me desinibi e comecei a perguntar sobre questões que ainda não compreendia. Em determinada manhã, após as orações ao deus Sol, exclamei:

— Se vivemos diversas vidas e nos utilizamos de outros corpos para manifestarmo-nos a cada encarnação, então a mumificação do corpo é algo inútil, pois não necessitamos do nosso corpo físico para ingressar no reino espiritual!

— É verdade que o corpo físico não nos é necessário para a manifestação do nosso espírito após o desenlace — respondeu Meri-Rá. — Mas existem forças invisíveis que regem a vida. As energias vitais permanecem algum tempo impregnadas no corpo somático após a libertação do espírito. Os procedimentos realizados na mumificação protegem esse elo de ligação ao espírito nos dias subseqüentes ao desencarne. Essa é a principal finalidade do embalsamamento dos corpos.

Com o passar dos séculos, o nosso povo perdeu esses conhecimentos que eram comuns até a época das grandes pirâmides (quarta dinastia). O poder do deus Amon mergulhou o nosso povo em uma era de trevas para o conhecimento e de culto a crendices.

Terminado o período de embalsamamento, que perdura por setenta dias, o corpo já não é mais necessário, mas durante o trabalho de mumificação, os procedimentos e os encantamentos sagrados protegem o morto das ações de espíritos maléficos.

Essa crença egípcia, desnecessária para o entendimento que possuímos, termina facilitando o trabalho da Espiritualidade através dos rituais funerários que protegem o corpo do morto, que ainda possui grande ligação magnética com seu espírito. O povo mumifica seus parentes falecidos por um motivo insensato, mas termina atingindo o objetivo dos espíritos que trabalham nas funções de Osíris e Anúbis.

Além do mais, o corpo mumificado torna-se um centro de vibrações amoráveis por causa do culto que a família oferece ao espírito do ente querido. Nos primeiros dias do desenlace, através dos rituais de mumificação, a família disciplina seus pensamentos e consegue enviar vibrações de conforto diretamente ao espírito por meio do veículo de manifestação que o espírito utilizou por toda a sua vida.

Assim, a chegada do morto ao portal do Amenti (entrada no plano espiritual), torna-se menos turbulenta em virtude do amparo das orações de seus familiares — concluiu o sábio.

— Então — perguntei —, os nossos antepassados que tiveram suas múmias violadas por saqueadores não perderam o direito ao paraíso de Osíris?

— Exatamente! Deus não seria sensato se não fosse dessa forma. Como penalizar eternamente aquele que sofreu uma violação por culpa alheia?

— Agora o meu espírito enxerga com lucidez. Como acreditar que um corpo desidratado e sem vida possa ser útil à vida na Terra do Poente! E, ainda mais, acreditar que ser enterrado com seus pertences corresponda a tê-los no Mundo de Osíris!

— Digo-te mais — atalhou Panhesy —, só carregaremos

para o outro mundo os valores que agregarmos ao nosso ká (alma), e não posses materiais. Todas as nossas boas ações angariarão riquezas para as nossas vidas na Terra do Poente. Os tesouros materiais jamais ultrapassarão as portas do sepulcro! Dentro da crença de Osíris, o julgamento das ações do falecido, a fim de que ele seja declarado de "voz verdadeira", é o fundamento principal a ser estudado.

— Tenho muito ainda que aprender! — repliquei, com um gesto de gratidão pelos ensinamentos que recebia.

— Todos nós temos! — concluiu Panhesy.

No final do dia, caminhamos pelos jardins do "Templo das Sacerdotisas do Sol", onde pude conhecer uma jovem menina que iria influenciar diretamente a vida do futuro faraó. Ela possuía uma beleza incomparável e uma presença de espírito marcante. Poucos minutos de conversa com ela eram suficientes para perceber que suas palavras deveriam ser respeitadas e sempre analisadas para qualquer tomada de decisão. Sua sabedoria e a firmeza em seus pontos de vista eram marcantes. Tratava-se de Nefertiti! Seu nome significava "a bela chegou!", o que era a mais pura verdade.

Depois de conversarmos alguns minutos, ela retirou-se para seus estudos no templo. Perguntei, então, a Meri-Rá:

— Menina intrigante! Qual é sua origem?

— Trata-se da filha do vizir do faraó, Aye! Deves ter conhecido esse homem que está sempre ao lado do faraó. Há dez anos, o grande rei esteve aqui em nossa cidade e impressionou-se com a inteligência de Aye. Algumas semanas depois, o faraó o requisitou para servi-lo em Tebas. A mãe de Nefertiti faleceu quando a menina ainda não caminhava por suas pernas. Aye contraiu novo matrimônio e com sua nova esposa Tey partiu para Tebas, deixando a filha sob nossos cuidados. Ele nunca mais veio visitá-la. Creio que para ela o seu pai nada mais significa.

Meri-Rá refletiu alguns segundos e concluiu:

— Mas, se conheço bem a personalidade de Aye, em breve ele visitará a filha com belos presentes, pois o faraó, de forma inopinada, resolveu manter a promessa feita ao seu vizir de casar seu filho com Nefertiti. Todos imaginavam que o nosso futuro faraó iria casar-se com sua irmã, Sit-Amon, como é o costume. Mesmo com a morte de Tutmés, o primogênito do faraó, o nosso rei casará Amenófis com Nefertiti.

Percebo que os "Grandes Espíritos" que regem os nossos

destinos conspiraram para colocar à direita do faraó responsável pelas grandes mudanças esta fantástica menina. Todos ganharemos com esse matrimônio, pois Nefertiti é mais bela em seu interior do que no exterior.

Olhando para a "bela que chegou" subindo os degraus do templo, eu disse:

— Ela deve ser verdadeiramente uma deusa, porque ser mais bela do que o seu exterior, somente possuindo uma beleza espiritual divina!

A partir daquele dia não vi mais Nefertiti. Meri-Rá me disse que ela era muito reclusa e contemplativa. "A bela chegou" costumava passar horas meditando e refletindo sobre as questões divinas que iluminavam seu espírito.

Passamos várias semanas mais em estudo. Até que surgiram em Heliópolis outros sacerdotes e dignitários da corte, como prefeitos e cônsules, de cidades do Baixo Egito. Entre eles estavam os prefeitos de Buto, Mênfis e Gizé.

Pude perceber, então, que os projetos da família real envolviam um empreendimento tanto religioso como político. Os representantes das grandes cidades do Baixo Egito iriam entrar diretamente em confronto com o Alto Egito. A terra de Kemi era dividida em dois países que, apesar de unificados, possuíam um grande revanchismo. Eis o trabalho político realizado por Amenófis III e sua esposa Tii. Já seu filho pretendia um trabalho maior: a revolução religiosa com profundo caráter espiritual, ao contrário dos pais, que desejavam basicamente uma forma de reduzir o poder político e econômico dos sacerdotes de Tebas.

Capítulo 8
A posse do co-regente

Amon, o deus obs-curo.

No final da estação da inundação do Nilo (Akit), partimos todos para Tebas. Isso muito me alegrou, pois a saudade que sentia de Ise me dilacerava o coração. Eu a conhecia há pouco tempo e o meu coração ainda não estava preparado para ficar tanto tempo longe da mulher amada. O grande amor que eu sentia por ela, aliado à juventude, época áurea do amor, tornavam a saudade algo que realmente causava-me um inenarrável suplício.

A viagem foi rápida, com uma única parada em Hermópolis, onde os sacerdotes do deus Toth, o deus da ciência e da sabedoria, uniram-se a nossa comitiva que iria prestigiar a posse do co-regente.

Realmente, de Hermópolis para cima, em direção ao Delta do Nilo, todos os representantes políticos e religiosos do Egito eram favoráveis aos projetos do faraó.

Dois dias antes da posse do co-regente recebemos uma embarcação vinda de Tebas comunicando ao povo que a cerimônia seria realizada na cidade de Hermontis em vez de Tebas. Para os egípcios, Hermontis representava a Heliópolis do Alto Egito. O novo faraó realmente desejava desligar-se de Tebas e do deus Amon. Em Hermontis a família real demonstraria o seu apreço ao culto solar e ao mais antigo clero do Egito: o clero do deus Rá.

A escolha acabou provocando numerosos rebuliços na elite religiosa. Apenas o prefeito Ramósis e alguns dignitários compareceram à cerimônia fora de Tebas.

Ao final da tarde, avistamos as colinas nos arredores de Tebas. Corri para o meu aposento e arrumei meus pertences. Em questão de algumas horas estaríamos descendo no porto da "Paris do Egito". Era final de tarde e logo poderíamos sentir o cheiro de peixe frito característico de Tebas e, principalmente, beber o vinho incomparável da capital do Império Egípcio.

Uma sensação de estar de volta ao lar tomou conta de meu ser. Nas pequenas coisas eu me deleitava. Até mesmo o sussurrar dos caniços de papiro na brisa vespertina parecia possuir uma musicalidade divina, que acalentava meu espírito. A beleza do cálice da flor de lótus se abrindo nas margens do rio parecia algo mágico na capital da terra de Kemi.

Ao aportarmos, saltei da embarcação com meus pertences presos ao ombro e corri ao Templo de Ísis. Em meio à agitação do centro da cidade, senti-me em casa. O cheiro dos restaurantes preparando ganso acebolado, os bares preparando-se para receber os amantes da noite e os sacerdotes e camponeses dirigindo-se ao pátio do Templo de Amon para entregar suas oferendas ao deus obscuro, tudo trazia-me belas recordações.

Ao entrar no templo da deusa Ísis, avistei Ise. Corri aos seus braços e a beijei apaixonadamente. Depois, nos abraçamos e fizemos juras eternas de amor. Ela estava mais bela do que nunca! A cada mês que passava atingia um passo a mais em direção à plenitude de sua beleza.

Ise, então, me disse que os preparativos de nosso casamento estavam prontos. Inclusive o faraó e seu filho a haviam convocado ao palácio para explicar-lhe o protocolo da festa e em que momento "quebraríamos o cântaro" de duas asas. Esse era o ritual egípcio que selava o casamento. Cada cônjuge segurava em uma das asas de um vaso com seus nomes escritos junto com encantamentos mágicos que se referiam à felicidade conjugal; no final da cerimônia, os nubentes quebravam o cântaro, selando o matrimônio aos olhos dos deuses do Egito.

Ise explicou-me todos os procedimentos do protocolo e contou-me sobre o que fez naqueles meses. Ela revelou-me que contava os dias que faltavam para o meu retorno para, assim, amenizar as dores da saudade.

Eu relatei minhas experiências e meu aprendizado junto ao seu pai e aos sacerdotes de Heliópolis. Em seguida, tomei um banho e fomos jantar em um restaurante no bairro nobre. Naquela noite, brincamos e dançamos aproveitando a fase inocente da juventude, à qual a imensa responsabilidade da fase adulta e os dissabores da vida ainda não tinham imposto suas raízes; época de nossas vidas onde os sonhos são belos e acreditamos que podemos modificar o mundo.

Além do mais, nossa vida seria privilegiada com "um grande sonho", o sonho de Akhenaton! Um projeto lindo e pacífico que infelizmente transformou-se em traumatizante pesadelo.

Os dois dias anteriores à cerimônia de posse do co-regente foram estranhamente quietos. Os tumultos realizados pelos padres de Amon haviam desaparecido por completo.

No final da tarde do início da estação da germinação (Peret), iniciou-se a cerimônia tão esperada pelo jovem Amenófis, por mim e por Ise; ele pela sua posse; nós pelo nosso casamento.

Após a entrada do faraó e da rainha Tii, foi anunciado o grande homem que iria governar o maior Império do mundo ao lado do pai. O escriba real anunciou a chegada do herdeiro. Logo surgiu o palanquim carregado por eunucos. Sentado sobre o veículo, na posição cerimoniosa dos governantes do Egito, estava o jovem Amenófis. O rapaz de quinze anos mantinha-se com o corpo ereto como se fosse uma estátua. Os seus braços estavam cruzados sobre o peito. Na mão direita ele carregava o chicote real; na esquerda, o cajado.

Vestia um saiote branco com enfeites dourados e sobre o peito pendia um colar de pedras preciosas e muito ouro. Sua cabeça cingia a dupla coroa do Alto e Baixo Egito. O pesado símbolo vermelho e branco da terra de Kemi inclinava o frágil pescoço do jovem para trás. Aquela coroa cerimonial era pesada até mesmo para os faraós guerreiros; sobre a cabeça de Amenófis IV parecia ser um fardo angustiante. Além do peso físico, em breve ele teria que sustentar o peso simbólico de carregar a responsabilidade de administrar o Egito durante um dos períodos mais conturbados de sua história.

Os músicos do palácio tocavam a marcha real, que deveria ser executada somente na entrada do grande soberano em eventos oficiais. O local da cerimônia estava lotado com a presença de representantes do povo e dos altos dignitários de todo o Egito. Muitos deles vieram conosco em nossa viagem de regresso a Heliópolis, outros já estavam em Tebas desde a inauguração do lago de Tii e dirigiram-se para Hermontis. Em razão da lentidão no transporte pelo Nilo, às vezes era melhor evitar viagens que poderiam demorar até um mês e esperar por cerimônias que iriam ocorrer em datas próximas. A plebe de Tebas, que jamais perderia a cerimônia, dirigiu-se também da forma que pôde à cidade onde ocorreria a posse do novo faraó.

Os carregadores, então, desceram a liteira ao lado direito do casal real. O futuro faraó prosseguia estático, parecia que nem mesmo respirava, conforme exigia o protocolo.

O sacerdote Meri-Rá, representando o deus de Heliópolis e Hermontis, abençoou o futuro faraó e orou fervorosamente ao deus Sol para que desse "forças mágicas" ao seu filho na Terra e que, assim, ele pudesse governar o Egito com sabedoria.

— Grande Deus que ilumina o Duplo País! Estende os teus raios sobre o teu filho, Hórus reencarnado, que hoje torna-se soberano da terra de Kemi. Envolve-o com a tua luz para que ele possa iluminar o Egito com sua sabedoria. Que ele seja o arquétipo a ser seguido por todos os súditos do Alto e Baixo Egito.

Após uma série de gestos ritualísticos que faziam parte do protocolo real por séculos, Meri-Rá anunciou o nome de posse e o novo "título real" do jovem soberano.

— Eis o deus vivo do Egito sob os olhos do deus Rá, que ao seu filho se manifesta por seus raios como Aton, o Grande Deus Solar. Neste momento, o Egito proclama o quarto regente da dinastia real a chamar-se Amenófis. Amenófis IV, que os deuses o protejam!, é o Senhor do Egito!

Toda a assembléia aplaudiu intensamente o novo faraó. Naquele momento, eu percebi a ausência total dos sacerdotes de Amon. Eles não tinham enviado sequer um representante. Um nítido ato de boicote à posse do co-regente. Em seguida, Meri-Rá solicitou o silêncio de todos e prosseguiu:

— Amenófis IV, hoje, assume para si o título real de "Primeiro profeta de Rá-Harakthy que se rejubila no horizonte em nome da luz solar vivificante que é Aton", identificando o seu reinado com o Grande Deus Sol, em todas as suas formas de manifestação. O deus onipresente abençoa o seu adorado filho com os raios de sua luz!

O jovem faraó abandonou sua posição estática e, de pé, espalmou as mãos para o céu para receber no rosto e nas mãos os raios solares.

Os convidados aplaudiram sem muito entusiasmo. Era possível ver a nítida preocupação, principalmente de Ramósis, o prefeito de Tebas, que pressentia o fim dos dias de glória da amada cidade administrada por ele e que baseava-se na saúde e na força de Amon, o deus abandonado pelo novo faraó.

Mas o prefeito de Tebas era inteligente. Ele sabia que o seu cargo era concedido pelo faraó. Contrariá-lo poderia custar-lhe o cargo ou, quem sabe, sua cabeça.

Em seguida, foram entregues ao novo faraó os presentes enviados de todo o Duplo País e dos povos com quem seu pai mantinha relações diplomáticas como, por exemplo, a Núbia, Mittani, terra de Canaã e províncias da Síria,[1] como Biblos, Sidon, Tiro, Esmirna e Amurru. Inclusive estavam presentes na cerimônia os líderes desses países.

O procedimento era longo e tedioso por causa do imenso número de lembranças enviadas à família real. Eu já estava inclusive bocejando, enquanto aguardava o momento de meu casamento, quando ouvi um grito de horror da rainha. Eles haviam aberto uma caixa preta, que depois foi identificada como sendo da parte do Templo de Amon. Dentro dela estavam uma cobra naja e um abutre. Ambos com os pescoços cortados! Isso significava um mau agouro. Um recado de que o Alto e o Baixo Egito, representados pela cobra Naja e o Abutre, sucumbiriam com a política adotada pela família real.

Um discreto tumulto de pessoas surgiu em volta do faraó. Todos queriam ver o motivo do espanto, mas Tii, sempre astuta, fechou imediatamente a tampa da caixa e não permitiu que os convidados percebessem o ocorrido. Seria melhor evitar que o povo descobrisse aquela afronta ao faraó.

Na verdade, todos os dignitários que estavam próximos à família real perceberam que algo havia ocorrido e sabiam quem tinha enviado aquele presente. O clima tornou-se tenso e o povo percebeu a mudança no semblante de todos que estavam no centro da cerimônia.

Em seguida, foi anunciado o meu casamento com Ise. Não preciso nem dizer que senti um mal-estar incrível pelo ocorrido e fiquei tenso, pois aquele presente horroroso poderia significar um mau presságio também ao meu casamento. Mas Ise encorajou-me e fez-me ver que era apenas uma superstição descabida.

Meri-Rá celebrou o nosso enlace pedindo proteção aos deuses do Egito, conforme o ritual milenar. Confirmamos, então, o desejo de unir nossas vidas e, por fim, arremessamos à parede o nosso "cântaro de casamento". Ele espatifou-se no

---

1 Nota do Autor - Naquele período, as cidades fenícias eram consideradas províncias autônomas da Síria.

chão celebrando nossa união. O jovem faraó, então, quebrou o protocolo, como ele viria a fazer ainda muitas vezes em sua vida. O deus-vivo do Egito levantou-se e abraçou-nos como se fosse um mortal qualquer.

Depois falou ao povo. Mais um gesto que não estava previsto pelo cerimonial. Com os olhos brilhantes e com as longas mãos espalmadas, ofertando um grande abraço ao povo, ele disse:

— Meus súditos! O Egito é uma grande nação construída pelo esforço de meu pai e de nossos antepassados. Os faraós, com as bênçãos do Grande Deus Aton e de seus filhos, os demais deuses menores do Egito, transformaram a nação do Duplo País na pátria da riqueza e da cultura. Nenhuma terra é tão bela quanto o Egito! E, por esse motivo, devemos alastrar a todo o mundo conhecido a nossa cultura. O nosso conhecimento científico e religioso, a nossa arte e, principalmente, o nosso espírito de solidariedade. Hoje, esses povos são nossos escravos ou são nações subjugadas, amanhã serão nossos irmãos. Todos renderemos glórias a Aton, o Senhor do Mundo!

O povo ficou boquiaberto com as palavras do jovem faraó: "Os deuses menores do Egito; os escravos serão chamados de irmãos". "Esse menino deve ser louco", comentava o povo, que realmente estava chocado com o que ouvia.

E como se as novidades fossem poucas, o jovem faraó apresentou ao povo, no final da cerimônia, uma bandeira com o novo símbolo do deus solar. Ao invés de um homem com cabeça de falcão, a bandeira apresentava o disco solar emitindo raios que terminavam como mãos abençoando a terra. Na ponta de alguns raios havia também o "ankh", a cruz que significava o símbolo da vida. Em volta do disco solar havia uma serpente, símbolo das metamorfoses incessantes que o homem profano passa e que o homem iniciado controla. Do pescoço da cobra pendia também o "ankh". A bandeira simbolizava que Aton dá vida aos seus filhos.

A cerimônia foi encerrada em seguida. À medida em que o povo e os convidados principais se retiravam, o faraó chamou seu filho para uma conversa íntima e lhe disse:

— Meu filho, as mudanças devem ser graduais! Lembra-te que estamos tratando com os ardilosos padres de Amon. Percebeste por um acaso o "presente" que eles te enviaram?

O rapaz fez um gesto negativo. O faraó, então, indicou-lhe a caixa. Ao ver a cobra e o abutre degolados, o menino ficou lívido e, depois, vermelho de raiva. Seu pai continuou falando, andando de um lado ao outro:

— Queres transformar o Egito da noite para o dia? Não esqueças o que sempre ensinei a ti e ao teu saudoso irmão: a prudência é a arte do sucesso! Viste por acaso os olhos arregalados do povo às tuas palavras? Eu te apoio em teus empreendimentos, porque são também os meus, mas é preciso prudência, meu filho!

O rapaz abaixou a cabeça e respondeu:

— Tens razão, meu pai! Mas, às vezes, parece que Aton fala pela minha boca e me é impossível controlar. Acredito que será muito difícil evitar um confronto direto com Ptahmósis e seus cúmplices. O espírito de Aton enche o meu coração e sinto que meus pés flutuam para que a sua palavra seja viva entre os homens. Aton me infla com o sopro da vida e o meu corpo não é mais meu, minhas palavras não são mais minhas! Sirvo a Aton, o Grande Deus que se revela ao mundo por meu intermédio.

Amenófis estava cansado e com fortes dores nas articulações e nas gengivas. Ele pensou nas palavras do filho e ligou-as a Telika. Sim, ela pensava exatamente igual ao filho! Enquanto ele e Tii cultuavam Aton de forma exterior, seu filho e sua segunda esposa sentiam Aton em seu íntimo.

Ele dispensou o filho e disse para si mesmo: "Amanhã falarei com Telika para diminuir os impulsos desse menino! O espírito religioso é útil e engrandece o Egito, mas o faraó deve ser prático e não um sonhador!"

Depois da cerimônia, eu e Ise viajamos para Mênfis, onde iríamos comemorar nosso casamento hospedados no palácio real do faraó na capital do Baixo Egito. Portanto, parti novamente em viagem. Só que dessa vez minha mente estava voltada para palavras de amor e de projetos de plena felicidade para o futuro. As palavras do jovem faraó e a tensão do momento causaram-me um tal impacto psicológico que, inconscientemente, resolvi esquecer tudo que havia ocorrido, inclusive o presente dos sacerdotes de Amon.

A viagem, como sempre, foi um bálsamo para meu espírito e um colírio aos meus olhos por causa das belezas naturais e do clima do Egito Antigo. Paramos somente para visitar as pirâmides e a esfinge de Gizé, onde Tutmés IV havia construído um magnífico templo aos pés do grande monumento.

Em Mênfis, aproveitamos para conhecer as famosas bibliotecas da cidade administrativa. Ficávamos horas estudando a sabedoria egípcia. Interessei-me também pela arquitetura, pois na grande biblioteca real de Mênfis existia farta documentação explicando as técnicas para a construção de pirâmides e seu funcionamento como catalisador de energias astrais.

Além de passear e namorar pela bela cidade, procuramos estudar e conhecer o perfil dos moradores da capital do Baixo Egito e, principalmente, compreender com profundidade o deus padroeiro da cidade, Ptah, que, segundo os habitantes de Mênfis, era o criador do mundo.

Depois de algum tempo, comecei a me dedicar à medicina em Mênfis. Eu sentia que estava começando a ficar "enferrujado" em meu ofício. Entrei em contato com os médicos da cidade e discutíamos sobre diversas doenças e seus tratamentos. Logo comecei a clinicar junto com Ptahotep, um dos mais renomados médicos da época.

O profundo conhecimento do médico de Mênfis fez-me esquecer do mundo. Eu sentia uma certa apreensão de Ise com relação ao nosso retorno, mas sempre que ela tocava nesse assunto eu desconversava dizendo que em breve retornaríamos. Até que certo dia, ao chegar em casa, Ise apresentou-me um correio de seu pai. Nele, Ramósis solicitava o nosso retorno para auxiliarmos o faraó em sua importante missão.

Só ali percebi que já estávamos na estação da colheita. O Nilo estava praticamente seco. Fazia seis meses que havíamos navegado para Mênfis.

Eu percebi nas palavras do sumo sacerdote de Osíris uma certa apreensão e um desejo intenso de nos rever. Ise lhe era uma grande confidente. Mais que uma filha corporal, ela era uma irmã devotada que havia dedicado muitas encarnações promovendo o desenvolvimento da humanidade junto ao meu nobre instrutor.

Olhei para Ise que, com olhos suplicantes, aguardava minhas palavras. Eu apenas disse:

— Já é mais do que hora. Partamos para Tebas!

Ela correu para os meus braços e beijou-me em lágrimas. Só então notei a ansiedade dela em voltar para casa. Minha indiferença e falta de sensibilidade fizeram com que eu não percebesse o quanto nossa demora em Mênfis a angustiava.

Ise, como sempre, guardou silêncio, pois sabia que meu espírito turrão não aceitava imposições. Infelizmente, naquela minha encarnação, eu ouvia somente a mim mesmo, desconsiderando os sábios conselhos de minha adorada esposa.

Capítulo 9
O difícil início do reinado

Akhenaton, o "Filho do Sol".

A viagem de retorno a Tebas durou o dobro do tempo normal. A ausência quase total de ventos na estação da colheita obrigou-nos a contratar remadores extras para impulsionar a grande embarcação real rio acima, em direção ao sul.

Ao entrarmos em Tebas, fomos informados de que a saúde do faraó Amenófis III havia piorado. Agora, o Egito era plenamente governado pelo jovem faraó. Aye, o vizir da família real, auxiliava o inexperiente rei nas questões burocráticas. Horemheb, o instrutor que ensinou o profeta de Aton a dirigir carros de guerra, foi alçado a chefe geral do exército egípcio e respondia pelas questões militares. E Ramósis, meu instrutor, era o confidente espiritual do Senhor do Egito, prosseguindo com o trabalho de educação espiritual do jovem devoto do deus Sol.

A situação não tinha mudado. Os sacerdotes instigavam o povo a desmerecer o faraó. Nesse período, as piadas sobre o Senhor do Egito nos bares de Tebas eram muitas. O povo ignorante achava graça em chamar o faraó de "o cheio de enxaquecas" por sua constante indisposição para assuntos mundanos.

Ele era apelidado também de "bode real" por causa da barba postiça, que era símbolo do poder egípcio e era utilizada nas cerimônias oficiais. O pescoço fino e longo, aliado ao rosto magro e comprido, com um queixo saliente, junto com a "barba real", lembrava, aos olhos do povo, a figura de um bode.

Alguns anos mais tarde, quando Horemheb começou a

destacar-se por conquistas militares, o povo dizia pelas ruas, sem constrangimento: "Horemheb é um leão e o faraó é um bode sem chifres!"

Caso o grande profeta de Aton não tivesse sofrido tanta propaganda negativa, patrocinada pelo rico clero de Amon, o projeto de luz dos planos superiores teria vingado. Infelizmente o povo é facilmente influenciado! Como a revolução do deus Aton exigia reflexão e grandeza espiritual para ser assimilada, fácil era para os padres opositores instigar o povo a piadas e a comentários estúpidos, típicos da massa ignorante.

Por ser um país rico, o Egito não desejava mudanças. Além do mais, os poderosos sacerdotes de Amon pagavam pela fidelidade do povo, o que o faraó não fazia. No final de seu governo ele apelou para tal subterfúgio com a intenção de evitar que o seu reinado se desmoronasse.

Eu e Ise, assim que chegamos de Mênfis, fomos residir numa casa do bairro nobre de Tebas que recebemos de presente do faraó. E assim começamos a trabalhar para realizar o sonho do grande profeta. Eu recebi a incumbência de tratar de assuntos diplomáticos com os povos estrangeiros. Era preciso conquistar a simpatia dos países vizinhos para que o faraó ganhasse prestígio internacional. Durante os meus anos de estudo no templo havia aprendido a ler, falar e escrever o acádio, língua internacional da época.

Essa nova incumbência me aproximou da rainha Tii e do vizir Aye. Junto deles pude conhecer melhor suas personalidades. Eram muito parecidos; talvez isso os tenha aproximado intimamente anos depois. Os dois apreciavam o poder e não o projeto religioso do faraó. Eles se interessavam pelo fim e não pelos meios. Assim, Tii e Aye desejavam manter o poder, seja lá de que forma fosse. Esse era o objetivo! A filosofia de Aton não os impressionava. Aos olhos de ambos, este era apenas mais um dos muitos deuses do Egito e que agora servia aos seus propósitos.

O novo posto possibilitou também aprofundar-me nas relações exteriores com o mundo "lá fora", pois o povo egípcio era muito introspectivo e achava-se "o umbigo do mundo". Eu, então, percebi que havia outras grandes nações e uma assustadora máquina de guerra, que era a grande preocupação de Aye e da rainha-mãe. Tratava-se dos hititas, os habitantes da terra de Hati, que eram famosos pela sua crueldade e habilidade nas guerras.

Os hititas eram de rija têmpera, pouco se importando com

o frio ou o calor, pois estavam acostumados com as privações desde crianças em virtude da região inóspita em que viviam, ao contrário do povo egípcio, acostumado com o paraíso do Nilo.

O rei dos hititas, Supiluliumas, era ambicioso e astuto. Tii dizia para Aye diariamente, enquanto eu traduzia os textos do acádio para os hieróglifos:

— Aye, esses hititas nos trarão problemas! Eles dizem uma coisa e fazem outra. Eles não têm palavra e são traiçoeiros como uma serpe.

Outro povo, do qual inclusive conheci o rei, que se chamava Dushratta, era o da terra de Mittani. Aliado dos egípcios, eles serviam como "escudo" para uma possível invasão da terra de Hati ou da Babilônia.

A terra de Mittani ficava entre o Egito e a terra de Hati, motivo pelo qual o Egito cobria os nobres mitanianos de honrarias. Inclusive a rainha Tii fora aceita facilmente como esposa real do faraó por causa da posição geográfica estratégica daquele povo quase inexpressivo do Antigo Oriente.

Recebíamos ainda muitas correspondências e visitas formais de Rib-Addi, príncipe de Biblos, cidade síria fiel ao Egito e também de Abbi Hepa, rei da terra de Canaã.

A atividade diplomática era interessante, mas não me descuidei de minha vocação. Após despachar com o vizir e a rainha, eu me dirigia à Casa da Vida, onde algumas vezes junto com o sumo sacerdote de Osíris atendia ao povo necessitado de auxílio médico.

Trabalhando com Ramósis ocorreu, no ano seguinte, a intervenção cirúrgica mais impressionante de minha vida. Estávamos atendendo ao povo, quando fomos convidados pelos sacerdotes de Amon a estudar o caso de um homem que estava perdendo os movimentos das pernas e do braço direito. Ele sentia fortes dores de cabeça, algumas vezes espumava pela boca e sofria espasmos musculares súbitos e involuntários.

Ramósis e eu avaliamos o caso e o meu instrutor disse que a solução seria trepanar o crânio do paciente. Ouvimos um "oh!" de espanto dos demais médicos. Alguns perguntavam se era realmente necessário. A prática era comum no Egito, mas todos sabiam que apenas um, em cem casos, obtinha sucesso. O homem chamado Amenemopet era muito querido pelo povo e considerado um prestigiado sacerdote de Amon.

Ramósis indicou a abertura do crânio e a retirada do "material maligno" como única solução. Apesar de meu instrutor ser um fiel servidor do faraó, inimigo direto do clero de Amon, os sacerdotes concordaram em realizar a cirurgia. Iniciamos, então, o procedimento sob o olhar atento de todos.

Meu instrutor solicitou que eu raspasse a cabeça do paciente e fizesse o corte na pele que envolvia o crânio. Em seguida, cauterizou os vasos sangüíneos e serrou a caixa craniana. Ramósis, então, fechou os olhos e posicionou as mãos sobre o cérebro do paciente, como se estivesse sondando com a mente o local infectado. Alguns minutos depois, ele extraiu quinze centímetros de tecido necrosado e pediu-me que fincasse os pés do enfermo com uma agulha fina. Enquanto eu fazia aquilo, ele estimulava partes do cérebro com uma lâmina. Em poucos minutos os pés do paciente começaram a responder às agulhadas.

Experimentamos todos os membros do velho sacerdote, que estava narcotizado com ópio e vinho. Inclusive as pupilas foram avaliadas por Ramósis. Depois de constatar que todos os membros reagiam, Ramósis recolocou a tampa do crânio e costurou o couro cabeludo.

Para assombro de todos, dias depois Amenemopet caminhava e possuía todas as suas faculdades perfeitamente normais, sem nenhuma seqüela. Os sacerdotes de Amon agradeceram comovidos e todo o Alto e Baixo Egito rendeu homenagens à façanha de Ramósis, pela qual eu recebi méritos por auxiliá-lo.

Jamais uma cirurgia de trepanação tinha obtido tal êxito. O faraó outorgou a Ramósis o título de "Grande Sábio da Ciência e Maior entre os Médicos das Duas Terras".

Eu e Ise éramos cumprimentados nas ruas por sermos parentes do grande cirurgião. Nos dias seguintes, as pessoas se acotovelavam para serem atendidas por Ramósis, que nada cobrava pelo exercício de sua profissão. Mas isso não era problema, pois o faraó nos cumulava de riquezas. Recebíamos constantemente colares de ouro da família real, que possuíam valor comercial inestimável.

Além do trabalho médico, Ramósis promovia um trabalho sanitário nos bairros pobres de Tebas. Ele sabia que a grande maioria das doenças era causada pelo precário saneamento do esgoto dos bairros pobres. Tal vocação de Ramósis foi aproveitada por Jesus, durante a Idade Média, no período da peste negra, quando Ramósis reencarnou para evitar o alastramento da peste que estava dizimando a Europa.

O trabalho médico-comunitário do sábio sacerdote tornou-o um homem respeitado pelas classes pobres. Eles o chamavam de "o médico que os deuses ouvem e respeitam". A simples presença de Ramósis nas ruas era sinal de festa para o povo. Ele tornou-se, em Tebas, mais popular que o próprio faraó, que era visto com desconfiança pelas pessoas por causa de suas "estranhas idéias religiosas".

O povo perguntava a Ramósis porque ele renegava Osíris, Ísis e Amon e apoiava o estranho deus do faraó. Com toda a sua capacidade de expressar-se, meu mestre explicava a todos a importância de Aton e de sua mensagem. Muitos adeptos de Aton entre as classes pobres foram conquistados por meio desse trabalho "cabeça a cabeça", como chamava Ramósis. Um trabalho que o faraó não poderia realizar em razão da hostilidade e do tumulto do povo perante a sua pessoa.

Assim passaram-se semanas e meses. O clero de Amon e a família real apenas suportavam-se mutuamente. Um fazia de conta que o outro não existia e assim os ânimos esfriaram.

E foi dessa maneira até certa manhã, quando o corpo de Telika e de sua filha adotiva, Vola, foram encontrados presos entre caniços de papiro à margem do Nilo. Elas haviam sido afogadas e abandonadas à margem do rio.

A morte da mais importante esposa secundária do velho faraó abalou a família real. Todos ficaram chocados com o desaparecimento daquela inteligente mulher que era uma hábil estrategista religiosa. Muitos dos passos tomados pelo faraó eram fruto de longos debates com Telika, que possuía a capacidade de antever com precisão as conseqüências das medidas a serem tomadas.

Os sacerdotes de Amon também perceberam essa virtude de Telika e resolveram retirá-la do mundo dos vivos com o objetivo de desestabilizar os projetos religiosos do novo faraó. Isso me fez temer pela vida de Ramósis. Eu nada disse a Ise para não preocupá-la, mas qual era a outra "pedra no sapato" dos sacerdotes de Amon?

Mas nada aconteceu a Ramósis. Os próprios padres de Amon o tinham como uma "alma protegida pelos deuses", portanto nada fizeram contra ele. Ademais, ele havia salvo a vida de Amenemopet! Os padres de Amon tinham uma dívida de gratidão com meu mestre.

Já o velho faraó não conteve a indignação. Ele levantou-se irado de seu leito e, mesmo com imensa dificuldade para andar, tomou suas providências. Ordenou a Aye que enviasse um oficial de confiança da polícia real para envenenar e atirar no Nilo um jovem que era protegido de Ptahmósis.

Kanefer era um rapaz órfão que Ptahmósis tratava como o filho que não teve. Amenófis III procurou, para saciar seu desejo de vingança, a pessoa mais querida ao sumo sacerdote de Amon. Menos de uma semana depois da morte de Telika, o corpo de Kanefer foi encontrado tal qual o de Telika, preso nos caniços de papiro na margem do Nilo.

A partir daquele dia, a situação tornou-se insustentável. O jovem co-regente enclausurou-se por uma semana em seu quarto para chorar a morte da amiga e decidir o rumo a ser tomado.

Ramósis dirigiu-se ao palácio e conversou por longas horas com o jovem regente. Ele lamentou que a situação tivesse chegado a tal ponto e no dia seguinte tomou uma decisão radical.

O escriba real do palácio leu na praça central de Karnak as novas determinações do rei do Egito. Em seguida, providenciou a fixação das ordens reais em todos os locais públicos de Tebas e das demais cidades do Duplo País, que dizia:

"O divino Hórus, representante do Grande Deus na terra de Kemi, exercendo o seu soberano direito sobre a nação egípcia, determina que a partir desta data todos os deuses do Egito estão banidos. Somente o único e verdadeiro deus, Aton, responderá pelas terras egípcias. Aton é o único que possui 'voz verdadeira', os demais deuses são a partir de hoje considerados falsos pelo faraó e seus templos não mais receberão ajuda do Estado. As suas terras serão confiscadas e pertencerão ao faraó, que decidirá o destino dessas propriedades. O povo deverá cultuar somente Aton, o deus Sol, abandonando as práticas de idolatria de imagens e o culto a 'amuletos mágicos'.

Eis o que determina o vosso deus-vivo, o faraó Amenófis IV, 'Primeiro profeta de Rá-Harakthy que se rejubila no horizonte em nome da luz solar vivificante que é Aton'!"

O povo esbravejou palavras ofensivas ao faraó e seu deus. A guarda real, então, dissipou a multidão a golpes de bastão, atitude que o faraó não aprovou, cobrando dos oficiais mais paciência com o povo.

Já os sacerdotes mantiveram-se em silêncio. Eles não imaginavam que o "jovem fedelho" ousasse tomar tal atitude. Ptahmósis passou vários dias orando a seu deus para que o iluminasse. Além da incerteza religiosa, a perda das terras do deus Amon e o fim das verbas reais para os deuses proscritos fora uma afronta inaceitável.

Se o clero de Amon não fosse rico e detentor de muito ouro

e pedras preciosas, talvez o faraó tivesse atingido o seu objetivo. Mas eles tinham fôlego para sobreviver por longos anos sem a ajuda oficial do governo. Outros templos menos expressivos só não sucumbiram em razão da distância da capital do Império, onde o povo em geral ajudava a custear as despesas dos deuses proscritos.

Apesar de o faraó ter banido os deuses, ele não realizou naquele momento uma perseguição direta. Os templos poderiam funcionar, mas o faraó não os sustentaria e os seus simpatizantes seriam desprezados pelo soberano. Somente quem cultuasse Aton seria simpático ao faraó e receberia reconhecimento.

A atitude de Amenófis IV foi repreendida severamente por sua mãe, que não concordou com a declaração de guerra do filho a Amon. Já o seu pai disse-lhe:

— Vejo que me enganei a teu respeito, meu filho! Achava-te um frouxo, mas és mais determinado do que eu, que sempre sujeitei-me à vontade de tua mãe. Tu serás, sim, um grande faraó!

O faraó doente agora refletia sobre a vida e seus valores. Desde que sua doença piorara, Tii pouco o visitava, preferindo a companhia de Aye. O jovem rei, ao contrário, passava horas conversando com o pai e cobrando os cuidados que a criadagem deveria ter com o antigo soberano. Sempre zeloso com o pai, Amenófis IV demonstrava ao seu genitor suas idéias e projetos. Pouco a pouco, ele foi compreendendo os objetivos do filho e vendo que os interesses materiais eram transitórios e pequenos perto da grandiosidade dos projetos de seu sucessor. No dia de sua morte, ele disse ao filho: "Aton é sábio, pois levou Tutmés para que tu viesses a reinar. Teu irmão não teria a tua grandeza de espírito, assim como eu não tive!"

Os antigos faraós do Egito, assim como ele, procuravam imortalizar-se para atender a crenças de origem duvidosa. Já o deus Aton de seu filho era repleto de vida e sabedoria. Caso os homens o compreendessem, seria o início de uma nova era para toda a humanidade. E seu filho seria lembrado por toda a eternidade como o faraó que trouxe a luz à terra de Kemi.

A situação, então, estabilizou-se: o clero assustado com a determinação e a ousadia do faraó e o povo cauteloso depois das bordoadas que recebera da polícia no Templo de Karnak. Com a paz interna e externa reinante, o faraó começou a construir diversos templos a Aton; de Tebas a Núbia e por todo o Baixo Egito.

Em determinada manhã, Amenófis IV recebeu sua mãe e Aye que foram lembrar-lhe que era necessário unir-se a sua esposa real, escolhida por seu pai e que estudava em Heliópolis. O faraó já tinha ouvido falar da moça que, além de aguçada inteligência, possuía um espírito marcante.

Aye ajoelhou-se diante do faraó e disse:

— Será uma honra para mim se aceitares minha filha como consorte real do Egito!

O faraó lembrou-se da falta que Telika estava lhe fazendo, pois desde o seu desaparecimento ele já não possuía uma mulher sensível e espiritualizada para conversar. Meditou alguns segundos e disse:

— Que venha Nefertiti, a grande esposa do faraó!

Capítulo 10
Nefertiti - "A bela chegou"

Nefertiti, a grande esposa real de Akhe-naton.

Ao contrário do que possa parecer, o casamento do faraó com Nefertiti não foi tão simples como explicamos anteriormente. O protocolo clássico da família real exigia que o faraó se casasse com uma mulher de sangue real. Portanto, ele deveria se casar com alguma de suas irmãs ou meio-irmãs, filhas das esposas secundárias de seu pai.

Como o sucessor do trono seria o seu falecido irmão Tutmés, ele é quem deveria desposar a irmã Sit-Amon. Amenófis III, então, prometeu a Aye que casaria o seu segundo e, naquela época, inexpressivo filho com a menina Nefertiti, filha do nobre e respeitado vizir do reino. Assim, Aye estaria ligado à família real diretamente. E a sorte privilegiou ainda mais o ambicioso vizir do Egito, pois além de sua filha fazer parte da família real ela agora se tornaria "a Grande Esposa Real" do faraó.

Logo após a morte de seu primogênito, Tii tentou persuadir o marido a obrigar o príncipe herdeiro a casar-se com Sit-Amon, mas Aye e o próprio futuro faraó venceram essa batalha; Aye, por motivos óbvios, e o jovem herdeiro por duas questões fundamentais: uma delas era o gênio insuportável de sua irmã, sempre mimada e com mudanças radicais de humor. Ela passava dias trancada no quarto amaldiçoando a vida e a todos que a cercavam. E o segundo motivo era a própria Nefertiti! Ele já tinha ouvido falar muito daquela enigmática mulher que era extremamente afeiçoada ao deus solar Rá. Provavelmente ela seria uma grande companheira em sua missão de unificar o povo egípcio sob a proteção do único e verdadeiro Deus.

Por anos Tii insistiu com seu filho para que ele se casasse com sua irmã. Para não contrariar a mãe, Amenófis IV postergou o seu casamento por vários anos até conseguir convencê-la sobre o seu amor místico em relação à misteriosa Nefertiti.

Os jovens egípcios casavam-se geralmente aos doze anos de idade. O faraó já estava com quase vinte anos e mantinha-se solteiro. Esse era mais um motivo para insinuações sobre a sua masculinidade.

Tii, então, resolveu ceder e casar o filho o mais breve possível para assim fechar a boca dos maledicentes que não perdiam uma oportunidade sequer para macular a honra do co-regente do Egito.

A chegada da escolhida do rei foi alardeada por toda Tebas e no dia em que a barca real chegou ao porto, uma multidão esperava para ver de perto aquela enclausurada menina que somente os habitantes de Heliópolis conheciam.

Os sacerdotes de Amon rezavam para que a futura rainha fosse sensata e colocasse juízo na cabeça do faraó. Mas ela vinha de Heliópolis; boas notícias nesse sentido eles não poderiam receber!

Ao descer as escadas da barca real, o povo impressionou-se com a beleza da moça. Seu olhar majestoso fez com que muitos súditos se ajoelhassem perante Nefertiti, como se ela já tivesse ascendido ao trono. Isso impressionou o faraó, que desceu de seu palanquim e foi recebê-la com um brilho indisfarçável nos olhos.

Se minha intuição não tiver me enganado, foi um amor à primeira vista, assim como o meu e de Ise. Mesmo com traços genéticos diferentes dos padrões de beleza egípcia, o faraó também agradou à moça, que possuía um espírito profundo e enxergava além das formas físicas.

Assim como eu tinha percebido por diversas vezes no faraó, a bela Nefertiti também possuía uma aura dourada a envolvê-la. Aquilo intrigou-me sobremaneira! No futuro, quando eles acolheram o título de "casal solar", eu, em meu íntimo, concordei plenamente com a atribuição que ambos recebiam. Realmente tratava-se de um casal de "Filhos da Luz". Enquanto Sit-Amon era trevas, Nefertiti era a mais pura personificação da luz.

O casal real ainda noivou por quase um ano. Eles passavam horas a fio conversando e estudando juntos sobre as questões da divindade solar. As decisões burocráticas de estado ficaram sob a tutela competente de Aye, que administrava o Egito com sua experiência de anos ao lado do faraó-pai.

Ramósis dizia-me estar impressionado com a lucidez espiritual de Nefertiti, que enxergava verdades onde até mesmo os grandes iniciados não conseguiam ver.

Naquele período, eu perdi o privilégio de estudar com o grande profeta, pois ele só tinha olhos para a sua adorada futura esposa. Mas Ramósis não descuidava da minha instrução espiritual. À noite, eu e Ise recebíamos os seus ensinamentos e ele tecia suas impressões sobre o casal real.

Ramósis dizia-nos com grande empolgação:

— Meus filhos, o Egito realmente está sendo abençoado pelo grande Deus. O Criador de todas as coisas uniu dois espíritos iluminados para trazer a luz à nossa terra. O faraó a cada dia torna-se mais inspirado pelas esferas superiores; e Nefertiti, trata-se de uma mulher determinada e com fantástica lucidez espiritual. Já antevejo à terra de Kemi como o grande centro espiritual da humanidade, onde o "Grande Espírito" encarnará com a missão de iluminar o planeta por séculos com seus sábios ensinamentos!

Naquela noite, eu sorri animado! Ramósis já me havia informado sobre a vinda do Grande Messias, o mais elevado dos filhos de Deus em nosso mundo. Infelizmente a profecia de Ramósis não se confirmou em solo egípcio. A ignorância do povo e as surpresas do destino mudariam o curso da história programada pelas altas esferas espirituais de nosso planeta.

E, assim, aquele ano passou rápido. Eu continuei com os meus estudos junto a Ramósis e Ise. Os templos de Osíris e Ísis haviam sido fechados, seguindo a determinação do faraó. Todos agora cultuávamos o deus Aton.

Já os sacerdotes de Amon não se renderam e mantiveram o seu culto discretamente. O povo em geral se dividia entre Aton e Amon. Os seguidores fervorosos do deus obscuro odiavam mortalmente o faraó pela perda do prestígio e das terras, que ele havia doado aos pobres para que as cultivassem. Essa atitude fez com que seu prestígio entre a classe pobre crescesse consideravelmente.

Os seguidores de Amon se sentiam humilhados por terem que professar sua fé como se fossem criminosos proscritos da sociedade por terem cometido um ato ilícito. Eles jamais perdoariam o faraó por aquela vergonha.

No resto, as coisas iam bem. Os povos dominados mantinham uma relação cordial com a nação soberana. Os hititas, o povo rebelde da região, mantinha-se em silêncio. Somente um tal de Aziru, rei da terra de Amurru, na Síria, é quem estava procurando realizar um certo jogo político, manipulando os povos vizinhos, principalmente o povo de Esmirna, na Síria, contra o Egito.

Naquele momento, Aye e Tii, que se preocupavam com as questões diplomáticas, não deram importância àquelas questões tão comuns no mundo antigo. A preocupação era em relação ao casamento do co-regente e a sua idéia insólita de realizar sua festa Sed, ou seja, sua regeneração ritual, junto com seu casamento com Nefertiti. Normalmente esse ritual, que visa recarregar o faraó de uma força divina sobrenatural, deveria acontecer trinta anos após o início de seu reinado. Poucos respeitavam tão longo prazo, mas Amenófis estava extremamente apressado: ele reinava somente há cinco anos!

Logo, o faraó possuía pressa em adquirir um "suplemento" de "poder mágico" em vista da obra que pretendia cumprir. Mas o que mais preocupava Tii era a construção de seu templo no santuário de Karnak. O faraó havia erguido grandes lonas proibindo qualquer cidadão, exceto os escultores, de ali entrar. Até mesmo sua mãe havia sido proibida de assistir à construção do seu templo ao deus Aton.

O faraó e Nefertiti diariamente passavam longas horas junto aos escultores, atrás das lonas. O povo a cada dia ficava mais curioso. Em determinado dia, um cidadão comum tentou espionar a obra do faraó e foi espancado pela guarda real. A curiosidade do povo, então, aumentou consideravelmente, tornando-se o grande assunto a ser discutido nas rodas sociais de Tebas. Todos aguardavam ansiosamente o dia do festival, quando haveria a inauguração do templo.

Eu e Ise levávamos uma vida despreocupada. Passeávamos por Tebas após os nossos afazeres e comprávamos enfeites e móveis novos para a nossa casa no comércio central da cidade. Ramósis trabalhava incansavelmente e mantinha no rosto uma expressão de serena preocupação.

Ao perguntarmos o que estava ocorrendo, ele dizia-nos estar preocupado com a festa de consagração do faraó. Ele afirmava ainda que o seu coração pressentia algo de ruim para aquela festividade. A muito custo, então, Ramósis conseguiu convencer o faraó a solicitar uma presença maciça dos homens do general Horemheb.

Quando chegou o dia da cerimônia, eu e Ise compreendemos a premonição de Ramósis. Era-nos possível ver as ratazanas do Templo de Amon dirigindo-se para o santuário de Karnak com seus uniformes com o emblema do carneiro. Durante o percurso, muitas pessoas eram aliciadas a usar o símbolo do falso deus.

Eu ordenei aos carregadores que se apressassem. Em minutos chegamos à avenida apinhada de gente. Os soldados de Horemheb fizeram uma "corrente humana" para segurar a multidão, que se aglomerava para ver a consagração. O povo estava praticamente no caminho que a liteira do faraó deveria percorrer para chegar ao seu novo templo, onde a cerimônia se realizaria.

Todos os dignitários da corte e a família real já estavam sobre o palco montado na frente das lonas que cobriam o santuário do faraó. Alguns minutos de espera e Nefertiti surgiu, sendo conduzida pelos carregadores. Ela estava deslumbrante, usando roupas e jóias que realçavam ainda mais a sua magnética beleza. O povo silenciou, admirado com as suas formas perfeitas e harmônicas e, principalmente, por ela já estar portando a coroa de Esposa Real do Faraó, embora a cerimônia nem houvesse começado. Mais uma das muitas quebras de protocolo do irrequieto faraó Amenófis IV.

Depois de alguns segundos, o público aplaudiu sua rainha e prosseguiu aguardando a presença do faraó, que demorou nada menos do que quarenta e cinco minutos de angustiante expectativa para apresentar-se. Ele chegou sendo carregado, hirto como uma imagem, tal qual apareciam os faraós em público durante todos os tempos. Na cabeça ele trazia a dupla coroa do Alto e Baixo Egito e mantinha os braços cruzados ao peito; suas mãos seguravam os símbolos da realeza: o chicote e o cajado. Sem piscar os olhos uma vez sequer, ele foi conduzido até o centro da cerimônia.

Lá chegando, ele quebrou de vez o protocolo real. O faraó levantou-se e conduziu sua futura esposa real pela mão até o sacerdote Meri-Rá, que novamente dirigiria uma cerimônia real, em detrimento dos padres de Amon. O povo manteve silêncio, enquanto os rituais matrimoniais transcorriam sem nenhuma alteração digna de nota. Terminada a liturgia, o casal real quebrou o cântaro que selaria a sua união.

Em seguida, sentaram-se em seus respectivos tronos e Meri-Rá proclamou, em alta voz, à multidão ali presente:

— Abençoados pelos raios de Aton, uniram-se nesta tarde o faraó e sua grande esposa real para, em uma só voz, dirigir as Duas Terras. Para selarem o seu compromisso e assumirem suas novas responsabilidades com a pátria do lótus e do papiro, o rei e sua esposa passam a adotar neste inesquecível dia suas novas identidades. A esposa do faraó recebe agora o título real de "Nefer-Neferuaten-Nefertiti" (Bondosa como a beleza de Aton, a Bela Mulher que Vem), assumindo o compromisso de acompanhar seu esposo, o divino faraó, nos caminhos da luz de Aton.

Logo depois, Meri-Rá abençoou Nefertiti e dirigiu-se para o faraó dizendo-lhe:

— O grande faraó Amenófis IV, compreendendo a importância do Único e Verdadeiro Deus do Egito, a partir de hoje abandona o seu nome anterior para assumir a sua nova identidade. Ele passa a chamar-se "Akhenaton" (O espírito atuante de Aton).

O povo entreolhou-se sem acreditar nas palavras de Meri-Rá. O faraó não estava apenas adotando mais um título real, mas trocando definitivamente de nome e assumindo uma nova vida para si e para o Egito, pois o faraó e o Egito não podiam ser dissociados.

Aquela revelação causou uma grande apreensão no público presente à cerimônia. Imediatamente um burburinho fez-se ouvir em meio à multidão. Logo surgiram alguns gritos de indignação, mas o faraó ergueu as mãos e disse:

— Acredito que todos agora desejam ver o templo que erigi a Aton no nosso grande santuário dos deuses.

Ao ouvir aquelas palavras, o povo silenciou. Todos estavam curiosos há meses para ver o novo templo em Karnak. Sem mais delongas, Akhenaton falou ao povo:

— Todos os deuses do Egito não expressam mais a verdade da Terra do Poente. Chega de idolatrias! O verdadeiro deus não possui forma, pois ele é onipresente, vive em tudo e em todos nós. Só poderá ser representado pelos raios de Aton que é a imagem do Grande Pai que nos dá a vida. Portanto, o Templo de Aton deve permitir que os raios do Deus Supremo cheguem até seus súditos. E para filtrar-vos essa luz, lá estará o pai da nação, o vosso faraó, que sempre conduziu o povo desde o início de nossa organização como nação única. O faraó a partir de hoje é aquele que fará seu povo conhecer Aton e todos aprenderão a viver no amor de seu Grande Deus!

Akhenaton sinalizou para os seus operários que retirassem a lona que encobria o templo. O povo ficou, então, estupefato! Ali estavam esculpidas estátuas colossais do faraó, retratando-o de uma forma caricaturada, ressaltando de forma aberrante os seus traços físicos. Ele estava representado com o rosto estranhamente deformado e de forma assexuada.

Sua intenção com aquelas estranhas obras artísticas era criticar o povo e os sacerdotes por seus comentários maldosos a respeito de seus traços físicos e de sua masculinidade. O faraó foi retratado pelos escultores, a seu pedido, com uma mandíbula protuberante, pescoço fino, braços muito magros, seios fartos, abdome caído e coxas grossas.

Além disso, o jovem e inexperiente faraó orientou os escultores a fazerem uma caricatura grotesca do sumo sacerdote de Amon adorando o faraó como intermediário na terra do deus Aton. Ptahmósis estava ajoelhado aos pés de Akhenaton com as mãos estendidas para o faraó que recebia os raios de Aton. O seu corpo disforme foi retratado com o abdome bem mais caído que o do faraó, os olhos arregalados e um nariz aquilino, três vezes maior do que o do sacerdote. Em sua cabeça escorria um líquido negro, simbolizando o ritual em que os sacerdotes de Amon untam suas cabeças com óleo para purificarem-se perante o deus.

Akhenaton havia exagerado na caricatura do sumo sacerdote. As pernas e braços flácidos de Ptahmósis foram retratados de forma realmente grotesca e o seu rosto denotava um ar misto de hipocrisia e cinismo.

Após alguns instantes, o faraó disse ao povo com voz alterada:

— Eu sou fiel à verdade! Eis-me aqui retratado como todos insistem em me ver em suas conversas cotidianas. Pois bem, não vou fazer como os meus antepassados, que se retratavam belos e fortes, quando assim não eram! Mas, olhai para vós mesmos! Abandonai a mediocridade de observar o defeito em vossos semelhantes, quando não enxergueis a imperfeição em vós mesmos!

O que é uma deformidade física, quando vemos o povo com a chaga da deformidade moral? Eu posso ser o que o povo me retrata, mas sou Uno com meu Deus, que me escolheu para trazer a luz ao meu povo. Quer queirais ou não, edificarei o reino de Aton sobre o Egito. E ninguém, nem mesmo esse que aqui está retratado — e o faraó apontou para a estátua de Ptahmósis — me impedirá de fazer com que a terra de Kemi siga o seu destino para os braços acolhedores de Aton!

O público manteve-se atônito. As pessoas conversavam entre si sem acreditar no que ouviam. Elas diziam:

— Esse homem é um louco, um possesso! Amon nos proteja contra as heresias que ele pratica em nome de sua insanidade!

Ptahmósis, que estava presente, ficou vermelho de raiva e jurou a si mesmo destruir completamente aquela estátua o mais rápido possível; intento que só conseguiu depois da morte do faraó.

Horemheb, prevendo os ânimos exaltados do povo, ordenou que seus homens conduzissem imediatamente a família real para o palácio. Akhenaton demorou-se discursando ao povo e argumentando sobre a importância de seu deus. Finalmente os soldados da guarda real conseguiram convencê-lo a ingressar na liteira real.

À medida que o faraó se deslocava na avenida central do templo, o povo começava a gritar:

— Amon! Amon! Restitui-nos Amon, o rei de todos os deuses!

O clamor do povo se tornou cada vez mais audível e logo era ouvido à longa distância.

— Amon! Amon! Queremos Amon! Restitui nosso deus, falso faraó!

O tumulto desequilibrou os homens que seguravam a cadeira que conduzia Akhenaton, fazendo com que este quase caísse de seu trono. Inclusive a dupla coroa do Alto e Baixo Egito caiu de sua cabeça. Os carregadores, aturdidos, olhavam assustados para os soldados, pedindo-lhes ajuda.

Os oficiais nervosos, tentando seguir a recomendação do faraó de evitar a violência, impeliram a liteira para a frente atropelando algumas pessoas. O povo assustou-se e irrompeu em irresistível correnteza para cima da guarda real. Os carregadores retrocederam e a multidão dirigiu-se em direção ao faraó para fazê-lo retornar.

Os soldados, acreditando ser um ataque ao soberano, partiram para a ofensiva com seus bastões e machadinhas. A situação tornou-se incontrolável. O povo armou-se de pedras e paus, enquanto o exército, bem armado, utilizou-se de espadas, adagas e machadinhas para defender-se. O sangue verteu pelo solo do templo sagrado. Muitas pessoas morreram sob o olhar

chocado de Akhenaton.
Ele dizia aterrorizado:
— Quanta insânia, meu Deus! Parai! Parai com essa matança insensata!
Mas o tumulto era tão grande que ninguém o ouvia. O cheiro de sangue e suor subia-lhe pelas narinas desacostumadas com o contato direto com as multidões, ainda mais em meio a uma carnificina.

Nenhuma pedra sequer foi atirada ao faraó, que era filho do deus Rá como os demais faraós, seus predecessores. Ele era um deus na Terra, uma pessoa sagrada, e ninguém da multidão ousaria um atentado direto a ele, por mais que muitos ali assim o desejasse.

Em seguida, surgiram carros de guerra, puxados por cavalos, que entraram no pátio do templo de forma desenfreada, atropelando o povo. Muitos inocentes verteram o seu sangue sob as patas dos cavalos ou sob as rodas dos carros de guerra naquela tarde traumática. Os abutres sobrevoaram Tebas por longos dias, atraídos pelo cheiro forte de sangue, fruto daquele triste espetáculo.

Quase uma hora depois, o povo dispersou-se e o faraó foi conduzido ao palácio em estado de choque. Nefertiti e sua mãe aliviaram-se ao vê-lo sem um arranhão sequer.

Ao anoitecer, Horemheb decretou toque de recolher para controlar os ânimos do povo e, principalmente, dos sacerdotes de Amon. Ele também assim determinou para evitar os saques ao comércio, que teve suas bancas quebradas no tumulto.

À noite, a rainha-mãe, Tii, solicitou a presença de Ramósis no palácio. Akhenaton estava profundamente abalado com o ocorrido à tarde. O dia de seu casamento, que deveria ser o mais feliz de sua vida, terminou em tragédia.

Meu instrutor pediu-me que o acompanhasse. Ao entrarmos no quarto, o faraó estava deitado em seu leito com os membros gelados e um olhar apático. Em seguida, começou a delirar e dizer coisas desconexas. Eu temi por sua vida! O choque havia sido muito grande.

Ramósis esfregou nos pulsos e no rosto de Akhenaton uma combinação de ungüentos; então, ele acalmou-se e entrou em sono profundo.

Nos dias seguintes, ele permaneceu trancado em seu quarto, ou então dirigia-se ao terraço, onde apreciava o movimento das embarcações no Nilo com um olhar indiferente, como se o mundo não mais existisse. Apenas no final da tarde, ele recuperava o ânimo e caminhava até o templo de orações do palácio, para suplicar fervorosamente a Deus uma orientação a seguir.

Cinco dias depois fomos chamados à Casa Dourada do faraó e encontramos na sala de recepções Horemheb, andando de um lado ao outro, batendo na própria perna com seu chicote e dizendo a Aye, que o observava com seu olhar de raposa, sentado em uma poltrona:

— O faraó está louco! Ele jogou fora a coroa e quebrou o cajado e o chicote com essa atitude absurda. Loucura! Loucura afrontar assim os sacerdotes de Amon. Onde ele estava com a cabeça ao tomar uma decisão assim? Há mil anos Amon é o deus preferido de nosso povo e agora ele tira o que há de mais sagrado para o cidadão tebano.

Pouco se me dá ter Amon como deus ou não. O meu deus é Hórus, o falcão, mas também não me preocupo muito com isso. O que me importa é ter a minha espada na bainha e a machadinha no cinturão.

Ele bateu com a mão nas armas e disse:

— Esses são os meus deuses!

Naquele instante, Aye dirigiu seu olhar para nós, que adentrávamos pela porta principal. Horemheb virou-se, olhou-nos com discreto respeito e sentou-se, mal contendo a ansiedade para ouvir as palavras do faraó.

Não demorou muito para Akhenaton apresentar-se na sala de recepções. Ele estava mais sereno e parecia haver superado a crise ocorrida no Templo de Karnak.

Sem rodeios, disse a todos que se encontravam no amplo salão:

— Aton falou-me com clareza na noite passada! O meu ká saiu de meu corpo e foi ter com o Grande Deus durante a longa jornada da noite. Ele me disse para construir uma grande cidade em seu nome no centro das Duas Terras. Ele me mostrará o caminho que devemos seguir! Assim deve ser feito para que não haja mais sofrimento e conflito em nosso país. Aton deseja paz e não derramamento de sangue. Se Tebas não deseja a minha presença e a luz do Grande Deus, iremos construir uma nova civilização com a colaboração de pessoas libertas da ignorância e do fanatismo.

E assim foi que Akhenaton assumiu sua nova identidade e tomou mais uma atitude espantosa aos olhos de seu povo: a mudança da capital do Egito, após séculos, de Tebas para Akhetaton ("O horizonte radiante de Aton")!

Capítulo 11
Akhetaton - a cidade celestial

Escultura de Akhe-naton, com formas femininas e abdome flácido, no Templo de Aton em Karnak.

No dia seguinte, os escribas reais afixaram um comunicado em todos os pontos públicos convidando aqueles que desejassem viver em paz, sob o amparo de Aton, que se inscrevessem para partir com o faraó rumo à cidade celestial, futura capital da terra de Kemi que seria construída para a glória do Grande Deus.

Durante as semanas seguintes à decisão do faraó, Tebas viveu sob alta tensão em meio a acalorados debates. Na família real e entre os nobres egípcios a agitação era indisfarçável. Tebas era a capital do Egito há vários séculos! A atitude de Akhenaton havia desconcertado a todos. Sua mãe, Tii, não se conformava com aquela decisão que, aos seus olhos, era absurda. Ela tentou de diversas formas dissuadi-lo, sem sucesso. Já o seu pai, antes austero e contrário às idéias do filho, agora a tudo aceitava sem questionar. Ele havia reconhecido em seu filho a luz divina.

Aye também tentou de todas as formas convencer o faraó a mudar seus planos, pois ele acreditava que era inevitável acompanhar Akhenaton naquela louca aventura.

O soberano não desejava mudar para uma outra grande cidade como Mênfis ou, então, promover o desenvolvimento de uma das dezenas de pequenas cidades à margem do Nilo. Ele tinha por objetivo fundar a sua cidade em solo virgem, em meio ao deserto. Seriam meses de desconforto em barracas militares até as primeiras habitações estarem prontas.

Isso era algo que também me preocupava. Enquanto Ise banhava-se em nossa luxuosa residência, na manhã seguinte, eu andava de um lado ao outro pelos jardins, aflito com a mudança. Nós mal havíamos nos mudado para aquele belo palácio e teríamos que abandonar nossa confortável moradia e a vida cosmopolita de Tebas para nos enfurnar em barracas em uma região deserta.

Por algumas horas eu tentei encontrar uma desculpa ou solução para não ter que seguir para o deserto com o faraó e assim permanecer em Tebas. Mas eu sabia que não era o correto! Eu havia prometido ao rei, quando menino, que o seguiria e o apoiaria em seu reinado. Havia ainda a determinação de Ise e de Ramósis que nem sequer consideravam a hipótese de abandonar Akhenaton. Para eles, almas libertas dos prazeres materiais, o abandono das riquezas e do conforto era algo de somenos importância.

Com o passar dos dias, Akhenaton percebeu que a adesão ao seu projeto seria mínima. Somente as pessoas que nada tinham a perder se alistaram para abandonar Tebas rumo ao desconhecido. Nefertiti, então, sugeriu que fossem convocadas todas as embarcações militares do Egito, e que estas conduzissem até Tebas todos os egípcios das Duas Terras que desejassem seguir com o faraó. Nas cidades do Baixo Egito houve, então, uma grande adesão.

Em duas semanas o porto de Tebas estava lotado de embarcações com pessoas de todas as regiões do Egito e, inclusive, da Síria e da Núbia. Akhenaton desejava que sua capital fosse um cadinho cultural, onde os povos de todo o mundo conhecido fundissem suas culturas. Algo bem contrário ao pensamento egípcio, que detestava misturar-se com os povos considerados inferiores.

Encerrada a cerimônia real, na qual o faraó se despedia de Tebas para fundar a nova capital do Egito (evento que os cidadãos de Tebas desprezaram), as embarcações rumaram rio abaixo em direção à nova cidade. Algumas pessoas contrárias ao faraó gritaram à margem do rio palavras ofensivas aos egípcios que seguiam Akhenaton.

Amenófis III seguiu com seu filho, devotando-lhe total apoio. Já sua mãe negou-se a acompanhá-lo no louco empreendimento. A atitude de seus pais foi fundamental para manter o governo estável. O apoio do grande faraó Amenófis III fez com que os povos vizinhos enxergassem com bons olhos a mudança da capital. Já a presença de Tii, que sempre foi hábil interlocutora tanto para assuntos externos como internos, manteve Tebas ainda como um centro político da época, acalmando os ânimos mais acirrados.

Aye aproveitou a oportunidade para solicitar ao faraó o adiamento de sua mudança para a nova capital. Ele alegou ser necessário resolver assuntos burocráticos urgentes em Tebas e imprescindível dar apoio à rainha-mãe, que ficaria na antiga capital respondendo pela família real no período de transição do faraó para Akhetaton.

Já Horemheb agradeceu aos deuses pela partida do faraó. Assim, ele teria menos tumultos internos no país e poderia preocupar-se com suas idéias de domínio militar sobre os povos vizinhos. O general dos exércitos egípcios acreditava que iria receber "carta branca" do faraó nas questões militares. Mas não seria bem isso que viria a acontecer!

Quando os barcos começaram a se distanciar e vi Aye com aquele olhar cínico se despedindo, senti uma grande inveja do hábil vizir. Ele ficaria desfrutando das belezas e do conforto de Tebas, enquanto eu estaria dormindo em desconfortáveis barracas militares.

A viagem até a região, hoje conhecida como Tell-el-Amarna, ou simplesmente Amarna, foi rápida e sem ocorrências dignas de menção. A não ser o fato de que Ise e Nefertiti ficaram grávidas durante a viagem. Felizmente viajamos a bordo da luxuosa barca real e o clima sedutor do Nilo e os discursos acalorados de Akhenaton sobre a sua "cidade dos sonhos" nos envolveram em uma mística romântica muito agradável. Em poucos dias de viagem eu já havia esquecido Tebas e seus encantos.

Ficamos deslumbrados ao chegar no local onde o faraó construiria a sua cidade dos sonhos, Akhetaton. A região era um imenso círculo de montanhas arredondadas que se desdobrava em volta do Nilo. Um extenso palmeiral verde escuro se prolongava por diversos quilômetros ao longo do rio. No centro havia um extenso deserto pronto para receber as imponentes construções dos hábeis arquitetos e escultores egípcios, que haviam sido convocados com promessas de alta remuneração pela velocidade na conclusão das obras. Quanto mais cedo fosse terminada a construção da cidade, mais colares de ouro receberiam pelo trabalho.

Os barcos atracaram à margem e todos ficamos maravilhados, apreciando a beleza do Sol nascendo entre as montanhas. Acredito que o faraó já conhecia aquela região e havia recomendado ao piloto da embarcação real que conduzisse toda a frota de forma a chegarmos nas novas terras durante o Sol nascente. Assim, teríamos um grande espetáculo para exaltar nossos ânimos.

Todos descemos alegres, louvando o Grande Deus e enaltecendo o nosso faraó. Akhenaton pediu-nos silêncio e leu o primeiro de inúmeros poemas que ele iria compor e que seriam a marca registrada de sua sensibilidade e inteligência.

Disse-nos Akhenaton, com leveza e emoção na voz:

>Eu farei Akhetaton para Aton, meu pai,
>Neste local;
>Não farei nem mais para o sul,
>Nem mais para o norte,
>Nem mais para leste,
>Nem mais para oeste.
>Não ultrapassarei os limites que Aton determina,
>Nem ao sul, nem ao norte;
>Não construirei a oeste,
>Mas a oriente, onde nasce o Sol,
>Na localidade que Aton cercou de montanhas ao seu gosto;
>Se a Grande Esposa Real me dissesse
>Que existe alhures
>Um lugar mais bonito para Akhetaton,
>Eu não lhe daria ouvidos.
>Se os conselheiros do reino ou qualquer outra pessoa
>Me dissessem o mesmo,
>Eu não lhes daria ouvidos.
>Caso se tratasse duma localidade ao norte ou ao sul,
>A oeste ou aleste,
>Jamais diria que eu iria abandonar Akhetaton,
>Que eu iria construir outra Akhetaton
>Num lugar mais favorável.
>Isto é Akhetaton para Aton.
>Foi ele quem a quis,
>A fim de com ela se regozijar para sempre e eternamente!

Todos aplaudimos as palavras do faraó e iniciamos o desembarque das bagagens. Os soldados que nos acompanhavam por ordem de Horemheb armaram as barracas, enquanto os arquitetos iniciavam a demarcação das construções, conforme Akhenaton os orientava. Nunca uma cidade daquelas proporções fora construída com tal rapidez! O faraó tinha pressa em criar um ambiente tão exuberante como Tebas.

Graças ao deus Aton, nós passamos grande parte do tempo destinado à construção da cidade visitando outras regiões do Império, como Mênfis, Heliópolis e Napata, na Núbia. O faraó não poderia administrar o Egito e receber os visitantes ilustres sob barracas de campanhas militares. Assim, ele decidiu estabelecer-se em Mênfis, enquanto Akhetaton estivesse sendo construída, período que durou pouco mais de dois anos.

O primeiro ano daquela nova fase de nossas vidas reservou-nos uma horrível tragédia. Ise insistia em acompanhar-me nas missões diplomáticas por todo o Império Egípcio. Sua barriga cada vez maior causava-lhe extremo desconforto nas viagens. Mas por mais que eu insistisse para que ela ficasse em Mênfis, mais ela relutava. Ise não desejava ficar longe de mim! Se fossem viagens curtas ela não se importaria em ficar. Mas as viagens levavam meses e estávamos numa época em que os meios de comunicação eram muito lentos. Apesar de a repreender, eu ficava feliz por poder viajar ao seu lado.

Em determinada viagem ao reino de Mittani, no sétimo mês de gravidez, Ise sentiu fortes contrações. As mulheres egípcias sempre possuíram flancos estreitos, o que dificultava o parto normal. Lutei desesperadamente para que a criança nascesse, mas o corpo delgado de Ise não me permitiu realizar o parto com sucesso.

Ao ver que estava perdendo minha esposa, tive que optar entre a criança ou ela. Amaldiçoei a ausência de meus instrumentos médicos. Qual o clínico que viaja sem seu material de trabalho? Eu estava tão envolvido com minhas atividades diplomáticas que havia deixado em Mênfis o material cirúrgico. Tive que lutar desesperadamente, usando somente as mãos para retirar a criança sem vida do ventre de minha mulher. Ela desmaiou e eu gritei como um cão ferido, segurando o filho morto em meus braços. Tentei reanimar o bebê de todas as formas. Infelizmente não foi possível!

Eu beijei-o, enlouquecido até ficar com o rosto completamente manchado de sangue. Depois de concluir que era inútil tentar reanimá-lo, fiquei por horas agachado em um canto da embarcação, chorando, abraçando o bebê junto ao peito. Alguns tripulantes da embarcação tiveram que retirar a pequena criança dos meus braços e assistir Ise, pois eu entrei em um estado de profunda apatia.

Minha esposa passou quase dois dias repousando, enquanto eu delirava em alta febre. Meu emocional sofria naquela noite o primeiro grande abalo de minha vida.

Ise sobreviveu, apesar de ter ficado muito fraca. Imediatamente retornamos para Tebas, onde o corpo do pequeno menino foi encaminhado para a Casa da Morte para ser embalsamado.

Ramósis examinou a filha e nos desaconselhou a tentar um novo filho, pelo menos a curto prazo. Akhenaton e Nefertiti choraram intensamente conosco. Eles valorizavam muito o espírito familiar. Tanto que deixaram retratado o valor do afeto familiar nas obras artísticas de seu reinado.

Quase dois meses depois nasceu a primeira filha do faraó, Merit-Aton, que significava "Amada de Aton". Foi um dia de grande alegria para o casal real. E nós, mesmo abatidos com nossa tragédia, compartilhamos da alegria de nossos amigos. Quem sabe no futuro teríamos também nossos próprios filhos?!

Os meses seguintes passaram-se rapidamente, enquanto eu e Ise viajávamos como mensageiros da nova filosofia espiritual do Deus Único, que pregava o amor e a fraternidade entre os homens.

Ao retornarmos para Akhetaton, Nefertiti já havia dado à luz a uma segunda menina, Meket-Aton, e a cidade celestial já estava quase concluída em sua estrutura básica. Eu e Ise ficamos impressionados com as dimensões e a beleza das construções principais, erigidas em tão pouco tempo. Como diria um poeta da época, Akhetaton era "Grande por seu encanto, agradável aos olhos por sua beleza."

O centro da cidade de Aton situava-se na parte oriental da cadeia de montanhas. O espaço para a grande cidade era uma meia-lua de aproximadamente cinco quilômetros de largura por treze de comprimento.

Uma "avenida real" cortava toda a extensão da cidade de norte a sul. Essa grande avenida tinha mais de trinta e oito metros de largura; talvez tenha sido a maior rua do mundo antigo. O objetivo daquela extensa largura era promover desfiles de carruagens da família real e ser um grande largo para as festividades populares ao deus Aton.

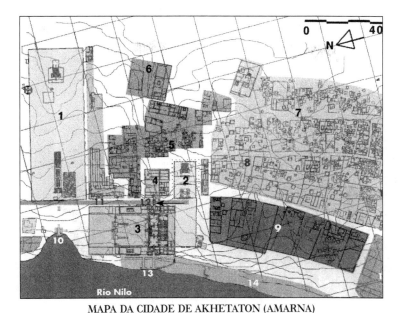

MAPA DA CIDADE DE AKHETATON (AMARNA)
1 - Grande Templo de Aton. 2 - Santuário Castelo de Aton. 3 - Palácio Real. 4 - Residência da família real. 5 - Escritórios diplomáticos e de pesquisas. 6 - Área policial (militar). 7 - Subúrbio do Sul (bairros pobres). 8 - Ilha Exaltada nos Jubileus (bairro nobre). 9 - Casas de bebidas (vinho e cerveja), padarias e zonas de comércio. 10 - Templo do cais. 11 - Grande Avenida Real. 12 - "Janela das Aparições"- passarela que cruzava a Avenida Real, ligando o palácio aos aposentos da família real; local onde o faraó falava ao povo, que se aglomerava na grande avenida. 13 - Cais real. 14 - Cais comercial. 15 - Área de criação de gado e plantações (fazenda). 16 - Bairro dos artesões.

    A cidade completa, incluindo suas demais ruas internas, dispersava-se para todos os lados em vinte e sete quilômetros, abrangendo os subúrbios de ambas as extremidades. Ali foram construídos templos e moradias para a classe média, composta de arquitetos, artesãos e escribas. Além do bairro norte, construiu-se uma aldeia para abrigar os trabalhadores mais modestos, que talhavam as pedras e fabricavam os tijolos de barro para as construções.

    No centro da cidade, próximo ao palácio real, no bairro chamado de "Ilha Exaltada nos Jubileus", foram construídas as propriedades da nobreza de Amarna. Eram mansões que seguiam projetos similares, como um grande condomínio moderno. As casas possuíam um grande saguão de entrada, sustentado por colunas de madeira pintadas em cores vivas e decoradas com flores de lótus. O saguão levava a uma ampla sala de estar que ligava-se aos quartos, banheiros e demais aposentos. Atrás da casa ficavam acomodações para os criados, os celeiros, os depósitos, a cozinha e os estábulos. Eu e Ise recebemos uma daquelas casas da zona nobre para ser a nossa nova moradia.

Mas, de todas as construções de Akhetaton, nada se comparava ao palácio do faraó e ao Templo Real de Aton. O palácio de Akhenaton possuía uma fachada de oitocentos metros. Uma passarela suspensa por sobre a rua, como um viaduto, ligava-o aos apartamentos privados do rei. Talvez fosse a maior residência real do mundo antigo até aquela época. Era um imenso labirinto complexo, espalhado em todas as direções, composto de salões de audiência, pátios a céu aberto, diversos aposentos, quartos e salas para a meditação e descanso. À frente do palácio havia três jardins suspensos de plantas exóticas e a grande construção possuía um terraço de frente para o Nilo, onde era possível tirar proveito de sua brisa fresca.

A passarela suspensa do palácio de Akhenaton era chamada de "A janela das Aparições", de onde o faraó e sua esposa real falavam ao povo e o recebia em audiência coletiva, quando necessário.

Anexo ao palácio, o faraó possuía um templo particular para suas meditações e orações, que era chamado de "O Castelo de Aton". Ali eram realizados os rituais privados do rei para fazer levantar o Sol da justiça em todas as manhãs. Era uma cerimônia em que o faraó procurava manter a mente limpa e em paz no novo dia que nascia. Só através da influência benéfica dos planos espirituais superiores ele poderia julgar e decidir o rumo do Egito com sabedoria e justiça.

Atrás dos aposentos da família real foram construídos prédios administrativos para instalar os escritórios oficiais do reino, o serviço policial, o tesouro real e os serviços diplomáticos, que foram intensos em Amarna. Já o grande Templo de Aton situava-se ao norte do palácio, no final da Avenida Real.

O templo principal de Akhetaton tinha dimensões semelhantes à devoção do faraó ao deus Sol; ou seja, uma área que desafiava até as fantásticas dimensões de Karnak, em Tebas, com quase duzentos metros de comprimento por cinqüenta de largura. Os egípcios nunca tinham visto nada semelhante. Ao contrário dos templos tradicionais, que eram escuros e misteriosos, sendo permitido somente o acesso aos sacerdotes e ao faraó, o templo de Akhenaton era a céu aberto, permitindo a en-

trada dos raios do Sol e de todo o povo, não importando sua classe social.

Como não possuía estátuas de Aton, porque a idolatria tinha sido banida junto com os antigos deuses do Egito, não havia necessidade de um santuário. O Templo de Aton deveria ser apenas um local sagrado, onde os raios do deus Sol banhariam os fiéis que procurassem receber a "fonte da vida".

Portanto, o templo era apenas um muro retangular que contornava o perímetro e delimitava um pátio aberto do tamanho de dois campos de futebol. Do lado de dentro havia diversas áreas de meditação, onde os ordeiros habitantes sentavam-se e oravam com fervor ao Grande Deus. Contava ainda com alguns assentos sob quiosques para que os fiéis não se expusessem exageradamente aos raios solares.

Na entrada havia uma série de colunatas gigantescas que se estendia por toda a fachada e entre elas estátuas colossais do faraó e de sua esposa, intérpretes do Grande Deus para o povo. Pilonos maciços na entrada separavam os recintos externos da parte interna do templo; de postes colossais sobre a face desses pilonos pendiam longas bandeiras, que esvoaçavam à brisa simbolizando o sopro da vida.

Alguns historiadores insinuaram que Akhenaton era um homem egocêntrico e vaidoso por causa das grandes esculturas que o representavam no templo, como se ele fosse o próprio deus, e também pela excentricidade e grandeza de seu palácio real.

Em verdade, estávamos em uma época bem anterior aos profundos ensinamentos de humildade e modéstia de Jesus. Além do mais, o povo tinha uma grande dificuldade para entender um deus tão abstrato como Aton. Por anos eles haviam adorado imagens, sendo-lhes difícil compreender a natureza de um deus que está no ar, no Sol e em toda a natureza. O faraó, então, decidiu associar a sua imagem ao projeto de educação espiritual do povo, até que seus súditos pudessem entender a natureza divina por si só.

Akhenaton tornou-se, portanto, um necessário intermediário de Aton para o povo simples, que tinha dificuldades de adorar até mesmo o Sol, por ser intangível. Aqueles que não compreendiam o deus, o adoravam através do culto ao próprio faraó que havia-lhes trazido a Verdade Divina e era o fiel intérprete do Grande Deus.

Akhenaton e Nefertiti caminhavam descontraidamente pelas ruas de Amarna e assim o povo simples os tocava e cultuava o Grande Deus através deles. Quanto a sua moradia, devemos lembrar que todas as obras dos faraós eram, como se diz, "de dimensões faraônicas". Os grandes reis do Egito sempre admiraram grandiosas construções, assim como o povo em geral.

O sonho de Akhenaton, que para muitos céticos era algo que não sairia do projeto, acabou tornando-se uma realidade que impressionou inclusive os povos vizinhos. Em poucos anos Akhetaton possuía mais de trinta mil habitantes e uma qualidade de vida invejável em todo o mundo antigo.

A cidade tornava-se, dia a dia, o maior foco político-religioso da época. Iniciou-se ali, então, um período de grandes congressos religiosos, culturais e sociais. Os grandes sábios de todo o mundo antigo convergiam para a cidade celestial e lá debatiam as formas de construir um mundo novo.

Tamanho sucesso irritou ainda mais os tebanos, principalmente os sacerdotes de Amon. Inclusive a rainha-mãe, Tii, começou a passar longas temporadas em Akhetaton. Aye, sempre prudente, dividia-se entre Tebas e a nova capital. O faraó não o repreendia, pois sabia que era absolutamente necessário dispor de um funcionário que controlasse a grande Tebas, e ele não desejava retornar à cidade que o havia rejeitado.

Em razão do abandono total pelo faraó, Tebas começou a perder o seu brilho. A falta de riquezas, que antes convergiam para a capital do Império, causou um declínio radical no rico estilo de vida tebano.

Akhetaton atraía os mercadores de todo o Oriente, que traziam as novidades da moda para a nova capital do Egito. Tebas iniciou um lento, mas progressivo, processo de decadência. Ademais, vários cidadãos de classe média-baixa foram presenteados pelo faraó com terras do proscrito deus Amon. Por essse motivo, muitas pessoas abandonaram Tebas para dedicar-se à vida rural.

Os grandes dignitários tebanos e os sacerdotes de Amon

decidiram, então, realizar um pacto de fidelidade para derrubar o faraó. Ptahmósis era o grande representante dos sacerdotes e Ramósis, o prefeito de Tebas, representava a nobreza tebana.

Naquele período, meu sogro Ramósis foi indicado pelo faraó para assumir o cargo de vizir do Egito em Akhetaton, enquanto o prefeito de Tebas respondia administrativamente pela antiga capital do país. A semelhança dos nomes e as incompletas referências históricas fizeram com que os historiadores acreditassem que ambos fossem a mesma pessoa.

Aye, pouco a pouco, mudou as suas funções, tornando-se um hábil negociador entre o Alto e o Baixo Egito. As cidades que rivalizavam com o faraó eram recebidas pelo vizir, que intermediava os contatos que deveriam ser realizados diretamente com o faraó. Akhenaton não os desejava ver, e a recíproca era verdadeira. Aye realizou um importante papel de sustentação do governo de Akhenaton. Caso assim não fosse, seria difícil administrar o país e, quem sabe, haveria uma nova ruptura entre o Alto e o Baixo Egito.

No décimo quarto dia da estação da cheia do Nilo (Akit), durante um grande fórum mundial da época, quando a cidade recebeu sábios de todo o mundo antigo, Akhenaton inaugurou a cidade celestial.

Na estela principal (laje comemorativa) da entrada da cidade, o faraó deslumbrou a todos com uma poesia a sua adorada Nefertiti, que cativou a todos. Ao descortinar a estela, todos puderam ler as palavras que são um exemplo da sensibilidade desse grande espírito:

>Bela de face,
>Grandiosa no palácio,
>Alegremente adornada com as Duplas Plumas,
>Soberana da felicidade,
>Dotada de todas as virtudes,
>A cuja voz o povo se regozija,
>Senhora da graça, grande de amor,
>Cujos sentimentos alegram,
>O senhor dos dois países...
>A princesa herdeira,
>Grande em favores,
>Que resplandece com suas Duplas Plumas,
>Que alegra com sua voz a todos que a escutam,
>Que fascina o coração do rei em sua casa,
>Satisfeita com tudo o que o povo lhe diz,

A Grande é a esposa principal do rei,
Senhora das Duas Terras,
Nefer Neferuaten Nefertiti, (Lindas são as belezas de Aton, a Bela Mulher que Vem),
possa ela viver para todo o sempre.

Nefertiti abraçou Akhenaton de forma apaixonada e agradeceu com um terno beijo ao gesto carinhoso do marido. Enquanto isso, as pessoas se maravilhavam, encantadas com a beleza do hino que o faraó compôs para a Grande Esposa Real.

Em seguida, foi descerrada outra estela que demarcava os limites da cidade. Essa laje causou muita polêmica nos tempos atuais, pois fez crer aos historiadores que Akhenaton jamais voltara a sair da capital depois de sua fundação. Muitos dos hieróglifos possuem valor simbólico e não devem ser interpretados conforme nossa visão moderna! A estela dizia mais ou menos o seguinte:

"Quanto ao marco meridional que fica sobre as montanhas orientais de Akhetaton, jamais os ultrapassarei em direção ao sul, por toda a eternidade. Quanto ao marco intermediário que fica sobre as montanhas orientais, jamais os ultrapassarei em direção ao leste, por toda a eternidade. Jamais abandonarei minha Akhetaton!"

Essas palavras devem ser interpretadas de forma simbólica, pois dificilmente um cosmopolita como Akhenaton iria exilar-se em uma pequena cidade, isolando-se do mundo para viver uma vida apenas contemplativa. Seu sonho era difundir sua crença no deus Aton por todo o mundo conhecido. Ele não alcançaria tal objetivo isolado em Akhetaton. Com aquelas palavras ele desejou apenas dar um recado a Tebas: "Jamais Tebas voltará a ser a Casa do Faraó!"

Uma comprovação de que Akhenaton saía com freqüência de sua nova cidade eram suas constantes viagens à Núbia, à Etiópia e à Síria; e a presença do faraó no funeral de seu pai, na própria Tebas, pois Amenófis III quis ser sepultado no Vale dos Reis, junto aos seus ancestrais.

Após a cerimônia das estelas que demarcavam os limites da cidade, Akhenaton conduziu o povo à grande Avenida Real, que iniciava nos prédios onde se fabricava pão, cerveja e vinho e terminava no Grande Templo a Aton. Lá seria realizada a grande festa popular, tradicional no Egito, onde se distribuía pão e cerveja em abundância ao povo.

Antes disso, o faraó realizou um desfile de carruagens em homenagem ao Grande Deus. Akhenaton adorava participar daqueles desfiles! Poucas coisas o deixavam tão feliz. Com certeza aquele foi o período mais venturoso da vida do casal solar. Eles tinham duas belas filhas que enchiam a Casa Real de alegria. Akhenaton e Nefertiti se amavam intensamente e o grande projeto estava crescendo rapidamente. A presença maciça de cidadãos de todos os reinos do mundo antigo comprovavam essa crença.

No auge de seus vinte e quatro anos, Akhenaton subiu em sua biga, estendeu a mão a sua bem-amada Nefertiti e ambos seguiram pela Avenida Real apinhada de gente, no carro puxado por uma parelha de cavalos belíssimos. O faraó dominava o veículo com facilidade e graça, ao passo que Nefertiti apoiava-se no ombro do marido e voltava seus olhos graciosos para ele. Essa cena foi retratada pelos artistas de Akhetaton e pode ser vista pelos turistas ainda nos dias de hoje no acervo arqueológico da cidade celestial.

O faraó, exibindo seu esplêndido traje e cingindo a dupla coroa do Alto e Baixo Egito, transbordando de felicidade, recebia os aplausos de seus súditos e convidados.

A cada semana que passava eu tinha mais certeza de que estávamos morando no paraíso. Não havia pobres em Akhetaton. O faraó auxiliava a todos para que a miséria não os ferisse. Por conseqüência, não havia crimes na cidade celestial.

O encarregado da polícia de Akhetaton, um sírio chamado Mahu, tinha pouco serviço a realizar. As bigas da chefatura de polícia geralmente eram requisitadas para os desfiles de carruagens em honra ao deus Aton. E era comum o faraó levar em suas viagens diplomáticas todo o seu contingente policial, deixando a cidade sem um único representante da Lei. Tal era a paz em que se vivia em Akhetaton. Podíamos dormir tranqüilamente com portas e janelas abertas; algo impossível em grandes centros habitacionais, como era Akhetaton em seus anos áureos.

Pela manhã acordávamos cedo; ao contrário do que acontecia em Tebas, onde a vida noturna era intensa. Depois de uma frugal refeição, nos dirigíamos ao templo para apreciar o nascimento do disco solar entre as montanhas da cidade. Em seguida, íamos para a Grande Casa da Vida de Akhetaton, onde o faraó, Nefertiti, Meri-Rá, Panhesy, Ramósis e outros grandes sábios revolucionavam o conhecimento religioso, filosófico, social e até mesmo científico da época.

As crenças de Osíris e dos outros deuses do Egito tornaram-se, aos meus olhos, algo digno apenas de povoados primitivos. Meu coração, que já não admitia a idolatria ignorante do povo e a superstição religiosa baseada em amuletos e servilismo a sacerdotes hipócritas, agora enxergava a verdade com clareza.

Por diversas vezes Akhenaton nos dizia: "Eu vejo a verdade! E a minha missão é trazer a verdade aos homens. Aquele que ouve minha doutrina de vida, aquele que ouve Aton, jamais será o mesmo, porque deixará de ser cego, verá a luz!"

Akhenaton tinha plena razão! Ao enxergarmos a verdadeira face de Deus, modificávamos, dia a dia, nossa forma de ver e viver a vida. O povo que migrou para Akhetaton transformava-se diariamente assim como o disco solar, que parecia nascer a cada dia mais belo. O povo tornava-se mais educado e contemplativo. A felicidade reinava em todos os lares e a Casa da Vida recebia a todos, e não só alguns poucos eleitos.

O faraó determinou que todos deveriam aprender a ler e escrever. Com esse objetivo, ele iniciou o desenvolvimento de uma linguagem mais simples baseada nos sofisticados hieróglifos egípcios. Não era necessário dificultar, como os escribas faziam para deter a exclusividade no domínio da escrita.

Além disso, os operários pobres que construíram a cidade receberam uma grande recompensa; aprenderam a ler e foram iniciados em outras atividades mais qualificadas. Todos na cidade recebiam sempre generosos presentes do faraó, o que os engrandecia e lhes dava uma melhor qualidade de vida.

Tal fato gerou uma grande migração para Akhetaton no quinto ano de sua fundação. Mahu, o chefe de polícia, precisou montar uma alfândega para bloquear o acesso em massa à cidade. Portanto, todos que desejavam domiciliar-se em Akhetaton precisavam preencher um cadastro, onde era analisado o motivo pelo qual o forasteiro queria mudar-se para a cidade celestial. Mesmo assim, muitos egípcios mal-intencionados conseguiram autorização para viver na capital do Império e, inclusive, obtiveram cargos na administração da capital e do Duplo País.

Em virtude desse processo de seleção para estabelecer domicílio em Akhetaton, vários egípcios se revoltaram contra o faraó, pois na nova capital do Império viviam muitos sírios, mitanianos e núbios; inclusive um sábio da terra de Hati, que era o principal povo rival do Egito. E eles, os nativos da terra de Kemi, deveriam preencher um cadastro e permanecer em uma fila de espera para ser aceito.

Enquanto havia tensão nos arredores de Amarna, nós estudávamos meios de expandir a filosofia de Akhenaton por todo o Egito. Não deveríamos receber os egípcios de outras cidades, mas expandir para todo o Duplo País as idéias do faraó, que deveriam promover um franco desenvolvimento ao povo, a despeito das intenções dos sacerdotes de Amon.

Heliópolis, que foi a primeira cidade simpática aos planos do faraó, recebeu um grande número desses imigrantes. Em todo o Baixo Egito surgiram novas pequenas comunidades ao redor das cidades já conhecidas.

Muitos desses imigrantes foram acomodados nas antigas terras de Amon que o faraó havia confiscado e ainda estavam desabitadas e improdutivas.

Outro estudo que me impressionou naquela época áurea da Antigüidade foi a "filosofia da produtividade". Os sábios que se reuniam em Akhetaton filosofavam por longas horas elaborando idéias sobre o que poderíamos chamar de "máquinas de produtividade". Todos estudavam uma forma de multiplicar a capacidade produtiva de um trabalhador. Sabíamos que era necessário produzir mais e melhor e com menos esforço humano. Assim, o povo egípcio ampliaria seu padrão de vida e a terra de Kemi se tornaria a grande nação do mundo antigo, impulsionando o progresso na região. Várias engenhocas eram desenhadas com o objetivo de construir aparelhos que aperfeiçoassem a produção agrícola e a tecelagem.

Eu acredito sinceramente que se o faraó Akhenaton tivesse tido um reinado mais longo ou se o seu filho Tutankhaton não tivesse sofrido uma lavagem cerebral, teríamos desenvolvido no século XIV antes de Cristo as primeiras máquinas semelhantes às movidas a vapor. Meri-Rá e Ramósis defendiam e realizavam experiências com o superaquecimento da água para gerar movimentos mecânicos automatizados. A filosofia atlante estava renascendo em Akhetaton!

Enquanto isso, Tebas continuava a sua medíocre caminhada pelas crenças mesquinhas e primitivas. A distância do faraó em relação a Tebas e seu total desinteresse pela cidade fez reviver o culto aberto a Amon, mesmo desrespeitando a ordem do soberano do país. O povo e os sacerdotes, inclusive, voltaram a realizar a procissão anual de Amon. Akhenaton fora informado por Mahu, que havia estado na antiga capital do Egito para resolver assuntos pertinentes a sua função.

Eu estranhei que Aye, que vivia mais em Tebas do que em Akhetaton, desconhecesse aquela informação. Tii também passava a maior parte do ano em Tebas. Será que eles não tinham percebido o culto aberto a Amon?

Mas o faraó desprezou tais informações. Ele não desejava atrito em um momento tão próspero para os seus planos. Akhenaton acreditava que as transformações que estavam para alastrar-se por todo o Egito iriam modificar Tebas naturalmente, sem violência e imposição de suas idéias.

E assim a vida prosseguia no Egito, com seu ritmo determinado pela orientação espiritual que cada grupo imprimia às suas vidas. Em Akhetaton, progresso e inovação; em Tebas, atraso e culto a superstições.

Akhetaton crescia, gerando novas fontes de estudo, arte e devoção religiosa. A arte amarniana talvez tenha sido uma revolução quase tão grande quanto a própria revolução religiosa determinada pelo faraó.

Seguindo a orientação de Akhenaton em Tebas, onde orientou os artistas a retratá-lo de uma forma caricaturada, os pintores e escultores de Amarna transformaram o protesto do faraó em um estilo artístico inigualável e de caráter profundamente expressionista. Esse estilo tornou-se a marca registrada de Akhetaton.

O faraó e a sua família eram sempre retratados de forma simbólica, com abdomens flácidos e rostos radicalmente caricaturados. Além disso, cenas do cotidiano e do amor familiar do faraó eram representados em abundância por toda a cidade. Algo raro na arte egípcia até aqueles dias. A natureza, com seus patos e flores de lótus, também dominava a paisagem artística da cidade. Tornou-se comum retratar "a criação de Aton", ou seja, a natureza. Os animais deixaram de ser meros objetos de caça para tornarem-se elementos da obra do Deus Criador.

Caso os arqueólogos não tivessem descoberto o busto de Nefertiti na oficina do escultor Thutmósis, jamais teríamos a imagem verdadeira da mais bela mulher da Antigüidade. Os artistas de Amarna reproduziam o rosto de seus soberanos como um molde fiel e depois o utilizavam como modelo para retratá-los segundo a arte amarniana. Infelizmente o molde de Akhenaton foi completamente destruído, acabando com as esperanças de obtermos no plano físico uma imagem real do maior sábio entre os faraós do Egito.

O progresso seguia-se em todas as áreas. Nefertiti e suas

sacerdotisas inaugurariam no ano seguinte o santuário "A Moradia do Repouso de Aton". Tratava-se de um santuário religioso que tinha por objetivo realizar cultos que celebravam o pôr-do-sol. Ali era formada toda uma filosofia de amor e de paz pelas sacerdotisas do Sol. Ise auxiliava Nefertiti nesse grupo que iniciava jovens moças em profundos conhecimentos espirituais, semelhante ao Templo do Sol da extinta Atlântida.

Nefertiti, a grã-sacerdotisa do Sol, orientava suas discípulas na arte da cura, através do que hoje conhecemos por "Reiki" ou passes espirituais. Elas associavam-se aos trabalhos médicos da Casa da Vida e curavam muitos pacientes através da simples imposição de mãos somada ao poder mental e influências espirituais do Mundo Maior. Ise, já naquela época, era uma notável magnetizadora que realizava curas fantásticas. Utilizando-se da essência astral dos raios solares, elas obtinham resultados que impressionavam os médicos tradicionais formados em Tebas ou Mênfis.

Tratamentos radicais, como a trepanação de crânios, eram desnecessários em Akhetaton. Através da cura magnética, até mesmo tumores cerebrais eram simplesmente desintegrados, devolvendo saúde plena ao paciente.

Na música e na dança um estilo inovador foi introduzido, sendo que a primeira filha do casal solar, Merit-Aton, tornou-se uma das mais célebres dançarinas da dança sagrada dos "sete véus de Ísis", que foi transformada e adaptada à religião do deus Aton.

Nos finais de tarde, eu encerrava meu trabalho na Casa da Vida e me dirigia ao Santuário das ssacerdotisas do Sol para assistir e orar junto às moças angelicais pelo "repouso de Aton". Depois, eu e minha bela esposa retornávamos para casa, retirávamos os calçados e as roupas e nos banhávamos na piscina artificial que possuíamos nos fundos da casa, nos dias de calor intenso.

Passávamos horas conversando sobre os projetos para o mundo, pois Akhetaton já era um projeto executado com sucesso e seria a futura capital mundial do amor e da fraternidade. Em algumas noites, Ise tocava sua harpa de vinte e uma cordas e cantava músicas belíssimas, que eram um espelho de sua alma. Bebíamos um saboroso vinho e dormíamos felizes. E assim os anos passaram-se rapidamente, como sempre acontecia quando estamos felizes!

Capítulo 12
Os pilares de uma nova sociedade

A cruz "ankh", o hieróglifo egípcio que simboliza a vida.

O Sol da manhã brilhava no céu e uma brisa balançava em um leve bailar as palmeiras à margem do Nilo. Eu estava sentado em uma das cadeiras da varanda da Casa da Vida, repousando por alguns minutos dos trabalhos de pesquisa das doenças mágicas. Naqueles dias estávamos unindo esforços para descobrir o motivo da "febre maligna" causada pela malária, até então desconhecida pelos médicos. Vários clínicos vindos de todas as regiões vizinhas estavam ali reunidos em razão do pedido de Meri-Rá e de Ramósis.

Acreditávamos que a doença tinha motivos espirituais, mas suspeitávamos que isso não era tudo. Algo poderia ser feito para evitar o mal que ocorria com freqüência em grandes zonas habitacionais; ou, quem sabe, poderíamos contornar os sintomas da doença que levava os pacientes à morte. Em todo o Egito havia centenas de óbitos, mas, estranhamente, isso era algo raro em Akhetaton. Seria o clima espiritual? Não sabíamos!

Enquanto eu repousava, fiquei observando algumas crianças brincando em uma praça que possuía ao centro uma grande cruz ("ankh"), o símbolo da vida dos egípcios e elemento mágico da religião de Aton.

Ramósis já tinha levantado a questão da precária higiene nos grandes centros urbanos, mas sabíamos que as pessoas que moravam em bairros ricos e bem cuidados também sofriam da febre maligna. Portanto, o problema não podia ser resumido à falta de limpeza. Mas, com certeza, devia haver um elo de ligação entre a higiene e as "doenças mágicas". Muitas enfermidades eram curadas através de tratamentos espirituais, e isso fazia com que os médicos demonstrassem pouco interesse pela suas causas. Eles trabalhavam na conseqüência, desprezando a pesquisa da origem do problema.

Akhetaton era, antes de tudo, um grande cadinho cultural. Ali se reuniu um grande número de pensadores, desses que transformam o mundo como o conhecemos; aquele tipo de pessoa que enxerga onde ninguém vê. Alguns meses convivendo com aquela cúpula de pensadores transformava qualquer um. Era comum passarmos horas olhando fixamente para um ponto e a mente viajando pelo desconhecido em busca do progresso.

Tal hábito dos cidadãos de Amarna aos olhos dos retrógrados da época era visto como desinteresse pelo trabalho e irresponsabilidade do faraó, que ao invés de estar lutando pelos domínios da terra de Kemi passava seus dias aliado a um "grupo de alienados". Enquanto Akhetaton procurava produzir grandes transformações que mudariam o cenário do mundo conhecido, os ignorantes da época qualificavam os grandes sábios como vagabundos e irresponsáveis, pois não pegavam nas armas para guerrear ou nas enxadas para semear a terra.

Infelizmente a história geralmente é registrada por aqueles que terminam dominando através da força. E estes são incapazes de enxergar um palmo além de seus olhos! Graças à falta de compreensão da "grande Tebas", todo o trabalho realizado em Akhetaton terminou sendo destruído, desprezado e, finalmente, esquecido. Assim, após o término do reinado de Akhenaton, o Egito mergulhou novamente no atraso que permeou a história de nossa humanidade, onde o símbolo do progresso é o domínio através da força militar.

As horas passaram-se rapidamente. Logo percebi que o dia estava próximo da quarta hora da tarde, horário em que o faraó iria falar ao povo na "Janela das Aparições", a passarela elevada que ligava os seus aposentos ao palácio e que cruzava sobre a grande Avenida Real.

Akhetaton era uma cidade moderna e grande. Para nos deslocar, necessitávamos de um meio de transporte por terra que fosse prático e eficaz. As aulas de Horemheb sobre os carros de combate puxados por cavalos despertaram o irreverente espírito do faraó. Ao contrário de todo o Egito, utilizávamos as bigas para nos deslocar pela cidade com rapidez e conforto. Os nobres da corte e os grandes funcionários da administração possuíam sua biga. O trânsito na Avenida Real era intenso, sendo necessário ter atenção ao atravessar o Grande Largo.

Subi em minha biga e dirigi-me para casa. Ise já me aguardava ansiosa. Ao passar pela soleira da porta, ela me disse, com certa inquietação:

— Estás atrasado!

Eu sorri e, envolvido por sua beleza indescritível, respondi:

— Estás linda!

Ela sorriu, lisonjeada com minhas palavras, e falou suavemente:

— Estás perdoado!

Ambos sorrimos e nos abraçamos. Minha esposa Isetnefret era o meu porto seguro; local onde minha alma inquieta encontrava paz e vencia os tormentos que obscureciam meu coração. Ao lado dela eu era feliz e realizado. Ise era uma mulher agradável a todo instante e sua luz interior elevava minha alma a um estado de real pureza. Junto dela era impossível anuviar a mente e sintonizar-se com as trevas. Além do mais, vivíamos em uma cidade consagrada à paz e ao amor.

Abraçados nos dirigimos a pé até a grande Avenida Real. Os quase quarenta metros de largura da avenida pareceram insuficientes para receber tantos cidadãos. Acredito que vinte mil pessoas se reuniram ali naquela tarde para ouvir o faraó. Akhenaton possuía uma voz serena e de tom baixo e teve que esforçar-se para ser ouvido pela multidão que permanecia estática, em silêncio.

O faraó vestia naquela tarde uma roupa bem diferente da usual. Ele estava com uma longa túnica branca que cobria todo o seu corpo; roupa semelhante às usadas por Meri-Rá. Em sua cabeça cingia apenas um toucado ("klaft") branco, tradicional dos egípcios.

Naquele dia o calor não estava tão intenso e nuvens cruzavam o céu, alternando sol e sombras, fato raro naquelas terras.

Em seguida, Nefertiti e as duas meninas do casal se uniram a Akhenaton. Ele sorriu e as beijou com ternura. Os faraós do Egito sempre foram frios e insensíveis em cerimônias públicas. Akhenaton era sempre o mesmo em todas as situações. Ele realmente possuía um pacto com a verdade.

Sua alma generosa e sensível não encontrava espaço para as paixões humanas. Jamais ele ordenaria uma execução ou uma atitude injusta que causasse prejuízo aos seus semelhantes. Mas ele era um homem que não permitia abusos. Todos que procuravam aproveitar-se de seu espírito benévolo eram punidos com perdas de direitos e até mesmo com a expulsão de Akhetaton ou, dependendo do caso, eram expatriados do Egito.

O faraó ergueu os braços, abençoando todos os presentes, e disse-nos:

— Meus amados súditos! Vivemos todos na terra de Aton, onde ele decidiu construir sua morada para daqui iluminar todo o Egito e as terras vizinhas. Fomos privilegiados por sermos cidadãos da grande cidade de Aton, terra onde grandes avanços nascerão para a glória da humanidade. Aqui, trabalhamos a terra, criamos o gado, produzimos vestimentas e material para construções. Realizamos também todas as atividades produtivas que são comuns em todas as cidades do Duplo País.

Akhenaton juntou as mãos ao rosto, respirou fundo, e prosseguiu:

— Mas devemos realizar mais! Aqui na cidade do Sol, reunimos grandes pensadores que vão nos auxiliar a transformar a humanidade. Por esse motivo, temos tantos estrangeiros em Akhetaton, pois aqui é a cidade da fraternidade e da união entre os povos. De Akhetaton nascerá uma nova sociedade, onde os homens serão todos irmãos e não povos sectários, rivais.

Possuímos traços diferentes, os tons de nossas peles são diferentes, nossas culturas e o aspecto religioso de nossos povos também não são iguais. Mas esse não é o caminho que o Criador da Vida deseja que sigamos. Aton, o único Deus, que está presente em toda a Criação, me diz que somos todos irmãos e Ele nosso único Pai. Se somos irmãos devemos amar-nos uns aos outros como amamos nossos irmãos de sangue, nossos filhos, nossos pais.

Se somos irmãos, não podemos mais ser senhores daqueles que chamamos de escravos, pois eles possuem o mesmo direito à vida que nós possuímos. É lamentável utilizar a força para subjugar aqueles que deveríamos chamar de irmãos...

Aqui em nossa cidade temos nossos servos, mas eles são tratados com dignidade e, a partir de hoje, são livres para decidir seu rumo e sua ocupação na vida. Os que desejarem prosseguir em suas funções atuais receberão uma compensação financeira para que possuam sua dignidade. Realizarão atividades a mando dos seus contratantes, mas deverão ser respeitados como irmãos. Assim deseja Aton, e eu faço cumprir Sua Vontade! — concluiu o soberano.

Aquelas palavras de Akhenaton surpreenderam a todos.

Houve algumas divergências de opinião. Alguns nobres moradores do bairro rico da cidade demonstraram um certo desgosto pela decisão do faraó, mas em geral todos aceitaram serenamente a nova determinação.

O que mais me impressionou foi a posição dos escravos. Em Amarna até não foi tão intenso, mas depois, quando o faraó tentou alastrar aquela decisão para toda a terra de Kemi, houve uma reação insólita dos escravos. Muitos amaldiçoaram o faraó, porque se eles haviam nascido escravos, assim deveriam terminar seus dias. A lavagem cerebral da antiga religião egípcia era tão grande que aprisionava até mesmo o mais sagrado direito de um ser humano: a liberdade!

Eu, particularmente, adorei a decisão. Lembrei-me do tempo em que trabalhava na fazenda de meu pai e detestava o regime de escravidão imposto aos nossos empregados. Eu recordei as palavras de Mo, o escravo que indiretamente me havia aberto as portas para a intervenção de Ramósis em meu benefício. Ali minha vida havia-se transformado!

Enquanto Akhenaton abraçava sua mulher e as filhas, e ouvia os brados de exaltação ao seu nome, fiquei abraçado à minha esposa, lembrando o meu passado. Meditei por alguns minutos, que me pareceram horas, sobre a vida que levava junto à família de meu pai.

Em seguida, Akhenaton pediu silêncio à multidão e prosseguiu com empolgação:

— Essa decisão deve estender-se por todo o Egito. Nada mais de escravos! Liberdade a todos os povos! Realizaremos um intenso processo diplomático junto às demais nações de nossa região. Não haverá mais exploração, mas um intercâmbio de riqueza e cultura entre os povos do mundo.

E, como prova disso, os escravos condenados à extração do minério de cobre e de turquesa na península do Sinai estarão todos livres antes do final da estação da colheita. Será expedida ordem aos nossos exércitos na região para que esses homens sejam libertados. Caso eles desejem continuar nesse trabalho, deverão ser remunerados adequadamente pelo serviço executado.

Nefertiti abraçou o marido e ofertou-lhe um beijo no rosto. O povo aplaudiu o faraó, que se encheu de alegria pela demonstração de carinho de seus cidadãos.

O Sol começava a se pôr no horizonte. Akhenaton, que parecia brilhar tanto quanto o astro rei, ergueu as mãos, sorridente, e disse-nos:

— Em sinal de agradecimento pela intervenção de Aton em nossos destinos nesta tarde, vamos orar para que ele nos abençoe e abençoe também as Duas Terras, a nossa pátria amada. Vamos dar-nos as mãos e orar para selar este ato de união, entre nós, hoje e sempre irmãos, filhos de Aton. Senhores e ex-escravos hoje se confraternizam selando o princípio da era do amor e da paz, que serão as sementes para o progresso e a felicidade do porvir.

Akhenaton fechou os olhos e elevou a cabeça para o céu. Mantivemos respeitoso silêncio, enquanto um escravo resmungava:

— Quem sou eu, por Osíris! Não entrarei na Terra do Poente cometendo essa heresia. Como tocar em meu amo?! Nasci para ser escravo, e se for diferente o grande pai Osíris me condenará ao desaparecimento.

Aquelas palavras me impressionaram. Não pelo culto do escravo à antiga religião. Isso era comum em Akhetaton entre os servos que tinham dificuldade em modificar suas crenças; mas o desejo de continuar escravo era algo difícil de compreender.

Logo Akhenaton iniciou sua oração a Aton e me desliguei das lamúrias do escravo:

> Ó Grande Deus que te ergues no horizonte e dissipas as trevas!
> Que com teus raios nos dá a vida,
> Aton, o disco solar, que envolves a tudo e a todos, dá-nos a consciência do rumo que devemos seguir para te alegrar,
> Entre os teus filhos eu sou aquele que procuro compreender tuas verdades e assim viver nelas.
> Muitos não me compreendem, mas eu devo fazer a tua vontade, porque ela é soberana e está acima da vontade dos faraós.
> Ilumina minha mente, Divino Senhor, porque ela é o campo em que semearás a vida que desejas para o Duplo País e as demais nações.
> Eu, como teu filho, que te vejo e te escuto, devo cumprir teus desejos para que a vida se torne mais bela e teus filhos mais felizes.
> Tu colocas cada homem em sua função e a mim determinaste ser teu fiel intérprete para falar a linguagem Divina aos homens.
> Dá forças ao teu filho Akhenaton para que as tuas vontades sejam realizadas!

Após o encerramento da oração, todos seguimos calmamente para nossas casas. Meditávamos sobre as palavras de igualdade e fraternidade que o faraó havia-nos dito. Era estranho ouvir um homem poderoso e que deveria seguir o caminho dos prazeres fáceis e da subjugação aos mais fracos, dizer aquelas palavras. Ise sentia a mesma coisa.

Akhenaton foi, com certeza, o fundador de uma nova civilização. Ele via um mundo muito além de seu tempo! Sua filosofia foi algo semelhante à sociedade Rosa-Cruz, que surgiu séculos depois, mas reconheceu Akhenaton como o primeiro idealizador de sua forma libertadora de pensar.

Devemos refletir que esses fatos ocorreram há 3300 anos e ainda hoje vemos povos em regime de escravidão e distanciados da mensagem do amor crístico. Em meio a uma era primitiva de desenvolvimento, Akhenaton antecipava as mensagens de amor e paz do Grande Mestre Jesus.

Akhenaton foi, certamente, um dos primeiros e principais representantes do Cristo na história conhecida pela humanidade terrena após o último ciclo evolutivo planetário ocorrido na Atlântida.

Conversamos vários dias sobre os ensinamentos de Ramósis a respeito da reencarnação, ou seja, que vivíamos diversas vidas e quando um espírito avançado descia à Terra, o reconhecíamos pelo seu espírito de fraternidade. Certamente esse era o caso do faraó! Aton, o Grande Deus, havia feito renascer no corpo do herdeiro da família real um espírito de avançado progresso, conquistado em incontáveis vidas. Akhenaton era realmente "o espírito atuante de Aton".

Os historiadores traduziram o nome Akhenaton como "Isso é benéfico a Aton". Essa é a tradução "literal" dos hieróglifos. Mas, como já dissemos, a linguagem egípcia era muito simbólica, e algumas vezes os hieróglifos possuíam mais de um significado, sendo que o "nome mágico" do faraó, interpretado segundo a mística egípcia, deveria ser entendido como "o espírito atuante de Aton".

Nas semanas seguintes, eu e Ramósis realizamos estudos que me impressionaram profundamente. O antigo sumo sacerdote do Templo de Osíris e Meri-Rá defenderam a tese de que a civilização egípcia havia entrado em um período de franca decadência no decorrer dos séculos. Uma das provas disso era a crença monoteísta no deus Rá até a quarta dinastia egípcia. Outro fator importante era o conhecimento fantástico que nossos antepassados possuíam. Já naquela época havíamos perdido a informação sobre a construção das pirâmides e desconhecíamos a forma pela qual elas haviam sido erguidas.

Ramósis, então, surpreendeu-nos quando defendeu a tese de que provavelmente os faraós da quarta dinastia não tivessem construído as pirâmides, mas sim que as tenham usurpado para si, apagando os nomes de seus reais proprietários, que as teriam construído mais de sete mil anos antes do que acreditávamos.

— Foram os fundadores de nossa civilização quem as construiu quando chegaram ao Vale do Nilo — revelou-nos Ramósis com um brilho no olhar. — Acredito que após a submersão da Grande Atlântida alguns de seus sábios viajaram para nossas terras e promoveram o avanço dos povos que aqui viviam.

Algumas escrituras secretas nos falam sobre a construção das pirâmides com "técnicas divinas" que assombrariam os mortais, e que nelas eram trabalhadas energias impressionantes. Ademais, existiriam sob as pirâmides e sob a esfinge salas secretas que eram utilizadas para estudos e contatos com outros mundos, inclusive com a dimensão da Terra do Poente. E o mais importante: naquelas salas estaria guardado o Livro do Conhecimento, que registrou a ciência e a filosofia daqueles nossos sábios ancestrais.

Com o passar dos séculos tais conhecimentos se perderam por causa da falta de alcance espiritual das novas gerações. As pirâmides foram abandonadas por aqueles que não entendiam o alto avanço intelectual de seus ancestrais. A areia do deserto, então, cobriu o acesso àquelas salas do Conhecimento.

O *Livro dos Mortos*, cuja origem se perdeu nos séculos que antecederam à nossa geração, assim como todas as inscrições anteriores à época de Snéfru e de seu filho, revelam um monoteísmo de elevada grandeza moral. Somente depois desse período nosso povo decaiu ao politeísmo, aos deuses inumeráveis e à adoração de animais.

Muitos séculos após o abandono desses monumentos, Keops resolveu recuperar tais colossos, que nos impressionam, para utilizá-los apenas como centro funerário dos governantes do Egito, quando Mênfis era nossa capital.

No reinado posterior, Kéfren apropriou-se da segunda pirâmide e inclusive alterou a esfinge de Gizé, que possuía a cabeça de um leão. O faraó Kéfren mandou esculpir seu rosto no lugar da face do leão. Basta observar que a cabeça da esfinge é desproporcional ao tamanho de seu corpo.

Depois desse período, as pirâmides e as esfinges foram novamente abandonadas e soterradas pela areia do deserto. Somente há alguns séculos o faraó Tutmés IV, teu ancestral, Akhenaton, novamente retirou a areia que cobria as pirâmides, mas nada

foi encontrado — finalizou Ramósis dirigindo-se a Akhenaton.
Todos estávamos impressionados com aquelas revelações. Akhenaton e Nefertiti, de mãos dadas, nem ao menos piscavam. Segundos depois, o faraó levantou-se eufórico e disse:

— Ramósis, se o que me disseste é verdade podemos atingir os nossos objetivos se descobrirmos esse Livro do Conhecimento. Devemos imediatamente inciar as escavações junto às pirâmides!

Todos ficamos empolgados com a possível descoberta. Nefertiti e Meri-Rá disseram ter ouvido falar na cidade do Sol, Heliópolis, algo sobre os subterrâneos nas pirâmides.

O faraó, então, designou equipes para realizar um estudo na região com o objetivo de encontrar uma entrada ou um ponto de partida para efetuar a escavação sem danificar os monumentos. Os trabalhos deveriam ser realizados em segredo para não despertar a curiosidade dos sacerdotes de Amon, rivais do faraó.

Aquele assunto me empolgou de tal forma que cheguei a sonhar algumas noites que havíamos descoberto o acesso aos túneis subterrâneos, e lá encontramos um fabuloso tesouro e um livro dourado que continha um fantástico conhecimento científico e espiritual.

Enquanto isso, a vida continuava em seu ritmo normal, até o dia em que o navio do general dos exércitos egípcios aportou no cais de Akhetaton. Horemheb dirigiu-se rapidamente para o palácio do faraó e se deslumbrou com o que viu. Ele recebia as ordens diretamente de Aye, que permanecia domiciliado em Tebas, portanto era a primeira vez que pisava na cidade celestial.

Horemheb não tinha idéia da grandeza da nova capital. Em Tebas comentava-se que as histórias sobre a grandeza da cidade de Akhetaton eram fábulas fantasiosas com o intuito de engrandecer o faraó. E que, na verdade, o faraó vivia em uma humilde vila, cercado apenas por um bando de vagabundos sem posição na sociedade.

Eu e Ramósis estávamos em audiência com Akhenaton quando Horemheb foi convidado a entrar no salão de recepções. O general egípcio era um homem tipicamente de armas; pouco cortês e com um semblante fechado. Provavelmente fruto das diversas vezes em que esteve face a face com a morte. Ele era alto e tinha ombros largos. As veias saltavam em seus braços musculosos. Seus cabelos eram longos e cacheados, mas estavam quase sempre presos à moda "rabo de cavalo" para que as longas madeixas não o atrapalhassem em uma batalha.

Horemheb usava roupas de camponês, pois era de origem pobre. Usava-as agora apenas por hábito, porque ele já era um homem rico e influente em razão de sua carreira promissora. Seus pais eram empregados de uma fazenda nos arredores de Tebas, mas depois de assumir o mais alto escalão do exército egípcio ele comprou uma pequena propriedade rural para os pais, que agora viviam confortavelmente e com a assistência de vários empregados.

Na cintura carregava sempre suas armas pessoais. Horemheb era um daqueles homens difíceis de matar, tanto pelo seu porte físico, como pela sua astúcia. Ele parecia estar sempre com uma atenção extrema a tudo que acontecia ao seu redor. Era comum ouvir suas bravatas, dizendo-se filho do falcão Hórus. Talvez por esse motivo mantivesse sempre a postura altaneira e desconfiada dos falcões. Essa era uma afirmação delicada, porque Hórus era o título real dos faraós e poderia causar algum mal-entendido ou uma afirmação velada de que o trono poderia pertencer-lhe por ser ele o filho de Hórus.

Horemheb aproximou-se do faraó, ajoelhou-se diante do Senhor das Duas Terras, e disse:

— Divino faraó Akhenaton! Estou aqui para tentar esclarecer o que creio ser um equívoco. Recebi ordens do vizir Aye para libertar os escravos das minas do Sinai. Não acho possível que tal ordem tenha saído da boca do homem que deve defender os interesses do Egito. Meu faraó, quem extrairá o cobre e a turquesa das minas?

Horemheb calou-se e manteve-se de joelhos com os olhos baixos. Akhenaton olhou para o jovem general e respondeu:

— Horemheb, sabes muito bem que dei essa ordem. E sei que estás aqui para demover-me de tal decisão. Crê-me! Com essa atitude estarei defendendo os interesses do Egito, porque os homens livres trabalham com satisfação, e quem trabalha com satisfação, trabalha melhor!

O general egípcio era um homem que fugia aos protocolos. Tendo sido criado no campo, era difícil adaptar-se aos rituais que um súdito deveria executar diante do faraó. Akhenaton também desprezava esses procedimentos, o que deu mais tranqüilidade para Horemheb falar abertamente.

— Senhor, talvez não saibas, mas apesar de ser considerado um louco por toda Tebas, eu te admiro e desejo que teu reinado seja próspero. Não critico as tuas idéias e acho perfeitamente aceitável que tenhas vindo viver neste deserto, isolado do centro de nossa sociedade, que é Tebas. Mas não posso permitir que venhas a ruir com o Império Egípcio sem alertá-lo da gravidade da situação. Libertar escravos significa um sinal de fraqueza perante os povos vizinhos. Ademais, Aziru, rei da terra de Amurru, continua realizando uma propaganda negativa contra nós entre as províncias sírias. E não te esqueças que os hititas, há décadas, aguardam um sinal de fraqueza para realizar uma ofensiva contra as nossas posições na Síria e na terra de Canaã. Por todos os demônios, Akhenaton! Ouve-me! Caso os hititas conquistem a simpatia dos sírios, estaremos com os flancos desguarnecidos para uma inevitável invasão em nossas terras. Caso os exércitos de Supiluliumas invadam Gaza, na terra de Canaã, serão apenas duas semanas para invadir o Delta do Nilo!

 Horemheb calou-se. Todos ficamos em silêncio, enquanto Akhenaton mastigava as palavras de seu general. Logo após, o faraó ergueu-se de seu trono e caminhou até Horemheb. Ele levantou o guerreiro e ficaram frente a frente. O protocolo real tradicional punia com a morte quem tocasse no faraó, mas Horemheb não estava habituado com o estilo de vida em Amarna, onde Akhenaton passeava pelas ruas, brincava com as crianças e, algumas vezes, almoçava com os pobres.

 Akhenaton, franzino e pálido, contrastava com Horemheb, que era uma montanha de músculos. Ele mirou o general no fundo dos olhos e disse:

 — Como fico feliz em saber que o general dos meus exércitos me admira e se preocupa com o futuro de meu reinado. Pena que não é assim com todos os cidadãos de Tebas!

 O faraó, com a mão direita sobre o ombro de Horemheb, meditou alguns segundos e completou:

 — Gostaria que Aye, o "Divino Pai", título que meu pai lhe deu, pensasse assim como tu, meu fiel general! Mas chegará o dia em que não conseguirás te manter fiel a mim, porque minhas realizações te escandalizarão mais do que essa simples libertação de escravos. A única forma de me amar é abrindo os olhos para a verdade! Enquanto o homem viver escravo do mundo das ilusões não poderá amar a mim e ao meu trabalho.

 Horemheb não entendeu aquelas palavras e disse:

 — Como não amar ao meu faraó? Isso significaria a morte. Como alguém poderia ir contra as ordens do Senhor das Duas Terras?

 Akhenaton sorriu, sem jeito, e explicou:

 — Chegará o dia em que a verdade terá que se defrontar

com a força da corrupção. E nessa batalha é difícil prever o vencedor. Só sei que teremos de lutar de igual para igual.

O tosco general achou que Akhenaton estava falando da luta com os povos vizinhos. Isso o tranqüilizou, porque acreditou que o faraó estaria preparando uma ofensiva em momento adequado. Mas o escolhido de Aton estava falando de sua batalha contra os sacerdotes de Amon, em que ele teria que vencer a teia de corrupção tecida pelos "cabeças raspadas" de Tebas.

Horemheb partiu imediatamente para o Sinai e depois para Gaza, na terra de Canaã. Eu voltei para casa meditando nas palavras do faraó, que pareciam possuir um cunho profético. O projeto de Amarna estava em franco progresso. Por que Akhenaton havia falado daquela forma? Será que ele temia por um pouco provável fracasso de seu projeto universalista?

Ao chegar perto de minha casa, senti o agradável cheiro de ganso ao forno. Ise devia estar providenciando junto à cozinheira um jantar especial. Cheguei na sala de visitas e encontrei-a me esperando com um vinho especial da adega do palácio do faraó. Sentamos no divã e ficamos abraçados conversando sobre as coisas da vida, enquanto o jantar era preparado. Contei-lhe minhas impressões sobre a conversa do faraó com Horemheb.

Ela, então, me disse com sua encantadora voz:

— Radamés, talvez não tenhas percebido pela distância que estamos de Tebas, mas Nefertiti me disse que as coisas por lá estão cada vez mais difíceis. Aye e Tii estão tendo dificuldades para conter as investidas dos sacerdotes de Amon. O faraó precisa logo de resultados que lhe tragam prestígio junto ao nosso povo. Os cidadãos do Egito esperam resultados militares, mas Akhenaton, assim como nós, é avesso a essa idéia. Logo, precisamos promover o desenvolvimento do Egito através de nossas pesquisas. É imperativo obtermos resultados em breve! Só assim os sacerdotes de Amon perderão sua influência sobre os habitantes do Alto Egito.

Nas semanas seguintes, continuamos com os nossos trabalhos normalmente. Em determinada noite tive uma conversa com Hatiay, um dos diplomatas do faraó que realizava viagens levando a cruz de Aton, o "ankh", símbolo da vida, a todos os povos vizinhos. Naquela noite ele me falou da hostilidade de algumas cidades egípcias ao projeto do faraó.

— Radamés — disse-me ele —, por todos os cantos do Egito coisas estranhas estão acontecendo. Tu sabias que as terras que o faraó confiscou de Amon estão amaldiçoadas? Tudo que ali se planta morre e, inclusive, alguns dos novos proprietários estão morrendo repentinamente. Todos acreditam que é a maldição do deus Amon por ter tido suas terras confiscadas.

— Mas claro! — respondi exaltado. — Essa é uma tática daquele gordo insuportável. Ptahmósis, seja mil vezes maldito!

— Que dizes, Radamés?

— Hatiay, pensa um pouco! Ptahmósis está mandando seus sacerdotes envenenarem as terras para que o povo acredite nessa história da maldição de Amon!

— Faz sentido! — respondeu o diplomata. — Agora entendo os estranhos banhos de sangue nos templos de Aton em Tebas.

Hatiay me contou que os templos de Aton, construídos em Tebas, amanheciam banhados com o sangue de animais. Os sacerdotes de Amon diziam ser o carneiro de Amon que estava irado com o "falso deus do faraó".

— O faraó já sabe? — perguntei.

— Sim, ele já recebeu o relatório de todos os mensageiros de Aton, mas ainda não nos deu nenhum retorno.

No dia seguinte, conversei com Ramósis, mas ele foi muito evasivo. Disse-me que era melhor aguardarmos os acontecimentos.

Três dias depois fomos chamados às pressas aos aposentos particulares de Akhenaton. Ele estava deitado na cama, inconsciente, sofrendo movimentos musculares involuntários. Nefertiti segurava suas mãos com os olhos marejados de lágrimas.

Ao entrarmos, ela disse, apreensiva:

— Ramósis, por favor, auxilia o nosso faraó. Somente tu podes salvá-lo.

Ramósis ajoelhou-se ao lado da cama e começou a examinar o rei. Ficamos apreensivos! Ambos sabíamos que aqueles sintomas significavam problemas no cérebro e o tratamento indicado era a trepanação, ou seja, a abertura do crânio para limpar as áreas contaminadas.

Meu nobre sogro abaixou a cabeça em sinal de oração, pedindo auxílio aos planos superiores. Naquele instante surgiu na nossa frente o mesmo homem com barbas longas que eu tinha visto no dia em que conheci o faraó, quando menino. Ele sorriu e me disse:

— Em breve nos veremos novamente!

Naquele instante, os espasmos musculares de Akhenaton cessaram e ele recobrou a consciência. Mas de nada se lembrava, apenas sentia uma forte inquietação e dizia que a "escuridão" havia estado com ele.

Enquanto o faraó se recobrava sob os cuidados de Nefertiti, eu e Ramósis fomos para o Castelo de Aton, o templo anexo aos aposentos do faraó. Lá, meditamos por alguns minutos. Depois, contei a Ramósis sobre a visão que tive no quarto do faraó. Ele, então, me disse:

— Esse mal do faraó é certamente uma "doença mágica"! Precisamos descobrir que energias estão sendo manipuladas para prejudicá-lo.

— Com certeza isso é obra dos sacerdotes de Amon! — respondi.

— Sim, mas precisamos saber como eles estão manipulando essas energias trevosas.

Durante sete dias consecutivos, as crises se manifestaram no mesmo horário e por igual tempo. Na noite do sétimo dia eu sonhei com o espírito protetor de Akhenaton, que dizia-me:

— Meu rapaz, vai a Tebas e lá te levarei à cura do faraó!

No dia seguinte, acordei cedo e comuniquei minha viagem a Ramósis imediatamente. Eu deveria seguir para Tebas, depois de tantos anos. Mas nem ao menos sabia o que fazer lá!

Capítulo 13
De volta a Tebas

O vizir Aye.

O restante daquele dia foi dedicado à preparação da minha bagagem e ao repasse das minhas atividades a outros funcionários da Casa da Vida. Os pacientes que eu estava tratando seriam atendidos por um jovem rapaz muito promissor na área da medicina, chamado Kheper-Rá.

Após concluídas as minhas atividades naquele dia, retornei para casa e jantei com minha esposa. Eu deveria partir imediatamente, mas desejava ficar mais alguns momentos com ela. Sabia de sua apreensão por não podermos ter filhos desde a tragédia ocorrida em sua primeira gravidez. Ise disfarçava, mas eu sabia que aquilo lhe dilacerava a alma.

Nefertiti já tinha três filhas e estava no oitavo mês de sua quarta gravidez, enquanto nós não sabíamos se o futuro nos abençoaria com uma criança para alegrar nosso lar. Eu procurava demonstrar pouco interesse por crianças para tranqüilizá-la, mas ela sabia que adorar o rebuliço das crianças era algo inerente ao povo egípcio.

Conversamos descontraidamente por algumas horas até que nos dirigimos ao cais. Nefertiti e Ramósis nos acompanharam. Era evidente a apreensão da esposa real do faraó. Akhenaton estava acamado e necessitava de socorro urgente. Depois das crises diárias, ele passava horas sem forças para erguer-se da cama.

Ao chegarmos ao cais, em frente ao palácio, percebemos a

aproximação do barco militar de Horemheb subindo o rio em direção a Tebas. Sinalizamos para o oficial que pilotava a nau e ele atracou no porto. Eu dispensei a barca real e decidi seguir junto com o general egípcio. Era importante eu me atualizar sobre o mundo lá fora. Os anos se passaram céleres em Akhetaton. Merit-Aton, a filha mais velha do casal solar, já estava com seis anos de idade. Ela havia nascido no primeiro ano de construção da cidade celestial.

Horemheb recebeu-me de bom grado em seu barco. Partimos imediatamente rio acima em direção ao sul. Lembrei-me dos meus primeiros anos como diplomata da religião de Aton, enquanto Akhetaton era construída. Desde aqueles dias eu não havia realizado mais longas viagens.

Nem trinta minutos haviam-se passado, desde o início da viagem, e Horemheb já andava apreensivo de um lado ao outro do barco, batendo com seu chicote na perna. Era possível perceber a apreensão em seu semblante. Algo me dizia que eu precisava conversar com aquele homem e, quem sabe, conquistar a sua simpatia.

Com esse objetivo me aproximei e perguntei:

— Qual o mal que te aflige, Horemheb?

Ele virou-se para mim e desabafou. Talvez ele estivesse esperando que eu lhe desse uma abertura para falar.

— Radamés, ouve! Estive com Abbi Hepa, rei da terra de Canaã. Tu sabias que ele enviou uma correspondência ao faraó solicitando reforço militar para o seu reino? Ele me disse que duas guarnições hititas estiveram em Jerusalém, Jericó, Meggido e Gaza para estudar a região. Nada fizeram, mas isso é um prenúncio para a invasão. E o que o faraó fez? Nada! Absolutamente nada! Por Hórus, o que se passa na cabeça de Akhenaton?!

Eu o convidei a sentar-se e disse-lhe:

— Horemheb, o faraó não deseja guerrear, mas sim irmanar-se aos povos vizinhos. Certamente ele irá em pessoa visitar esses povos e propor a paz. Mas por que não o avisaste dessa situação agora, quando aportaste em Akhetaton?

— Do que adiantaria? — bradou ele. — O faraó, como tu disseste, não quer guerra, e também fui informado de seu estado de saúde. Eu preciso chegar rapidamente a Tebas e solicitar autorização a Aye para, pelo menos, reforçar nossas posições na terra de Canaã e no Delta do Nilo.

Horemheb levantou-se e começou a andar novamente pela

proa do barco. Ele era um homem muito inquieto. Dificilmente ficava alguns minutos parado. Vê-lo sentado era tão raro quanto ver um cavalo deitar! Depois de andar por alguns instantes, ele parou na ponta da proa e ficou segurando uma corda que hasteava a vela. O seu joelho balançava para trás e para frente, em um ritmo monótono e impaciente, como se suas pernas desejassem correr imediatamente para Tebas. Admirei Horemheb por isso! Ele era um homem de ação e amava a sua pátria. Ele podia não entender a missão de Akhenaton, mas lutaria pelo faraó e lhe seria fiel para salvar o Egito de uma possível invasão dos povos inimigos.

Então, levantei-me e caminhei até o lado de Horemheb e disse-lhe, enquanto a brisa do Nilo esvoaçava os nossos longos cabelos:

— Akhenaton é um bom homem e um verdadeiro enviado de Deus! Os homens ainda não o compreendem porque a sua mensagem é transformadora. Mas se tu te aprofundares na mensagem que ele procura ensinar ao povo da terra de Kemi, verás que ali mora a felicidade! Vê o caso da libertação dos escravos. Coloca-te no lugar de um escravo. Imagina que, por um acaso infeliz do destino, tu fosses um escravo! Akhenaton quer a felicidade para todos e não apenas para alguns privilegiados. Ele, o maior dos privilegiados pela sua condição de faraó, abre mão de seus direitos onipotentes para propiciar uma melhor condição de vida a todos. Acreditas que ele está errado em pensar assim? Guerras, Horemheb, só trazem dor e mortes. O único vencedor das guerras é a própria morte!

Horemheb olhou-me profundamente nos olhos e disse:

— Bonitas palavras, Radamés! Mas podem ser aplicadas somente na "cidade dos sonhos" de Akhenaton. Aqui fora, no mundo real, a história é bem diferente. Eu gostaria de ver os teus pensamentos caso seguíssemos as idéias de paz e amor do faraó e depois fôssemos dominados pelos hititas e colocados a ferro. Eu gostaria de ouvir a tua filosofia quando estivéssemos acorrentados e assistíssemos, impotentes, as esposas e as filhas da terra de Kemi sendo violentadas pelos bárbaros hititas!

Eu abaixei os olhos, reconhecendo as palavras de Horemheb. Em seguida, falei:

— O mundo não deveria ser assim!

Ele soltou uma sonora gargalhada, bateu com o chicote na perna e dirigiu-se para o interior da embarcação, dizendo:

— Mas é assim, meu caro amigo! Ou somos nós, ou serão eles quem dominarão. Assim é o mundo: alguns dominam, outros servem! E te juro, por Hórus e todos os deuses do Egito, não permitirei que o Egito se curve aos hititas. Akhenaton deve mudar sua forma de pensar! O faraó é o símbolo do Egito. Um faraó fraco, significa o Egito fraco!

Acompanhei os passos de Horemheb até o interior da embarcação e, depois de virar-me para apreciar a beleza do rio sagrado, pensei:

"Ah! Grande Aton! Tu és a natureza e o Universo, mas por que nós, a tua criação, não te compreendemos? Quando nos libertaremos de nossas paixões inferiores? Por que o ódio, a inveja, o ciúme e a maledicência possuem raízes tão profundas em nossas almas?"

A viagem prosseguiu por vários dias de forma propícia. Os ventos nos foram benéficos e Horemheb, apesar de seus gestos rudes, tinha simpatizado comigo. Por isso, nos tornamos bons amigos. Conversávamos por longas horas sobre política e táticas militares. Apesar de eu ser contrário à guerra, não me incomodava em falar e discutir sobre o assunto. Inclusive eu falava sobre tratamentos médicos para cortes profundos causados pelas espadas e facas. O general se interessava e algumas vezes dizia não acreditar no poder curativo de algumas plantas que facilmente são encontradas no deserto.

Ele, então, batia no meu ombro e dizia:

— Radamés, um dia irás comigo em uma campanha militar para chefiar a equipe médica. Quero te ver recitando versos de louvor a Aton em meio ao inferno de uma batalha!

Ao ver que eu me chateava com aquelas colocações, ele me pedia desculpas e dizia, sinceramente:

— Não era a minha intenção ofender-te, mas não consigo compreender como vocês, que vivem em Akhetaton, conseguem acreditar ser possível viver dessa forma, sem guerras e desentendimentos entre os povos. Isso é algo impossível e nem em mil anos viveremos conforme prega o faraó.

Graças a Deus não podíamos ver o futuro naquele instante, porque se assim fosse possível, mais uma vez eu seria humilhado pelo general egípcio. Passados três mil anos, o pensamento de Horemheb ainda é onipresente em nosso mundo. Mas são pensadores como Akhenaton que conduzem a humanidade para o caminho da evolução espiritual. Mais cedo ou mais tarde a verdade deve prevalecer, cabendo aos grupos espirituais que reencarnam nos diversos mundos do Universo promover-se para uma vida superior.

Ao aproximarmo-nos de Tebas meu coração disparou. Nada havia mudado! A cidade parecia ter sido congelada no tempo. Antigamente era comum dizer que Tebas possuía o "espírito do escaravelho" (Kheper) em razão das constantes transformações que ela sofria, impostas pela sede de grandeza dos faraós da décima oitava dinastia.

O famoso pó de granito, que empoeirava a tudo e a todos, já não existia mais e o povo parecia mais pobre e revoltado do que nunca. Tebas havia perdido a sua beleza mística! O que o povo mais sentia era a perda do direito de realizar o festival de Opet: a procissão do deus Amon. Alguns boatos pela cidade confirmavam que a procissão havia sido realizada aquele ano, ao contrário da determinação do faraó.

Eu me dirigi imediatamente ao palácio real, onde informei o estado de saúde do faraó a sua mãe Tii e ao vizir Aye. Claro que apenas contei-lhes tratar-se de uma ligeira indisposição para não alarmá-los, mas Tii demonstrou interesse em viajar imediatamente para Akhetaton.

Aye hospedou-me na Casa Dourada do faraó, em Tebas, e perguntou-me qual era o motivo de minha ida até a antiga capital do Egito, pois o comunicado sobre a saúde do faraó poderia ser feito pelos correios, que desciam e subiam o Nilo semanalmente. Eu, então, disse-lhe que estava apenas tratando de assuntos de interesse do faraó, portanto não iria me demorar muitos dias.

O vizir, com seu olhar de raposa, enrugou a testa e olhou-me de forma desconfiada, mas nada disse. Aquela atitude de Aye aumentou as minhas suspeitas em relação à fidelidade dele ao faraó.

Entrei no quarto que me foi destinado e me atirei sobre a cama. Com a cabeça em confusão e o coração angustiado, pensei:"O que farei agora? Se ao menos eu tivesse uma pista! Bom, ficar deitado não resolverá. Preciso sair à rua e procurar algo que possa ligar a visão que tive à enfermidade de Akhenaton."

E assim fiz! Caminhei pelas ruas centrais da cidade, relembrando os tempos em que ali morei. Lembrei-me, então, de Anek. O bom homem que me havia ensinado a ler, escrever e fez-me conhecer a doutrina secreta por longos meses em sua casa no subúrbio de Tebas.

Ao chegar lá, ele me abraçou e disse:

— Tu estás de volta, meu louco aluno! Como um rapaz com uma inteligência brilhante pode se entregar a essa loucura do faraó? Quem sabe tu não estás me escondendo um segredo!

Anek estava bem mais velho, mas permanecia lúcido. Alegre por vê-lo em boa saúde, eu disse:

— Quantas vezes insisti para que seguisses comigo para a nova capital. Mas fugiste ao convite, alegando não desejar afastar-te dos filhos e dos netos. Caso estivesses morando lá, muito aprenderias. Todos os sábios do mundo, ou vivem lá, ou visitam a grande capital do Egito para desenvolver a sabedoria do novo mundo que está para nascer.

Anek sorriu, com suas faces rosadas, e disse:

— Deves estar louco! Todos sabem que Akhetaton não passa de um vilarejo repleto de vagabundos.

— Isso é o que dizem aqui nesta cidade do demônio Amon, pior que o vil Set! Deves ir lá para ver pessoalmente e tirar tuas próprias conclusões.

Ao chamar Amon de demônio, Anek fechou o semblante e revidou:

— Quem está com o demônio na mente é esse teu faraó herege que pretende destruir o Egito, expulsando Amon de nossas vidas. Agora, o grande deus e sua família não nos abençoam mais. Nossa vida só piorou desde que o "herético" começou o seu reinado de insensatez. Eu fico muito triste por tu estares assim enfeitiçado por esse louco. E cuida-te, porque aqui em Tebas não gostamos da "religião da cruz".

Anek fazia referência à cruz ("ankh") que o faraó enviou a todas as cidades do Egito para que fossem erigidos templos a Aton.

Triste com a atitude de Anek, perguntei onde havia sido construído o Templo de Aton para que eu pudesse orar, pois o dia já estava se encerrando.

Ele, com desdém, indicou-me o caminho. Fui embora com o sentimento de que havia perdido um grande amigo. Depois daquele dia nunca mais o vi. Acredito que morreu poucos anos após, pois quando fui obrigado a voltar a residir em Tebas não mais o encontrei.

Caminhei pelas ruas de Tebas até o local que Anek me havia indicado. Lá encontrei o Templo de Aton. Era próximo ao santuário principal de Amon que, apesar de fechado pelo faraó, possuía um movimento intenso de pessoas entrando e saindo com seus amuletos agarrados ao peito. Já o Templo de

Aton estava vazio e abandonado. Havia apenas dois funcionários do faraó, sendo que um estava com um corte profundo na cabeça.

Eu pedi que ele se sentasse e fiz um curativo decente, porque ele estava há dois dias sangrando com uma bandagem na cabeça. Efetuei alguns pontos no corte e perguntei o que lhe havia acontecido.

— Sacerdotes de Aton não são bem-vistos em Tebas, meu senhor. Ao sair do templo anteontem fui apedrejado pelos fanáticos padres de Amon. E isso não é nada, vê o estado em que se encontra o templo do Grande Aton!

O santuário do Deus Único estava com suas paredes riscadas e o piso manchado com o sangue de animais. As paredes estavam sujas, também com esterco de animais. Perguntei, então, se Aye havia tomado alguma providência para proteger o templo.

— O vizir Aye envia algumas vezes alguns guardas para cá, mas ele mesmo vem muito raramente aqui para se inteirar da situação — respondeu o funcionário.

Aquela informação foi-me muito preciosa. Aye, quando estava em Akhetaton, participava de todas as cerimônias a Aton, mas em Tebas desprezava o deus do faraó.

Conversei mais alguns minutos com os sacerdotes e depois dediquei-me a orar ao deus Aton para que Ele me iluminasse a encontrar a resposta sobre a enfermidade do faraó. O grande santuário, iluminado pelo Sol, estava deserto. Durante todo o período em que estive lá, nenhuma outra pessoa visitou a Casa de Aton.

Ao sair, olhei para o Templo de Amon que continuava com um movimento intenso. Provavelmente deveria haver alguns poucos simpatizantes do deus do faraó, mas eles não se arriscariam a expor-se publicamente. Tebas era decididamente a casa do inimigo para os devotos de Aton.

Agradeci a atenção dos corajosos sacerdotes responsáveis pelo santuário de Aton e segui para a Casa Dourada. Fiz uma refeição discreta e dormi até o dia seguinte.

Passei os três dias seguintes revirando Tebas à procura de uma resposta, mas nem uma pista sequer se apresentava aos meus olhos.

O clima seco e o calor escaldante debilitavam as minhas energias. Eu já não estava mais acostumado ao clima tebano. Em Akhetaton e Mênfis, ao norte, o clima era um pouco úmido e algumas nuvens, às vezes, nos davam uma trégua do sol escaldante.

À noite do terceiro dia em Tebas, resolvi ir aos tradicionais bares noturnos para relaxar. Eu também queria evitar ter que jantar com o vizir Aye. Provavelmente ele iria me fazer mais perguntas que eu não desejava responder.

Dirigi-me à rua que possuía os bares mais agradáveis e solicitei ao atendente uma bebida. Alguns minutos depois, enquanto eu tomava um bom copo de vinho, percebi uma voz familiar. Ergui a cabeça e ouvi um grito de alegria do meu festeiro amigo Sen-Nefer. Sinceramente, uma forte emoção percorreu o meu ser! Levantei-me da mesa com os olhos úmidos e abracei o meu querido amigo de noitadas no passado. Eu senti a mesma manifestação de felicidade e saudade por parte de Sen-Nefer.

Ele logo sentou-se a minha frente e começamos a colocar os assuntos em dia. Nós não nos víamos há muitos anos.

Algo que muito me alegrou em seu comportamento foi o fato de ele não criticar minha opção pelo deus Aton. Sen-Nefer estava muito feliz em me rever e não desejava enveredar a conversa para um assunto polêmico.

Conversamos, portanto, sobre as muitas namoradas de Sen-Nefer, pois ele ainda não havia se casado; era daquele tipo de homem que dificilmente se casa para jamais perder a sua liberdade de viver o amor livre de compromissos. Depois de suas muitas narrativas românticas, contei-lhe sobre a minha vida de sonhos ao lado de minha amada Isetnefret.

Sen-Nefer e eu éramos muito parecidos. Éramos como irmãos, tal a nossa semelhança. Nós dois tínhamos os cabelos longos e negros como a asa de um corvo. Nossos olhos também eram pretos e o nosso porte físico, tom de pele e altura eram bem parecidos. O que nos diferenciava era a expressão facial e as sobrancelhas; ele as possuía mais espessas.

Em relação às nossas almas, também tínhamos notáveis semelhanças. Possuíamos os mesmos gostos e fazíamos o máximo para não nos magoar. Nossa relação sempre havia sido muito boa. Tirando a persistência de Sen-Nefer, que era um cabeça dura incorrigível, no mais ele era um grande amigo.

Aproveitei, então, para perguntar-lhe sobre como seguia a vida em Tebas, depois da partida do faraó. Ele não acrescentou muito, mas disse-me duas coisas importantes ao meu ver. Primeiro: que Aye permitia livremente o culto a Amon e até mesmo incentivava aquela prática; tinha, inclusive, uma relação estreita com Ptahmósis.

A outra importante informação era a campanha sistemática realizada pelos sacerdotes de Amon e os nobres tebanos para diminuir as realizações do faraó e dos sábios de Akhetaton. Na verdade, isso eu já sabia, mas não tinha idéia da complexidade do trabalho realizado com grande empenho pelos inimigos do faraó. Infelizmente o povo inculto e de mente estreita acreditava naquelas informações sem refletir ou duvidar.

Copo após copo, nossa conversa foi enveredando para assuntos amenos e alegres. Fazia muitos anos que eu não bebia tanto. Em Akhetaton havia no início da Avenida Real a Casa do Vinho e da Cerveja, mas lá a vida noturna não era tão atraente como em Tebas. Como eu já disse anteriormente, Tebas era a "Paris da Antigüidade".

Ficamos mais duas horas bebendo no bar até que Sen--Nefer convenceu-me a ir a uma festa na casa de um antigo amigo. Ao chegarmos lá, tive uma sensação única ao relembrar os tempos dos meus primeiros anos de glória, depois de aceito como neófito no Templo de Osíris. Mas aquela sensação não durou muito. Rapidamente pude sentir o desprezo que sentiam em relação a mim. Todos sabiam que eu era um sacerdote do odiado deus Aton.

Não demorou muito para os "cabeças raspadas" iniciarem um debate acalorado sobre questões religiosas. Eu sempre fui um homem de boas argumentações. Mantive-me altivo e defendendo as minhas teses. Até mesmo impressionei algumas pessoas sobre as nossas pesquisas em Akhetaton.

Como o álcool corria fácil em minhas veias, até aumentei um pouco a verdade, dizendo que já estávamos fazendo testes com máquinas que teciam roupas sem a intervenção humana. Eu sabia que eles não teriam coragem de confirmar as informações, deslocando-se até Amarna. Isso faria com que eu ganhasse tempo, porque para mim o projeto não tinha como fracassar. Era tudo uma questão de tempo. Infelizmente não tivemos direito a esse tempo!

Quando Sen-Nefer percebeu que o álcool já havia ultrapassado os limites do equilíbrio e da sensatez em meu sangue, ele retirou-me da festa conduzindo-me para as ruas de Tebas. Caminhamos de um lado a outro até eu expulsar o excesso de bebida do estômago. Eu já não estava mais acostumado a ingerir tanta quantidade de vinho, mas acompanhei Sen-Nefer, copo a copo.

Meu amigo levou-me para sua casa e, literalmente, despejou-me em uma cama. Eu dormi imediatamente, mas sentia a cabeça rodando sem parar. Tive de, inclusive, firmar o pé no chão para "segurar a cama" que parecia rodar alucinadamente!

No dia seguinte, acordei depois da hora do almoço com a boca seca e com uma sede de leão. Fui informado pela criada de Sen-Nefer que ele estava na Casa da Vida de Tebas, atendendo alguns pacientes e que em breve retornaria para a refeição da tarde. Eu tomei um longo banho e me joguei em uma cadeira no terraço da casa.

Recuperada a sobriedade, voltei meus pensamentos para os assuntos que me levaram a Tebas. Duas horas se passaram, e pedi diversos copos de água aos criados até que Sen-Nefer retornou à casa. Ele, sem demonstrar ter sofrido com a noitada, disse-me:

— Radamés, pelo que vejo tens bebido pouco nessa nova fase de tua vida! Antigamente bebíamos mais e nada sentias.

Ele refletiu um pouco e concluiu:

— É, mas acredito que tu estejas certo! Compara a tua pele com a minha. Temos quase a mesma idade, mas já pareço bem mais velho. A noite já está me cobrando o seu alto preço!

Eu sorri, demonstrando abatimento. Sen-Nefer percebeu minha tristeza e perguntou-me:

— O que há, meu amigo? Pareces abatido! Não creio que tenhas te chateado pelo fiasco que fizeste. Somos amigos, lembras?

Coloquei minha mão sobre o ombro de Sen-Nefer e disse:

— Não é por isso que estou triste. O que está me chateando é a minha incompetência para cumprir a missão que me traz a Tebas. O faraó está muito doente e estou aqui para descobrir um modo de neutralizar as forças que estão derrubando a saúde do soberano.

Então, expliquei detalhadamente o problema para meu amigo que, como sacerdote de Toth, conhecia muito bem o trabalho dos sacerdotes de Amon, hábeis manipuladores das forças das trevas.

Depois que concluí minha exposição, ele começou a andar de um lado ao outro do terraço. Em silêncio ele apreciou a beleza e a brisa que vinham do Nilo. Em seguida, virou-se para mim e disse:

— Eu acho que poderia te ajudar nessa busca, mas talvez

seja muito arriscado para nós dois. Seria melhor deixar as coisas como estão! O faraó Akhenaton está desestabilizando a nossa pátria. Talvez a melhor solução, para que o Egito volte aos seus anos gloriosos, seja o desaparecimento do faraó.

— Não! — gritei. — Sen-Nefer, pelo que tu consideras mais sagrado, ajuda-me a salvar Akhenaton! Ele é a luz da terra de Kemi! Não permitas que um projeto elaborado por espíritos iluminados como Osíris, Ptah e Toth morra pela ganância dos "cabeças raspadas".

Ele respirou fundo, colocou as mãos sobre a face e recostou-se em uma cadeira ao meu lado. Naquele instante, o espírito protetor de Akhenaton apresentou-se à minha visão mediúnica e sinalizou para que eu tivesse calma.

Serenei os meus impulsos e aguardei pacientemente a manifestação de Sen-Nefer. Após alguns minutos, que me pareceram horas, ele, então, respondeu:

— Realmente, o destino do faraó pouco me importa, mas pediste que eu refletisse sobre o teu pedido pelo que me fosse mais sagrado.

Ele colocou as mãos sobre os meus ombros e disse algo que me comoveu profundamente:

— Vou ajudar-te pela nossa amizade, Radamés, porque a considero sagrada. Em todos esses anos jamais encontrei um irmão, como tu. Sei que farias qualquer coisa por mim. Até mesmo empastar a cabeça careca de Ptahmósis com esterco de vaca.

Ambos rimos alegremente com a brincadeira de Sen-Nefer. Em seguida, ele me expôs o seu plano.

— Radamés, eu sei que em salas secretas do Templo de Amon existe um trabalho especial sendo executado. Durante o dia e a noite ocorre um revezamento de padres que velam por algo muito especial. E posso garantir-te que não se trata dos estúpidos rituais do banho e da troca de roupas da estátua de Amon. Iremos lá esta noite e tentaremos descobrir o que se passa.

Eu abracei o amigo e lhe agradeci pelo auxílio. Ao cair da noite colocamos a túnica tradicional dos sacerdotes de Amon e o manto sobre a cabeça, utilizado normalmente à noite, o que disfarçou nossos longos cabelos, algo incomum na seita de Amon.

Adentramos no templo e pude perceber os ritos sagrados e a devoção do povo ocorrendo naturalmente, como se o faraó nada houvesse proibido. Foi fácil nos misturarmos entre o grande número de sacerdotes que transitavam pela área comum do templo. Rapidamente nos deslocamos por uma abertura que terminava ao lado da câmara, onde a estátua de Amon repousava o ano inteiro, só saindo de lá durante o festival de Opet, que acontecia anualmente antes da determinação de Akhenaton.

Descemos por uma escada em círculo e percorremos um estreito corredor iluminado por tochas. À medida que avançávamos, comecei a perceber a presença de vultos espirituais enegrecidos. Aquelas visões me assustaram, porque eu não sabia se eram homens ou espíritos. Poucos passos depois, ouvimos alguns cânticos que rapidamente identificamos como sendo versos de magia negra. Nos escondemos atrás de grandes colunas e expiamos o lugar onde havia uma iluminação mais intensa.

A cena foi chocante! Ali, em frente aos nossos olhos, estava uma estátua de cera de Akhenaton, perfeitamente trabalhada, como se fosse ele próprio que ali estivesse. A estátua tinha o mesmo tamanho do faraó e fora colocada ao redor de um círculo iluminado com velas. Em cada um dos quatro pontos da estátua estava um sacerdote de joelhos, realizando cânticos malignos para destruir o faraó. Cada equipe ficava seis horas recitando os versos e era substituída por outras para que o faraó não tivesse trégua nem por um minuto.

Nos versos, os sacerdotes citavam um nome que me era estranho. Provavelmente tratava-se do "nome mágico do faraó", que todos os egípcios recebiam no ritual de nascimento e somente a deusa Ísis, deusa da magia, deveria conhecer. Assim, ninguém poderia nos lançar feitiços, porque somente a mãe do menino, a deusa Ísis e o sacerdote que consumava o ato religioso conheciam o "nome de batismo" da criança.

O detalhe é que quem realizou a cerimônia do nascimento de Akhenaton foi justamente Ptahmósis. Ele conhecia o "nome mágico" do faraó e o utilizava sem escrúpulos em sua magia macabra.

Tentamos nos aproximar mais. Minhas pernas tremiam, e com Sen-Nefer não era diferente. Se fôssemos descobertos a pena seria a morte. Alguns metros mais próximos, percebi que na altura do coração havia três estacas cravadas, a boca estava costurada para que o faraó não mais se alimentasse, seus olhos estavam furados para que não pudesse mais ver e o nariz quebrado para que não pudesse mais respirar.

Em volta dos sacerdotes ajoelhados estava uma infinidade de entidades espirituais enegrecidas, que absorviam as formas-pensamentos de ódio geradas pelos padres. Em seguida, aquelas energias se transformavam em uma nuvem escura que subia pelo corpo da estátua de cera e se localizava na cabeça, região que causava os distúrbios de saúde de Akhenaton. Depois, aquela nuvem se elevava para o teto e lá desaparecia na escuridão da gruta.

Não pensei um minuto sequer! Saquei o punhal que eu sempre trazia na cintura e me ergui em direção aos malditos sacerdotes. Sen-Nefer segurou-me pelo braço e me jogou para trás das colunas. Ele, apavorado, me disse, sussurrando:

— Estás louco, Radamés! Desaprendeste como lidar com essas situações em Akhetaton! Lembra-te: magia se combate com magia! De nada adiantará matar os sacerdotes, outros ocuparão as suas funções e logo depois seremos mortos.

Ele tinha razão! Acalmei-me e disse:

— Tu não estás vendo os espíritos maus, manipulando os pensamentos dos padres ao redor da estátua?

— Ah! Radamés! Como eu gostaria de ter esse teu privilégio de ver o mundo da Terra do Poente. Sempre tiveste essa capacidade!

Sen-Nefer verificou a situação em seu redor com olhos assustados. Ao ter a certeza de que não havíamos sido descobertos, deu um tapa em minhas costas e falou:

— Vamos embora! Tu já possuis as informações que necessitas. Volta para Akhetaton e informa Ramósis; ele certamente saberá neutralizar essa influência nefasta sobre o faraó.

Saímos pelo mesmo caminho que entramos, nos esquivando na escuridão. Logo estávamos no pátio destinado ao povo. Em meio à multidão nos retiramos do Templo de Amon.

Despedi-me de Sen-Nefer convidando-o a visitar-me em Akhetaton. Corri para o palácio e peguei minha bagagem. Apenas deixei um papiro comunicando ao vizir Aye sobre o meu retorno à capital do Egito. Embarquei imediatamente para casa. A viagem seria longa e eu temia pelo fator tempo. Andei aquela noite inteira pelo convés da embarcação.

Perto do amanhecer surgiu-me uma idéia insólita. Ramósis realizava experiências de desdobramento espiritual com freqüência. O seu "ká" libertava-se do corpo e visitava outras regiões, que às vezes ele nos descrevia com riquezas de detalhes.

Imediatamente me ajoelhei em meu aposento e comecei a orar com fervor:
>Aton, ó Grande Deus,
>Criador da terra de Kemi e de todos os povos,
>Ouve a minha súplica!
>Teu filho adorado Akhenaton necessita de Teu magnânimo auxílio.
>Permite que Ramósis venha a mim,
>vencendo a distância que nos separa!
>Ó Grande Aton, ouve minha súplica, porque só assim poderemos evitar que as trevas roubem a vida do faraó!

Ao término de minha oração, uma luz brilhou no centro do aposento e Ramósis apresentou-se ante meus espantados olhos, mesmo estando a centenas de quilômetros de distância. Ele sorriu e me disse:

— Demonstraste sabedoria, Radamés! Eu e tu estamos ligados pelos séculos do passado e pelos séculos que virão no futuro. Mestre e discípulo se unem! Pela intervenção de Aton, eu vi com os teus olhos nesta noite! Não te preocupes, quando chegares em casa já teremos revertido a magia do mal promovida por Ptahmósis.

Eu coloquei as mãos no rosto e falei:

— Graças ao Grande Deus Aton!

A visão se desfez e eu dormi imediatamente. Meu corpo estava esgotado com tantas emoções. Acordei somente na tarde do dia seguinte. Por alguns instantes fiquei em dúvida se realmente aquela aparição fantástica de Ramósis teria sido realidade ou sonho. Mas algo em meu íntimo dizia-me que tudo estava bem em Akhetaton. Alguns dias depois, surgiu-me o espectro do protetor de Akhenaton. Ele me agradecia pelo auxílio e indicava que o problema já estava solucionado.

Depois de quase duas semanas, minha embarcação aportou no cais da atual Tell-el-Amarna. Eu corri diretamente para o palácio do faraó e encontrei-me com Nefertiti, que estava radiante e sorridente.

Ela agradeceu-me e disse que o faraó já estava plenamente recuperado e trabalhando pelo projeto que era o ideal de sua vida. Naquele instante ele estava junto com o seu secretário particular, Ahmósis, dedicando-se a elaborar o material didático para ser ensinado às crianças nas escolas que ele iria construir por todo o Egito.

Logo, Ramósis e Ise surgiram no salão principal do palácio. Abracei minha esposa e meu sogro e pedi detalhes do trabalho para neutralizar a influência da magia de Amon.

— Radamés — disse-me Ramósis —, com as informações que nos enviaste realizamos grupos de preces neutralizando a influência dos padres de Amon. Provavelmente eles já estavam cansados daquela rotina estafante, porque facilmente quebramos o elo mental que os ligava ao faraó.

Nefertiti concordou com um gesto e concluiu:

— Já comunicamos a Aye que destrua a estátua do mal construída sob o Templo de Amon.

Esquecendo-me que Nefertiti era filha de Aye, eu disse:

— Grande rainha, não deverias ter comunicado a Aye!

Ela estranhou as minhas palavras e pediu-me explicações. Como eu já havia-me exposto, resolvi contar-lhe as minhas suposições sobre o vizir do Alto Egito. Nefertiti era uma mulher de rara inteligência. Além do mais, ela não nutria uma grande simpatia pelo seu ausente pai.

Após alguns minutos, ela disse:

— Vamos aguardar o seu retorno sobre esse caso. Assim, poderemos tecer algumas conclusões.

Três semanas depois, recebemos uma correspondência de Aye informando que sob o Templo de Amon não havia nenhuma estátua do faraó para trabalhos mágicos. E que provavelmente deve ter havido algum engano do serviço de informações do palácio de Akhetaton.

Nefertiti ficou alguns instantes pensativa. Em seguida, me chamou a seus aposentos e disse:

— Radamés, precisamos conferir se a estátua foi destruída ou retirada do Templo de Amon. Eu enviarei um agente de nosso palácio a Tebas. Dize-me o nome do teu amigo que te acompanhou nessa aventura para que ele introduza o nosso agente no Templo de Amon. Assim, poderemos confirmar os fatos!

Ela andou alguns passos até a ampla janela que dava vista para o Nilo e para o extenso palmeiral à margem do rio. Depois, disse para si mesma:

"Não podemos mais confiar no 'Divino Pai', Aye!"

Capítulo 14
O nascimento do herdeiro

Kiya, segunda esposa de Akhenaton e mãe de Tutankhaton.

Na manhã seguinte, recebi um comunicado do faraó que desejava a minha presença para as orações matinais ao Grande Deus. Vesti-me rapidamente e dirigi-me ao templo privado de Akhenaton, o Castelo de Aton, ao lado dos aposentos reais.

Corri pelos corredores do templo até a sala de orações. Entrei timidamente no salão que possuía uma ampla janela voltada para as colinas onde o Sol nasce. O faraó estava ajoelhado sobre almofadas; seus olhos estavam voltados para os primeiros raios de Sol que despontavam no horizonte.

A sala, envolvida pelos raios dourados de Aton, parecia ter uma vibração mística, invisível aos olhos humanos. Ao contrário do que vi no Templo de Amon, em Tebas, ali eu observava a presença de espíritos iluminados a compartilhar a alegria de ver Akhenaton com a saúde restabelecida.

Ao me ver, o faraó me olhou com serenidade e indicou com um gesto uma almofada ao seu lado. Ajoelhei-me e ficamos, ambos, olhando os raios do Sol nascente no horizonte.

O faraó vestia o seu manto sacerdotal e um touca do branco. Akhenaton era o sumo sacerdote de Aton! Ele centralizava em si o poder temporal e o poder religioso, mas ultimamente dedicava-se mais às questões espirituais. Akhenaton era "papa" e "rei"! Como os antigos atlantes, ele não dissociava o poder material do espiritual. Era raro vê-lo com as vestes típicas de faraó. O cajado, o chicote e a coroa do Alto e Baixo Egito

raramente eram utilizados até mesmos em cerimônias oficiais.
Enquanto meditávamos em silêncio, olhei para o seu rosto que irradiava paz, amor e felicidade. Envolvi-me em um estado de imenso bem-estar e alegria. Alguns minutos depois, ele me disse:
— Radamés, os raios de Aton são alimento para a alma. Entende o funcionamento dessa energia e poderás te suprir, assim como o homem rude se supre através de pesada alimentação. Toda a natureza ao nosso redor é a manifestação de Deus; basta aprendermos a assimilar essas energias.
Tanto o Sol como o ar que respiramos é vida. Basta termos consciência disso e esses elementos nos trarão saúde e força.
Ele voltou-se para mim, e colocando a mão sobre o meu ombro, prosseguiu:
— Há muitas energias invisíveis aos nossos olhos e tu consegues percebê-las. Eu já observei isso! Aproveita esse dom que Aton te legou e sê sábio e prudente em todas as tuas iniciativas. Aquele que vê o que os outros não conseguem perceber sempre é incompreendido! Sou repudiado por parte do meu povo porque eles não compreendem a verdade da qual não posso me afastar. Se eu for conivente com a ilusão e a farsa, minha vida não terá sentido. Nasci para testemunhar a verdade e nela viverei!
Ele calou-se e sorriu de forma enigmática. Em seguida, voltou-se novamente para os raios do Sol que entravam pela grande janela. Eu prossegui olhando para Akhenaton que começou a irradiar de seu corpo uma bela luz, mais bela e brilhante que o ouro. Vendo minha surpresa, o soberano disse:
— Para decidirmos os rumos de uma nação é necessário estarmos livres de qualquer mácula. Essa enfermidade fez-me ver que eu não estava tão puro como deveria. Muitas forças do mal desejam o meu fracasso; não posso mais vacilar! Aquele que vibra nas sintonias inferiores do mal, como o ódio, a inveja, o ciúme, o orgulho e a vaidade, não pode decidir os rumos de uma nação, porque tomará decisões do mesmo nível que seus sentimentos desequilibrados.
Todos os dias devo suprir-me das energias de meu Pai Aton, porque o destino de muitas pessoas está em minhas mãos. Radamés, lembra-te sempre, somos responsáveis pelo bem ou pelo mal que fazemos aos nossos irmãos!
Ao final daquelas palavras, Akhenaton levantou-se e caminhou até a grande janela. Em seguida, respirou profundamente a atmosfera mágica da cidade celestial e, demonstrando estar

plenamente curado, revelou:

— Sinto-me bem como há muito não sentia! E devo isso a tua ajuda, meu amigo!

Sem jeito, eu disse ao faraó:

— Não fiz mais do que cumprir o compromisso que assumi contigo quando eras quase uma criança.

Ele sorriu, irradiando-me paz com uma expressão de pleno amor e respeito. Depois parou, olhou para o céu e falou:

— Sim, agora me lembro! Nós fizemos um acordo de amigos, e não de um faraó, "uma divindade viva", em relação a um servo. Percebeste que se tivesses que me ajudar por mera obrigação ao teu soberano, não tratarias o assunto com o empenho que trataste?! Obtiveste êxito em tua missão porque foste ajudar ao teu amigo Akhenaton e não ao faraó, Senhor do Alto e Baixo Egito.

Concordei com os olhos marejados de emoção. Ele me abraçou e disse:

— Quando virá o dia em que os homens cultivarão esse tipo de sentimento que habita em teu coração neste instante?

Eu comecei a chorar abertamente e respondi:

— Não sei, meu amigo e mestre! Não sei nem se conseguirei manter-me sempre na paz de espírito em que tu vives. O mundo é tão cheio de surpresas! Em Tebas vi tantas coisas que me decepcionaram! Lá, cheguei à conclusão de que será difícil fazer o nosso povo viver segundo a vontade de Aton.

Com amargura na voz e uma expressão de tristeza no rosto, Akhenaton disse mais para si mesmo, do que para mim:

— Sim, é verdade!...

Naquela época, as graves dificuldades ainda não haviam surgido. No final do reinado de Akhenaton, até mesmo ele teria dificuldades para manter-se em paz; quem diria eu!...

Após o encontro, dirigi-me para o trabalho nos escritórios diplomáticos de Akhetaton. Lá encontrei-me com Meri-Rá, que havia-me solicitado um assessoramento nos estudos que ele estava realizando.

O grande sacerdote de Aton parabenizou-me pelo auxílio ao faraó. Eu agradeci o elogio e perguntei-lhe:

— Mestre Meri-Rá, por que Akhenaton foi envolvido pelos espíritos trevosos de Amon? Quando estamos com o nosso ká purificado, não estamos imunes ao assédio das sombras?

Meri-Rá concordou com as minhas palavras e respondeu:

— Sim, Radamés, tens razão! Mas não te esqueças de que

estamos em um mundo de lutas, onde as influências humanas nos fazem perder a lucidez espiritual. Akhenaton é um espírito iluminado, mas ocupa um cargo que exige, muitas vezes, uma postura pouco harmoniosa em relação às leis divinas. Ele mesmo luta intensamente para libertar-se de séculos de arrogância e prepotência que impregnaram o cargo mais alto do Egito. Como conciliar uma postura de amor, paz e humildade, se os súditos esperam que seu faraó seja arrogante e prepotente como seus ancestrais eram?

Envolvido pela postura que deve ter em seu cargo, ele termina algumas vezes sintonizando-se com influências negativas. Alia isso ao assédio fantástico das trevas que presenciaste no Templo de Amon, e verás como é difícil manter-se imune.

Concordei com um gesto e prosseguimos com o nosso trabalho.

Algumas semanas depois, nasceu a quarta filha do casal solar. Nefertiti estava desolada; era mais uma menina. O faraó necessitava com urgência de um herdeiro. Todos sabíamos que a terra de Kemi vivia um período de instabilidade política. Um filho varão evitaria qualquer tentativa de golpe para derrubar a dinastia que havia-se instaurado após a expulsão dos hiksos, duzentos anos antes.

A menina era encantadora e recebeu o nome Neferuaton, "Aton é belo". Mesmo recebendo aquela linda criança em seus braços, Akhenaton sentiu uma amargura no peito; ele precisava de um menino. Nefertiti mantinha-se cabisbaixa, pois ela também acalentava o desejo de dar um filho homem ao faraó.

A terceira filha do casal solar, Ankhesenpaaton ("Sua vida é de Aton"), que mal havia desmamado, chorava e erguia os bracinhos pedindo o colo da mãe. Mas Nefertiti não a ouvia, tal era o seu abatimento. Akhenaton andava de um lado ao outro embalando sua nova menininha. Ele amava intensamente as suas filhas, mas desejava muito ter um filho varão, que seria seu sucessor!

Nefertiti ergueu-se da cama, jogou o cabelo para as costas e lavou o rosto em uma bacia com água perfumada com jasmins. Em seguida, suspirou e disse com convicção:

— Meu marido, é necessário que tenhas outra esposa. O tempo passa e precisas de um filho!

— Não digas isso, minha amada! Somente tu alegras o meu coração!

— Não se trata disso, meu querido! Os homens de nossa

terra podem possuir mais de uma esposa e o faraó pode ter várias. Eu sei que o teu coração é só meu, mas deves casar-te com uma mulher que consiga reproduzir filhos. Acredito que Aton criou-me para dar à luz somente mulheres!

Sem permitir que Akhenaton falasse uma só palavra, ela completou:

— Eu escolho Kiya para ser a tua segunda esposa. Ela é nobre e possui um excelente caráter. É uma das mulheres mais devotadas a Aton em nosso reino.

O faraó tentou dialogar; convencê-la a mudar de idéia. Mas Nefertiti apenas disse com serenidade:

— Se me amas, cumpre a minha vontade! Casa-te imediatamente com Kiya. Precisas de um herdeiro! Agora, sai! Eu preciso repousar; ainda não me refiz do parto de nossa Neferuaton.

Akhenaton beijou as duas filhinhas que estavam no quarto e se retirou. Ao chegar na soleira da porta, ele virou-se e disse:

— Eu tentarei ter um filho com Kiya, mas nós também continuaremos tentando, pois o herdeiro das Duas Terras deve ter o sangue da maior entre as mulheres do Egito!

Depois que Akhenaton retirou-se, Nefertiti chorou amargamente por toda a noite. Ela o amava intensamente e desejava fazê-lo sempre feliz.

Enquanto o palácio de Akhenaton se tornava um ninho de belas menininhas, Ise e eu tentávamos esquecer, através do trabalho, a nossa má sorte com filhos. Ela tornava-se a cada dia mais bela por não ter sofrido as dificuldades da maternidade e também porque trabalhava intensamente com energias sublimadas dos planos superiores.

Seu rosto moreno, com cabelos negros cortados à moda egípcia, em que a franja descia até os olhos, encantava-me. A vida em Akhetaton parecia rejuvenescer-nos! Vivíamos em uma cidade de vanguarda em todos os aspectos. As roupas, a alimentação, o estilo de vida, tudo era muito saudável e nos propiciava alegria e saúde.

Acredito que as orações sob os raios solares do nascente e do poente é que nos traziam saúde e juventude. Os raios benéficos dessas horas do dia, aliados à respiração equilibrada e à alimentação frugal, faziam-nos muito bem.

Trabalhávamos no que gostávamos e desfrutávamos de excelentes amizades. Todas as noites recebíamos amigos em nossa casa ou jantávamos em suas residências ou no palácio do faraó. Ali, discutíamos nossos objetivos e brincávamos alegres, muitas vezes nos esquecendo que Tebas era um barril de pólvora pronto para explodir.

No ano que ora narramos, vivemos emoções intensas. Um mês após o nascimento de Neferuaton, Kiya ficou grávida de Akhenaton. Nefertiti abraçou a amiga com alegria. A grande esposa real era uma alma iluminada demais para cultivar rancores. Com o tempo ela compreendeu que aquela era a vontade do Grande Deus.

O faraó ainda mantinha esperanças de que o herdeiro fosse um filho de Nefertiti. Assim, naquele mesmo período, Nefertiti ficou grávida pela quinta vez.

Nos anos seguintes, as visitas ao palácio se tornaram um verdadeiro divertimento, pois todos tinham que dar atenção às filhas do casal solar. Quantas vezes tivemos de deixar os nossos papiros e experimentos de lado para dançar com Merit-Aton ou brincar de balanço com Meket-Aton! Ou, quem sabe, brincar de príncipe e princesa com Ankhesenpaaton, que parecia ter nascido para ser uma rainha?!

E assim os dias se passavam, até que em determinada manhã da estação da cheia do Nilo fomos acordados por gritos histéricos do povo, que demonstrava sempre o seu pesar de forma escandalosa. Corri para a janela de nossa casa e vi mulheres rasgando as roupas e jogando terra sobre a cabeça. O meu coração gelou! Quem teria morrido?

Logo obtivemos a informação de que o pai do faraó, o grande Amenófis III, havia falecido. Na verdade, foi até um consolo, pois nos últimos anos ele nem andava mais. Suas dores reumáticas e as graves inflamações nas gengivas já não tinham como ser controladas.

A utilização das novas técnicas médicas e os passes energéticos conseguiram dar-lhe uma sobrevida. Assim, Amenófis III pôde chegar até o nono ano de reinado de seu filho, vivendo quase doze anos com as enfermidades que lhe imputavam dores, às vezes, atrozes.

Eu e Ise nos vestimos rapidamente e fomos para o palácio apresentar as nossas condolências à família real. Akhenaton e Nefertiti dirigiram-se à "Janela das Aparições", junto com as quatro filhas, e o faraó falou ao povo, que se reuniu na Avenida Real:

— Povo de Akhetaton! Hoje partiu para os braços do Grande Deus o homem que transformou a terra de Kemi em uma grande nação. O sábio que vislumbrou Aton e que legou ao seu filho a missão de propagar essa verdade por todo o Egito!

Amenófis III foi um homem de visão, que enxergava onde ninguém via! Meu coração sofre com a perda daquele que a princípio era apenas meu pai, mas com o passar dos anos, principalmente os anos em que ele viveu conosco em Akhetaton, tornou-se "meu grande amigo". Amenófis III ingressa na Terra do Poente e peregrinará pelas salas do Amenti com o coração tranqüilo, porque morreu com a verdade. Ele compreendeu Aton!

Akhenaton desejou continuar o discurso, mas a voz extinguiu-se-lhe na garganta, asfixiada de lágrimas. Ele manteve-se em silêncio por alguns segundos e, por fim, disse ao povo, que mantinha-se em respeitoso silêncio:

— Manteremos rigoroso luto pelos setenta dias que decorrerão até a sua preparação para ingressar no reino espiritual. O espírito de meu pai necessita de paz para vencer os primeiros dias entre os dois planos da vida. Depois desse período, a família real seguirá para Tebas com o objetivo de realizar o último desejo de Amenófis III: ser enterrado no Vale dos Reis!

Eu e Ise ficamos boquiabertos em meio à multidão. Akhenaton realmente pisaria novamente em Tebas? A contragosto ele deveria retornar à cidade que o havia amaldiçoado e lá participaria do sepultamento do pai.

Aquela notícia rendeu acalorados debates entre nós, da nobreza de Akhetaton. Como o faraó seria recebido em Tebas? Haveria tumultos? Que providências deveriam ser tomadas?

Aye e Tii chegaram a Akhetaton duas semanas depois e iniciaram as providências diplomáticas para que o faraó colocasse os pés novamente em Tebas. O grande vizir do Egito convenceu os nobres tebanos e os terríveis sacerdotes de Amon a respeitar o sepultamento de Amenófis III. Afinal, o pai de Akhenaton tinha feito muito pelos sacerdotes de Amon no início de seu reinado e Tebas era uma cidade deslumbrante, principalmente por causa do reinado do falecido faraó.

Nas semanas seguintes, Akhenaton passou os dias orando à memória de seu pai e meditando sobre a viagem que teria que realizar contra a sua vontade. Acredito que ele estava apreensivo por ter que pisar o solo da cidade que o havia amaldiçoado.

Quase dois meses após a morte de Amenófis III, subimos o Nilo em três grandes barcas. A família real e os nobres mais chegados iriam participar das pompas fúnebres tradicionais aos faraós.

Durante a viagem, tranqüilizamos Akhenaton, que demonstrava apreensão. Em conversa com Nefertiti, ela nos dizia que a tristeza do faraó era dupla: uma pela perda do pai, outra por ter que voltar à "cidade maldita".

Horemheb havia convocado soldados que estavam em outras cidades egípcias para manter a ordem em Tebas, que seria alterada com a presença do faraó. Isso preocupou o general egípcio, porque boa parte do contingente do exército estava acampada nas fronteiras do Vale do Nilo em decorrência do possível ataque dos hititas e de algumas cidades sírias rebeladas.

O general, então, com intensa gravidade no tom de voz, disse aos seus soldados do primeiro escalão:

— Hoje chega o faraó! E todos sabem que devemos acalmar o povo de Tebas que está revoltado com as loucuras de Akhenaton. Eu estarei com vocês em meio à multidão e controlarei essa massa humana no grito! Não deverá haver desordem e conto com a determinação dos meus principais homens para isso. Quero ver vontade e coragem nos olhos de meus soldados. O povo deve temer-vos e respeitar-vos, assim como fazem comigo!

E assim foi! A cada dia Horemheb tornava-se mais prestigiado em Tebas e em todo o Egito. Ele era amado e respeitado pelo povo que adorava as bravatas e as atitudes destemidas do general egípcio. Em meio à escolta pessoal do faraó, Horemheb reluzia com a sua armadura de cobre e ouro.

Ao ser transportado em sua liteira pelas ruas de Tebas, Akhenaton era desprezado, enquanto que Horemheb era ovacionado. Ouvíamos gritos, em meio à multidão, que diziam: "Horemheb é o nosso grande herói!", e coisas do gênero.

O faraó parecia nada ouvir. Ele apenas acompanhava, com os olhos serenos, o sarcófago de seu querido pai. O povo olhava impressionado as nossas roupas e os toucados utilizados por Nefertiti e Merit-Aton, que pareciam alongar suas cabeças. Aquelas vestimentas eram utilizadas apenas em Akhetaton. Muitas mulheres tebanas invejaram, naquela tarde, a riqueza e o luxo da família real, que outrora embelezava os eventos sociais da antiga capital do Império.

O ritual fúnebre transcorreu sem fatos a mencionar. Tudo, desde a cerimônia de "abertura da boca" do defunto até o ato de selar definitivamente a tumba, transcorreu com tranqüilidade.

Terminada a cerimônia, o faraó subiu imediatamente na liteira e disse:
— Para a barca real, imediatamente!
Ao perceber que o faraó iria partir do Vale dos Reis diretamente para a sua cidade sem retornar ao Templo de Karnak, no centro de Tebas, desprezando-a, o povo vaiou a comitiva que regressava a Amarna. Horemheb, então, ergueu as mãos e, com um gesto, o povo calou-se. Poucas pessoas ousavam enfrentar aquele homem corpulento e com o cenho carregado.

A viagem de retorno transcorreu tranqüilamente. Mas, ao chegarmos no cais real de Akhetaton, vimos uma multidão nos aguardando. Ao atracarmos, o povo começou a chorar e rasgar as roupas. Eu abracei Ise e lhe disse:
— Mas o que é isso! Mais uma demonstração de pesar! Será que o povo não percebe que o faraó precisa repousar?!
Ise apertou minha mão e falou, apreensiva:
— Radamés, estou com um mau pressentimento.
Calei-me, pois quando Ise ficava naquele estado de espírito significava que algo realmente grave tinha acontecido. Ao descermos da embarcação, recebemos o choque: Meket-Aton, a segunda filha do casal real, havia falecido.

Nefertiti desmaiou e Akhenaton colocou as mãos sobre o rosto e disse em voz alta:
— O que se passa, meu Deus? O que fiz para merecer tanta desgraça?
Conduzimos o faraó ao palácio e lá uma serva jogou-se aos pés do faraó, dizendo:
— Senhor, mata-me! Descuidei-me apenas um minuto da pequena Meket-Aton e ela caiu na piscina do palácio.

A menina tinha morrido por afogamento. Akhenaton estava fora de si. Ele não sabia o que dizer ou fazer. Depois de alguns minutos, em estado de apatia, o faraó perguntou a Ramósis:
— O que eu faço, meu amigo? Aton me abandona?!
Ramósis respirou fundo e respondeu:
— Meu querido amigo, antes de mais nada, perdoa essa mulher. Ela não teve culpa, foi apenas um acidente! Eu sei que é difícil dizer isso a um pai que perde a filha amada, mas não devemos crer que a vida gira em torno de nós, mesmo sendo tu o Senhor do Egito. Meket-Aton voltou para o Mundo Maior! Se essa é a vontade de Aton, devemos respeitá-la, porque o Grande Deus sabe melhor do que nós qual rumo a vida deve seguir.

O faraó ponderou por alguns segundos e depois caminhou com passos pesados para os seus aposentos. Ele passou mecanicamente ao lado da serva de joelhos e, então, disse-nos:
— Preciso estar ao lado de Nefertiti quando ela acordar. Ela está grávida! Preciso dar-lhe atenção e carinho. Aton dai-nos forças para suportarmos tamanha dor!

Meket-Aton foi sepultada no cemitério de Amarna. Lá, os artistas da cidade celestial pintaram, com impressionante realismo, a cena que descreve a dor de Akhenaton e Nefertiti: ambos chorando a morte de Meket-Aton, enquanto uma babá segurava no colo a pequena Neferuaton.

A vida em Akhetaton, a despeito das dores da família real, prosseguiu. Nos meses seguintes, todos nos aprofundamos no trabalho para estender a crença no Deus Único pelo Egito e pelas terras vizinhas.

Eu viajei para a terra de Canaã com o objetivo de intensificar nossas relações diplomáticas com os povos vizinhos. Era necessário responder aos apelos de Abbi Hepa. Ele tinha recebido a visita de Aziru, príncipe sírio da província de Amurru, e também a visita de Supiluliumas, rei hitita.

Abbi Hepa falou-me de sua apreensão, pois acreditava que era inevitável a invasão dos bárbaros habitantes da terra de Hati, aliados às províncias sírias. Apesar da cortesia de seus visitantes, ele pressentiu que ambos estavam planejando aliar-se para dominar a região.

Perguntei-lhe pelos habitantes das "cidades do mar", conhecidos pelos gregos como fenícios. Estariam Biblos, Sidon e Tiro associados àquele projeto? O rei da terra de Canaã não soube me responder.

Lembrei-me de Hatiay, diplomata de Akhetaton, que tinha viajado para a terra de Hati com a missão de levar a cruz do faraó e presentes aos povos vizinhos. Será que ele voltaria vivo da terra dos hititas? Esses pensamentos me deixaram apreensivo.

Quando voltei para Akhetaton, Nefertiti havia ganho a sua quinta filha prematuramente. A criança tinha nascido de sete meses. Kiya ainda estava grávida. O casal solar resolveu dar à sua nova menina o nome Nefer-Neferou-Rá, "Belas são as belezas do deus Rá".

O casal solar batizou a menina com o nome do deus Sol em seu zênite para que ela recebesse uma proteção mágica, haja vista a morte de Meket-Aton. Essa era uma forma simbólica de proteção para a criança. Os egípcios acreditavam que os deuses possuíam diversas formas de manifestação e o Grande Deus, personificado como Rá, assumiria uma identidade protetora.

Mas os acontecimentos turbulentos daquele ano ainda não tinham terminado. Uma semana após o meu retorno da terra de Canaã, Kiya deu a luz a um filho de Akhenaton, que recebeu o nome de Tutankhaton ("A imagem viva de Aton"). O faraó novamente homenageou Aton no nome do príncipe herdeiro.

Infelizmente Kiya morreu no parto. Suas últimas palavras foram:

— Sinto que a vida me escapa! Mas estou feliz! Eu dei ao meu Senhor o herdeiro do Egito. Irei para a Terra do Poente feliz por cumprir minha missão. Gerei o futuro líder de nossa nação!

Akhenaton beijou a mão de Kiya em agradecimento, enquanto Nefertiti embalava o futuro faraó em seus braços.

Capítulo 15
O hino ao Grande Deus

Os anos seguintes foram de extrema paz e felicidade em Akhetaton. O jovem Tutankhaton crescia com saúde e vigor ao lado de suas adoráveis meio-irmãs. Os povos vizinhos começaram a se rebelar e não pagavam mais tributos ao Egito, mas isso não aborrecia o faraó, que via os povos vizinhos como irmãos e não como escravos que devessem tributos. O mesmo não podíamos dizer de Aye e Horemheb, que viajavam constantemente para Akhetaton com o objetivo de estimular o faraó a uma luta armada. Era um apelo inútil!

O Império Amarniano, se podemos chamar assim, nos seus últimos seis anos foi repleto de realizações e unificou as cidades do Baixo Egito. A Núbia, a terra de Kush e a terra de Canaã também estavam com Akhenaton, que recobrou o ânimo para receber a inspiração divina. Nesse período, ele compôs o seu belo hino a Aton.

Em determinada manhã ensolarada da estação da colheita (Shema), o faraó dirigiu-se para "A janela das Aparições" e recitou para o povo, com emoção, o belo hino a Aton:

O nascimento diário de Aton representa a vida!

> Tu apareces na perfeição da tua beleza,
> No horizonte do céu,
> Disco Vivo,
> Criador da Vida;
> Tu te ergues no horizonte do Oriente,

O deus Aton ("o disco solar") abençoando com seus raios, em forma de mãos, a sua criação.

Tu enches toda a região com a tua perfeição.
Tu és belo, grande, brilhante,
Colocado acima de todo o Universo;
Teus raios cercam as regiões,
Até o limite de tudo o que crias.
Tu és o princípio da vida,
Tu reges todos os povos até seus limites,
Tu os ligas pelo teu filho que amas.

Depois de ressaltar a importância da presença divina, Akhenaton mostrou ao povo como afastar-se de Deus é semelhante à morte:

Tu te afastas,
No entanto, teus raios tocam a terra;
Tu estás diante de nossos olhos,
Teu movimento celeste é um mistério;
Tu te deitas no horizonte ocidental,
O Universo está nas trevas, como morto.
Os homens dormem em suas casas,
Com a cabeça coberta,
Ninguém reconhece seu irmão.
Roubaram-lhes o que possuíam de mais sagrado
E eles não se apercebem disso.
Todos os leões saem de seus esconderijos,
As cobras mordem.
O mundo está em silêncio,
Pois as trevas cobrem a tudo;
Seu Criador, Aton, descansa no horizonte.

Aton ressurge no horizonte no novo dia. O Universo está em festa!

Tu te ergues na aurora, no horizonte,
Tu, disco solar, brilhas durante o dia,
Tu dissipas as trevas,
Tu espalhas teus raios,
O Duplo País está em festa,
Os homens despertam,
Caminham sobre seus próprios pés,
Pois és tu que fazes com que se levantem,
Os homens lavam-se, depois se vestem,
Seus braços fazem gestos de adoração quando tu te ergues.
O Universo inteiro põe-se a trabalhar.
Todo rebanho está satisfeito com o seu pasto,
Árvores e ervas verdejam;
Com as suas asas abertas fora de seus ninhos,
Os pássaros executam os atos de adoração ao Poder de Aton.

Todos os animais saltitam de alegria.
Todos os que voam, todos os que pousam,
Tomam vida com o teu retorno.
Os barcos velejam,
Subindo e descendo o Nilo,
O dia nasce,
E tu apareces.
No rio, os pequeninos peixes saltam
Em direção à tua face, que na água enxergam;
No coração do Verdíssimo (mar), Teus raios penetram.

Aton gera a vida!

"Tu fazes com que nasça o fruto nas entranhas das mulheres.
Tu produzes a semente no homem,
Tu dás vida ao filho no seio maternal,
Tu o apaziguas no seio da mãe que o nutre.
Mas Tu és a verdadeira ama-de-leite,
Daquele que ainda se abriga no seio;
Tu dás constantemente o sopro
Para dar vida a toda criatura.
No momento em que a criatura deixa a matriz para respirar,
Tu lhe abres a boca completamente,
Tu lhe ofereces aquilo que é necessário.
O passarinho está em seu ovo,
A pevide está em sua casca,
Tu lhe dás o sopro lá do interior,
Tu lhe dás a vida.
Tu ordenaste para ele
Um tempo de gestação medido com rigor,
Tornando-o completo;
Ele rebenta sua casca por dentro,
Ele sai do ovo,
No instante fixado,
Ele sai e marcha sobre seus pés.

Akhenaton demonstra a onipresença de Deus!

Quão numerosos são os elementos da Criação,
Ocultos aos nossos olhos,
Deus Único sem igual.
Tu crias o Universo conforme teu Coração,
Quando estavas sozinho em tua sabedoria.

Aton vê as diferenças entre os homens, mas dispensa seus benefícios de forma igualitária.

Homens, rebanhos, animais selvagens,
Tudo o que vive sobre a Terra,
E que se desloca por seus próprios pés;
Tudo o que está nas alturas,
E voa com asas abertas;
As províncias da Síria e da Núbia,
As cidades do Egito,
Tu colocas cada homem em sua função,
Tu lhes concedes o que lhes convém.
As línguas são múltiplas
Em sua maneira de se expressar,
Suas letras são diferentes,
A cor da pele é distinta,
Tu diferenciaste os povos estrangeiros.
Tu criaste o Nilo para dar vida ao Duplo País,
O que fizeste segundo a tua consciência
Para dar vida aos homens do Egito,
De acordo com o modo como fizeste para ti mesmo.
Tu és seu Senhor,
Tu cuidas deles;
Senhor de todas as regiões,
Tu te ergues em benefício delas.
Disco do dia, grande em dignidade,
Tu dás a vida a todo o país estrangeiro, mesmo distante;
Tu colocas um Nilo na Terra para irrigar nossas colheitas e
Dás um Nilo no céu[1] para regar os campos e cidades dos estrangeiros.
Como são sábios os teus desígnios,
Ó Senhor da eternidade!
O Nilo no Céu é um dom de Ti para os estrangeiros,
E para todo animal do deserto.
Mas para a terra de Kemi, teus amados filhos,
O Nilo brota da terra.

A energia divina cria tudo que existe, está em tudo, mas mantém sua Unidade!

Teus raios dão vida aos campos,
Tu te ergues no horizonte,
Eles vivem, brotam para ti.
Tu regulas harmoniosamente as estações,
Tu desenvolves toda a Criação.
O inverno traz o frescor,
O teu calor faz com que os homens te apreciem.
Tu crias o céu ao longe,
Tu te ergues nele,

---

1 A expressão "Dás um Nilo no céu" significa: dás as chuvas; única forma de irrigação das colheitas para os povos estrangeiros.

Tu abraças toda a Criação,
Tu permaneces em tua Unidade,
Tu te levantas
Em tua forma de disco vivo,
Que aparece e resplandece,
Que está distante,
Mas também está perto,
Tu extrais eternamente,
Milhares de criaturas, partindo de ti mesmo;
Mas Tu permaneces em tua Unidade, indissolúvel.
Cidades, regiões, campos, caminhos, rios,
Todo o olho vê por causa de ti,
Tu és o disco do dia
Acima do Universo.
Quando Tu te afastas,
Nenhum dos seres por ti gerados tem vida,
Nem sequer conseguem contemplar-te.

Akhenaton é o intérprete de Aton no mundo material! Ele é o laço que une o povo a Aton.

Nenhum dos seres que geraste te vê em espírito,
Tu resides em meu coração.
Não há outro que te conheça,
Somente o teu filho Akhenaton,
Que tu tornas ciente dos teus planos
E do teu poder.

O deus Sol determina o ritmo da vida!

O Universo vê a existência sob a tua mão,
Como tu o criaste.
Tu te ergues, ele vive,
Tu te deitas, ele morre.
Tu és a extensão eterna da vida,
Vive-se de ti.
Os olhos deslumbram-se com a tua perfeição,
Até que tu te deitas no horizonte;
Tu te deitas no Ocidente,
E cessa todo o trabalho.

Akhenaton e Nefertiti foram os primeiros a ver Aton, portanto são responsáveis pela sua divulgação entre os homens!

Quando Tu te ergues,
Tu fazes crescer todas as coisas para o faraó;
O movimento apodera-se de tudo,

> Tu pões em ordem o Universo,
> Tu o fazes surgir para o teu filho Akhenaton,
> Saído do teu Ser,
> O rei do Alto e do Baixo Egito,
> Vivendo da Harmonia universal,
> O mestre do Duplo País,
> Filho de Rá,
> Que vive da harmonia universal,
> Senhor das duas coroas,
> Akhenaton.
> Que a duração de sua vida seja grande!
> Que a sua grande esposa, que ele ama,
> A dama do Duplo País,
> Nefertiti,
> Viva e rejuvenesça
> Para sempre, eternamente.

O faraó, ao terminar a leitura do hino a Aton, estava envolvido por uma radiante luz dourada. Suas roupas brancas em contato com a energia dourada, aliada ao estado de espírito do faraó naquele instante, o tornaram uma imagem divina aos olhos do povo. Só eu e Meri-Rá vimos a luz que parecia raios de Sol, de cunho espiritual, a irradiar-se de Akhenaton, mas o povo a sentiu; e como sentiu!

O hino a Aton era um verdadeiro resumo da essência espiritual do Grande Deus. O texto revelava um Deus Criador que se manifesta por meio das forças naturais. As frases repletas de espiritualidade do hino cativaram o povo de Akhetaton, fazendo-os compreender definitivamente o deus Aton.

Todos foram impulsionados por uma febre de crescimento espiritual. A cidade vibrou por vários dias em um clima espiritual digno das esferas superiores do Mundo Maior.

O amor, a brandura, a fraternidade, a caridade e todas as virtudes ganharam espaço no coração dos cidadãos de Akhetaton. O assunto da semana foi o poema de louvor a Aton criado pelo faraó.

Nós procurávamos interpretá-lo em toda a sua profundidade. O texto foi reproduzido para que todos os habitantes tivessem uma cópia em suas casas. Eu estava tão emocionado com a novidade que me candidatei a ajudar a distribuir o hino a Aton pelas casas de Akhetaton.

Então, subi em minha biga e, junto com Isetnefret, percorri os bairros da periferia de Akhetaton. Naquele dia, eu pude perceber que havia pessoas contrárias ao faraó na própria capital do Império; eram oportunistas que ali se instalaram somente para receber os famosos "colares de ouro" que Akhenaton dava aos seus súditos por se destacarem no projeto de construção e divulgação do projeto religioso do faraó.

Algumas pessoas recebiam o texto com desinteresse e, às vezes, até mesmo com desprezo. Em determinada residência do bairro pobre, ouvi de um cidadão, que havia recebido um colar de ouro dias antes, um comentário infeliz sobre o faraó. Aquilo me enojou! Eu peguei o papiro com o hino a Aton e fiz o sujeito engoli-lo! Ise me repreendeu e me puxou para longe do homem, que se debatia, deitado ao chão, engasgado porque o papiro obstruía-lhe a garganta. Seus olhos estavam arregalados e seu rosto rubro.

— Que fazes, Radamés! — chamou-me a atenção Ise.

Eu, indignado, gritei a todos ao meu redor:

— Corja maldita! Não passam de sanguessugas! O faraó lhes dá presentes, carinho, até mesmo dedica-lhes a própria vida e é assim que demonstram gratidão!

Virei-me sobre os calcanhares e conduzi Ise para a biga. Aticei, então, os cavalos para que eles corressem para longe daquele lugar. Fomos diretamente para casa.

Lá, minha esposa me disse:

— Radamés, tu sabes que nem todos estão preparados para compreender o faraó! E a tua atitude! O que dizer?! O que aprendemos em todos esses anos? Devemos amar e respeitar os nossos semelhantes. E tu quase mataste aquele homem.

Eu andava de um lado ao outro em nossa sala de estar. O fato ocorrido havia-me irritado demais. Já não bastava Tebas e todo o Alto Egito contra o faraó, além disso ainda tínhamos que aceitar inimigos em nossa própria cidade!

— Ise, eu sei que muitos não aceitam as idéias do faraó! Mas pelo menos os nobres disfarçam! Repara o nobre Mai, ele é um fingido que apenas representa ser devoto a Aton. Assim como o próprio Aye, que vem a Akhetaton e representa o seu teatro. Parece que só o faraó não percebe. Agora, ver essa plebe estúpida gritando pelas ruas ofensas ao soberano, enquanto se aproveitam do carinho e da ingenuidade dele, isso é demais!

Realmente existiam muitos oportunistas na corte de Akhetaton. Um dos nobres chegou ao ponto de mudar o seu nome para "Akhenaton me criou". Sua única função era bajular o faraó!

Mesmo um espírito iluminado como Akhenaton deixava-

-se influenciar pela vaidade que sorrateiramente se instala em nossos corações. Esses homens foram pragas no projeto de luz dos planos superiores, pois o faraó colocou alguns incompetentes em postos importantes da administração da cidade.

Akhenaton desejava tanto o sucesso de seu projeto que indiretamente contribuiu para o seu fracasso. No desejo de agradar, ele recompensava a todos que demonstravam ser fiéis devotos de Aton. Tal prática fez com que muitos parasitas surgissem ao seu redor. Um texto da época nos apresenta essa idéia com muita clareza:

"Akhenaton é um Nilo para a humanidade, ele a nutriu, ele é a mãe que dá vida ao mundo. Nada de pobreza, nada de necessidade para quem ama o faraó".

Esses homens rondavam o faraó sempre pensando em se beneficiarem. Às vezes, era difícil tratar de assuntos relevantes com Akhenaton por causa dessa "corte de obsessores encarnados", que o importunava constantemente para atender aos seus caprichos pessoais.

Ise guardou silêncio por alguns instantes e depois me disse:

— Akhenaton não é ingênuo, Radamés! Ele sabe disso tudo! E isso o deixa muito amargurado. Nefertiti contou-me sobre as apreensões do faraó.

Ela me abraçou e beijou meu rosto. Em seguida, acariciou os meus cabelos e, sorrindo, falou:

— Vamos! Vamos trabalhar! Volta para as tuas atividades porque não estás apto para ser um "diplomata do povo" em nome do faraó.

Ise voltou para os seus afazeres no Templo das Sacerdotisas do Sol, enquanto eu fui para a Casa da Vida. Lá, encontrei Kheper-Rá, o rapaz que estava sob a minha orientação no estudo da medicina. Ele era uma pessoa muito boa e possuía uma mente brilhante. Logo me esqueci do incidente. Até mesmo porque naquela época eram poucas as pessoas contrárias ao faraó em Akhetaton.

O hino a Aton havia-se tornado uma bela forma de aproximar o povo de Aton. E o faraó desejava dissociar a divindade de si. Através do poema as pessoas começaram a assimilar melhor a natureza abstrata do Deus Único.

Inclusive Akhenaton criou uma versão simplificada do hino para que o povo orasse ao deus em todas as refeições e situações do cotidiano. O hino resumido dizia mais ou menos assim:

> Tu és belíssimo sobre o horizonte,
> Ó radioso Aton, fonte de Vida !
> Quando te ergues no oriente do céu,
> Teu esplendor abraça todas as terras.
> Tu és belo, tu és grande, radiante és tu.
> Teus raios envolvem todas as terras que criaste,
> Todas as terras se unem pelos raios de teu amor.
> Tão longe estás, mas teus raios tocam o chão;
> Tão alto estás, mas teus pés se movem sobre o pó.
> Tu és vida, porque através de ti é que vivemos,
> Os nossos olhos estão voltados para a tua glória,
> Até a hora em que, imenso, te recolhes...
> Criaste as estações para renascer todas as tuas obras.
> Criaste o distante céu, para nele ascender.
> A Terra está nas tuas mãos,
> Assim como os homens que criaste.
> Se tu nasceres eles vivem,
> Se te pões eles morrem.
> Tu és a duração da vida,
> E vive-se unicamente através de ti!

O tempo havia passado! Já fazia quase dois anos que Amenófis III desencarnara e Akhenaton ainda não tinha realizado a tradicional cerimônia que o investiria como o "faraó único". Enquanto seu pai estava vivo, apesar de nada decidir, ambos viviam em regime de co-regência.

Mas Akhenaton não desejava realizar tal cerimônia. A perda do pai, da pequena Meket-Aton e de sua segunda esposa Kiya o haviam tornado mais introspectivo. Ele sorria pouco e estava sempre alheio à realidade que o cercava, mas sua mente produzia incessantes conceitos filosóficos e educacionais como, por exemplo, o próprio hino a Aton. O faraó estava entrando em uma fase da vida em que ele estaria mais Uno com Deus e, assim, ficava horas meditando em seu templo particular ao lado de seus aposentos.

Ramósis e Meri-Rá insistiam com o faraó, pois aquela seria uma boa oportunidade para divulgarmos aos demais povos o projeto de desenvolvimento e de renovação espiritual em que todos nós trabalhávamos. Viriam representantes de todos os países para o evento. Poderíamos, então, realizar seminários de integração entre os diversos povos da região durante uma semana. Fazia alguns anos que esses eventos não se realizavam em Akhetaton.

O faraó aceitou esses argumentos com a condição de que

fosse uma cerimônia formal, sem bebidas e excessos por parte do povo. O que o preocupava era o desenlace de Meket-Aton em tenra idade. Os egípcios entendiam a partida para a Terra do Poente como algo natural para um adulto, que é ciente de seus passos. Mas para uma criança, atravessar os portais do Amenti, seria algo difícil e para o qual ela ainda não estaria preparada. Akhenaton orava diariamente para Aton iluminar os passos de sua amada filhinha!

A semana da realização da cerimônia foi o ápice de Akhetaton. A cidade nunca recebera tantas pessoas como naqueles dias. Sábios, diplomatas e governantes de todos os povos ali se reuniram. Pela primeira vez, recebíamos representantes da mística ilha de Creta. Inclusive representantes da terra de Hati, que se comportaram com extrema educação, compareceram ao evento que ungia Akhenaton de plenos poderes sobre a terra de Kemi.

Todos ali sabíamos que eles estavam participando daquele evento com segundas intenções. Apesar de o rei Supiluliumas não ter comparecido, Akhenaton dedicou total atenção aos seus representantes, tentando convencê-los da importância da paz para que a região alcançasse o progresso.

Em nenhum momento o faraó cobrou de qualquer país ali presente a falta de envio dos tributos que o Egito anteriormente exigia dos povos subjugados. Akhenaton chamou-os, a todos, de amigos e irmãos. Os sábios maravilharam-se com a filosofia de amor e paz do faraó.

Já os governantes e militares riam disfarçadamente e maquinavam aproveitar-se da situação para invadir o Duplo País, assim que possível. O fato só não se consumaria imediatamente porque os povos vizinhos do Egito ouviam por todas as terras histórias sobre a bravura do general egípcio Horemheb, que lutava corpo a corpo e jamais se escondia atrás de suas tropas.

Durante a semana, foram estudadas e apresentadas várias iniciativas de desenvolvimento científico e espiritual para o progresso da humanidade da época. Os ensinos dos sacerdotes de Heliópolis, há séculos esquecidos pelos egípcios, foram revividos. Astrofísica, astronomia, biologia, química e física foram discutidas por sábios alquimistas da época. Vários magos da Babilônia viajaram semanas para conhecer os projetos de Akhetaton. Nefertiti e as sacerdotisas do Templo do Sol apresentaram suas técnicas para curas através da energia magnética, invisível aos olhos humanos.

Akhenaton apresentou-lhes o hino a Aton e todo o material para a educação infantil que seria implantado no ano seguinte. Eram técnicas simples de alfabetização e conceitos filosóficos e científicos que o faraó acreditava ser necessário todo o cidadão conhecer. Ele dizia (e tinha plena razão!) que todo o povo ignorante seria sempre um joguete nas mãos de governantes inescrupulosos. "Somente a verdade liberta", falava ele.

O faraó apresentou também os seus conceitos filosóficos de irmandade entre os povos e de libertação para todos os escravos. Ele disse: "Somos irmãos e devemos ser amigos, não devemos nos aproveitar uns dos outros, mas construir juntos um mundo melhor".

Por longas horas ele discursou, condenando as guerras que somente propiciavam atraso à humanidade. Com todas as suas forças, procurou comprovar que a união entre os povos traria fartura e abundância para promover a humanidade a uma era de paz e progresso, enquanto a guerra traria somente dor e atraso, tanto para os vencidos como para os vencedores. Akhenaton falava e olhava pacificamente para os representantes hititas, sondando-lhes as intenções.

Por fim, o faraó disse algo que, acredito, não deveria ter dito na presença dos hititas:

— Não desejo guerra! Não levantarei uma arma sequer contra os meus irmãos. Isso jamais admitirei em meu reinado!

Na minha opinião, o faraó havia dado uma declaração de que não reagiria de forma alguma a uma possível invasão estrangeira. Meu sangue gelou ao ouvir aquelas palavras. Eu olhei para os representantes hititas que, frios e impassíveis, nenhum gesto demonstraram.

Em seguida, tivemos várias apresentações de dança e música. O clima tornou-se ainda mais sublime em virtude da beleza da música e da leveza das dançarinas. Todos se impressionaram com a modernidade de Akhetaton em todos os sentidos! Ao contrário de Tebas, a cidade celestial era inovadora e parecia viver séculos à frente dos demais povos, tanto no vestuário, como na arte e na filosofia.

Akhenaton e Nefertiti mantinham-se sentados em seus tronos com suas quatro filhas e o pequeno Tut, o herdeiro real, ao seu redor. Devemos lembrar que Meket-Aton já havia falecido, portanto o casal solar só tinha quatro filhas naquele ano.

O carinho e a atenção com os filhos também impressionaram os visitantes, que não estavam acostumados com a afetividade em cerimônias oficiais. Antes da época de Akhenaton, a família real era considerada como o modelo da dignidade sagrada, onde o sentimentalismo e o afeto familiar deveriam ser excluídos. Mas, por toda a cidade celestial viam-se esculturas e pinturas retratando exatamente o contrário: o amor do faraó à sua família!

Akhenaton explicou, então, a todos a importância da família:

— A família, meus amigos, é o centro da evolução espiritual que temos de alcançar. Aton nos coloca junto a uma pequena comunidade para que dentro de nossos lares possamos aprender a viver em sociedade. A partir do aprendizado conquistado entre nossos íntimos, nos tornamos aptos a viver entre nossos irmãos da família universal!

O amor que dedicamos aos nossos familiares é o mesmo que devemos dedicar aos nossos concidadãos. E digo-vos mais! É o mesmo amor que devemos estender aos povos vizinhos que também fazem parte de nossa família. Todos somos filhos de Aton! Somos, portanto, irmãos e assim sendo fazemos parte da mesma família que abrange toda a Criação do Grande Deus.

A família é uma "miniatura" da própria relação que temos com o mundo. Se desejamos ser agradáveis a Deus, façamos a todos aquilo que fazemos pelas nossas famílias.

Akhenaton agachou-se e segurou no colo a pequena Ankhesenpaaton e beijou-a com carinho, enquanto a doce menina passava a mãozinha em seu rosto. O faraó, então, tornou-se alheio ao seminário. A meiguice de sua filhinha o havia cativado e fez com que ele se isolasse em um universo íntimo, onde só viviam ele e sua pequena filha.

Centenas de pessoas o acompanhavam com os olhos, mas ele parecia haver-se esquecido das pessoas que assistiam assombradas os seus conceitos revolucionários. Ele desceu do palanque e foi brincar com as suas filhas, enquanto Nefertiti continuou conduzindo os trabalhos daquela tarde.

O "Filho do Sol" era assim mesmo: imprevisível! Ele vivia num mundo que parecia ser só seu. Somente Nefertiti, em algumas raras vezes, conseguia roubá-lo dos braços de Aton, que inspirava a mente do faraó de forma quase incessante.

Hoje, podemos dizer com tranqüilidade que Aton era o próprio Cristo, que mediunizava Akhenaton a fim de trazer a sua mensagem através de um médium qualificado, assim como aconteceu com Moisés, Buda, Krishna, Zoroastro e o inigualável Jesus, o Maior entre os Mestres.

Nefertiti conduziu os eventos com notável competência. Algumas vezes, era difícil saber quem era o faraó do Egito, pois a grande esposa real possuía um grande desembaraço para solucionar os assuntos atinentes ao rei.

Como Akhenaton assumia o posto de faraó do Egito e de sumo sacerdote do deus Aton, pouco a pouco, Nefertiti foi assumindo as questões diplomáticas e burocráticas do Egito. À sombra do marido, ela solucionava os problemas que muitas vezes o faraó não tinha tempo ou paciência para resolver.

Nos dias seguintes, Akhenaton dedicou-se a atender aos filósofos e religiosos; Meri-Rá e Ramósis, aos cientistas; e Nefertiti aos governantes e burocratas. O Antigo Egito possuiu em sua história várias mulheres notáveis, mas Nefertiti foi a maior entre elas! Cercada de homens astutos e que estavam sempre interessados em obter informações que os beneficiassem, a grande esposa real os atendia com inteligência e brilhantismo, sem jamais comprometer os planos do faraó.

Mas os visitantes chegaram ao ápice de seu assombro quando Meri-Rá e Ramósis apresentaram o projeto da máquina movida por meio da pressão gerada através da ebulição da água. Ainda não se havia obtido nenhum sucesso, mas o projeto era lógico e inteligente. O pensamento atlante transpirava intensamente em Akhetaton!

Alguns cientistas correram para o outro salão com o objetivo de chamar seus governantes para que eles se assombrassem com aquela "máquina", fundida em cobre, que deveria, no futuro, realizar movimentos repetitivos sem a intervenção humana. Todos olharam para a máquina com respeito, mas poucos deram crédito. Naquele tempo, o que ali estava sendo apresentado era como, nos nossos dias atuais, divulgar uma expedição tripulada para Saturno no próximo ano.

Terminada a semana de estudos, Akhenaton recebeu dois grandes títulos informais por parte dos participantes do evento. Para uns ele tornou-se "um grande gênio", para outros, "um grande louco". Mas, aos olhos do povo de Akhetaton ele tornou-se o maior entre os faraós do Egito. Nunca o povo tinha visto tantas pessoas importantes do mundo reunidas para ofertarem presentes e participarem de tais eventos junto ao governante do Egito.

Por todo o Alto e Baixo Egito o acontecimento foi divulgado. Já era impossível para os governantes de Tebas esconder do povo o sucesso de Akhenaton em sua nova capital do Império.

Ao entardecer do último dia do evento, Akhenaton despediu-se de todos os visitantes orando a Aton com os braços estendidos ao Sol poente, em gesto de adoração:

> Eu respiro o doce sopro
> Que sai da tua boca;
> Eu vejo a tua beleza, todo dia;
> É meu desejo ouvir a tua doce voz,
> Semelhante ao vento do norte,
> De sentir meus membros revigorados pela vida,
> Graças a Ti.
> Dá-me tuas mãos
> Que seguram meu espírito,
> Que eu possa receber,
> Viver por meio dele.
> Lembra-te do meu nome na eternidade,
> Assim não perecerei jamais.

Capítulo 16
A visita de Sen-Nefer

Os meses seguintes foram de muita paz. Nefertiti engravidou pela sexta vez. Akhenaton comemorou como uma criança, mas ela disse ao rei:

— Não te iludas, meu adorado esposo! Eu sonhei que o nosso pequeno Tut será teu sucessor. Certamente receberemos em nossos braços, pelo amor de Aton, mais uma menina.

O faraó sorriu e disse com os olhos brilhando como os raios de Aton:

— Todos os filhos que tu gerares, minha querida, sempre alegrarão o meu coração!

Nos meses seguintes, nasceria a sexta e última filha do casal solar: Setep-em-Rá, "a eleita do deus Rá". Eles novamente homenagearam o deus Rá como uma forma de proteção mágica para a nova filhinha.

Outra grande novidade daquele período foi a visita de meu grande amigo Sen-Nefer a Akhetaton. Em determinada manhã de trabalho na Casa da Vida, fui informado por um funcionário da alfândega que um homem de Tebas, chamado Sen-Nefer, solicitava autorização para visitar-me.

Eu abandonei o serviço e corri em minha biga até o Cais Real. Lá encontrei o grande amigo, andando de um lado ao outro, impaciente.

O imenso amor do casal real às suas filhas, retratado na arte de Amarna.

Ao vê-lo, gritei a alguns metros de distância:

— O que fazes aqui, meu amigo aloucado?!

Ele virou sobre os calcanhares e, abrindo um vasto sorriso, respondeu:

— Não me convidaste para conhecer a cidade que te faz feliz? Mas se não sou bem-vindo, parto já!

Abracei o amigo e dediquei-me durante o resto do dia a servir-lhe de guia turístico na grande capital do Egito. Eu mostrei-lhe o palácio real, o Templo de Aton, os bairros, os mercados, os grandes escritórios diplomáticos e as salas de convenções.

Ao meio-dia ele almoçou em minha casa. Sen-Nefer, sempre galanteador, elogiou a beleza de Ise, que parecia jamais esvanecer-se.

Conversamos longamente sobre os mais diversos assuntos.

À tarde, Ise retornou às suas atribuições junto ao Templo das Sacerdotisas do Sol. Eu e meu amigo passeamos pela cidade. Ele deslumbrou-se com a beleza e a modernidade de Akhetaton, e ressaltou:

— Realmente, o que dizem de Akhetaton não confere com a verdade. Esta é uma cidade deslumbrante! Em Tebas, os sacerdotes de Amon-Rá ainda fazem uma campanha negativa, denegrindo a cidade que o faraó construiu para administrar as Duas Terras.

E eu respondi:

— Vê com os teus próprios olhos, meu amigo. Esta é a verdadeira cidade da luz, pois é o Grande Templo do deus Sol, Aton! Aqui respiramos liberdade e progresso como nunca o Egito sonhou ver!

— Sim... — disse-me Sen-Nefer, reticencioso.

Percebendo a atitude reservada do amigo, perguntei-lhe:

— Qual o mal que te aflige, meu amigo?

Ele respirou fundo e respondeu:

— Estou aqui de passagem, Radamés. Na verdade, estou indo para Mênfis tratar de assuntos familiares. Um dos meus tios partiu para a Terra do Poente. Eu preciso participar das cerimônias fúnebres e inteirar-me de seus negócios na antiga capital do Império.

Ele apalpou com a mão os notáveis relevos dos templos de Akhetaton e prosseguiu:

— Eu não poderia deixar de passar em Akhetaton e falar com o meu melhor amigo, e alertá-lo... Desde o último grande evento realizado pelo faraó, parece que os sacerdotes de Amon e os nobres de Tebas resolveram intensificar a sua revolta contra o faraó. Tebas, a cada dia, empobrece mais! A cidade necessita de manutenção e as riquezas de Amon já não são suficientes para manter aquela fantástica estrutura arquitetônica, criada através de anos de investimentos da família real.

Sen-Nefer olhou-me nos olhos e continuou:

— Pelo que ouvi falar pelos bares, os dignitários tebanos acreditavam que o sonho do faraó seria breve e, em curto período de tempo, ele retornaria para Tebas. Logo, eles resolveram esperar o fracasso do faraó, ao invés de tomarem medidas mais drásticas. Mas ao verificarem o sucesso e o contínuo crescimento do projeto do faraó, resolveram tomar medidas urgentes para retomar o poder. E o pior: dizem que Aye está se bandeando para o lado deles!

Eu meditei por alguns segundos e perguntei:

— Tu retornaste mesmo ao Templo de Amon e nada encontraste da estátua que fizeram para trabalhos mágicos contra o faraó?

— Sim! Fiz como determinou a grande esposa do faraó! Nada mais havia dentro do templo.

— Aye é um traidor! Somente ele pode ter encoberto o crime dos sacerdotes do deus obscuro.

Sen-Nefer colocou a mão em meu ombro e disse:

— Radamés, precisas avisar ao faraó do perigo em manter Aye prestigiado.

— Mas o faraó sabe, Sen-Nefer! O problema é que ele não toma nenhuma atitude e evita falar sobre o assunto. Eu não entendo porque ele evita punir até mesmo os traidores que possuímos aqui, sob o alcance de sua vista.

Caminhamos mais algumas horas pelas ruas de Akhetaton. Eu estava lhe mostrando os bairros do sul da cidade, quando, por acaso, encontramos o próprio faraó andando a pé pelas ruas com suas vestes sacerdotais. Estávamos em um dos bairros mais pobres de Akhetaton, mas nem ali existia miséria. O faraó a todos amparava.

Sen-Nefer impressionou-se de vê-lo em meio ao povo e a pé, sem a liteira real. Akhenaton conversava com todos e carregava as criancinhas no colo. Ficamos observando seus gestos e atitudes, mais pela curiosidade de meu amigo, que nunca tinha visto nada igual em sua vida.

Depois, Akhenaton sentou-se em uma varanda de uma casa e fez uma leve refeição com os moradores e com os vizi-

nhos. Sen-Nefer sacudiu a cabeça e disse:
— Se eu contar isso em Tebas, ninguém vai acreditar!
Em seguida, o faraó retirou-se da casa, dando beijos e abraços em seus súditos, que no passado nem ao menos podiam olhar para ele, quanto mais beijá-lo. Isso seria passível de pena de morte!
Aproveitei o momento para apresentar meu amigo a ele. Sen-Nefer ficou sem jeito e pediu-me para que não o fizesse; mas assim mesmo eu o apresentei!
Akhenaton, ao ver-me, deu-me um forte abraço e disse:
— Meu amigo Radamés, o que fazes por aqui? É raro ver-te fora da Casa da Vida, onde vives voltado para a ciência médica!
Eu retribuí o abraço e apresentei Sen-Nefer ao faraó, indicando que o amigo era morador de Tebas. Akhenaton preocupou-se e falou:
— Espero que tu não sejas inimigo de minhas idéias! Lá em Tebas são poucos os que me querem bem.
Sen-Nefer respondeu-lhe, gaguejando, que o amava e o respeitava muito. Akhenaton, então, abraçou-o dizendo:
— Sinto sinceridade em teus olhos, meu amigo! Posso chamar-te de amigo?
Vendo as expressões de espanto de Sen-Nefer, comecei a me divertir com a situação. Meu amigo tebano estava impressionado com a naturalidade do faraó, que nos tratava como amigos e, principalmente, pelo carinho e atenção que ele nos dispensava.
Após alguns minutos de conversa amena, ele nos abençoou e pediu-nos licença para visitar outras famílias. Akhenaton já havia-se distanciado alguns passos, quando Sen-Nefer correu até ele e jogou-se aos seus pés, dizendo-lhe:
— Senhor, meu rei, preciso alertar-te das conspirações que planejam contra a tua pessoa em Tebas. Os sacerdotes de Amon-Rá, os nobres da corte e Aye, o "Divino Pai", conspiram contra o teu reinado.
Akhenaton sorriu e ajudou Sen-Nefer a levantar-se, dizendo:
— Nada do que me dizes é novidade, meu novo amigo Sen-Nefer. Parece-me que não poderia ser de outra forma. Todos seguem o ritmo de seus corações, assim como seguiste agora o ritmo do teu! O que posso fazer se em Tebas não compreendem a minha mensagem?! Eu coloco o meu destino nas mãos de Aton! Não posso punir os homens que me traem com a mesma força que recrimino diariamente. Espero que eles

encontrem a luz antes que seja tarde...

Akhenaton abraçou novamente Sen-Nefer e prosseguiu com sua caminhada. Meu amigo abraçou-me e começou a chorar convulsivamente. Que energias o faraó teria despertado no coração de meu boêmio amigo?! Que poderes mágicos possuía aquele espírito iluminado que exercia um místico fascínio em todos que compreendiam a sua mensagem de luz?!

Ao recordar-me daqueles dias, da serenidade e dos passos calmos de Akhenaton, lembro-me do mesmo perfil do amado Jesus de Nazaré. Em toda a nossa História, poucos foram os missionários, assim como Akhenaton, que possuíram o perfil sereno e carismático do Divino Rabi da Galiléia.

No final daquela tarde, Sen-Nefer seguiu para Mênfis e retornou meses depois para passar uma temporada em Akhetaton. Mas ele não se adaptou! A noite de Tebas era muito sedutora para ele entregar-se ao estilo de vida familiar de Akhetaton.

Sen-Nefer era como a semente jogada entre espinhos da parábola que Jesus ensinaria aos judeus 1300 anos depois. Ele tinha a capacidade de germinar as verdades divinas em seu coração, mas os espinhos da vida matavam as suas mais nobres determinações no campo espiritual. E assim ocorreu também comigo anos mais tarde, mas por outros motivos.

Sen-Nefer fora seduzido pela luxúria e eu pela desilusão! Dois monstros que destroem as boas intenções de almas despreparadas, que não conseguem vencer suas fraquezas espirituais.

Depois da partida do amigo, eu fiquei sentado nos bancos do cais, apreciando o Sol se pondo como uma bela bola de fogo vermelha na margem ocidental do Nilo. Meditei sobre as palavras de Sen-Nefer e a atitude de Akhenaton, que levou o meu amigo às lágrimas.

O faraó era um grande homem, mas incompreendido por seus contemporâneos. Ele era um homem muito além de seu tempo! Até mesmo alguns familiares mais próximos não o compreendiam.

Na viagem para fundar a nova cidade, somente seu pai e seu meio-irmão, Sa-Aton, filho de Telika, a esposa secundária de Amenófis III, acompanharam-no a fim de apoiá-lo. Sua mãe, Tii, via os gestos do filho apenas pelo campo político e o condenava constantemente pelo seu exagero na reforma religiosa.

A irmã mais velha do faraó, Sit-Amon, tinha falecido no ano anterior sem jamais colocar os pés em Akhetaton. Ela amaldiçoava o irmão por macular o brilho da grande Tebas, quando a abandonou.

Havia ainda uma outra irmã de Akhenaton, a caçula de Amenófis III com Tii, chamada Baket-Aton. Ela também não admitia abandonar Tebas e até mesmo tinha mudado o seu nome para Baket-Amon na tentativa de desvincular-se do deus Aton do faraó. Ela só visitava Akhetaton em cerimônias oficiais.

Refletindo sobre esses pontos, percebi a aproximação de Ramósis. Ele colocou a mão sobre o meu ombro e disse:

— Estás apreciando a beleza de Aton, pondo-se no horizonte para amanhã renascer com ampla força e repleto de esplendor!

Concordei com Ramósis e lhe expus meus pensamentos, a visita de Sen-Nefer e as palavras que o faraó nos dirigiu. Eu falei-lhe abertamente sobre as minhas preocupações quanto ao futuro da reforma religiosa que ganhava espaço entre as terras vizinhas, como a Núbia, mas gerava a cada dia mais ódio no grande centro populacional do Egito, que era Tebas, e nas cidades do Alto Egito.

Ramósis meditou por alguns instantes, enquanto apreciávamos o espetáculo da transmutação das águas do Nilo durante a cheia, época em que as águas que descem da Etiópia assumem uma coloração avermelhada por causa de toda a terra que vai-se desprendendo e ficando em suspensão. À medida que a água transborda no leito do rio, a terra sedimenta-se e assume a cor verde da vegetação flutuante; um espetáculo sem igual, só visível nas terras paradisíacas do Vale do Nilo!

Após meditar, meu grande mestre, disse:

— O faraó está certo! A sua mensagem deve ser aceita, e não imposta! Ele deve estar em paz para promover as transformações necessárias na terra de Kemi. Assim, no futuro, o grande emissário de Aton (o Cristo-Jesus!) descerá ao nosso mundo e trará a mensagem definitiva para a evolução da humanidade.

— Mas, e se o Egito negar-se a aceitar o Deus Único que o faraó personifica através de Aton?

Ramósis sorriu e respondeu com alegria:

— Muito bem, Radamés! Expressaste bem a natureza de Deus! Aton é somente uma personificação, porque Deus não é apenas o disco solar, mas toda a Criação.

Mas, a respeito de o Egito aceitar ou não o Grande Deus, digo-te que aos olhos do Criador do Universo isso não é uma preocupação. O projeto que aqui realizamos é um amorável convite à luz através da paz!! Caso o povo egípcio não aceite este convite, o Grande Deus se manifestará em outros povos que o aceitem, pelo amor e pela paz ou através do medo e da punição. É necessário que a crença no Deus Único se faça na Terra para que o Grande Emissário Divino desça ao mundo e nos traga a luz de seus ensinamentos.

Hoje, relembrando as palavras do meu grande mentor, imagino como teria sido o mundo caso o povo da terra de Kemi tivesse tido a grandeza espiritual de aceitar o deus Aton. Jesus teria encarnado no Egito e ensinado a "Boa Nova" caminhando pelas margens do Nilo.

Mas não foi assim! O povo egípcio agarrou-se em suas crenças primitivas e o projeto da Espiritualidade Superior partiu para o seio do povo hebreu, onde Moisés, cem anos mais tarde, apresentou ao seu povo o deus guerreiro Jeová.

Lá estavam reencarnados os mesmos espíritos que desprezaram o Aton pacífico que prometia paz e felicidade a todos que o adorassem. Através da personalidade forte de Moisés, o expatriado e escravizado povo hebreu fugiu das garras da nação que outrora fora o berço daqueles espíritos rebeldes.

No deserto, sofrendo todas as privações, tais espíritos adotaram o monoteísmo como tábua de salvação para as suas aflições. Como normalmente ocorre em mundos primitivos, trocou-se a evolução pelo amor e pela sabedoria pela evolução através da dor e do sofrimento.

O mal cometido por toda aquela geração no Egito seria resgatado através das privações e dos sofrimentos resultantes de quarenta anos de peregrinação pelo deserto em busca da terra prometida por Jeová.

Sem a possibilidade de renunciar à mensagem de luz por uma vida cômoda, como outrora, os peregrinos da terra de Canaã (antigos cidadãos de Tebas no reinado de Akhenaton) forjaram através das adversidades a sua fé no Deus Único.

Por fim, 1200 anos depois, para concluir o projeto inicial de iluminação espiritual de nosso ciclo evolutivo na Terra, nasceu o "Grande Espírito", em Israel, para iluminar os nossos caminhos: Jesus de Nazaré!

As margens do Nilo, então, deixaram de ser o palco da "Grande Mensagem" e as praias de Cafarnaum receberam a poética mensagem de luz do maior entre todos os intérpretes do Cristo!

A noite começava a cair, quando eu voltei-me para Ramósis e disse-lhe:

— É difícil crer que seja tão simples! Tu, meu sogro, terás

tranqüilidade caso os sacerdotes de Amon retomem o poder? Conseguirás dormir tranqüilamente, aceitando novamente Amon como deus supremo, mesmo sabendo que ele é um deus obscuro?

Ramósis sentou-se ao meu lado e respondeu:

— Lembras-te dos princípios da sabedoria que te ensinei durante as nossas viagens no Nilo, há anos atrás?

— Os ensinamentos do grande Hermes? — perguntei.

— Sim, lembras-te do quinto princípio, o princípio do Ritmo?

Minha mente possuía uma memória fotográfica. Eu lembrava-me de cada palavra. Pensei por alguns segundos, e depois declamei em alta voz:

— O princípio do Ritmo: tudo flui, fora e dentro! Tudo tem suas subidas e descidas, assim é a vida. O ritmo compensa e mantém o equilíbrio. O sábio deve saber comandar os ciclos vitais seguindo o seu fluxo, nunca violentando-os. Ele sabe que tudo possui sua época e que a balança oscila de acordo com o peso específico de cada ação. O sábio deve ser puro equilíbrio.

Ao terminar de declamar o sábio conceito, Ramósis me perguntou:

— Entendeste?! Vê esse ensinamento! Ele nos fala sobre jamais violentar o fluxo dos ciclos vitais. Devemos respeitar a capacidade de cada povo e de cada época no processo de evolução em que estamos inseridos.

Mais adiante, o grande sábio de nossa terra nos fala que o sábio entende que tudo possui sua época e que a balança oscila de acordo com o peso de cada ação. Observa: "Devemos orientar o mundo, escrever nas estrelas! Jamais esmurrar paredes! Ir contra a ordem natural das coisas, fora do momento de transformação dos povos, é como tentar conter a inundação do Nilo".

Emocionei-me com os conceitos de meu sogro. Fazia anos que estudávamos assuntos que ambos dominávamos. Eu já havia-me esquecido de que a sua sabedoria estava anos-luz à frente da minha.

Mesmo concordando com o iluminado mestre, prossegui:

— Compreendo, e dou plena razão às tuas palavras! Mas não seria prudente que o faraó fosse um pouco mais enérgico com o povo para que ele não abuse da sua bondade? Essa atitude exageradamente pacífica de Akhenaton poderá pôr tudo a perder! Tanto o nosso povo, como os vizinhos, tentarão se aproveitar do que eles entendem que seja um sinal de fraqueza.

— Sim, eu concordo contigo! — respondeu Ramósis.

— Mas, como te disse, esse é o projeto do qual o faraó foi

incumbido pelos Senhores da Terra do Poente. Se o Egito e os povos vizinhos não fizerem a sua parte, caberá a eles a responsabilidade pelo mal cometido. Retornarão, então, todos em uma nova vida para corrigir o erro através dos instrumentos de retificação espiritual.

Eu respirei fundo, bati com as palmas das mãos sobre as minhas coxas e levantei-me. Caminhei de um lado ao outro observando a beleza do Nilo e disse-lhe:

— Todos os deuses de todos os povos possuem uma natureza punitiva para manter os homens na linha do bem e do respeito. Com Aton isso não acontece! Ele é só amor e recompensas. O faraó deveria mostrar o lado "padrasto" de Deus. A humanidade ainda não está ao alcance da verdadeira personificação de Deus: o amor pleno e incondicional. Tenho um mau pressentimento em relação ao futuro da religião de Aton.

Ramósis olhou-me de forma significativa, como se estivesse expressando através do olhar a mesma apreensão que dominava o meu coração.

O Sol desapareceu no horizonte. Nós fomos para casa, pois Ise devia estar nos esperando para o jantar. Conversamos por mais algumas horas e depois fomos dormir. Antes de me deitar orei ao Grande Deus para que o nosso povo tivesse alcance para compreendê-lo. Eu não desejava que a humanidade perdesse aquela grande oportunidade que imprimiria felicidade para as gerações futuras da terra de Kemi e também para todos os povos da Antigüidade e do porvir.

Capítulo 17
Nefertiti torna-se faraó

Nefertiti sendo retratada como faraó do Egito, segundo o estilo artístico de Amarna (Akhetaton).

Depois do nascimento de sua sexta filha, Akhenaton tornou-se um peregrino em nome de Aton. O faraó iniciou uma série de viagens por todas as terras conhecidas. Mahu, o chefe de polícia de Amarna, e seus soldados, acompanharam-no pelas cidades do Egito e terras vizinhas.

Akhenaton desejava concluir o desejo de seu pai, que era também o seu: construir três grandes cidades santas para que Aton iluminasse a todos os povos do mundo. Akhetaton seria o centro, e já estava construída. A segunda cidade estava em fase final de construção, era Gem-Aton, na Etiópia. Faltava apenas o último elo que ligaria o Império de Aton. Segundo os cálculos astrológicos realizados por Akhenaton, essa cidade deveria ser construída na Síria.

Portanto, o faraó seguiu viagem para as terras a nordeste do Delta do Nilo. Ele embarcou em sua barca real, que era grande o bastante para viajar pelo mar. A comitiva desceu até o Delta e ingressou no Mar Mediterrâneo, aportando nas cidades de Gaza e Joppa, na terra de Canaã, onde o faraó foi recebido com festa. Ele tranqüilizou o povo de Israel quanto aos ataques dos povos vizinhos.

Em seguida, Akhenaton seguiu em direção às cidades fenícias de Tiro e Biblos e viajou até a ilha de Chipre, bem próxima à terra de Hati. Tendo sido milagrosamente prudente, o faraó evitou encontrar-se com os hititas, mas aproveitou para visitar a ilha de Creta e, assim, retribuir a cortesia recebida em sua festa de unção como faraó único. Por fim, ele dirigiu-se a Esmirna e Damasco, na Síria.

Antes de partir em viagem, Akhenaton passou definitivamente as atribuições de faraó para sua amada esposa Nefertiti. Ela já exercia há tempo o encargo de faraó, mas sempre com a presença do marido para orientá-la. Durante todo o período em que Akhenaton se ausentou, e foram diversos meses, Nefertiti administrou o Egito com sabedoria e habilidade.

Algumas semanas antes do retorno do faraó, Aye encaminhou um correio ao faraó solicitando sua presença em Hieracômpolis (Nekhen), cidade localizada no Alto Egito, além de Tebas, quase na fronteira com a Núbia. Os governadores do Alto Egito, com a presença de Ipy, governador de Mênfis, no Baixo Egito, desejavam discutir assuntos que diziam respeito às Duas Terras.

Nefertiti prontificou-se a subir o Nilo e ir ao encontro. Ao chegar em Hieracômpolis, ela dirigiu-se ao local da reunião e apresentou-se como representante do faraó. Todos ficaram em profundo silêncio. A grande esposa real não informou que Akhenaton estava em viagem e muitos entenderam que tratava-se de uma afronta do faraó ao enviar sua esposa real para ouvir as reivindicações dos governadores do Alto Egito.

Eles desejavam reclamar recursos para as suas cidades, que estavam abandonadas pelo faraó. E Akhenaton enviava a sua mulher, desprezando o gesto de entendimento dos governadores. Tii, que estava presente à reunião, chamou Nefertiti a um canto e lhe disse:

— Que fazes aqui, menina? Esperamos o faraó, e não uma mera mensageira!

Nefertiti ficou com as faces rosadas de indignação e respondeu:

— Eu estou aqui como representante do faraó. Akhenaton está em viagem pela Síria. Ele me incumbiu de resolver os assuntos do Duplo País em sua ausência.

Tii virou as costas para Nefertiti e disse a todos com naturalidade e uma simpatia que não dispensou à nora:

— Meus amigos, infelizmente o faraó está viajando pela Síria e não poderá nos atender. Como amostra de sua atenção para com todas as províncias do Alto Egito, ele enviou sua esposa real para ser a mensageira de suas desculpas por faltar ao encontro.

Todos se retiraram aborrecidos, enquanto Tii desconsiderava a presença de Nefertiti na sala. A mãe do faraó dirigiu-se a Aye e os dois ficaram conversando por alguns minutos. A grande esposa real mirou o seu pai e vizir do Egito nos olhos e deu seu recado mentalmente a ele. Depois, ela aproximou-se de Tii e disse:

— Akhenaton saberá o que aqui ocorreu e tomará suas providências!

Tii olhou com uma ponta de raiva para Nefertiti, mas resolveu calar-se. Ela sabia da influência que a esposa real exercia sobre o seu filho.

Nefertiti partiu imediatamente para Akhetaton e solicitou a companhia de Ipy, governador de Mênfis, que seguiria para a sua cidade no início do Delta do Nilo. Durante a viagem, ele informou-a da situação.

A reunião tinha por objetivo forçar Akhenaton a ceder para Aye e Tii as decisões e verbas para administrar o Alto Egito. Em outras palavras: seria uma divisão administrativa do Duplo País. Akhenaton cuidaria do Baixo e Médio Egito e sua mãe Tii, orientada por Aye, administraria o Alto Egito e a Núbia, que na época era apenas uma província egípcia.

Enquanto Akhenaton sonhava em expandir o Império de forma fraterna, além das fronteiras da terra de Kemi, sua mãe e o "Divino Pai" tramavam uma ruptura no Duplo País.

Ao chegar em Akhetaton, Nefertiti tranquilizou-se ao ver a barca real atracada no cais do palácio. Akhenaton já tinha chegado de sua viagem. Ela procurou o marido imediatamente e o colocou ao par da situação.

O faraó suspirou e disse:

— Minha própria mãe trabalha contra o meu reinado! Mas isso não ficará assim.

O faraó fez um sinal a um serviçal e disse-lhe:

— Traze-me aqui o escriba real, imediatamente!

Nefertiti acompanhava os gestos do marido com apreensão. Ao entrar o escriba, ele falou:

— Redige um convite real a todos os governadores do Egito e principais autoridades do reino. Todos devem comparecer à posse do novo co-regente do Egito, que irá governar ao lado do faraó com todas as prerrogativas divinas do cargo.

Três semanas depois, Akhetaton estava novamente repleta

de convidados. Todos estavam curiosos para presenciar a mais uma das loucuras de Akhenaton. Quem seria o novo regente? O convite não informava o nome daquele que reinaria ao lado do faraó. Aye e Tii suspeitavam quem seria, mas resolveram aguardar com apreensão. Sabiam que após a reunião, onde Nefertiti fora desprezada, algo de muito ruim deveria acontecer.

Antes da cerimônia de posse do co-regente, o faraó recebeu de alguns habitantes da cidade uma inscrição, onde se lia o desejo de boas-vindas de seu povo, que estava saudoso por causa de sua longa ausência. A inscrição dizia:

> Que ele viva em Akhetaton,
> Até que o cisne se torne preto e o corvo branco,
> Até que as montanhas se levantem e se ponham a andar,
> Até que a água flua até a montante,
> Até que suas riquezas sejam tão abundantes
> como os grãos de areia nas margens,
> como as escamas dos peixes...
> Até que ele celebre tantos jubileus
> como as penas dos pássaros e
> as folhas das árvores.

Aquele gesto inesperado do povo e a forma engraçada como o texto foi lido ao faraó fez com que o rei e todos os presentes rissem descontraidamente. Akhenaton agradeceu o gesto de carinho de seus concidadãos e abraçou um por um dos que lhe trouxeram o presente. Tii e Aye detestavam aquela "atitude humana" do faraó que, segundo o protocolo real, jamais deveria ser tocado por um mortal.

Em seguida, os convidados foram conduzidos para a "Sala das Coroações", onde o co-regente do Egito seria empossado seguindo todos os passos que há séculos eram executados na cerimônia de unção de um novo faraó. Akhenaton desejava cumprir todos os rituais tradicionais para a posse de seu co-regente, através de simbolismos mágicos que ligariam a sua decisão ao desejo dos deuses do Egito, conforme a tradição egípcia anterior ao seu reinado.

Tivemos, então, que nos ajoelhar e inclinar o rosto ao chão, conforme o protocolo tradicional do Egito. A cerimônia de posse foi muito maçante! Já não estávamos mais acostumados àquele simbolismo improdutivo, mas que tornara-se necessário para que a decisão do faraó não fosse contestada.

Akhenaton vestia os trajes típicos de faraó e cingia a dupla coroa do Alto e Baixo Egito. Em suas mãos, ele carregava o cajado e o chicote tradicionais, cruzados à altura do peito, e, no queixo, portava a barba real. Meri-Rá assumiu os encargos destinados ao sacerdote que dirigiria a cerimônia.

Alguns minutos mais tarde, após os cânticos sagrados recitados naquelas ocasiões, adentrou no salão, carregada por uma liteira, a nossa bela rainha Nefertiti. Nunca a vi tão linda! Os símbolos do poder egípcio em suas mãos a tornaram ainda mais bela e fascinante. Assim como Akhenaton, ela cingia a dupla coroa, o cajado e o chicote reais.

A grande esposa real manteve-se serena, sem mover um músculo sequer, conforme o protocolo. A assembléia ficou estupefata; a mais bela mulher da Antigüidade mantinha-se tal qual uma estátua, aguardando a cerimônia que a investiria no cargo de co-regente da terra de Kemi.

Eu virei o rosto para Ise e ela me endereçou o seu olhar insinuante. Ela sempre agia assim quando me afirmava serem as mulheres dignas de altos cargos na direção do país. Sorri e compreendi a sua mensagem. Realmente, não é o sexo que determina a capacidade das pessoas, mas sim a maturidade espiritual.

A mãe do faraó manteve-se serena, mas eu daria o meu dedo mínimo para saber que pensamentos corriam alucinadamente por seu cérebro. Aye, sempre cauteloso como uma raposa, também reagiu da forma mais discreta que lhe foi possível. Já os governadores do Alto Egito externavam em seus rostos o espanto e a indignação pela ousadia do faraó.

Desde a rainha Hatshepsut aquela "heresia" não era cometida no Egito: o poder nas mãos de uma mulher!

Meri-Rá iniciou o protocolo real, recitando os títulos reais do faraó regente.

— AnkhKheperure WáenRá Akhenaton ("Aquele que vive nas transformações de Rá; Uno com Rá; O espírito atuante de Aton"), o Senhor do Alto e Baixo Egito, o primeiro profeta de Rá-Harakthy que se rejubila no horizonte em nome da luz solar vivificante e sumo sacerdote do deus Aton, nesta tarde, por orientação do Grande Deus, elege para co-reger o Duplo País ao seu lado, sob inspiração divina, a sua grande esposa real Nefer-NeferuAten Nefertiti, ("Bela como as belezas de Aton, ou Perfeita como as perfeições de Aton, A bela chegou").

Meri-Rá abençoou o casal real com os instrumentos sagrados da crença egípcia e prosseguiu:

— A partir desta data, a grande esposa real do faraó abandona sua antiga identidade e, através de Kheper, "O divino escaravelho", que possui o poder das metamorfoses incessantes, assume o título real de SmenkhKaRe, ("O ká de Rá está firmemente estabelecido").

Com aquele novo título, Akhenaton demonstrou a todos os governantes locais do Egito que o poder do deus Sol estava firmemente estabelecido e que ele não admitiria rupturas. E também definiu que os poderes de sua esposa real, como faraó, não deveriam ser discutidos.

Meri-Rá, então, recitou os cânticos tradicionais e consagrou Nefertiti com o seu novo nome e títulos completos:

— Vida longa a AnkhKheperure Meri WáenRá Nefer-NeferuAten Smenkhkare ("Aquela que vive nas transformações de Rá; Amada daquele que é Uno com Rá; Bela como as belezas de Aton; O ká de Rá está firmemente estabelecido")!

Nefertiti assumia dois títulos reais de Akhenaton (AnkhKheperure e WáenRá), mantinha o seu título assumido quando casou-se com o faraó (Nefer-NeferuAten) e adicionava o seu novo nome real (Smenkhkare).

A partir daquela data, a esposa real Nefertiti desaparecia do cenário oficial do Egito e surgia com força renovada, através de uma revitalização mágica. Nefertiti, abençoada pelo escaravelho Kheper, transformava-se no faraó co-regente do Egito: Smenkhkare.

Essas constantes "mudanças mágicas de identidade" causaram grandes dificuldades para que os historiadores atuais pudessem compreender os estranhos desaparecimentos de personalidades da época.

Naquela mesma cerimônia, a primeira filha do casal solar assumiu os títulos de Nefertiti como, por exemplo, o de "Grande Sacerdotisa do Sol". Os templos destinados à esposa real do faraó foram transferidos para Merit-Aton, que assumiu, aos doze anos de idade, as antigas incumbências da mãe. Como dissemos anteriormente, os egípcios atingiam a fase adulta já no início da adolescência, ao contrário das sociedades atuais.

E, por fim, quando Meri-Rá colocou em Nefertiti o "cavanhaque postiço", a barba real, símbolo dos faraós egípcios desde a primeira dinastia, a platéia se assombrou em um misto de espanto e adoração. Nefertiti — agora Smenkhkare — possuía o porte nobre dos faraós e impressionava a todos pela sua beleza divina.

Adornada com os adereços reais e investida de sua beleza deslumbrante, ela tornava-se, aos olhos de todos, uma divindade viva, assim como acreditava-se que os faraós eram desde a época da quarta dinastia egípcia.

Após a solenidade, o casal real foi carregado em liteiras para um desfile tradicional pela Avenida Real. Parecia que estávamos em Tebas por causa da formalidade do evento. Ao invés de desfiles de bigas e descontração, víamos o faraó cumprindo à risca todo o cerimonial. O uso da liteira real e a posição estática dos soberanos no desfile eram uma prova disso.

Os governadores do Alto Egito tinham compreendido o recado do faraó. Não haveria uma divisão do poder e teriam que aceitar a grande esposa real como faraó co-regente do Egito!

Encerrada a cerimônia, Nefertiti convidou os governadores do Alto Egito para uma reunião. Akhenaton se retirou para suas atividades e deixou a esposa exercer seus plenos poderes. Ela ouviu todas as solicitações e prometeu estudá-las. Aye e Tii a trataram com o respeito devido ao faraó. Seria imprudência não se comportar assim.

Depois daquele dia, Akhenaton tornou-se definitivamente o sumo sacerdote do Egito, dedicando seu tempo exclusivamente aos seus projetos espirituais, enquanto Smenkhkare, o novo regente, tratava de todos os assuntos referentes à administração do país. O nome de Nefertiti recebeu o cartucho real, destinado somente aos faraós, em todas as estelas e relevos de Akhetaton.

Nefertiti atendeu a várias solicitações dos governadores rebeldes, mas isso não foi suficiente para conquistar a simpatia dos inimigos, que não conseguiam aceitar a idéia de serem governados por uma mulher. Além do mais, eles desejavam intensamente o retorno ao culto oficial de Amon. Fato que jamais seria permitido pelo casal real.

O reinado de Smenkhkare foi de três anos de prosperidade administrativa na terra de Kemi, mesmo tendo de lutar contra todas as adversidades.

Todos os assuntos eram solucionados com precisão por Nefertiti. Mas, por incrível que possa parecer, o que gerava mais problemas era a própria capital, Akhetaton, sempre repleta de oportunistas que dificultavam a conclusão dos empreendimentos mais simples.

As iniciativas religiosas e científicas progrediam, mas as pequenas questões burocráticas dificultavam o bom andamento do reino. Até mesmo as correspondências oficiais eram perdidas ou desviadas para que a rainha não ficasse ciente de fatos que exigiam uma resposta imediata.

Naqueles dias, já havia um número expressivo de traidores em Akhetaton! Acredito que Any, o secretário real, tenha sido uma das pessoas que mais colaborou para criar empecilhos ao trabalho de Smenkhkare. Aye o havia colocado no posto e certamente ele seguia mais a orientação do vizir do que da rainha.

O relacionamento com os povos vizinhos tornou-se difícil em razão do grande número de correspondências sem respostas por parte do faraó. Inclusive algumas questões tornavam-se conhecidas pelo casal real várias semanas depois de serem de conhecimento comum em Tebas. A rainha-mãe, Tii, visitava Akhetaton com freqüência e se impressionava com a falta de informações na cidade. Foi através de Tii que o casal solar foi informado sobre as intenções de ataque ao Egito por parte dos hititas.

Ela tinha aprendido a respeitar Nefertiti e agora desejava auxiliá-la no reinado; afinal, tratava-se de sua própria família. Infelizmente Tii não percebeu que Aye, Ptahmósis e o prefeito de Tebas, Ramósis, orquestravam uma campanha para boicotar o reinado de Smenkhkare.

Em sua última visita à capital do Egito, Tii demonstrou-se solidária ao casal real e iria se empenhar para mantê-los informados. Ela também procuraria descobrir o motivo pelo qual os correios não chegavam a Akhetaton.

Antes de partir, ao se despedir no cais do porto, ela disse:
— Esta é uma cidade muito bela! Eu acho que vou construir o meu túmulo aqui para ingressar na Terra do Poente através deste paraíso em meio ao deserto.

Tii beijou o filho e partiu. Jamais ela voltaria em vida para a cidade celestial. Seu próximo retorno seria dentro de um esquife para os preparativos do embalsamamento real, alguns meses mais tarde.

Todos ficamos angustiados com a morte da mãe de Akhenaton. Parecia muito óbvio que o seu desenlace estivesse diretamente ligado a sua mudança de atitude em relação ao reinado do filho. Provavelmente ela teria-se rebelado contra a cúpula de Tebas e talvez isso tivesse ocasionado a sua morte, que aparentemente parecia ter sido natural.

Ramósis e Panhesy conversaram sobre isso com Akhenaton e Smenkhkare. Aye tornava-se a cada dia uma pessoa mais perigosa. Mas Akhenaton, apesar de todas as suspeitas, preferia não julgar o grande vizir do Egito, que havia recebido de Amenófis III o título de "Divino Pai".

Aye era muito sutil em suas atitudes. Era quase impossível ligá-lo a qualquer evidência de traição. O único fato que denotava a sua inclinação a Amon era a sua relutância em viver em Akhetaton. Ele sempre argumentava que era necessário manter-se em Tebas pelo bem do reinado da família real. Além disso, Aye havia iniciado a construção de seu túmulo real em Akhetaton, projetando uma sepultura quase tão grande quanto a do faraó para assim demonstrar a sua devoção ao rei e ao deus Aton. Mas é certo também que ele tinha abandonado a construção funerária no último ano. Era difícil ligá-lo a pessoas como Ptahmósis e a nobreza de Tebas, apesar de haver vários indícios nesse sentido.

O certo é que todos começamos a viver um período de grandes apreensões. Smenkhkhare ativou a polícia secreta de Akhetaton para descobrir quem eram os traidores que interceptavam as correspondências reais e para obter informações sobre os bastidores de Tebas.

Inclusive tive de viajar algumas vezes a Tebas para, junto com Sen-Nefer, obter algumas informações que nos esclarecessem as intenções políticas da cidade de Amon.

O sepultamento da "Esposa de Deus", título real da rainha-mãe Tii, foi bastante comovente. Akhenaton lembrou as palavras da mãe antes de partir em sua última visita. E, aproveitando a situação, lembrou a todos os cidadãos de Akhetaton que vivíamos um período de grandes indefinições no Egito, e que a família real precisava do empenho e da fidelidade de todos os seus súditos para que o projeto de Amarna se estabelecesse definitivamente na terra de Kemi.

Durante a cerimônia pensei: "O pai do faraó viveu seus últimos anos em Akhetaton, mas desejou ser sepultado no Vale dos Reis, em Tebas; já Tii viveu praticamente toda a sua vida em Tebas e decidiu que seu repouso eterno deveria ser em Akhetaton".

Os meses seguintes foram calmos. Akhenaton, então, em companhia de Meri-Rá e Ramósis, realizou novas viagens pelo Vale do Nilo. Ele viajou até o Delta do Nilo e depois subiu o rio até a Núbia. Nas cidades do Alto Egito, próximas à Núbia, ele percebeu que a grande dificuldade de aceitação da nova filosofia religiosa estava na falta de informações verdadeiras.

As cidades pequenas recebiam notícias apenas de Tebas, que execrava o deus do faraó, chamando-o de "enviado de Set" ou "Senhor dos mil demônios do Amenti". O povo pobre e ignorante acreditava sem pestanejar nas lendas criadas pelos sacerdotes de Amon. Logo, a crença no Deus Único encontrava imensa dificuldade em se alastrar também pelos povoados afastados dos grandes centros. Tebas influenciava toda a região!

Além do mais, as safras do Egito continuavam sofrendo com as estranhas pragas que, segundo os sacerdotes de Amon, ocorriam por causa do desprezo do faraó pelo deus Amon. Segundo eles, o "deus padroeiro da sagrada família de Tebas" já não podia mais proteger o Egito e o deus do faraó era fraco para dominar os demônios que amaldiçoavam as terras dos agricultores.

Os próprios padres de Amon envenenavam as terras e os canais de irrigação dos agricultores, empestando a plantação e causando a morte das crianças e dos idosos das fazendas, geralmente os mais sensíveis à alimentação intoxicada. Em algumas localidades, Akhenaton foi expulso ou os agricultores cantavam versos mágicos pedindo a proteção de Amon contra o faraó e seu deus, à medida que o soberano passava pelas fazendas.

Os corações de Akhenaton, Meri-Rá e Ramósis encheram-se de tristeza. O povo não queria ouvir! Por mais que Akhenaton lhes pedisse atenção, eles não desejavam ouvir suas explicações. O povo apenas cantava os monótonos e sombrios versos mágicos contidos no Livro dos Mortos.

Akhenaton retornou à capital e solicitou a Smenkhkare (Nefertiti) que enviasse verbas e recrutasse homens para auxiliarem na recuperação das cidades e zonas rurais. Os voluntários deveriam ser devotos de Aton para mostrar ao povo como o deus do faraó era benéfico ao Egito.

No ano seguinte, Tebas e as cidades mais importantes do Alto Egito não receberam verbas para a sua manutenção. O faraó havia determinado que era necessário reconstruir as desgraças causadas por Amon nas cidades pobres.

Houve um novo período de discussões, nas quais Aye tornou-se mais acalorado, dizendo a sua filha Nefertiti que ela teria de responder aos deuses do Egito por suas atitudes insanas. A co-regente do Egito virou-se para ele e, com os olhos chispando raios de indignação e astúcia, disse:

— Que dizes? Eu responder aos deuses? Pelo que sei o Egito só possui um deus, o Grande Aton! Pelo que vejo, meu

"Divino Pai", tens mudado os teus conceitos naquela cidade infestada por serpentes.

O vizir do Alto Egito percebeu o seu deslize e girou sobre os calcanhares, retirando-se do amplo salão. A rainha riu e recolheu-se aos seus aposentos. Ela tinha chegado há pouco de viagem e fazia semanas que não via as suas filhas e o herdeiro real.

O vizir Aye manteve-se mais alguns dias em Akhetaton, refletindo sobre a situação. A posse da nova co-regente Smenkhkare tinha reduzido os seus poderes.

Akhenaton desprezava o Alto Egito, permitindo-lhe autonomia completa. Já Smenkhkare desejava tudo saber e não admitia que ele tomasse decisões independentes. Pouco a pouco, ele perdia o seu poder e influência.

A rainha não se importava de ir a Tebas quantas vezes fossem necessárias. Nada passava despercebido à visão administrativa daquela fantástica mulher. O vizir, em sua vaidade, ria da situação e pensava: "Só poderia ser assim, ela possui o meu sangue!"

Com o passar dos meses, o trabalho de difusão do deus Aton pelo Alto Egito começou a surtir efeito. O povo recebia apoio financeiro e condições para recuperar suas fazendas. O faraó dava-lhes sementes e gado para que pudessem voltar a trabalhar.

Mas, infelizmente, nesse período surgiu uma praga oriunda da Ásia que causou uma intensa mortandade no Delta do Nilo. Os sacerdotes de Amon aproveitaram a situação e carregaram os corpos infectados até as proximidades das regiões habitadas por todo o Vale do Nilo. Eles os colocavam nos pontos de acesso aos canais de irrigação.

Um trabalho sistemático nesse sentido foi feito em vários pontos estratégicos do cais de Akhetaton. Algumas vezes os corpos eram amarrados de forma que ficassem submersos para que não fossem vistos pelos pescadores. Por todo o Egito houve muitas mortes e em Akhetaton a situação chegou à beira do caos.

O fanatismo dos padres de Amon não tinha limites! Inclusive alguns sacerdotes do deus obscuro e seus próprios familiares faleceram com a propagação descontrolada da peste. Mas eles acreditavam que deveriam sacrificar as suas vidas, se fosse necessário, para que Amon voltasse a reinar entre os deuses do Egito.

Um terço da população adoeceu, até as três filhas mais novas do casal solar ficaram enfermas. Somente Merit-Aton e Ankhesenpaaton escaparam da peste. Alguns dias depois, o pequeno Tut, o herdeiro do faraó, também ficou doente, sendo que nele os sintomas foram diferentes.

Tutankhaton provavelmente fora picado pelo mosquito transmissor da malária, enquanto o resto da população sofria com a ação devastadora de uma praga que causava infecções com pústulas, febre alta e sintomas respiratórios graves que levavam o paciente à morte em poucos dias.

As últimas horas das vítimas eram horríveis. Imensos furúnculos brotavam por toda a pele e a febre fazia a temperatura do corpo subir a níveis assustadores. O paciente desencarnava em meio a visões espirituais. Era comum ver os enfermos narrando a presença de Anúbis, o deus da morte, que tinha o corpo de homem e cabeça de chacal.

Já os sintomas do pequeno Tut eram cefaléia, dores musculares, prostração, mal-estar geral e calafrios seguidos de febre de início súbito. A febre era elevada e intermitente e, ao cessar, desencadeava uma sudorese profusa.

Nos dias seguintes, o menino apresentou também vômitos, diarréia, cianose nas extremidades e sua pele ficou fria e pegajosa. O volume urinário diminuiu nos dias posteriores e evoluiu para uma insuficiência renal aguda.

Nós conhecíamos aqueles sintomas, pois estudávamos aquela estranha doença que causava um grande número de mortes por todo o Egito. Ela era tão devastadora como a tuberculose, naqueles tempos.

Nos finais dos dias eu chorava ao ver a minha impotência para resolver aquelas centenas de mortes que presenciávamos a cada minuto. Ao ver as crianças sofrendo dores atrozes, eu corria de um paciente ao outro utilizando todos os ungüentos conhecidos por nossa medicina. Em alguns casos obtínhamos sucesso; em outros, não.

Parecia que estávamos vivendo o inferno na Terra. Passávamos dia e noite atendendo as centenas de pacientes que, algumas vezes, terminavam morrendo abandonados pelas ruas da cidade, com os corpos repletos de pústulas.

Para agravar a situação, as filhas do casal solar morreram sem que nada pudéssemos fazer. Mas Akhenaton e Nefertiti não esmoreceram. Havia outras pessoas a serem auxiliadas; não havia tempo para lágrimas. Ademais, o pequeno Tut tinha piorado. Ele começou a apresentar sangramentos digestivos e subcutâneos. O rosto do menino ficou coberto de manchas que não eram características da malária. Era triste ver aquela linda criança em tal estado!

Naquele dia, percebi que minha má sorte por não ter tido filhos era insignificante e pequena perto da tragédia do bondoso faraó. A dor em meu coração era tanta que agradeci por não ter filhos, pois não sei se suportaria perda semelhante a que Akhenaton e Nefertiti estavam sofrendo.

O faraó, extremamente abatido, abraçou Ramósis e disse-lhe:

— Meu querido amigo, por Aton, salva o meu menino! Já não tenho forças para orar ao Grande Deus. Nossos esforços espirituais parecem não ser suficientes para conter a marcha dessa doença cruel, que não respeita a dor de quem ama.

Eu sei que não devemos fraquejar na fé, mas não possuo mais forças para lutar contra essa força maléfica. Talvez essa praga seja os desígnios de Aton para marcar com brasa a minha fidelidade a Ele!

Ramósis segurou a mão do faraó e disse com serenidade:

— Akhenaton, sabes que somos espíritos imortais e vivemos diversas vidas para alcançarmos a perfeição. O que ocorre nesses dias por todo o Egito são as leis de causa e efeito que regem o Universo! Nada acontece por acaso em razão da sabedoria do Grande Deus. Vamos crer que todo esse episódio é apenas um momento de aprendizado em nossas vidas imortais.

Agora vai descansar, meu bom amigo! Faremos tudo que estiver ao nosso alcance para salvar o nosso pequeno Tut.

Lembra-te, Akhenaton, vamos fazer a nossa parte e deixar nas mãos do próprio Egito o seu destino! Estamos aqui tão-somente para trabalhar em nome de Aton, e não para colher resultados que só virão com o amadurecimento da humanidade. Se Aton acha necessária essa tragédia, devemos respeitar sua decisão, pois somos ainda muito pequenos para compreender seus desígnios.

Ramósis encaminhou o faraó para fora dos aposentos do príncipe herdeiro e ajoelhou-se ao pé da cama. Ele manteve-se em silêncio por alguns minutos. Então, perguntei, impaciente:

— Ramósis, o que estás fazendo? Precisamos achar uma cura para o pequeno Tut!

Ele ergueu a cabeça e me respondeu com os olhos marejados de lágrimas:

— Radamés, estou fazendo a única coisa que nos resta: orar! Já não há mais recursos a serem utilizados. O mal invisível já se apossou do corpo de nosso menino. Devemos aprender a prevenir essas doenças, pois tratá-las exige medicação que ainda desconhecemos. Vamos confiar na intervenção do Gran-

de Deus; somente Ele poderá salvar o herdeiro real.
— Não pode ser! — murmurei, apoiando-me na janela dos aposentos reais.
Meu nobre orientador espiritual virou-se para mim e disse:
— A terra de Kemi precisa que Tutankhaton viva. Talvez ele possa vir a ser nossa última esperança para fazer vingar o projeto de luz!
Eu guardei silêncio e orei ao lado de meu sogro. Isetnefret surgiu trazendo compressas molhadas para atenuar a febre escaldante do menino. Ela observou o nosso estado de oração e ajoelhou-se ao nosso lado, unindo suas forças às nossas.
As "doenças mágicas" eram um tema que atraía a curiosidade médica de Ramósis. Ele passava longas horas meditando sobre sua origem e suas conseqüências. Elas eram fruto de magia manipulada por forças ocultas, mas orientada através de meios físicos. Quais seriam os condutores para as más intenções daqueles que semeiam o mal?
Meu sogro sabia que a higiene era um dos fatores que determinavam o alastramento daquelas doenças e, provavelmente, o grande número de mortos sem sepultura por todo o Vale do Nilo estaria desencadeando o aumento no surto epidêmico.
O estranho é que em Akhetaton a higiene era um hábito rotineiro de seus habitantes! Quem assim não se comportasse sofria multas pecuniárias e perda de direitos. Depois do início da praga, o faraó havia determinado a imediata remoção dos corpos para o deserto por solicitação de Ramósis. Mas o mal prosseguia com força avassaladora, causando milhares de óbitos entre o povo egípcio.
Enquanto eu perdia minha concentração na oração com tais pensamentos, Ramósis começou a brilhar e afloraram placas luminosas por todo o seu corpo, ora esmaecendo, ora aumentando o brilho. Das mãos do mentor desprendia-se tênue luz branca. Em seguida, seu ká (espírito) desprendeu-se do corpo e caminhou em direção ao pequeno príncipe. Ele estava ligado ao seu "duplo"[1] somente por um fio de coloração prateada. Ise, em profunda oração, nada via.
Continuei acompanhando aquela cena fantástica, boquiaberto, sem acreditar no que meus olhos viam. Com a aproximação do espírito de Ramósis, o "duplo" de Tutankhaton desprendeu-se e ficou flutuando vinte centímetros acima de seu corpo físico.

---
1 "Duplo" - Denominação dada ao corpo espiritual.

O espírito de Ramósis, então, flutuou a alguns centímetros do chão e começou a espargir energias luminosas sobre o menino. Logo notei que das extremidades do paciente surgiram nuvens negras que se desprendiam tais quais toxinas sendo liberadas por uma chaminé.

Do topo da cabeça e sobretudo na região do estômago também desprendiam-se substâncias venenosas, enquanto Ramósis continuava a expelir partículas luminosas de diversas cores.

Assombrado, eu nem sequer respirava! Temia perder um segundo que fosse daquele insólito espetáculo das esferas superiores. Por fim, o ká de Ramósis dirigiu suas mãos para uma vasilha de água e irradiou as mesmas partículas luminosas, purificando o líquido ali contido.

O espírito de Ramósis retornou ao seu corpo e, no mesmo instante, ocorreu o mesmo processo com Tutankhaton. O corpo físico do pequeno príncipe, então, começou a suar intensamente um líquido de cor marrom.

Ramósis despertou do torpor e a primeira coisa que viu foi o meu rosto assombrado admirando-o. Ele sorriu e me disse com satisfação nos olhos e brandura no tom de voz:

— Radamés, alegra-te, o Grande Deus ouviu nossas preces!

Imediatamente ele se ergueu, pegou um pano limpo e embebeu na jarra com a água que havia energizado. Rapidamente Ramósis esfregou o corpo do pequeno Tut, retirando a sudorese escura. As manchas sumiram do menino como por encanto. Logo a febre cessou e a sua respiração voltou a ser pausada e tranqüila.

Ramósis e Ise abraçaram-se, comemorando o restabelecimento do príncipe herdeiro, enquanto eu mantinha-me hipnotizado, impressionado com o que acabara de testemunhar. O nobre mentor despertou-me do transe, dizendo:

— Radamés, vai avisar Akhenaton e Nefertiti! Eles precisam de uma boa notícia que traga alegria aos seus corações.

Corri para os aposentos do casal real e, sem bater na porta, invadi o quarto. Ambos estavam sentados em um divã. Os seus olhos estavam inchados de tanto chorar. Nefertiti olhou-me com uma expressão misto de cansaço e esperança, e disse:

— Radamés, o que aconteceu? Por que estás com os olhos quase saltando das órbitas?

Eu respondi mecanicamente, com o olhar perdido no espaço, tentando compreender o fenômeno maravilhoso que acabara de presenciar:

— Trago boas notícias! Ramósis esteve nos braços de Aton e obteve junto ao Grande Deus a cura de nosso príncipe herdeiro. Tutankhaton está milagrosamente curado!

O casal real correu para os aposentos do herdeiro e eu os segui imediatamente, admirando ainda mais a grandeza do mundo invisível aos nossos olhos e também a luz daqueles, como Ramósis, que sabem escrever nas estrelas!

Capítulo 18
A dor maior do "Filho do Sol"

Akhenaton, Nefertiti e Merit-Aton em gestos de adoração ao deus Aton.

No dia seguinte, Ramósis requisitou um grupo de remadores e foi vistoriar as águas do Nilo. Após uma busca minuciosa foram descobertos vários corpos infectados que pareciam ter sido colocados estrategicamente em pontos onde existiam canais de irrigação para abastecer as casas de Akhetaton.

Rapidamente os corpos em avançado estado de putrefação foram recolhidos e todos os habitantes foram proibidos de utilizar a água dos canais. Vários trabalhadores foram convocados para esvaziar os depósitos e reabastecê-los com a água corrente do Nilo.

O faraó, então, determinou a Mahu que colocasse seus homens em vigília durante a noite para tentar identificar os possíveis criminosos que estavam contaminando as fontes de abastecimento da cidade.

Na quarta noite de vigília, os policiais prenderam dois homens, com mantos cobrindo suas cabeças e os rostos, que navegavam em pequena embarcação. Ao revistarem a carga foram encontrados vários corpos em decomposição que seriam novamente jogados nas águas de Akhetaton.

Imediatamente eles foram levados à presença do faraó. Mahu, então, descobriu as cabeças dos criminosos: ambos possuíam as cabeças raspadas! Eram sacerdotes de Amon! Akhenaton enfureceu-se e perguntou-lhes:

— Aonde pretendeis chegar? Vale a pena destruir famílias, nossos irmãos, somente pelo desejo de dominar? Até onde vai o fanatismo por esse maldito deus Amon?

Ao ouvir as palavras ofensivas do faraó em relação a Amon, um dos padres desprendeu-se dos guardas e cuspiu no rosto de Akhenaton. O soldado desembainhou a machadinha e ia atingir o criminoso quando o faraó o impediu, segurando-lhe o braço.

— Ptahmósis responderá pelos atos de seus padres contra o faraó! — disse Akhenaton.

O outro sacerdote, com os olhos vermelhos de cólera, disse:

— O sumo sacerdote do verdadeiro deus do Egito nada tem a ver com nossa atitude. Fizemos isso porque te odiamos, maldito faraó que destrói o Egito com esse deus herege. Somente quando tu e tua gente morrerem o nosso país será livre novamente e o grande Amon poderá reinar e abençoar a nossa terra.

Todos ficamos assombrados com aquela atitude fanática. Em seguida, ambos tiraram pequenos frascos de veneno que estavam sob o cinto e disseram:

— Cumprimos a nossa missão! Agora iremos para a Terra do Poente, onde seremos recebidos pelos braços generosos de Amon.

Antes que pudéssemos esboçar qualquer reação, os dois sorveram o veneno e tiveram morte imediata. Akhenaton manteve-se em silêncio, abismado com o gesto dos padres do deus obscuro.

Nefertiti manteve-se pensativa, imaginando quando aquilo tudo teria fim. Será que um dia os devotos de Amon aceitariam o novo deus? Parecia uma luta sem fim! E a cada dia novos jovens eram manipulados pelas crenças fanáticas de Amon. Jovens, como aqueles que acabavam de morrer sob nossos olhos, sacrificavam uma vida de paz, de amor e de nobres realizações para defender uma crença baseada em superstições e servilismo.

Ficamos em silêncio absoluto, observando, horrorizados, aqueles rapazes imóveis no chão com um ricto de ódio nos lábios. Os policiais, a um gesto de Akhenaton, recolheram os corpos e retiraram-se.

Após alguns minutos de silêncio, Akhenaton disse-nos:

— Somos todos filhos de Aton! Irmãos da família universal. É doloroso ver criaturas com tanta vitalidade utilizarem suas energias para promover o mal. Eles poderiam estar ajudando-nos a construir um grande Egito, mas seus corações só encontram inspiração para o mal e para a destruição.

Dói-me saber que minhas inocentes filhas estão mortas por causa da maldade destes que também devemos chamar de irmãos. Ó Aton! Eu me esforço para fazer com que os homens te compreendam, mas parece que os espíritos malignos os envolvem de uma forma que jamais conseguiremos transpor!

O faraó sacudiu a cabeça e concluiu:

— É difícil amá-los, mas temos que vencer todos os obstáculos para que o bem vença e a luz do Grande Deus ilumine as gerações futuras.

Ele ergueu-se do trono real, estendeu a mão à sua bem-amada Nefertiti e retirou-se. Ao chegar diante das portas do salão principal, voltou-se para nós e disse:

— Ramósis, necessitamos percorrer todo o Vale do Nilo e higienizar os canais de irrigação das cidades. Estabeleceremos equipes, mas peço-te uma atenção especial para Tebas. Desejo que tu vás à antiga capital do Império e mostres o amor de Aton ao seu povo. Se encerrares a disseminação da peste, quem sabe eles se libertem dessa fascinação em relação a Amon, que obscurece as mais belas iniciativas?

No dia seguinte, partimos para Tebas, enquanto outras equipes dirigiram-se às demais regiões do Egito assoladas pela peste. A viagem nos permitiu ver a intensidade da praga por todo o caminho.

Paramos em diversos povoados onde Ramósis instruía os líderes locais sobre as medidas que deveriam ser tomadas, principalmente no que dizia respeito à retirada dos corpos infectados para o deserto. A crença egípcia da mumificação causava-nos grandes dificuldades, pois os familiares não desejavam abandonar seus entes queridos no deserto, sem o devido ritual fúnebre para ingresso na Terra do Poente.

Ramósis, então, abençoava os corpos e lhes dizia que, em virtude da situação emergencial para o Egito, Osíris iria aceitá-los sem os rituais tradicionais. Mesmo assim muitos relutavam. Em alguns casos, era necessário ameaçar com pena de morte aos que se negavam a liberar os corpos para o translado.

Quando chegamos a Tebas nos assustamos com a intensidade da disseminação da praga. A antiga capital do Império era uma cidade intensamente povoada e com baixíssimo índice de saneamento nos bairros pobres. Isso fez com que a doença se alastrasse muito além do que poderiam imaginar os padres de Amon.

    Imediatamente corremos os bairros e começamos a instruir o povo sobre as medidas a serem tomadas. Ramósis era muito popular em Tebas. As pessoas o amavam de coração pela sua atenção em relação aos pobres. Jamais ele se negava a atender quem quer que fosse.

    O povo logo o cercou e dedicou total atenção às suas palavras. Todas as autoridades de Tebas tinham desaparecido! Ninguém sabia que medidas tomar. Eu e Ise arregimentamos vários voluntários que sentiam-se orgulhosos pela oportunidade de trabalhar sob a orientação do grande Ramósis.

    Em poucas horas várias equipes estavam recolhendo os corpos, tanto nas ruas como nas casas, e levando-os para o deserto. Diversas embarcações procuraram nas águas do rio outros possíveis focos de contaminação.

    A cidade uniu-se em um grande mutirão, onde não se discutia religião. Nós, colaboradores de Akhetaton, vestíamos as roupas com o símbolo da cruz, típicas dos devotos de Aton, enquanto os cidadãos de Tebas carregavam os símbolos de Amon. Todos dedicavam-se a uma tarefa maior: o bem comum.

    Depois de uma semana de trabalho intenso, período em que conseguimos inclusive salvar a vida de alguns infectados, pudemos perceber que a peste estava sob controle. No final da segunda semana não surgiram mais novos casos.

    Quando Aye retornou a Tebas, pois ele havia-se afastado da cidade com medo de contagiar-se, Ramósis estava sendo ovacionado pelas ruas. O povo gritava pelas ruas o seu título real: "Grande Sábio da Ciência e Maior entre os Médicos das Duas Terras".

    Aquela atitude desgostou Aye, que lamentou ter abandonado a cidade, deixando as portas abertas para um servidor íntimo do faraó recuperar prestígio na antiga capital. Logo o sumo sacerdote de Amon apareceu nas ruas, e também compreendeu o perigo da presença de Ramósis como um herói em Tebas.

    Ao vê-los, meu orientador disse à multidão ali presente:

    — Estamos aqui a mando do faraó Akhenaton! Ele recebeu do Grande Deus Aton a solução para debelarmos a peste que o "espírito do mal" lançou sobre as terras do Egito! Graças a Aton a terra de Kemi está livre da peste!

    Mal Ramósis terminou seu discurso e o povo começou a gritar:

— Viva Aton! Viva o faraó!

Aye e Ptahmósis indignaram-se pelo que estavam vendo e trocaram olhares, demonstrando preocupação com o rumo que as coisas estavam tomando. Quanto mais eles se esforçavam para acabar com a influência de Aton, mais o deus do faraó ganhava espaço.

Antes, o reinado de Aton resumia-se a Akhetaton e Heliópolis. Agora, dominava todo o Baixo Egito e começava a estender-se inclusive dentro da própria capital do Alto Egito, Tebas.

Ambos se retiraram enquanto o povo continuava a festejar o grande Ramósis, o emissário do faraó e do deus Aton.

No dia seguinte, estávamos embarcando nossas bagagens quando uma liteira aproximou-se do cais. Os carregadores pararam próximo ao nosso barco e a cortina foi aberta. Olhei para dentro do veículo e vi Kermosa, sentada em um luxuoso divã, arrogante como sempre.

Ao reencontrá-la, após tantos anos, meu coração sobressaltou-se. O tempo não lhe havia roubado a beleza. Adornada com belas jóias e vestimentas sensuais, ela olhou-me com desprezo. Eu sentia, inconscientemente, que elos de um passado distante nos ligavam através da sintonia do ódio e da paixão.

Ao seu lado estava seu esposo, um capitão do exército egípcio chamado Userkaf. Com um olhar imponente, ele mirou-me com ódio, enquanto Kermosa abria um leque de penas de ganso para refrescar-se do forte calor. Em seguida, ela disse:

— Ora! Vede quem está em Tebas salvando os pobres! Não é o antigo sacerdote de Osíris, Radamés?

Eu larguei as coisas que estava carregando para o barco e disse-lhe:

— Kermosa, eu não estava ajudando somente os pobres. Caso a peste durasse mais algumas semanas entraria em todas as casas, fossem elas de ricos ou pobres. Ademais, muitos ricos morreram vitimados por essa "doença mágica".

— Eu imaginei que o teu deus desprezava os ricos, pois trata os pobres como iguais a nós! — replicou ela.

— Aton a todos ama de forma igual! Enganas-te se achas que tratar a todos como iguais é desprezar os ricos. Se fosses menos orgulhosa, verias que o mundo não se resume apenas aos teus caprichos pessoais! Saberias que existem pessoas que sofrem por serem exploradas pelos mais fortes, e que essas mesmas pessoas têm o mesmo direito que nós a uma vida digna e com liberdade.

Userkaf fulminou-me com um olhar e falou, autoritário:

— Olha como falas com minha esposa! Verme inútil, seguidor desse deus maldito!

Ao ouvir as palavras do esposo de Kermosa, eu me aproximei da liteira e disse-lhe em um tom baixo, para que nem mesmo os carregadores ouvissem:

— Dize mais uma palavra que seja, e eu solicitarei ao faraó que determine a Horemheb a tua transferência para as minas do Sinai. E não duvides de que o faraó irá atender ao meu pedido!

Eu me afastei da liteira e disse:

— Retirai-vos daqui, imediatamente! Antes que eu perca a minha paciência!

Um pingo de suor correu pelo rosto de Userkaf. Não sei se de medo ou de indignação. Ele sabia sobre a minha intimidade com o faraó e também que eu tinha boas relações com Horemheb.

Userkaf foi sábio em não me responder. Seria um risco inútil que ele não precisava correr. Obviamente eu não faria o que prometi, mesmo porque o faraó não atenderia a um pedido que visasse apenas uma vingança. Isso era completamente contrário a sua forma de pensar!

À medida que a liteira se deslocava, Kermosa me fuzilava com o olhar. Acompanhei-os com os olhos até dobrarem a primeira esquina. Meditei alguns segundos e depois me dirigi ao barco. Ise estava na proa me observando com tristeza.

Eu me dirigi a ela e perguntei-lhe:

— O que foi, meu amor? Por que estás triste?

Ela mirou-me com seus lindos olhos verdes, herança de sua mãe, e respondeu-me, enquanto eu apreciava a beleza encantadora de seu rosto com traços delicados e angelicais:

— Eu sinto que essa mulher que te enfeitiça vai trazer uma grande tristeza para as nossas vidas. E isso está escrito nas estrelas!

— Estás enganada! — afirmei-lhe. — Nossa vida nada tem a ver com essa mulher e essa cidade. Estamos aqui somente de passagem! Já estamos partindo, lembras? Só estamos aguardando o teu pai retornar e embarcaremos.

Eu mantive silêncio por alguns instantes e, vendo que não a havia tranqüilizado, concluí:

— Se está escrito nas estrelas, tu podes modificar isso, assim como Ramósis fez com a doença do pequeno Tut!

Ela sorriu, sem jeito, e disse-me:

— Neste caso, Radamés, cabe somente a ti modificar o que está escrito!

Ise entrou para a cabine de descanso do barco e foi deitar-se. Logo Ramósis chegou e partimos de Tebas.

Ise dormiu até o outro dia. Quando acordou, estava bem-humorada e livre dos maus pressentimentos que a afligiam. Ela tinha razão, cabia somente a mim corrigir o rumo daquela história.

No caminho de volta de Tebas percebemos os resultados do controle da epidemia. Os povoados à margem do Nilo estavam tranqüilos e os habitantes refaziam suas vidas.

O faraó teve que novamente enviar ajuda para todas as regiões. O Egito, após séculos de fartura, entrava em um período de carência ao qual seus habitantes não estavam acostumados. A última vez que esse fato tinha ocorrido foi durante o domínio hikso, quando o Nilo ficou sete anos sem inundar o leito do Vale.

Havia poucas reservas de alimentos e os metais preciosos eram escassos. Há alguns anos os povos vizinhos não enviavam seus tributos ao Egito, o que agravava ainda mais a situação econômica do Duplo País.

Ao chegarmos a Akhetaton, mal pudemos comemorar o êxito de nossa missão. Nefertiti (Smenkhkare) estava muito angustiada com as notícias vindas da terra de Mittani. Dushratta, rei de Mittani, fora assassinado pelos hititas em um complô organizado pelo seu próprio filho. Os hititas, então, anexaram a terra de Mittani ao seu Império.

Em seguida, o rei Supiluliumas estimulou intrigas na Síria e nas cidades fenícias para que aqueles povoados se rebelassem contra o Egito, apoiando as iniciativas do povo da terra de Hati.

Abbi Hepa, naqueles dias, enviou uma nova correspondência pedindo auxílio ao Egito para socorrer seu país ante um inevitável ataque hitita. Ele pedia imediato auxílio militar.

Akhenaton não desejava de forma alguma resolver aquela situação por meio da guerra. Nefertiti olhou para Ramósis e perguntou-lhe:

— Por que sempre surge um novo empecilho quando estamos próximos a concretizar o nosso projeto? Por que Aton não nos protege desses agentes externos que dificultam a construção de seu reino de paz e amor? Grande Ramósis, tu nos trazes uma boa notícia que não poderá colher seus frutos, pois uma nova má notícia surge no horizonte do Egito.

Ramósis olhou para Nefertiti, que deixara escapulir uma lágrima dos olhos, e respondeu:

— Aton deseja construir um reino para todos os homens, minha rainha! Mas que pode Ele fazer, se a humanidade tem dificuldades para entendê-lo e aceitá-lo? Só o que podemos fazer é continuar lutando pelos nossos ideais!

Grossas lágrimas desceram dos olhos da rainha, quando ela nos falou:

— Sinto que agora é inevitável! Não teremos como conter o avanço hitita. Se respondermos com a guerra, abandonaremos tudo pelo que lutamos e em que acreditamos durante todos esses anos. Se não reagirmos, o nosso país será dominado pelos invasores ou o Alto Egito proclamará um novo faraó para defender nossas terras. Infelizmente não vejo saída. E como eu gostaria de encontrar uma saída!

— O que diz o faraó? — perguntou Ramósis.

— Ele também não sabe que posição tomar! Hoje recebemos a comunicação de que Hatiay, que tinha viajado para a terra de Hati em missão diplomática, foi morto em sinal de represália. Akhenaton sente-se culpado pela morte do nosso querido amigo e leal servidor da causa.

As semanas seguintes foram de apreensão e indecisão por parte do faraó e de sua co-regente. Horemheb e seu exército dirigiram-se para Akhetaton e solicitaram ao faraó uma autorização imediata para atacar os inimigos.

Horemheb disse-lhe:

— O Alto Egito está em festa por seu faraó ter posto um fim à praga que assolava nossas terras! Basta que venças essa guerra, Akhenaton, e conseguirás a hegemonia sobre as Duas Terras, como tanto desejas. Senhor, deixa-me ganhar essa batalha e te tornarás um faraó amado por teu povo! Não permitas que os hititas, nossos antigos rivais, coloquem seus pés imundos em nossas terras. Se isso acontecer, o povo jamais o perdoará!

Akhenaton nada respondeu, apenas pediu tempo para decidir. Horemheb não gostou da idéia, mas teve que submeter-se. Seus homens montaram acampamento na região da cidade entre o bairro pobre e a necrópole real.

No dia seguinte, Akhenaton enviou uma comitiva diplomática à Síria para apresentar um acordo de paz ao rei Supi-

Iuliumas. Para espanto de todos, o rei hitita aceitou o acordo. Mas não o cumpriu!

A terra de Hati paralisou suas ações militares, mas ofereceu seus soldados ao príncipe Aziru, da província síria de Amurru. Os hititas, disfarçados de soldados sírios, ajudaram o príncipe Aziru a apoderar-se dos portos fenícios.

Akhenaton enviou, então, nova comitiva diplomática, agora para a cidade fenícia de Tiro. Lá, Aziru assassinou os mensageiros egípcios e manteve-se em silêncio.

Uma semana depois, o exército de Amurru, associado ao exército hitita, invadiu a cidade de Tunip e partiu para a célebre cidade de Biblos. O seu rei, Ribaddi, era um aliado incondicional do Egito, cuja civilização e cultura ele admirava com paixão. Percebendo o iminente perigo, ele enviou uma carta a Akhenaton para suplicar-lhe auxílio militar.

A carta de Ribaddi dizia: "Ouvi falar dos hititas; dizem que saqueiam o país com a espada. Já escrevi diversas vezes a este respeito, mas não recebi resposta alguma. Todos os países do rei, meu Senhor, são conquistados e meu Senhor permanece tranqüilo. Todos os países do rei, até os confins do Egito, vão unir-se aos hititas. Por que permaneceste à parte e deixaste que arrebatassem teus territórios?..."

Com aquela carta, Akhenaton e Smenkhkare compreenderam a gravidade da situação. Muitas correspondências tinham sido interceptadas pelos espiões dos inimigos de Aton, portanto o faraó desconhecia muito do que ocorrera nos últimos meses na região da Síria.

Mas os hititas haviam estabelecido a paz! Não se tratava de invasões da província de Amurru?! Várias perguntas confundiam Akhenaton, que tinha tido boa fé nas constantes trocas de correspondências com Supiluliumas e Aziru. O jogo político dos rivais do Egito havia surtido efeito sobre um faraó avesso às guerras e que possuía dificuldades em compreender a maldade humana!

A situação agravava-se a cada semana. Inclusive o governador Ipy, de Mênfis, dirigiu-se à capital do Império para solicitar providências ao faraó. Ele também havia recebido uma carta do rei dos cananeus informando-o que os hititas já tinham invadido Jericó e Joppa e se dirigiam para Gaza com tropas secundárias, sendo que o grosso do exército hitita dirigia-se para Damasco, a capital síria.

Todos estávamos muito angustiados com a situação. Eu

conversava horas com Horemheb e dava-lhe plena razão; devíamos nos defender dos estrangeiros usurpadores.

Algumas semanas depois, a situação agravou-se, pois os hititas se dirigiam para a terra de Kemi. A pedido do general egípcio fui falar com o faraó para tentar convencê-lo a responder aos ataques dos hititas e do exército de Aziru. Akhenaton recebeu-me com cortesia e carinho.

— O que desejas de mim, Radamés?

— Desejo que tomes logo uma iniciativa para defender o Egito. Sabes que não tens outra saída!

Ele virou-se para a janela e disse-me:

— Desejas que eu mande matar nossos irmãos de outras terras e envie nossos irmãos e filhos para a morte somente para saciar o desejo insano de poder dos homens?

— Sábio faraó, apenas peço-te que defendas nossas terras do Delta do Nilo e nossos povos vizinhos que são fiéis ao faraó. Não somos nós quem estamos atacando, portanto não temos culpa dessa guerra. Apenas estaremos defendendo a nossa gente!

O filho do deus Sol ponderou e respondeu:

— Radamés, quando estamos na posição de decidir a vida de milhares de pessoas, temos que ser prudentes, pois a nossa decisão pode influir, de forma benéfica ou maléfica, na vida dessas pessoas. Tu sabes que somos responsáveis por todo o bem e o mal que fazemos aos nossos semelhantes. Eu não pegarei nas armas, mas terei a responsabilidade em meus ombros de todas as mortes que ocorrerem a partir da autorização de ataque. Minha situação é muito difícil!

— Concordo — respondi —, mas a omissão também causa mortes. Abbi Hepa já deve estar morto e o povo de Canaã sofrendo nas mãos desses bárbaros hititas. Ribaddi luta para defender Biblos e talvez tenha que pagar com a vida pela sua coragem! Acredito que estás numa situação em que a única medida a tomar é autorizar Horemheb a atacar, mesmo sendo contra os princípios que abraçamos.

Akhenaton chamou-me até a janela, colocou a mão em meu ombro e disse:

— Obrigado por tuas palavras, Radamés. Irei meditar sobre elas no meu templo particular. Prometo-te que tomarei uma decisão o mais rápido possível. Sei que o tempo está contra nós. Devemos tomar uma decisão rápida.

Quando me retirei da sala do faraó havia vários governadores do Delta do Nilo no saguão, aguardando o fim de minha audiência para exporem suas apreensões ao faraó. Eles, então, disseram-me que algumas tropas do exército de Supiluliumas tinham invadido Tânis, no Delta do Nilo, e marchavam rumo a Mênfis.

No dia seguinte, fiquei sabendo que o governador Ipy enviara a força policial de Mênfis a um desfiladeiro de difícil acesso. Por alguns dias o exército hitita seria retido.

Era impossível passar por aquela região sem a perda de muitos homens, pois o exército inimigo ficaria sem cobertura. O comandante hitita teria problemas e nós ganharíamos tempo para negociar o impasse que atormentava o faraó.

Justo naquele período, a co-regente Smenkhkare tomou providências notáveis para amparar os povoados nos arredores de Tebas, que receberam vários recursos administrados por ela. Nefertiti sabia de onde desviar os excessos de cereais dos silos reais sem comprometer o equilíbrio das necessidades de cada região. Hermontis, a cidade onde Akhenaton assumiu o reinado em co-regência com o pai, tornava-se um importante pólo de propagação da religião de Aton pelo Alto Egito e regiões da Núbia.

O Universo parecia conspirar contra os projetos do faraó. Essas realizações seriam louvadas pelo povo, caso o Egito não estivesse desmoronando nas questões militares.

Akhenaton, Nefertiti e os sábios de Amarna procuravam intensamente encontrar soluções pacíficas para evitar o confronto com os hititas. Inclusive foram enviados, novamente, diplomatas para tentar uma negociação de paz com Supiluliumas, no desfiladeiro onde o exército inimigo tentava avançar suas tropas.

Infelizmente não houve diálogo! Os hititas estavam determinados a tornarem-se o povo mais poderoso da região. Segundo o seu rei, não haveria, nem em mil anos, outro governo tão fácil de ser dominado, como o de Akhenaton.

Tivemos sorte que a estratégia dos hititas foi um tanto desorganizada. Eles dividiram os seus exércitos para obter um rápido alastramento pela região, o que enfraqueceu suas posições. Caso eles estivessem com todo o seu contingente em Tânis seria impossível conter seu avanço pelas terras egípcias.

Naquele mesmo dia ficamos sabendo que Ribaddi tinha morrido defendendo Biblos. O povo e o exército egípcio honraram o nome do rei de Biblos por sua bravura, e Akhenaton começava a ser chamado de covarde e traidor por abandonar

os povos vizinhos à sua própria sorte.
 Os dias passaram-se nesse impasse. Até que em uma manhã do final da estação da colheita, Akhenaton sofreu o golpe mais duro de toda a sua vida. Talvez tenha sido justamente naquele dia que o sonho da cidade celestial tenha morrido.
 Apesar das dificuldades externas, o Egito vivia um período de equilíbrio interno. Akhenaton e Nefertiti agradeciam por isso ao Grande Deus em todas as orações do alvorecer no templo anexo ao palácio. Naquele dia, ambos oraram a Aton e se despediram com um terno beijo.
 Nefertiti iria tratar de assuntos internos do reino e Akhenaton, contrariado, teria novas reuniões para decidir definitivamente as medidas a serem tomadas em relação aos hititas e algumas províncias sírias, seduzidas pelas ofertas tentadoras de Supiluliumas aos povoados que fossem fiéis à terra de Hati.
 O faraó desejava solucionar logo aqueles problemas para poder novamente voltar-se aos seus projetos espirituais. Para ele aquelas questões eram odiosos entraves que lhe roubavam o precioso tempo que deveria ser dedicado ao projeto de transformação espiritual do Egito.
 Ele chorava amargamente as mortes e a instabilidade política da região, mas não conseguia admitir a idéia de deflagrar uma luta armada. E isso o torturava!
 Akhenaton já tinha nomeado Nefertiti como faraó, com o título de Smenkhkare, para libertar-se das questões burocráticas, e até mesmo humanas, que lhe obstruíam a mente para receber a luz de Aton.
 Depois de horas de exaustivos debates, o faraó retornou para o seu palácio na hora da refeição do meio-dia. Ele desejava ter mais alguns instantes com a sua esposa e com a pequena Ankhesenpaaton, que estava indisposta ao amanhecer. Ele nutria imenso amor pela sua filha mais nova, mais até do que dispensava ao herdeiro real.
 Ao chegar no palácio, ele visitou sua filhinha que já estava alegre e saltitante. O faraó brincou alguns minutos com a graciosa menina e, estranhando a demora de sua esposa, atravessou a passarela que ligava os aposentos reais ao palácio. Em passos rápidos, dirigiu-se ao escritório onde Nefertiti despachava as decisões reais.
 Dois soldados protegiam a entrada do quarto. O faraó cumprimentou-os e eles lhe deram passagem. Ao entrar no amplo salão, Akhenaton viu Nefertiti sentada em uma poltrona

voltada para uma janela com vista para o Nilo.

Seu braço estava caído ao lado do apoio da cadeira. O faraó acreditou que a sua amada esposa estivesse cochilando. Mas, ao aproximar-se, sentiu um calafrio pelo corpo! Havia alguns papiros oficiais pelo chão e em seu colo uma enigmática rosa vermelha.

O faraó tocou a face da esposa e percebeu que ela estava gelada. Seu rosto deslumbrante estava pálido e os lábios, sempre da cor do carmim, agora estavam descorados. Akhenaton ajoelhou-se lentamente enquanto murmurava palavras desconexas.

Em seguida, deitou a cabeça no colo da esposa e abraçou suas pernas. O seu coração estava destruído! O faraó apenas disse:

— Oh! Meu Deus! Por favor, não! Esse é um preço que não tenho condições de pagar! Leva a mim, mas não me deixes sem a minha amada Nefertiti.

Akhenaton não gritou e não chamou os guardas. Fomos descobri-lo horas depois, quando Horemheb e os demais líderes do Egito cansaram de esperá-lo para os debates da tarde.

Ao abrirem as portas do escritório de Nefertiti, encontraram o faraó ajoelhado aos pés da esposa, chorando baixinho. Logo Ramósis percebeu a rosa que estava caída aos pés do corpo da esposa real. Ele e Meri-Rá estudaram a flor e concluíram que tratava-se de uma rosa impregnada com um raro veneno mortal, pouco conhecido no Egito. Era um veneno que, após inalado, causava asfixia imediata na vítima.

Ao perceber que tratava-se de um assassinato, Akhenaton recobrou a razão e iniciou imediatamente uma investigação. Junto a Nefertiti havia uma pequena caixa de madrepérola, dentro da qual possivelmente a rosa teria sido entregue à rainha.

O responsável pelos correios de Akhetaton foi chamado imediatamente para que fosse descoberto o remetente da caixa com a rosa maligna. Ele afirmou desconhecer aquela embalagem. Certamente ela não teria vindo pelos correios normais!

Alguém que estivera em audiência com Nefertiti devia ter trazido o mimo mortal! Logo um dos guardas disse ter percebido aquela caixa entre os documentos que o nobre Mai, chanceler real, havia trazido para a rainha despachar com o selo real.

Mai foi caçado pela cidade como um animal. Em menos de uma hora ele estava à frente de um Akhenaton transtornado. A princípio, ele tentou negar, mas o soldado que o identificara foi categórico. Sim, Mai era o portador da morte de Nefertiti!

— Quem te corrompeu para cometer este crime, maldito? — gritou Akhenaton, de forma que eu nunca antes tinha visto.

Ele murmurou um pedido de perdão e tentou desconversar, confiando na compaixão do bondoso faraó. Mas Mahu puxou a espada de seu cinto e disse, enlouquecido:

— Responde ao faraó, verme maldito, ou te cortarei o pescoço!

Mai assustou-se e apenas murmurou:

— Os nobres de Tebas e o sumo sacerdote de Amon!

Akhenaton deu as costas para Mai e começou a socar as paredes, enlouquecido. Mahu não se conteve e desceu a espada sobre o pescoço do traidor. Houve um grito de espanto na sala. Já não estávamos mais acostumados com cenas violentas.

Akhenaton virou-se, surpreso, e viu a cabeça de Mai vertendo sangue ao lado do corpo. O chefe de polícia do faraó aproximou-se e, de joelhos, levantando o cabelo para descobrir o pescoço, disse:

— Meu Senhor e mestre! Jamais poderia deixar de vingar a morte da nossa querida rainha. Matei-o! E não me arrependo! Podes tirar a minha vida agora, pois ela já não tem mais sentido se não posso ouvir a encantadora voz da mais sábia das filhas de Aton!

Akhenaton ergueu Mahu e começou a chorar em seu ombro, desesperadamente. Tivemos que conter o faraó e friccionar seus pulsos e o rosto com ungüentos anestesiantes.

Em seguida, ele nos empurrou e, correndo de um lado ao outro da sala, disse, quase aos gritos:

— Meu coração está em escuridão. Não consigo mais sentir a luz dourada de Aton! Eu desejei paz e amor para que vivêssemos em um mundo melhor, mas o que recebi dos seguidores de Amon foi ódio e morte. Se eles desejam um faraó mau eles o terão! Amon será destruído! Todas as estátuas ou inscrições de Amon deverão ser destruídas. O nome desse deus maldito deve ser apagado para que deixe de existir para todo o sempre!

Akhenaton estava completamente enlouquecido de raiva. Os malditos seguidores de Amon tiraram-lhe, naquela manhã, a luz de sua vida. Talvez nem mesmo eles tivessem imaginado o efeito daquele gesto macabro que cometeram.

Acredito que naquele momento eles ganharam a batalha, porque o faraó nunca mais foi o mesmo e o Egito se desestabilizou, comprometendo definitivamente o sucesso do reinado do "Filho do Sol".

Horemheb aproveitou a cólera do faraó para conquistar finalmente o seu objetivo. Com um tom de voz empolgado, o general egípcio disse:

— Akhenaton, autoriza-me a guerrear abertamente com os hititas e eu e meus homens não deixaremos uma estátua sequer de Amon em pé. Necessitas de homens para isso. Atende ao meu pedido e, em no máximo duas semanas, Amon será apenas uma lembrança maldita nas Duas Terras.

Horemheb realmente não se interessava por questões religiosas. O assunto dele era a guerra, pouco lhe importando os deuses do Egito.

O faraó não pensou um segundo sequer e respondeu a Horemheb:

— Que assim seja! Destrói Amon e poderás lutar abertamente contra aqueles que repudiaram as bênçãos de Aton!

Horemheb olhou vitorioso para os dois oficiais de seu exército ali presentes e retirou-se para preparar as tropas para a viagem ao Delta do Nilo. Metade dos soldados que aguardavam em Akhetaton iriam para o Templo de Karnak destruir as imagens e inscrições de Amon. Horemheb iria juntar-se com outras tropas egípcias, que já se encontravam no Delta do Nilo, para imediatamente interceptar o avanço hitita.

Acredito, particularmente, que a morte de Nefertiti derrubou Akhenaton de forma absoluta; e a invasão hitita pôs um fim definitivo ao projeto de Amarna.

Os sacerdotes de Amon receberam o auxílio do povo que todo egípcio odiava! Os hititas, assim como os antigos hiksos, eram chamados de "piores que a peste", por causa dos costumes bárbaros, da falta de espiritualidade e das suas tendências violentas.

Akhenaton, após decidir-se pela guerra, desligou-se de tudo. Só o que lhe interessava era preparar o ingresso de sua amada esposa na Terra do Sol Poente. Vários escultores trabalharam dia e noite para preparar a tumba real, onde repousariam os dois faraós do Egito: Akhenaton e Smenkhkare.

O faraó não poupou os escassos recursos do Egito para elaborar um fantástico material funerário para a sua amada esposa. O corpo de Nefertiti foi levado para a Casa da Morte, onde passaria pelos setenta dias necessários à preparação com destino ao ingresso na Vida Maior.

Nós oramos incansavelmente para Aton proteger Nefertiti

dos espíritos das sombras que trabalhavam nas hostes do deus Amon. Ise ficou inconsolável. Elas eram muito amigas e confidentes. A grande esposa real a tratava como a uma irmã caçula.

Já o corpo de Mai foi jogado no rio Nilo. E na sepultura que ele havia mandado construir para si, o seu nome foi apagado e a sua imagem engessada para demonstrar através dos ritos sagrados do Egito que Mai deixaria de existir nessa e na outra vida.

A cidade celestial entrou em um período de profunda tristeza e indecisão em relação aos seus objetivos. O Egito estava em guerra com os vizinhos e consigo mesmo, e a grande e adorável rainha havia sido afastada de nosso convívio de forma abrupta.

No dia seguinte, quando os soldados partiram para Tebas, tomei uma decisão que espantou minha esposa e meu sogro. Decidi partir com os soldados e dar a minha quota de contribuição na destruição dos monumentos a Amon.

Ise me pediu para não ir, porque aquela minha atitude não iria trazer a rainha de volta. Segundo ela, atacar os sacerdotes de Amon somente alimentaria mais ainda o ódio mútuo. Mas o meu espírito rebelde desejava a desforra! Seria um grande prazer destruir o deus que simbolizava a arrogância e o atraso espiritual de meu povo.

Viajei na companhia do comandante Userkaf. Durante o deslocamento até Tebas conversamos abertamente sobre qual tática empregar. Ele me disse que aquela missão estaria inclusive atrasando o seu objetivo, que era enfrentar imediatamente os hititas; portanto, ele desejava empreender uma tática rápida e devastadora.

E foi assim. Ao chegarmos a Tebas, a população se assombrou com a nossa presença repentina. Marchamos rapidamente em direção aos templos de Karnak e Luxor. A depredação iniciou-se em meio aos gritos desesperados dos sacerdotes de Amon.

Aye tentou acionar a polícia local, mas o comandante Userkaf advertiu-o que ele estaria descumprindo ordens do faraó. Logo, ele poderia ser preso ou morto por interferir nas decisões reais.

Aye era aquele tipo de homem que prefere perder uma batalha, mas ganhar a guerra; portanto manteve-se em silêncio.

Ptahmósis lutou como pôde para evitar o acesso dos soldados ao templo principal de Amon em Tebas. Mas foi inútil! Tudo foi destruído.

Lembrei-me dos subterrâneos onde eu e Sen-Nefer encontramos a estátua de cera do faraó, feita pelos sacerdotes de Amon para rituais mágicos contra a saúde do soberano, e indiquei o caminho aos soldados. Lá, saqueamos uma infinidade de riquezas que foram utilizadas para custear o exército egípcio na luta contra os hititas.

Muitos padres tentaram defender o deus Amon, mas Userkaf tinha pressa, matava-os sem dar-lhes chance de qualquer argumentação. Ele desejava terminar aquele serviço com extrema rapidez. No último dia, nenhuma pessoa sequer ergueu a voz para tentar impedir-nos. O preço poderia ser a própria vida.

Terminada a tarefa, todas as estátuas de Amon estavam quebradas ou, no caso do ouro, eram levadas para serem derretidas. As inscrições referentes a Amon nos templos foram apagadas. Até mesmo as estátuas de ouro de Amon, Mut e Khons foram carregadas para os barcos militares. Userkaf sabia que era preciso muito ouro para sustentar uma guerra longa em terreno inóspito.

No final do último dia de ataques aos templos sagrados de Tebas, Amon havia deixado de existir! Somente uma inscrição em um obelisco da rainha Hatshepsut passou desapercebida por causa da altura em que se encontrava.

De forma mecânica e insensível, os soldados colocaram seus equipamentos nos barcos militares e prepararam-se para partir. Aye aproximou-se de mim e perguntou:

— Ao que se deve esta destruição dos templos sagrados do Egito? Akhenaton está louco?

Eu olhei para o vizir do Egito, com nojo no olhar, e disse-lhe:

— Este é o preço pela morte da rainha co-regente do Egito! Diga-se de passagem: tua filha! Não haverá mais complacência com Amon. Aqueles que insistirem em cultuar o deus maldito serão mortos.

Ptahmósis estava a alguns metros observando a nossa conversa. Eu dirigi-lhe um significativo olhar e pulei para a embarcação militar, que já se encontrava em movimento. Retirei a adaga e a machadinha do cinto e deitei-me, exausto, na proa do barco. O serviço estava feito!

Capítulo 19
A guerra civil

O imenso amor entre Akhenaton e Nefertiti, almas gêmeas eternamente enamoradas.

Eu retornei para Akhetaton, enquanto os soldados egípcios seguiram até o Delta do Nilo para incorporarem-se às tropas em guerra. Somente uma embarcação com vinte soldados prosseguiu o trabalho de destruição de Amon pelos povoados do Vale do Nilo.

Ao descer no cais da cidade celestial, as pessoas me olhavam assustadas e perguntavam-me o que havia acontecido em Tebas. Só aí reparei no estado de minhas roupas: rasgadas, sujas e manchadas de sangue.

Alguns habitantes pacíficos de Akhetaton estavam horrorizados com o estado do meu rosto e das roupas que, apesar dos banhos e do descanso durante a viagem de volta, ainda demonstravam o terror ocorrido nos templos de Tebas.

Depois de anos suportando as intrigas de Amon, eu tinha extravasado todos os meus demônios. Agora me sentia leve! Apesar de todos os ensinamentos sublimes demonstrarem que o mal só gera mais mal, eu não tinha equilíbrio espiritual para pensar assim ante tantas adversidades. Só o que habitava a minha mente era a certeza de termos vingado a morte da grande rainha Nefertiti!

Nem Ramósis nem Ise criticaram a minha atitude. Eu apenas observava o assombro deles ao verem minha expressão de felicidade depois de destruir os templos de Amon. Minha personalidade, ainda longe da luz, demonstrava ter dificuldades para perdoar e compreender a imaturidade espiritual daqueles que matam e destroem os mais belos sonhos para satisfazer suas ambições.

Além do mais, eu ainda desejava ardentemente a morte de Aye e de Ptahmósis, o que não foi possível concretizar em Tebas.

Algumas semanas depois de meu retorno, foi realizado o funeral de Nefertiti. Um rico sarcófago, elaborado em ouro e pedras preciosas e dezenas de ricas miniaturas das coisas que faziam a felicidade de Nefertiti, foram colocadas na sepultura real. O trabalho mais impressionante era a sua máscara mortuária no sarcófago!

É uma pena que essa obra de arte tenha sido destruída nos anos seguintes. Tratava-se de um retrato ainda mais fiel do que o famoso busto de Nefertiti, que encontra-se hoje no museu de Berlim.

Meri-Rá oficiou a cerimônia que comoveu a cidade celestial. Durante a série de rituais mágicos que eram realizados, podíamos sentir no ar o fim do projeto de Amarna. Naquele instante, percebemos que Nefertiti era um elo fundamental para o sucesso do sonho de luz! Jamais teríamos ânimo novamente para realizar o que havíamos feito naquela última década, sem a presença da "Bela que Chegou". Foram onze anos que passaram céleres e nos propiciaram muitas alegrias. Agora, víamos o crepúsculo daquela Era de Luz. Em breve, a humanidade voltaria a viver em trevas! A morte de Nefertiti era algo similar ao momento em que Aton se punha no horizonte, permitindo que as "trevas exteriores" invadissem as nossas vidas. Tal impressão tornou-se ainda mais marcante porque a cerimônia foi realizada ao pôr-do-sol.

Voltamos aos nossos lares com a escuridão invadindo Akhetaton. A tristeza era imensa. Todos mantínhamos silêncio e desejávamos que aquele momento fosse apenas um horrível pesadelo, que terminaria logo para podermos despertar para a beleza e a vida encantadora da cidade celestial em seus anos áureos, onde o casal solar nos encantava com sua graça, amor e sabedoria.

Nas semanas seguintes, Panhesy casou-se com Merit-Aton,

a primogênita do faraó. Ambos já estavam enamorados há meses. Apesar da significativa diferença de idade, eles formavam um belo casal. Panhesy parecia não envelhecer!

O casamento trouxe um sensível reequilíbrio ao Egito, que estava sem governante. Desde a morte de Nefertiti, Akhenaton tinha entrado em profunda apatia, abandonando o controle do Império. Panhesy, então, assumiu o título real de Nefertiti, Smenkhkare, e governou com o auxílio de Ramósis, Meri-Rá e sua esposa real.

Mas a guerra civil estava deflagrada! O Egito estava sem seus exércitos que lutavam contra os hititas na fronteira do Baixo Egito e no deserto do Sinai. O país, então, entrou em profunda desordem social. Havia dois partidos em guerra: os partidários de Amon e os de Aton!

Os cidadãos comuns andavam pelas ruas com adagas, machadinhas, e até mesmo portavam espadas. Junto ao peito carregavam o símbolo de seu deus. A cruz simbolizava Aton, e o carneiro, Amon. Por diversas vezes, Akhetaton foi invadida por partidários de Amon e ocorreram sangrentas lutas campais. O povo de Tebas desejava vingança pela destruição ocorrida em seus templos. Os santuários de Aton eram depredados e sangue de animais eram jogados nas belas pinturas da cidade celestial.

Os cidadãos do Baixo Egito abraçaram definitivamente a crença em Aton para rivalizar contra o Alto Egito, que dominava as Duas Terras há séculos. Era uma grande oportunidade de recuperar a supremacia e, caso a dinastia de Akhenaton caísse, impor a nova capital em Mênfis. Diversos interesses foram colocados em jogo. Infelizmente os ensinamentos de amor e paz foram esquecidos para dar espaço aos interesses imediatistas.

As viagens pelo Egito tornaram-se muito perigosas. A qualquer momento poderíamos sofrer emboscadas da facção rival. O Sol parecia nascer na terra de Kemi envolto em uma nuvem negra, reflexo do clima espiritual que se apoderou de nossa nação.

Akhenaton, aos poucos, foi assimilando a perda de Nefertiti, mas, como ele mesmo disse, sua alma começou a viver "em escuridão". A luz do Grande Deus nos abandonou em razão do clima de guerra com o qual nos sintonizamos.

Meri-Rá, Ramósis, Ise e alguns outros sábios conseguiam manter-se ainda em equilíbrio, mas Akhenaton tinha sido ferido no que lhe era mais sagrado. Com a mente obscurecida pelo desânimo, a saudade, a revolta e o ódio, o faraó sintonizou-se novamente com as forças negras dos sacerdotes de Amon. E agora era impossível evitar a influência nefasta dos bruxos do deus obscuro, tanto pelo desequilíbrio espiritual reinante, como pela impossibilidade de invadirmos Tebas para destruir os instrumentos mágicos dos inimigos.

As crises nervosas voltaram a prostrar Akhenaton na cama. Sua busca incessante pela paz e a repulsa pela guerra arrasavam ainda mais o desejo de viver de Akhenaton, auxiliando o processo de desequilíbrio espiritual em que ele estava envolvido.

Tudo o que ele desejou evitar para o Egito estava acontecendo! As pessoas estavam morrendo pelo Deus que deveria sustentar a vida, e não promover a morte.

Ele passava horas recordando os primeiros anos da cidade celestial. Os festivais com desfiles de biga, os seminários religiosos, a arte revolucionária que retratava a Criação Divina. Ele se perguntava, então, sobre o que havia feito de errado.

Perdido nesses pensamentos, Akhenaton viu os meses passarem. Ele assistiu aos constantes conflitos e as pessoas inocentes sendo mortas por um deus que o povo distorceu de tal forma que ele não mais o reconhecia. Aton havia-se transformado, por causa da distorção popular, em um deus que recompensava aqueles que matavam simpatizantes de Amon para que ele vencesse a guerra.

As facções revolucionárias do Baixo Egito utilizaram-se do Grande Deus para atingir seus propósitos numa massiva lavagem cerebral das classes baixas que apoiavam Aton.

O faraó envelheceu dez anos em dez meses! Seu corpo ficou curvado e ele perdeu definitivamente o gosto pela vida. O povo já não ouvia mais a sua voz, acreditando que ele ficara dementado com a morte de Nefertiti.

Akhenaton dizia que devíamos esquecer o mal e cultivar o amor, como nos havia ensinado o Grande Deus. Mas o povo falava-lhe que ele mesmo tinha rompido com o pacto de amor aos semelhantes quando revidou a morte de Nefertiti. O povo queria agradá-lo lutando por Aton, mas não percebia que o estavam matando com aquela atitude contrária a sua forma de pensar.

Nos meses seguintes, Akhenaton começou a crer que ele era o único responsável pelo estado em que se encontrava o Egito e somente ele poderia dar um fim àquela tragédia.

Em determinada tarde, quase dois anos após a morte de Nefertiti, os fanáticos seguidores de Amon invadiram mais uma vez Akhetaton. Uma luta sangrenta ocorreu em frente ao palácio real, próximo ao cais.

O faraó ergueu-se com dificuldade e assistiu horrorizado à matança no solo sagrado que ele construiu para Aton. Ele percebeu que em uma das barcas atracadas no cais estavam Aye e Ptahmósis. Em seguida, Akhenaton olhou para o Sol e pareceu conversar com Deus.

O faraó desceu as escadas e dirigiu-se para o átrio de acesso ao palácio. Ele ergueu os braços e pediu paz ao povo que lutava enlouquecido. Milagrosamente todos pararam, assombrados com a presença do faraó em seus trajes sacerdotais de linho branco. Ele cingia o toucado ("klaft") na mesma cor e não portava os símbolos de poder do faraó.

Aproveitando o silêncio dos homens que se digladiavam, o faraó ergueu as mãos e convidou Aye e Ptahmósis a ingressarem no palácio para que a paz fosse estabelecida.

Houve alguns instantes de indecisão e silêncio. Depois, os dois representantes máximos de Tebas percorreram o corredor repleto de belíssimas colunatas que ligava o cais real ao palácio, acompanhados de dois homens armados. Mahu tentou acompanhar o faraó para que ele não ficasse desprotegido, mas o "Filho do Sol" recusou proteção.

Os três caminharam para o interior do palácio, onde o faraó lhes disse, iluminado por uma bela luz da cor do Sol:

— Ninguém pode matar Aton, nem mesmo destruindo seus templos e apagando sua memória, pois a Casa do Grande Deus é toda a Criação. Destruí as montanhas, esvaziai o Nilo, derrubai as estrelas do céu, até mesmo apagai o disco solar (Aton) do céu e, ainda assim, o homem não terá tocado em Deus.

Aton é uma força perante a qual o poder de todos os deuses do Egito não representa mais que a haste frágil de uma planta!

Aton não é somente a face do Sol. Deus é muito mais, Ele é o tudo e o todo! Ao contrário de Amon, que não passa de uma estátua de ouro, símbolo de uma era de atraso espiritual para a humanidade.

O Sol é tão-somente o símbolo do poder criativo de Aton. O Grande Deus não pode ser resumido a uma imagem, a algo palpável. Ele é o Criador de todas as coisas, o espírito amável que vive em nossos corações e nos dá a vida. Sem Ele, pereceríamos! Se fosse possível matá-lo, deixaríamos de existir!

Hoje, o meu coração voltou a sentir o Grande Deus. Encontrei a paz e ouvi sua voz! Ele não deseja guerra. Se os homens não estão preparados para ouvir sua mensagem, Ele partirá. Mas voltará em outra oportunidade, junto a um povo que o aceite e o compreenda.

Fiz o meu trabalho, mas Ele me informou que não era o momento da luz vingar nos corações dos homens.

Isso libertou meu coração de todas as minhas apreensões, porque eu acreditava que o mundo não o havia compreendido pela minha falta de capacidade em interpretá-lo.

Fiz de tudo, inclusive personificar em mim o próprio Deus, para que o povo entendesse a natureza abstrata de Aton. Mas foi em vão!

Sou o mais feliz dos homens, pois eu o reconheci e Ele permitiu que assim acontecesse! — concluiu o soberano.

O "Filho do Sol" havia-se libertado da escuridão que o envolvia desde a morte de Nefertiti e sintonizava-se, naquele instante, com a luz do Cristo Planetário.

Akhenaton respirou fundo, enquanto a bela luz dourada continuava a envolvê-lo e espíritos quintessenciados o amparavam. A seguir, o iluminado faraó prosseguiu, enquanto Ptahmósis servia um copo de vinho e abria um compartimento falso em seu anel, onde continha um letal veneno.

— Eu sou apenas um emissário, e não Deus. Podem me matar, mas isso não impedirá que a vontade de Aton se realize. Virá outro em meu lugar e concretizará o projeto que infelizmente não pude concluir. E quando os homens se unirem sob a luz do Único Deus, virá o "Grande Espírito", o maior entre os emissários de Aton, e iluminará o mundo de uma forma inesquecível por gerações e mais gerações!

Deus está dentro de mim, dentro de ti, Aye, e dentro de ti, Ptahmósis, mas, infelizmente, tanto vós, como o nosso povo, não tivestes maturidade para descobrir o Deus repleto de amor e sabedoria que vive dentro de nossos corações.

Somente o amor ao próximo fará com que a felicidade reine eternamente entre os homens. Enquanto uma pessoa sofrer e for infeliz, as outras receberão indiretamente as conseqüências do desequilíbrio natural que isso gera.

Akhenaton segurou o copo que Ptahmósis ofereceu-lhe, sem dizer uma única palavra, e sorveu-o de um só gole. Por fim, o Mestre da Luz Dourada disse:

— O único mal que cometi foi dizer que os homens de todas as raças nasceram iguais e que somente a sua maldade os torna diferentes.

Morro em paz, pois volto para os braços do Grande Pai e de minha amada Nefertiti, que foi afastada de mim pelo vosso ódio e ignorância. Saio deste mundo de trevas e volto para o reino resplandecente de luz do nosso Criador!

O pescoço de Akhenaton tombou para o lado e seu espírito se libertou. Nefertiti o esperava para conduzi-lo ao reino da paz, imagem fiel do reino que ele desejou erigir entre os homens, escravos de suas paixões.

O sumo sacerdote de Amon realizou os gestos de adoração ao deus obscuro e disse:

— Graças a Amon estamos livres deste herege!

Aye manteve-se em silêncio, meditando sobre o passado. Ele lembrou-se da infância daquele estranho menino que ele viu crescer e que se tornou um homem tão introspectivo e revolucionário. Lembrou-se também de sua filha que havia morrido indiretamente por suas mãos.

Uma ponta de arrependimento, então, anuviou seus pensamentos, mas rapidamente se desfez. Assim como o Nilo deveria seguir seu curso natural, nada deveria impedir os seus objetivos! Agora, o caminho estava aberto para ele proclamar-se faraó da terra de Kemi e cingir a dupla coroa do Alto e Baixo Egito. Bastava provocar o desaparecimento dos herdeiros do faraó.

Os dois obscuros homens saíram do palácio e dirigiram-se à embarcação, no cais, sem dizer uma só palavra. Provavelmente temendo por suas vidas. Ao ingressarem no barco, Aye pediu a atenção de todos e disse:

— Filhos do Egito! O faraó Akhenaton decidiu pela paz! E para que ela fosse concretizada era necessário que o faraó aceitasse o verdadeiro deus do Egito, o grande Amon. Ele se recusou e decidiu abandonar esta vida, rumo à Terra do Poente.

O faraó está morto e esta cidade também deve morrer! Todos os egípcios que desejarem ser reconhecidos pelo seu novo governo, sob a orientação de Amon, devem renegar o deus maldito e aceitar em suas vidas o deus padroeiro de Tebas.

Convido o casal real Smenkhkare e Merit-Aton a partir conosco imediatamente para Tebas, junto com os demais filhos do faraó.

Panhesy percebeu a emboscada e gritou para o povo:

— É uma emboscada! Akhenaton está vivo! Morte aos seguidores de Amon!

Os partidários de Aton atiraram-se enraivecidos sobre os rivais e a luta reiniciou, mais furiosa do que antes. O barco de

Aye e Ptahmósis fugiu rio acima, pois alguns homens tentaram atacá-los. Duas horas depois, os últimos homens de Amon foram afugentados pela determinação do povo de Akhetaton.

O cais real estava apinhado de corpos estendidos pelo chão. Quem diria nos primeiros anos de Akhetaton, que no futuro aquele local de rara beleza seria palco de tão trágica cena?

Corremos em direção ao palácio real, desviando-nos dos cadáveres pelo solo. Ao ingressarmos no salão principal, vimos o corpo do faraó, sentado docemente em seu trono, com o seu frágil pescoço pendendo para o lado direito.

Merit-Aton jogou-se aos pés do pai e chorou intensamente. Panhesy consolava a esposa, enquanto eu e os demais homens permanecíamos em estado de choque. Havíamos perdido o nosso Pai Espiritual!

Ise entrou correndo no grande salão e, ao ver-me, correu para os meus braços. Eu a beijei e disse, entre lágrimas:

— Tudo está acabado! Tudo está acabado! Ó Aton! Como permitiste que teu amado filho morresse nas mãos daqueles que cultuam o deus do mal?!

Em meio à consternação geral, Meri-Rá agachou-se ao lado do faraó e encontrou um papiro com hieróglifos desenhados pelo soberano. Enquanto Meri-Rá lia em silêncio o documento, todos nos mantivemos estáticos, imaginando sobre o que se tratava.

Os olhos do sábio de Heliópolis ficaram úmidos. Ele voltou-se para nós e leu o texto:

> Eu respiro o doce hálito de tua boca,
> Eu contemplo a tua beleza, todo dia, que é minha oração,
> Meu desejo é ouvir a tua doce voz,
> Como o vento do norte.
> Meu desejo é que a vida remoce meus membros,
> Graças ao teu infinito amor.
> Dá-me tuas mãos,
> Que rejuvenescem meu espírito,
> Que eu as receba,
> Que eu viva delas.
> Chama-me por meu nome, até a eternidade,
> Eu não deixarei nunca de te responder!

Era mais um poema de amor a Deus daquele homem que só desejava que seus semelhantes se amassem uns aos outros.

O complexo real (em branco). À frente, os dois cais, palco da luta que desencadeou a morte de Akhenaton.

Sem guerras; sem mortes! Lágrimas correram intensamente de nossos olhos. Como um homem tão bom e sensível poderia ser odiado de tal forma por aqueles que não o compreendiam?

Meri-Rá enxugou as lágrimas, olhou para o Sol e disse:

— Grande Aton! Recebe em teus braços o mais valoroso de teus filhos; aquele que compreendeu a tua mensagem em toda a sua intensidade!

Capítulo 20
O fim da batalha entre os deuses

Estátua inacabada de Akhenaton beijando uma de suas filhas, retratando o inesgotável amor que ele dedicava à família.

O corpo de Akhenaton foi conduzido para a Casa da Morte em procissão solene. A morte de Nefertiti tinha sido um golpe que nos deixou sem rumo, já a partida de Akhenaton para a Terra do Poente significava o fim da religião de Aton. Ele era o Grande Intérprete de Deus! E amava essa função como ninguém.

Panhesy e Merit-Aton não teriam o mesmo brilho e magia do casal solar. Logo os fundamentos da religião Atoniana se perderam, mas não o desejo de lutar pela manutenção da dinastia real.

O novo casal real prosseguiu defendendo o seu direito ao trono. Como os exércitos egípcios estavam em guerra com os hititas, prosseguiu a desordem interna no país. Podemos dizer, categoricamente, que após a morte de Akhenaton até a volta de Horemheb da Síria, período que durou quase dois anos, o Egito esteve novamente dividido em dois reinos: o do Alto Egito, onde reinava Aye, e o do Baixo Egito, onde reinavam Smenkhkare e Merit-Aton.

No dia seguinte à morte de Akhenaton, dirigi-me ao Templo de Maru-Aton, que era um parque circundado por quiosques de pedra e mais parecia um jardim de meditação de rara beleza, com um grande lago central e pisos decorados com cenas da natureza, ou seja, cenas da criação de Aton: pântanos, aves aquáticas, plantas e animais. O quiosque era revestido com adornos em cerâmica de várias cores, que apresentava

Kiya fazendo oferendas diárias a Aton.

O templo fora construído em homenagem à segunda esposa do faraó e mãe do herdeiro real. Após a morte de Kiya, ele foi transferido para Merit-Aton.

Naquela época, o santuário já estava abandonado pela família real por localizar-se ao sul da cidade, em uma região relativamente distante dos acontecimentos que prendiam a atenção de todos. Ademais, o espírito religioso fora substituído pelo medo e pela insegurança. A cidade preocupava-se apenas com questões políticas relativas ao seu futuro.

Ao chegar em Maru-Aton agradeci ao Deus Único por não haver ninguém ali naquele momento. Ajoelhei-me e fiquei meditando sobre os acontecimentos e o futuro incerto que nos aguardava.

A perda de Akhenaton era algo grave. Que rumo tomaríamos? Eu sabia que manter aquela guerra civil insana não era o desejo do "Filho do Sol", mas entregar o Egito aos sacerdotes de Amon e retroceder ao culto primitivo era algo que eu não conseguia admitir.

Panhesy assim também pensava. Mesmo sendo avesso à guerra, o novo detentor do título "Smenkhkare" decidiu resistir ao assédio de Aye, que desejava o imediato abandono ao culto de Aton e que a família real voltasse a residir em Tebas, reconhecendo Amon como o grande deus do Egito.

Passei horas meditando sobre aquelas questões. Acredito que depois daquele dia a minha personalidade se transformou. A morte do projeto pelo qual tanto lutamos fez com que eu perdesse a esperança nos homens e no amor.

Enquanto lutávamos para construir uma sociedade melhor, homens como Aye, Ptahmósis e Horemheb, que contrariavam os planos divinos, eram os grandes vencedores. O "Filho do Sol", escolhido pelo Grande Deus para trazer a luz espiritual ao Egito, fora abatido como uma ave indefesa, sem que Aton o protegesse da maldade humana.

Além do mais, diversos cidadãos de Akhetaton começaram a abandonar a cidade, prevendo que seria melhor agitar a bandeira de Amon antes que a situação piorasse. Os mesmos oportunistas que bajulavam o faraó agora traíam o seu ideal sem o menor escrúpulo. Vários dos traidores chegaram inclusive a retornar para Tebas. Homens que possuíam nomes como "Akhenaton me criou" ou "Aton está em festa" mudaram seus nomes para cultuarem novamente Amon e assim serem aceitos entre os nobres, que agora dominariam o Duplo País. Parece que pouca coisa mudou desde aquela época!

Quando Aye e Ptahmósis retornaram à antiga capital do Alto Egito, depois de serem os portadores da morte de Akhenaton, encontraram a cidade, e principalmente os nobres, francamente agitados. Todos desejavam saber se finalmente havia terminado aquele "período de trevas" para o Egito.

Aye pensou por alguns instantes e disse a todos:

— O faraó Akhenaton decidiu abandonar esta vida e deixar o controle do Egito ao seu sucessor Smenkhkare, que virá viver entre nós em breve. Como amostra de sua boa vontade, ele renegou Aton e solicitou-nos que iniciássemos a construção de um templo a Amon em seu nome.

Todos ficaram contentes com a notícia e Ptahmósis surpreendeu-se com a audácia do vizir, que não media esforços para atingir os seus objetivos. Com tal farsa, Aye conseguiu tranqüilizar os cidadãos tebanos e fez crer aos desertores de Akhetaton que inclusive o seu novo rei estava se preparando para regressar a Tebas.

Nas semanas seguintes, iniciou-se a construção do templo "Escriba das oferendas de Amon na Mansão de AnkhKheperure", em homenagem a Amon. Essa obra recebeu o cartucho real de Smenkhkare, mas em vida ele jamais veio a saber da existência de tal templo construído em seu nome!

Após os setenta dias necessários para a mumificação, Akhenaton foi conduzido à sua tumba. Seu esquife foi colocado no sarcófago de granito destinado ao rei, ao lado da sala onde se encontrava a sepultura de sua amada rainha Nefertiti.

A cerimônia foi rápida e triste. Meri-Rá conduziu mais uma vez o ato fúnebre. Mas já não havia mais o que dizer. Não fazia muito tempo que estivéramos naquele mesmo lugar para conduzir o corpo de Nefertiti. A dor de todos era imensa!

Retornamos para casa com a sensação de que carregávamos um grande fardo em nossas costas. Era fácil perceber que o antes alegre povo de Akhetaton agora sentia-se triste e inseguro.

No dia seguinte, logo após acordar, encontrei Ramósis organizando algumas roupas para viajar.

Eu sentei-me à sua frente e perguntei:

— Vais viajar, meu sogro?

Ele largou seus pertences sobre o divã, sentou-se ao meu lado e disse:

— Radamés, o sonho acabou! Não creio que devamos defender, através do sangue de nossos irmãos, o ideal que abraçamos. Já fomos longe demais. Nosso povo não está preparado para receber o deus Aton. Não posso mais ser conivente com esse derramamento de sangue.

Esta manhã conversei com o casal real e eles compreenderam a minha posição. Vou partir para Heliópolis e Mênfis. Lá, prosseguirei com os meus estudos sobre a doença que quase tirou a vida do pequeno Tut e causa imenso mal-estar ao nosso povo.

A malária causava um grande número de mortes e os portadores do vírus que não morriam estavam sempre cansados e abatidos. A doença incubada tirava-lhes o ânimo e causava-lhes constantes dores musculares.

Respeitei a decisão de Ramósis e falei:

— Eu gostaria de pedir-te que leves Ise contigo. Acredito que aqui teremos dias cada vez mais difíceis. Eu sinto uma imensa apreensão pela segurança de minha amada esposa.

Ramósis colocou a mão em meu ombro e respondeu:

— Por que não vens conosco, Radamés? Não temos mais nada a fazer aqui. Espero que Smenkhkare compreenda logo que é inútil lutar.

— Eu irei — respondi —, mas quando for o momento.

Ise relutou em partir. Mas a convenci com a minha forte determinação. Além disso, ela também desejava abandonar as tristes recordações de Akhetaton, pois todas as lembranças boas que tínhamos da cidade celestial morreram com o fim trágico de Akhenaton e Nefertiti.

Quando a coloquei na embarcação rumo a Heliópolis, ela fez-me prometer que eu partiria em breve rumo ao seu encontro. Com um beijo selamos o compromisso e o barco começou a deslocar-se carregado pela correnteza do Nilo.

Acenei para a minha esposa com amargura no coração. Sinceramente eu não sabia se a veria novamente. A situação em Akhetaton era dramática e centenas de pessoas abandonavam a cidade diariamente.

Os meses seguintes foram de tristeza e desilusão. Falávamos pouco e pensávamos muito. Meri-Rá tornou-se ainda mais introspectivo. Ele também sabia da inutilidade de lutar, mas não desejava deixar Panhesy e Merit-Aton nas mãos dos inconstantes nobres de Akhetaton.

Com a partida de Ramósis, o instável Apy tornou-se o único responsável pela administração da cidade. Além do mais,

Meri-Rá suspeitava da fidelidade de Tutu, o tesoureiro real, que parecia estar sempre indiferente às tragédias que se sucediam. Inclusive no sepultamento de Akhenaton ele parecia estar completamente alheio à dor que a todos torturava.

Nas semanas posteriores, eu caminhava solitário pelos magníficos centros de pesquisa que criamos em Akhetaton. Tudo estava abandonado! As escolas e o material didático criados por Akhenaton também estavam entregues ao pó.

As crianças, futuros adultos, estavam mais uma vez entregues ao pior dos males: a ignorância. O sonho do "Filho do Sol" de ensinar a todos os cidadãos os segredos da escrita não iria se realizar e o povo pobre da terra de Kemi continuaria sendo um joguete nas mãos de inescrupulosos sacerdotes e corruptos membros da nobreza.

Lembrei-me, então, das pesquisas que estavam sendo feitas em Gizé, nas pirâmides e na esfinge.

Ah! Como eu desejei desvendar os mistérios que, segundo Ramósis, existem nos subterrâneos daqueles monumentos! Poder desenvolver novamente o progresso que existiu no Vale do Nilo, quando os primeiros atlantes chegaram às nossas terras e promoveram entre os primitivos habitantes a ciência e o culto exclusivo ao deus Sol!...

Durante as tardes, eu apreciava o movimento das águas no Nilo sendo banhadas pelo sol escaldante e refletindo os raios do astro rei durante o balanço causado pelo curso de suas águas. A minha mente viajava lembrando os projetos do grande amigo Akhenaton.

Eu recordava do seu desejo de fundar a terceira cidade de Aton, na Síria, para expandir o reino do Deus Único por todo o mundo conhecido. Agora, aquele mesmo lugar estava sendo o palco de lutas sangrentas entre os hititas e o nosso povo.

Depois de vários meses, apenas um terço da população de Akhetaton ainda permanecia na cidade. Na maioria eram pobres que não tinham para onde ir ou idealistas que não desejavam curvar-se a Amon. Alguns também não possuiriam mais espaço na sociedade, caso o deus oculto voltasse a reger o Egito. Nem todos eram exímios camaleões inescrupulosos para adaptarem-se novamente à crença primitiva de Amon!

As demais cidades do Baixo Egito, como Mênfis, resolveram tomar uma atitude mais prudente após a morte de Akhenaton. O poder de Tebas crescia e seria um suicídio político afrontar diretamente um inimigo que se tornava novamente poderoso a cada dia.

Em determinada tarde, Smenkhkare chamou os seus conselheiros para uma reunião no palácio. Rapidamente dirigi-me ao salão central, onde o faraó já apresentava seus planos, dizendo:

— Irmãos de ideal! Ainda resta-nos uma alternativa para vencermos a luta contra Amon. O exército egípcio deve servir ao faraó e pelo que sei o general Horemheb conseguiu recuperar parte de nossos territórios e afugentou os exércitos hititas das províncias sírias rebeladas.

Eu gostaria de saber qual a opinião dos leais amigos quanto a minha decisão de enviar um emissário ao encontro de Horemheb e solicitar imediatamente a intervenção do exército egípcio para restabelecer a ordem em todo o Duplo País.

Toda a assembléia concordou com a idéia do faraó e ficamos muito animados! Com certeza era uma forma de restabelecer a ordem na terra de Kemi e sufocar a rebelião dos sacerdotes de Amon.

Imediatamente me coloquei à disposição para ser o emissário. De uma certa forma, eu tinha alguma intimidade com o general egípcio. Talvez pudesse convencê-lo com mais facilidade a retornar imediatamente com suas tropas para defender a família real.

Todos mantiveram-se em silêncio, com exceção de Tutu que se opôs radicalmente a minha iniciativa. Segundo ele, eu era uma pessoa imprescindível em Akhetaton. Já ele, poderia ausentar-se sem causar prejuízo ao bom andamento da cidade.

Nós estranhamos aquela atitude, pois a minha ausência não causaria problema algum. Mas ele continuou insistindo com o faraó, dizendo que seria uma grande honra e que ele lhe seria eternamente grato, caso fosse o escolhido para levar a mensagem a Horemheb.

Por fim, Smenkhkare decidiu enviar Tutu ao encontro das tropas egípcias. Ele partiu algumas horas depois na companhia de dois homens da polícia de Akhetaton.

Nas semanas seguintes, a grande esposa real, Merit-Aton, adoeceu sem que conseguíssemos identificar a causa. Hoje acredito que era uma doença de fundo emocional, pois ela apenas apresentava febre e indisposição, sem alteração de seu quadro clínico.

Apesar dos esforços de Meri-Rá e de meu auxílio, nada conseguimos fazer. O faraó, então, enviou um mensageiro até

Mênfis, onde encontrava-se Ramósis. Ele havia curado o pequeno Tut! Poderia também intervir na enigmática doença de Merit-Aton.

Os dias passaram-se sem nenhuma alteração do quadro, até que meu sogro e minha esposa regressaram a Akhetaton. Abracei Ise por longos minutos com lágrimas nos olhos, enquanto Ramósis dirigiu-se rapidamente para os aposentos reais.

Como por encanto, nos dias seguintes a esposa real recuperou a saúde. A febre dissipou-se e ela recuperava as forças e o apetite a cada dia.

Enquanto avaliávamos o estado geral de nossa paciente, eu disse a Ramósis:

— Que fantástico! Bastou tu chegares a Akhetaton e a esposa real, filha de nosso inesquecível amigo, recuperou a saúde. A que se deve esse fato insólito?

Ramósis mirou-me com serenidade no olhar e disse:

— O Grande Aton orienta nossos destinos! Era necessária a minha presença em Akhetaton para os acontecimentos que vão suceder-se nesta semana. Um novo rumo será dado ao projeto de luz para que possamos resgatar o trabalho até aqui realizado.

Eu olhei espantado para ele e perguntei:

— Aton dará uma nova chance ao povo do Egito?

Ramósis recolheu seu material médico e, enquanto saíamos dos aposentos reais, ele disse:

— Deus é constituído de pleno amor! Ele jamais abandona seus filhos. Se houver uma chance, mesmo que seja mínima, Ele tentará prosseguir com seus sábios planos para que seus filhos encontrem o caminho para a evolução o mais breve possível. Caso assim não aconteça, a nossa humanidade seguirá a sua jornada espiritual por um outro caminho não tão agradável como o que o faraó nos apresentou.

Aquelas palavras de Ramósis me alegraram. Será que teríamos a chance de restaurar o Império de Aton sobre a Terra?! Infelizmente as coisas não acontecem como imaginamos e, às vezes, não compreendemos os desígnios de Deus em razão de nossa imaturidade espiritual. O sábio planta agora para colher no futuro; já o imprudente deseja colher imediatamente o fruto que ainda não se enraizou no solo.

Eu imaginei, pelas palavras de Ramósis, que os próximos dias nos propiciariam momentos alegres, mas o que vivemos foram instantes de inegável horror!

Alguns dias depois, em uma manhã ensolarada como só no Egito vemos, diversos barcos foram avistados subindo o Nilo em direção ao nosso cais. A princípio comemoramos a chegada das tropas egípcias que haviam lutado em terras estrangeiras por três longos anos.

Mas à medida que os barcos se aproximavam, pudemos ver vários sacerdotes de Amon e dignitários de Tebas na barca do general Horemheb. Junto com eles, estava Tutu.

Então compreendi a persistência do insensível tesoureiro real em viajar no meu lugar. Mais um traidor se apresentava para boicotar os planos de libertação espiritual do Egito!

Os soldados desceram rapidamente dos barcos, assim como havíamos feito em Tebas para destruir os templos de Amon, e iniciou-se mais uma sangrenta batalha. Mas dessa vez não tínhamos chance! Eu me dirigi rapidamente para casa com o objetivo de avisar Ise e Ramósis. Lá não os encontrei.

Eu corri pela cidade que estava sendo atacada pelos soldados e sacerdotes de Amon por todos os lados. Parecia que estávamos sendo envolvidos por um enxame de abelhas!

Os templos e monumentos de Aton foram atacados impiedosamente pelos sacerdotes, sendo que os soldados não matavam a todos os homens. Com uma precisão cirúrgica, eles golpeavam principalmente aqueles que eram o cérebro da religião de Aton.

Aquilo trouxe-me ainda mais angústia, pois Ise e Ramósis seriam certamente alvos daquele ataque insensato. Durante a busca, vi vários líderes políticos e espirituais de Akhetaton serem mortos. O governador Apy e sua esposa foram mortos sem piedade na porta dos escritórios administrativos.

Ahmose, o secretário de Akhenaton, foi morto com um golpe pelas costas. Pentu e Najt, que substituíram Ramósis em algumas incumbências após sua partida, foram amarrados pelos pés e arrastados por cavalos pela cidade.

Dudu, nascido em Amurru, e Aperel, diplomata originário da terra de Canaã, foram acusados de traição e mortos a golpes de machadinha sem direito a defesa.

Eu corri então para o palácio, e vi a cena mais estarrecedora daquele odioso dia. Smenkhkare e Merit-Aton mortos, abraçados como crianças assustadas. E Meri-Rá com a cabeça decapitada, provavelmente tentando defendê-los.

Entrei em estado de choque e fiquei desnorteado. Já não

sabia mais para que lado fugir, quando Ramósis puxou-me pelo braço para dentro de uma casa do bairro nobre. Ele estava com Tutankhaton e Ankhesenpaaton e me disse com convicção:

— Radamés, precisamos salvar os herdeiros do trono! Os soldados estão na busca dos filhos de Akhenaton para pôr fim à dinastia. Corre com as crianças para as colinas, já!

Eu gritei, alucinado:

— Mas Ise, onde está? Eu preciso salvá-la!

— Não te preocupes com Ise! Eu a salvarei. Agora corre antes que os soldados descubram o casal real!

— Não! — retruquei. — Eu salvo Ise e tu levas as crianças.

— Radamés, ouve-me, eu não tenho mais fôlego para fugir! Somente tu poderás salvar essas crianças. Eu te prometo: Ise não morrerá!

Naquele instante, ouvimos a aproximação de alguns soldados. Ramósis fez-me um sinal e fugi pelo celeiro da residência.

Pulando os pequenos muros divisórios das casas, como um criminoso, fugi conduzindo as duas crianças. O pequeno Tut segurava a minha mão esquerda, enquanto Ankhesenpaaton segurava a direita. Ambos choravam assustados com aquela loucura. Eram apenas crianças! Ele tinha nove anos, ela faria onze no mês seguinte.

Logo havíamos vencido o bairro pobre e corremos pela extensa área desértica que separava a cidade da necrópole real. Conduzindo as crianças pelas mãos, eu olhava para trás assustado com os gritos e o barulho ensurdecedor da batalha fratricida.

Ao virar-me para a frente, vi o Sol imponente entre as colinas que embelezavam a cidade celestial. Essa foi a primeira visão que tivemos da cidade de Aton, quando o faraó nos trouxe até ali dezesseis anos antes para iniciarmos a construção daquela que seria a cidade que traria progresso e paz para as gerações futuras.

Ao lembrar-me daqueles dias e ao ver aquelas inocentes crianças chorando, eu gritei:

— Por que fizeste isso conosco, Aton?! Nós te amamos e te louvamos e é isso que ofereces aos que te seguem?!

Ankhesenpaaton assustou-se com o meu desabafo e tropeçou, batendo com o rosto e os joelhos na areia áspera do deserto. Ela, então, começou a chorar convulsivamente, enquanto o pequeno Tut tremia de nervosismo e medo.

Eu tentei acalmá-los, entre lágrimas. Carreguei-os, então, no colo durante os últimos metros que nos separavam da necrópole real. Lá, nos escondemos nas catacumbas. O cansaço e o estresse das crianças era tal que ambos dormiram embalados pelo silêncio sagrado da "casa dos mortos".

O sossego das crianças terminou me acalmando. O meu coração reduziu o ritmo de suas batidas, mas mesmo assim ainda fiquei apreensivo pelo que estava acontecendo na cidade, principalmente em relação a Ise e Ramósis.

Meu nobre instrutor encontrou Ise orando no Templo das Sacerdotisas do Sol. Logo em seguida, os soldados os encontraram. Felizmente Horemheb estava junto com os seus homens. Ele sempre respeitara Ramósis e compreendia o valor do Grande Médico para o Egito. Ise e Ramósis foram acorrentados e conduzidos para a grande Avenida Real.

Lá, estavam reunidos todos os sobreviventes da sangrenta invasão do exército egípcio. Foi uma luta desleal! Muitos dos que morreram eram pessoas avessas a lutas e jamais tinham empunhado uma arma. Eram apenas homens e mulheres que sonhavam com um mundo melhor.

Após uma angustiante expectativa, Aye subiu na passarela, a famosa "Janela das Aparições", palco onde Akhenaton falou por vários anos sobre a paz, e disse:

— Esta cidade, a religião de Aton e o faraó Akhenaton estão proscritos da terra de Kemi e seus nomes devem ser apagados para que não tenham vida eterna. A partir de hoje, esse é um capítulo que deve ser esquecido de nossa história. Aqueles que se propõem a abandonar a religião de Aton estão livres para seguirem para outras cidades e refazerem suas vidas; já os que insistirem em defender Aton serão mortos imediatamente.

A grande maioria aceitou a proposta de Aye e foi libertada. Várias pessoas fugiram sem rumo para outras cidades do Egito, enquanto alguns outros ainda resolveram erguer-se mais uma vez contra a tirania de Amon, mas foram mortos sem piedade.

Ise e Ramósis não foram mortos, mas conduzidos algemados para Tebas no barco do general Horemheb. Antes de partirem ainda tiveram de ver mais um ato de barbárie que quase custou a minha vida e a das crianças reais.

Os sacerdotes de Amon correram enlouquecidos até a tumba da família real e depredaram os sarcófagos e adereços típicos da nova religião. As máscaras mortuárias de Akhenaton e Nefertiti ficaram seriamente danificadas.

As crianças acordaram assustadas com os gritos e o barulho ensurdecedor na tumba real. Mas elas sabiam que chorar iria delatar-nos. A vida fez com que eles aprendessem cedo que a maldade humana não tem limites.

Ankhesenpaaton controlava-se para não soluçar. Tut mantinha-se apático, assim como o seu pai se portava em momentos de imensa dor.

Depois de uns quarenta minutos, os sacerdotes saíram da tumba real carregando a múmia de Akhenaton. Alguns padres cuspiram nos restos mortais do sábio faraó, incompreendido pelos homens de sua época.

Assim que eles se distanciaram em direção ao centro da cidade, eu corri para a tumba real e vi o lacre rompido, as portas derrubadas e todas as esculturas de Akhenaton quebradas, principalmente na altura do rosto. As crianças correram atrás de mim, mas não as deixei ver a violação da sepultura dos pais.

Os padres dirigiram-se com a múmia do filho de Aton até o cais real e lá atiraram o corpo no rio Nilo. Em seguida, eles começaram a entoar cânticos de louvor a Amon.

Horemheb, ao ver a cena, indignou-se e disse, mesmo estando na presença de Ptahmósis:

— Fanáticos sacrílegos! Não respeitam nem o que é mais sagrado para um egípcio.

Imediatamente o general ordenou que seus homens resgatassem a múmia e a devolvessem para o seu sepulcro. Feito isso, todos partiram deixando a cidade abandonada.

As crianças novamente foram envolvidas pelo sono, o que me permitiu averiguar se havia a presença de guardas pela cidade. Tudo estava tranqüilo, mas Akhetaton estava destruída e com centenas de cadáveres por todas as ruas. No final da tarde, os abutres começaram a sobrevoar a cidade atraídos pelo cheiro de sangue das vítimas.

Procurei Ise e Ramósis entre os corpos, mas uma voz no fundo de meu coração dizia-me que eles estavam vivos e não haviam sofrido ferimentos.

Eu me dirigi, então, à necrópole e me certifiquei de que as crianças ainda dormiam. Em seguida, entrei na tumba real e acomodei a múmia de Akhenaton em seu sarcófago. A tampa estava quebrada, principalmente na altura do rosto por causa da seqüência de pedradas.

Antes de recolocar a tampa, fiquei alguns instantes olhando para o corpo mumificado. Intuitivamente eu percebi aquela tênue luz dourada que sempre envolvia Akhenaton durante seus discursos comoventes, onde ele pregava o seu amor ao deus Aton e aos homens.

    Coloquei a mão sobre o seu braço esquerdo cruzado sobre o peito, como eram realizadas as mumificações reais femininas, e grossas lágrimas correram de meus olhos. A cultura do Antigo Egito não tinha preconceitos em relação ao indivíduo representar-se como masculino ou feminino. Nefertiti havia sido "o grande faraó"; Akhenaton, então, desejou ser enterrado como apenas o companheiro de sua inesquecível alma gêmea. Ele desejou ser sepultado como "o esposo real da rainha do Egito" e na qualidade de sumo sacerdote de Aton.

    Eu segurei firme a mão da múmia e, olhando para a cabeça envolvida por bandagens, disse-lhe:

    — Onde está o teu deus Aton, meu faraó? Onde está esse deus que te abandona nas mãos de teus inimigos e permite que vilipendiem o sagrado instrumento com o qual tu te manifestaste na dimensão material?!

    Por alguns segundos percebi um silêncio mortal e depois me senti fora do corpo, como se eu já não fosse mais preso à matéria. Logo ouvi a voz amável e serena de Akhenaton:

    — Antigamente tu me chamavas de "meu amigo" e não "meu faraó"! Lembras-te, Radamés?

    Olhei para os lados, assustado. Mas não vi ninguém. Imaginei estar ouvindo coisas em razão das fortes emoções do dia. Em seguida, fechei o sarcófago, deixando uma pequena fresta para que a múmia não sofresse maiores danos por causa da umidade causada pela heresia dos padres de Amon, quando a jogaram no Nilo.

    Eu estava saindo pela entrada da tumba quando ouvi novamente a voz me dizer:

    — Não desacredites de Aton, Radamés! Devemos confiar em Deus mesmo não compreendendo seus desígnios. Perdoa teus irmãos, pois a ignorância em que vivem não lhes permite compreender a gravidade de seus atos.

    Eu me virei para atrás e vi Akhenaton, de pé, belo e sereno, vestindo uma túnica celestial branca e envolvido por maravilhosa luz dourada. Em segundos ele desapareceu, obscurecendo novamente a sua tumba.

    O Sol estava se pondo no horizonte. Rapidamente corri para os meninos e os carreguei sonolentos para o cais. Imediatamente partimos em um singelo barco, sendo os últimos a abandonar a cidade que foi palco de tão grandiosos estudos e realizações em sua breve existência.

Capítulo 21
A vitória de Amon

Panhesy (Smenkhkare) e Merit-Aton.

O barco seguiu o ritmo da correnteza do Nilo rumo ao Baixo Egito. Segurei os remos como leme para dirigir a embarcação e fiquei observando a cidade se distanciar pouco a pouco de meus olhos.

Em seguida, me deitei para repousar por alguns instantes. O meu coração ainda batia forte, fruto da tensão e do medo das últimas horas. Logo me acalmei e entrei em profundo sono. Repentinamente a imagem de Ramósis surgiu em minha mente e me dizia claramente ao espírito:

— Radamés, leva as crianças para Tebas! Precisamos delas lá!

Acordei impressionado com o realismo do sonho. Meditei por alguns minutos e recordei da vez em que Ramósis tinha-se desdobrado em espírito para receber as minhas informações sobre a "doença mágica" de Akhenaton, imposta pelos sacerdotes de Amon, a quilômetros de distância.

No mesmo instante, icei as velas e virei o barco em direção à correnteza, rumo a Tebas. A noite já havia caído. Ao passar novamente por Akhetaton me espantei com a cidade envolta em escuridão e silêncio. Era possível ouvir apenas os sons do crocitar e do bater das asas dos abutres, únicos seres vivos na capital das Duas Terras.

No dia seguinte, paramos em um pequeno povoado para

comprar mantimentos. A viagem seria longa. Necessitávamos de comida e roupas de camponeses. As crianças precisavam usar uma vestimenta comum para não chamarem a atenção quando chegássemos a Tebas.

Ao partirmos de Akhetaton, eu havia tirado de um cadáver seus braceletes de ouro e algumas moedas; isso pagaria as nossas despesas durante a viagem. Quando chegássemos em Tebas eu pensaria no que fazer. Na verdade, eu colocava todas as minhas esperanças nos planos de Ramósis.

Nós estávamos indo diretamente para a ratoeira e eu não sabia se essa era a melhor idéia. Além do mais, havia uma ponta de incredulidade a respeito do meu sonho. Será que Ramósis realmente tinha-se comunicado comigo em espírito? Talvez o melhor fosse seguir para Mênfis e solicitar auxílio ao governador Ipy.

Nem mesmo orar a Aton me era permitido, pois a minha fé havia sofrido um grave golpe. Como acreditar em um deus que nos abandona? A minha pequena evolução espiritual não me permitia compreender os desígnios do Mais Alto.

Após os longos dias de viagem, abandonamos o barco em um pequeno povoado a alguns quilômetros da grande cidade de Amon. Não seria prudente chegarmos pelo porto.

Ao aproximarmo-nos de Tebas, as crianças já estavam bem mais calmas, até mesmo saltitantes. Durante a viagem nós brincávamos assustando os patos e colhendo flores de lótus nas margens do Nilo. Com o passar dos dias, na tranqüilidade do rio sagrado, eles recuperaram um pouco da alegria infantil.

Logo adentramos nos subúrbios de Tebas, sempre apinhados de gente. As crianças nunca tinham estado na antiga capital do Império, que realmente possuía um outro estilo de vida, desde os vestuários até o comportamento das pessoas. Eles tinham viajado para várias cidades, inclusive fora do Egito, mas jamais haviam colocado os pés na cidade que seu pai desprezara.

Os olhos de Ankhesenpaaton, a pequena princesa, brilhavam de admiração e fascínio com os encantos da grande cidade. Desde os templos e seus inumeráveis deuses até o aspecto cultural chamaram muito a atenção dos filhos do faraó, que estavam acostumados com a crença em Aton e a cultura típica de Akhetaton.

Não me preocupei muito com o fato de sermos reconhecidos. Fazia algum tempo que eu não ia a Tebas e os filhos do faraó eram completamente desconhecidos do povo suburbano.

Logo, deixei que eles se distraíssem com o artesanato e os inumeráveis talismãs e crendices do povo egípcio. As crianças ouviam atentas os ambulantes contando as lendas egípcias, tão comuns em Tebas.

Uma velha vendedora ficou impressionada com as crianças que nada sabiam sobre Osíris, Ísis, Set e Hórus, a encarnação do próprio faraó. Apreciando a cena, eu me diverti discretamente, pois a mulher estava diante do próprio Hórus reencarnado, o futuro faraó Tutankhaton! Ela ignorava estar em frente ao faraó, filho dos deuses, e ele ignorava ser aquela figura tão importante para a terra de Kemi.

Ankhesenpaaton corria de uma barraca a outra desejando experimentar as roupas tão estranhas e tão encantadoras aos seus olhos. Eu aproveitei o momento para desanuviar a mente traumatizada das crianças e permitir-lhes trocar suas roupas por vestimentas mais adequadas à moda de Tebas. Eu tinha apenas que ficar próximo e não permitir que eles falassem aos ambulantes sobre a sua origem e principalmente de onde vínhamos.

A pequena princesa, como toda mulher, tirou-me do sério desejando comprar tudo o que via, comprometendo nossa pequena verba. No início, eu apenas sorria e dizia que ela estava bela como uma deusa. Algum tempo depois, ela fechou o semblante de tanto ouvir os meus "nãos" e "já chega".

Envolvido com Ankhesenpaaton, não percebi a ausência de Tut. Fui encontrá-lo em frente a um dos inumeráveis templos de Amon, onde ele assistia, impressionado, à peregrinação e ao culto àquele estranho deus, cujas cantorias e amuletos lhe eram completamente desconhecidos.

Ele virou-se para mim e perguntou:

— Tio Radamés, por que eles cultuam Aton dessa forma? Não foi assim que meu pai nos ensinou!

Eu passei as mãos nos negros cabelos do menino e lhe disse:

— Esse não é Aton, Tut! Trata-se de um outro deus. Um deus que devemos esquecer!

— Como esquecer? Se eu nem o conheço!

— Melhor assim, meu menino! — respondi. — Agora vamos, antes que a tua irmã gaste até mesmo as economias que reservei para a nossa alimentação e hospedagem.

A muito custo convencemos a pequena princesa e fomos para uma humilde hospedaria dos bairros pobres. As crianças, acostumadas com luxo e riqueza, estranharam o ambiente. Eu tive que convencê-las de que ficaríamos ali apenas por uma noite.

O pequeno faraó deitou na cama de palha e logo dormiu; já a sonhadora princesa ficou espiando o movimento dos transeuntes pela janela. Eu pedi que ela aguardasse no quarto e vigiasse o sono de seu irmão, enquanto ia providenciar alguma comida na cozinha da hospedaria.

Ao chegar lá, sentei-me na mesa e pedi um copo de vinho. Eu precisava anestesiar a mente e o corpo e também obter informações. Após alguns goles, me apresentei aos homens que ali bebiam como um fazendeiro de um pequeno povoado próximo a Tebas, enquanto a cozinheira preparava uma refeição para as crianças.

O assunto do momento era a morte misteriosa de Smenkhkare e o fato de os habitantes de Akhetaton terem abandonado a cidade que teria sido amaldiçoada pelos deuses do Egito. Naquele momento, eu não sabia, mas nos dias seguintes o exército de Hermópolis recolheu os corpos e os abandonou a quilômetros, deserto adentro.

Um dos motivos de tal decisão era evitar uma nova peste no Egito e o outro era esconder do povo a matança cruel ocorrida na cidade. Eles sabiam que os fugitivos calariam em relação ao acontecido, ainda mais com a determinação de Aye condenando o período de Amarna ao total esquecimento. Quem descumprisse aquela "ordem divina" poderia ser condenado à pena de morte.

Mais uma vez os deuses do Egito eram utilizados para impor, através do medo, as decisões da nobreza que visavam sempre encobrir crimes, conquistar posições sociais imerecidas e desviar riquezas do Egito para benefício próprio.

A bebida logo soltou a língua dos assustados egípcios que comentaram ter ocorrido algo de muito suspeito em Akhetaton. E o mais incrível era que o Grande Médico do Egito, Ramósis, e sua filha, Isetnefret, iriam no dia seguinte, em audiência pública, proclamar a sua conversão ao mais poderoso dos deuses do Egito: Amon. Eles disseram também que Aye provavelmente se proclamaria faraó, por ser ele a mais alta autoridade da terra de Kemi, haja vista todos os herdeiros do faraó terem falecido misteriosamente.

Aquela informação fez com que eu me engasgasse com a bebida. Jamais eu imaginaria ver minha família sofrer tal humilhação imposta por Aye. Certamente Ramósis e Ise tinham sido ameaçados de morte caso não aceitassem aquela imposição.

Não consegui mais manter a tranqüilidade para prosseguir com a conversa. Agradeci a Aton pelo lanche das crianças ter ficado pronto naquele instante. Eu tomei o último gole do copo e voltei em passos rápidos para o quarto.

Ao entrar no dormitório encontrei-os realizando a oração ensinada por seus pais, quando Aton se põe no horizonte. Ambos de pé, com as mãozinhas voltadas para os últimos raios solares, diziam, com as suas vozes infantis:

> Tu te afastas,
> No entanto, teus raios tocam a terra;
> Tu estás diante de nossos olhos,
> Teu movimento celeste é um mistério;
> Tu te deitas no horizonte ocidental,
> O Universo está nas trevas, como morto.
> Os homens dormem em suas casas,
> Com a cabeça coberta,
> Ninguém reconhece seu irmão.
> Roubaram-lhes o que possuíam de mais sagrado
> E eles não se apercebem disso.
> Todos os leões saem de seus esconderijos,
> As cobras mordem.
> O mundo está em silêncio,
> Pois as trevas cobrem a tudo;
> Seu Criador, Aton, descansa no horizonte.
> Que amanhã Tu retornes na perfeição da tua beleza,
> No horizonte do céu,
> Disco Vivo,
> Criador da Vida;
> Lembra-te do meu nome na eternidade,
> Assim não perecerei jamais.

Eu acompanhei os últimos versos em silêncio. Eles sorriram ao ver-me e correram para o embrulho que estava em minhas mãos. A longa viagem, em uma embarcação sem acomodação adequada para príncipes reais, os havia deixado cansados e famintos.

Enquanto eles comiam à vontade, fiquei viajando em meus pensamentos, acompanhando as primeiras estrelas que surgiam no céu. O dia seguinte certamente nos reservaria intensas emoções. O que ocorreria na cerimônia pública encomendada pelo ambicioso vizir que servira Amenófis III, vira crescer

Akhenaton e agora se depararia com os pequenos herdeiros reais, que tinham idade para ser seus netos, mas poderiam roubar-lhe a oportunidade de se apossar do trono da terra de Kemi? Só o deus Aton saberia responder!

Depois que as crianças se alimentaram, nos deitamos e dormimos até o dia seguinte. Nada comi, pois minha ansiedade fez-me perder o apetite. Além do mais, eu sentia náuseas só em pensar em qualquer tipo de comida, tal era o meu nervosismo.

Na manhã seguinte, acordei sobressaltado após uma longa noite cheia de pesadelos. Eu tinha sonhado com a morte de Akhenaton e depois com os seus filhos sendo perseguidos pelo ódio dos adversários. Sonhei também com Ise e Ramósis pedindo-me ajuda, sendo que minha esposa gritava, desesperada, para que eu não os abandonasse.

Saltei da cama ofegante e suando frio. As crianças ainda dormiam, mas o Sol já estava alto no horizonte. Por causa do cansaço, dormimos demais! Acordei os meninos e os vesti rapidamente. Praticamente os carreguei no colo, sonolentos, até que se acostumassem com a claridade do dia.

Logo percebi uma estranha agitação nas ruas e um grande deslocamento de pessoas indignadas se dirigindo à Casa Dourada, antiga residência de Amenófis III e agora sob o poder de Aye e de sua esposa Tey.

Aproximei-me de uma mulher que parecia saber o que acontecia e perguntei-lhe o motivo da agitação popular. Ela, então, respondeu:

— O nobre Ramósis negou-se a aceitar Amon como deus soberano do Egito. O vizir Aye decretou a sua execução sumária para daqui a uma hora! O povo está se dirigindo à Casa Dourada para protestar contra a decisão.

Ao ouvir aquelas palavras coloquei as crianças no chão e corremos pelas ruas de Tebas em direção ao palácio da família real. Ao chegarmos lá, nos deparamos com uma cena insólita. A multidão, sempre pacata e servil, gritando palavras de ordem e sacudindo os portões do jardim do palácio real.

Os soldados do exército, impressionados com a reação popular, montaram uma barreira humana para evitar a invasão do povo que gritava alucinadamente:

— Libertai Ramósis, pai dos pobres, Grande Médico do Egito!

Naquele instante, eu compreendi o valor do amor. Ramósis em seu trabalho abnegado de auxílio aos pobres, inclusive auxiliando a cidade que cultuava Amon, recebia a contrapartida da Providência Divina. Mesmo servindo a um deus proscrito e amaldiçoado por todo cidadão tebano, era amado pelo povo de uma forma que nem mesmo Aye ou Ptahmósis o eram.

Eu chorei de emoção ao ver a reação popular de afronta inclusive à guarda especial do exército de Horemheb, que se assombrava com o olhar de revolta do povo pela execrável condenação do Grande Médico do Egito.

O general egípcio girou sobre os calcanhares e dirigiu-se para o interior do palácio. Com certeza ele iria informar Aye sobre a situação dramática em frente da Casa Real. Aye teria que repensar a sua despótica decisão.

Alguns minutos mais tarde, Horemheb retornou vestindo a sua armadura dourada e um elmo na mesma cor, e disse ao povo com a sua voz grave e autoritária:

— O vizir Aye ouviu o apelo do povo das Duas Terras e irá realizar a cerimônia em que os nobres rebeldes deverão negar ao deus proscrito e aceitar Amon em suas vidas!

Em seguida, Ramósis e Ise foram trazidos acorrentados ao átrio que dava acesso ao grande salão central do palácio. O povo aplaudiu e, ao vê-los, gritou vivas ao nome de Ramósis. Ele e Ise demonstravam serenidade e equilíbrio; já Aye, a cada dia mais corpulento, apareceu ao público em passos rápidos e nervosos.

Ele estava visivelmente contrariado com a rebelião popular tão incomum em Tebas, que a tudo aceitava sem questionar. Aye respirou fundo e, sorrindo, disse ao povo, enquanto eu cobria as cabeças das crianças com um manto para protegê-las do Sol e também para disfarçá-las aos olhos do vizir e do general egípcio.

— Povo de Tebas, decidi pela condenação de Ramósis e sua filha por eles insistirem em cultuar o deus maldito que causou tanta desgraça à terra de Kemi! Minha única intenção foi poupá-los dessa maçante cerimônia, em que Ramósis certamente negará Amon e defenderá o seu deus proscrito!

O povo desconsiderou as palavras de Aye e gritou em coro:

— Ramósis, liberta Ramósis!

Não seria exagero dizer que pelo menos um familiar ou amigo próximo de cada uma daquelas centenas de pessoas em frente do palácio tinha sido curado por Ramósis, sem que ele nada pedisse em troca.

Aye não esperava aquela reação. Ele esfregava as mãos sem saber que atitude tomar. Em seguida, voltou-se para Horemheb, que desprezou seu olhar. O general egípcio não desejava indispor-se com o povo somente para atender a um capricho do ambicioso vizir. Acredito até mesmo que ele estava se divertindo com a situação. Aye lhe era um perigoso inimigo.

Naquele instante, Ise e Ramósis me viram em meio à multidão. Eu ergui Tutankhaton no colo para que eles vissem que eu estava com o casal real junto a mim.

Em seguida, Aye ergueu as mãos e disse:

— Povo de Tebas! Estou entendendo mal ou desejais manter Aton como deus soberano do Egito? Esse deus que ataca a sagrada família de Tebas e os demais deuses de nossa terra?

O povo, então, gritou a uma só voz:

— Amon! Amon! Amon!

Aye sorriu e disse, agora já mais descontraído:

— Vejamos, então, se Ramósis e sua filha negarão o maldito deus e ofertarão sacrifícios em honra a Amon para que o grande deus do Egito perdoe a sua heresia. Somente assim os imortais saciarão a sua sede de vingança!

O povo ficou em silêncio, sem apoiar as últimas palavras de Aye; enquanto isso o vizir virou-se para o meu nobre instrutor, aguardando sua manifestação. Os cabelos já grisalhos de meu sábio sogro eram agitados pela brisa leve. Ramósis manteve-se com uma expressão serena no rosto, respirou fundo e depois disse com convicção:

— Devo honrar ao deus determinado pelo faraó; e somente o faraó pode instituir um outro deus a ser cultuado pelos seus súditos!

Aye gritou, histérico, gesticulando de uma forma que a carne flácida de seus braços tremia da altura do ombro até o cotovelo.

— Eu sou a maior autoridade do Egito. O faraó está morto e seus herdeiros também. Minha decisão deve ser acatada!

Ramósis sorriu e disse-lhe:

— Enganas-te, meu amigo! O herdeiro do trono está aqui entre nós!

O nobre instrutor fez-me sinal e corri em meio à multidão de mãos dadas com as crianças reais. Subi rapidamente as escadas e me coloquei ao lado de Ramósis e de minha esposa. Depois, retirei o manto que cobria a cabeça das crianças e as ergui no colo para que o povo as visse.

Ramósis, então, disse ao povo, com entusiasmo:

— Eis aqui Tutankhaton e Ankhesenpaaton, filhos do faraó Akhenaton!

Aye mordeu os lábios, enquanto o povo fazia sinal de reverência ao casal real. A pequena princesa adorou a louvação ao seu nome, enquanto Tut olhava assustado para o povo.

Eu me aproximei mais de meus familiares para que as crianças os beijassem, em sinal de que eles eram benquistos pelo pequeno casal real. O povo, então, gritou vivas para Ramósis e Ise, que recebiam o beneplácito das crianças divinas.

Foram alguns minutos de tumulto, em que não foi possível prosseguir com o embate ideológico-religioso. Horemheb esboçou um sorriso discreto, satisfeito com a situação inesperada. Ele mesmo ergueu os braços e disse:

— A dinastia real deve ser respeitada! Tutankhaton deve ser o faraó!

Os soldados ergueram suas lanças e gritaram palavras de ordem em apoio ao seu general.

Aye olhou irritado para Horemheb, que não se abalou. Quando o povo acalmou-se, o vizir disse à multidão:

— As crianças reais ainda são pequenas para dirigir a terra de Kemi! Como ocorre desde o início dos tempos, quando Osíris criou o Egito a partir do "Oceano Primordial", o vizir do Duplo País deve ser o tutor do faraó até que este possa decidir seus passos por si só.

Aye virou-se para Ramósis e Ise e gritou, colérico, com o dedo em riste, já não se importando mais com o papel ridículo do qual estava sendo protagonista:

— Como vizir do Egito e tutor do faraó determino que vocês reneguem o deus proscrito e aceitem Amon como deus soberano do Egito!

O povo gritou mais uma vez:

— Viva Amon! Viva Amon!

Eu coloquei as crianças no chão, ergui a cabeça e aguardei, orgulhoso, aquela oportunidade onde certamente Ramósis iria se impor e restabelecer a ordem divina de Aton sobre Tebas e todo o Egito.

Mas me enganei! Para minha surpresa, Ramósis disse ao povo:

— Quero lembrar-te, Aye, que construíste um grande templo funerário para ti em Akhetaton, onde tu louvavas esse deus que chamas de maldito e proscrito. Lá, longe dos olhos dos tebanos, tu inclusive reproduziste integralmente o belo hino ao deus que Akhenaton nos ensinou a amar. Não quero crer que o vizir das Duas Terras seja um hipócrita.

Aye ficou vermelho de indignação e revolta com as palavras contundentes de Ramósis. Horemheb sorria discretamente, admirando a elegância com que meu sogro criticava a velha raposa tão temida por todos. E eu comemorava, intimamente, antevendo o momento em que Aye seria desmascarado por Ramósis perante os cidadãos tebanos. Mas, não foi isso que ocorreu. Depois de meditar por alguns segundos, ele terminou mudando o rumo de seu discurso, dizendo:

— Estou neste mundo para servir aos meus semelhantes, aos meus irmãos que o Grande Deus colocou em meu caminho para que eu os amasse e os respeitasse. A guerra e o ódio só nos trazem atraso e tristeza. Akhenaton assim sempre nos ensinou, tanto que morreu angustiado por ter que revidar ao ódio de nossos vizinhos que não compreenderam seus ensinamentos de luz. Ensinamentos que o povo do Egito também não compreendeu!

A última frase foi pronunciada com uma forte emoção por Ramósis, que deixou escapulir uma grossa lágrima pelo olho direito. Com sabedoria, ele prosseguiu, sem se abalar:

— Entendo que não devemos impor idéias, mas fazer com que os homens as aceitem por seu próprio amadurecimento espiritual. Se os meus irmãos decidem que Amon é o melhor deus para a terra de Kemi, não serei eu quem contestará essa decisão.

Fico feliz por saber que a dinastia dos grandes faraós da linhagem Amenófis, que libertaram o Egito do domínio hikso, está preservada.

Assim como temos paciência para esperar as cheias do Nilo, que fecundam nossas terras, terei tranqüilidade para aguardar o momento em que o povo do Vale do Nilo despertará para uma crença espiritual onde os homens se amem, se respeitem e sejam todos iguais perante o Criador, livres de superstições e das crenças impostas pelo medo.

Respeito o desejo do povo em cultuar Amon e decidir por ele como deus líder do Egito, mas me resguardo o direito de não professar essa fé! Trabalharei pela saúde do nosso povo, que é a minha vocação, e não mencionarei novamente o nome de Aton, mas também jamais orarei a Amon ou realizarei qualquer oferenda a esse deus.

Ramósis ergueu a voz, iluminado por luzes diáfanas do plano superior, e concluiu seu pensamento:

— Quem conheceu o Verdadeiro Deus, jamais poderá aceitar novamente uma divindade que não espelha o amor e a paz, mas sim medo e servilismo.

Um silêncio mortal fez-se entre a multidão. Alguns segundos depois, o povo voltou a gritar o nome de Ramósis, chamando-o de o "Grande Pai do Povo". Aye percebeu que seria imprudência contrapor-se mais uma vez.

Ele já tinha obtido o mais importante: a guarda do casal real. Seria uma questão de tempo para convertê-los aos encantos de Tebas e ao culto ao deus Amon. O poder estaria em sua mão mais uma vez! Não da forma que ele esperava, mais isso seria só uma questão de tempo.

Em seguida, Aye perguntou a Ise se ela concordava com as palavras de seu pai. Enquanto isso, eu respirei fundo, profundamente magoado com o que considerei, naquele instante, uma fraqueza de Ramósis num momento crucial, em que deveríamos realizar uma defesa apaixonada da religião de Aton.

Ao perceber que Amon tinha vencido, eu decidi por morrer. Quando Aye me perguntasse se eu aceitaria Amon, diria categoricamente: não! E ofereceria a minha cabeça para a espada dos soldados da guarda real.

Ise concordou serenamente com as palavras do pai. E o imprevisto aconteceu! Aye encerrou a cerimônia e recolheu-se com as crianças para o interior do palácio. Eu fui completamente desprezado! Ninguém se importou com a minha posição a respeito do assunto. Minha humilhação foi tão grande, que não tive nem condições de esboçar uma reação. Apenas abaixei a cabeça e desejei morrer.

Era certo que só poderia ser assim. Em Akhetaton eu fazia parte da nobreza, mas em Tebas eu era apenas um filho de fazendeiro sem berço nobre. Quem é Radamés na história do Egito? Nem mesmo um rabisco desse nome se encontra nos entalhes dos grandes túmulos e templos da décima oitava dinastia egípcia. Eu era apenas um simples homem do povo, sem sangue nobre.

Os antigos egípcios não toleravam alterações nas castas sociais. Quando Ramósis me aceitou em sua família, cedendo a sua filha para ser minha esposa, ele recebeu uma intensa crítica dos nobres da época, pois estava permitindo que um plebeu ingressasse no seio da nobreza de Tebas. Já em Akhetaton isso não existia. O faraó Akhenaton entendia que somos todos iguais, filhos do mesmo Pai.

Ise me deu um forte abraço e beijou-me o rosto, enquanto os soldados soltavam as correntes de seu pai. Eu fiz o possível para esconder o meu abalo moral, diante da humilhação que havia sofrido.

Em seguida, fomos liberados. Na verdade, Ise e Ramósis é quem foram liberados, porque eu nem sequer existia para Aye, para os sacerdotes de Amon ou para o exército egípcio, tal a minha insignificância aos olhos dos que governavam o Egito.

Naquele instante, eu nada falei, mas fiquei muito revoltado por Ramósis ter abandonado as crianças reais nas mãos de nossos inimigos. Ao vê-las sendo conduzidas para o interior do palácio, gritando o meu nome, meu coração se condoeu e lágrimas correram intensamente de meus olhos. Uma dor no peito dilacerou o meu coração. Eu sentia como se estivesse traindo e abandonando aquelas inocentes crianças em mãos inimigas e em um mundo estranho.

Capítulo 22
A coroação de Tutankhamon

Nobres de Tebas.

A multidão rapidamente se dispersou, pois aquela triste novela havia acabado e agora tudo estava em paz. O povo voltou aos seus afazeres diários e a tranqüilidade retornou às ruas de Tebas.

Abandonamos o átrio do palácio e caminhamos pelas ruas da grande cidade. As pessoas chegavam até Ramósis, tocavam em suas vestes ou beijavam as suas mãos; em seguida, corriam envergonhadas. Ele era quase um deus para o povo humilde de Tebas. E foi isso que nos salvou de uma condenação que parecia inevitável.

Enquanto Ramósis dava atenção aos populares, eu caminhava perdido em meus pensamentos, abraçado a minha esposa Isetnefret. Só nos restava agora retornar para casa e chorar pelo fim de um maravilhoso sonho.

Naquele momento, eu percebi que já não estávamos mais em nossa cidade e nem mesmo casa tínhamos para repousar após tão estressante aventura.

Desde a morte de Akhenaton e da nova divisão do Alto e Baixo Egito, todas as propriedades dos seguidores de Aton em Tebas tinham sido confiscadas. Nossa bela casa, onde vivemos apenas por uns poucos meses antes da partida para a fundação da cidade celestial, já não nos pertencia mais.

Eu olhei para Ramósis e para Ise e disse-lhes, com os olhos marejados de lágrimas e com o meu estado emocional completamente abalado:

— Para onde iremos agora? Não temos casa e nem posses para sobreviver!
Ramósis, percebendo o meu extremo abalo moral, abraçou-me com todo o carinho e respondeu:
— Radamés, não te preocupes com o nosso sustento. Aton a todos os seus filhos ampara. Coloquemos nas mãos do Grande Deus o nosso destino! Temos a nossa profissão. Vamos trabalhar para conseguir o alimento diário e o teto para que possamos repousar, enquanto Aton realiza a sua viagem pelo universo inferior (a noite).
Eu ergui a cabeça e falei com amargura na voz:
— Será que realmente existe esse "Grande Deus"? Se ele é realmente grande não deveria sair derrotado dessa batalha, abandonando seus seguidores à miséria!
Ise me abraçou e contestou:
— Radamés, sabes que não é assim! Temos que compreender os desígnios de Aton. Nem só de felicidade e conforto é feita a vida.
Eu retirei os braços de Ise, que envolviam o meu pescoço, e disse-lhes:
— Preciso ficar só para pensar em tudo o que nos aconteceu. Eu os encontro por aí, porque além de permitir o nosso fracasso, Aton não nos permitiu nem sequer dispor de um lugar onde possamos repousar nossos corpos fatigados e chorar nossa tristeza com privacidade, longe dos olhos daqueles que nos desgraçaram a vida.
Então, virei as costas aos meus únicos familiares e caminhei sem rumo pelas ruas de Tebas, perdido em meus depressivos pensamentos. Entrei em um bar dos bairros pobres e comprei uma botija de vinho com as moedas que me restavam. Bebi até a noite chegar, sem permitir que meu copo ficasse vazio um segundo sequer.
E como se ainda não houvessem desgraças suficientes em minha vida, quando resolvi sair novamente às ruas, cambaleando sob o efeito do álcool, fui reconhecido por uma mulher que gritou para que todos ouvissem:
— Vede!! Este é Radamés, o profanador de templos. É ele sim! Aquele seguidor do faraó maldito que veio junto com o exército destruir os templos de Amon há alguns anos.
As pessoas foram, pouco a pouco, me reconhecendo. Então, começaram a me jogar pedras e esterco de bois e de cavalos. Alguns mais irados me socaram e, depois que caí, chutaram os

meus rins e o estômago. Em razão da embriaguez causada pelo excesso de vinho, não me foi possível esboçar nenhuma reação.

Sobrevivi porque o povo se cansou de me bater. Certamente eu não resistiria por muito mais tempo à violência dos golpes. Fui abandonado, então, em um canto da rua como um mendigo. Com hematomas, cortes profundos no rosto, hemorragias internas na região estomacal e com o corpo impregnado de esterco de animais.

Ise me encontrou algumas horas depois. Eu estava desmaiado e meu corpo queimava em febre. Ela me levou para uma tapera pobre, onde eles haviam conseguido hospedagem sem ter que pagar adiantado. O prestígio de Ramósis auxiliou-nos a obter um teto para repouso, mesmo sem dinheiro ou garantias para o pagamento.

Nos dias seguintes, Ise e Ramósis começaram a trabalhar atendendo aos doentes e a mim. Eu fiquei vários dias em repouso me recuperando da surra cruel que havia levado.

Enquanto meus familiares trabalhavam, eu chorava sozinho em um leito de palha no fundo do casebre. E me perguntava como tudo aquilo poderia ter acontecido conosco. Jamais eu imaginara que um dia seríamos relegados a tal situação. Algumas vezes eu amaldiçoava Aton, perguntando por que ele não me havia encaminhado para a morte na luta pela defesa de Akhetaton ou durante o julgamento a que fôramos submetidos em nosso retorno a Tebas.

Quando melhorei dos ferimentos, Ramósis me recomendou seguir nos estudos sobre as "doenças mágicas". Eu ainda não tinha equilíbrio emocional para atender os pacientes e também receávamos novos ataques contra mim: "o profanador dos templos de Karnak e Luxor".

O casebre em que morávamos me sufocava, e eu nem ao menos podia sair às ruas para arejar a mente e o coração. Tinha medo de ser novamente atacado pelos transeuntes ou causar a ira do povo contra a minha esposa e Ramósis.

Com o passar dos dias, criei coragem e caminhei por zonas pouco movimentadas de Tebas até chegar à margem do Nilo, onde o meu espírito se regozijava com a beleza do rio sagrado e seu inesquecível pôr-do-sol.

Algumas pessoas me xingavam e até cuspiam em meu rosto, mas não voltaram a me agredir fisicamente. Eu era chamado de herege e maldito. Outras recitavam cânticos mágicos para que a minha desgraça fosse ainda maior. Mas isso não me incomodava. Eu acreditava que o fundo do poço tinha um limite, e eu já tinha alcançado esse limite! Nada poderia ser pior do que a situação em que eu já vivia.

Naqueles dias, fiquei sabendo que Aye tinha viajado com as crianças para Mênfis. Ele desejava unir novamente o Duplo País e iria aproveitar-se dos filhos do faraó para obter seu intento, pois assim o poder estaria definitivamente em suas mãos através do cargo máximo de vizir das Duas Terras. Aye sabia que não podia derrubar a dinastia real, mas o fim da revolução religiosa seria sufocado de uma vez por todas.

Aye e as crianças ficaram quase um ano no palácio real de Mênfis. Enquanto isso, os templos de Amon, em Karnak e Luxor, começaram a ser reformados por um grande número de operários. As oficinas perto de cada templo foram reabertas para produzir os óleos sagrados e o linho branco exigidos pelo clero nas cerimônias de culto a Amon.

Os artesãos voltaram a confeccionar abertamente os amuletos sagrados que foram abolidos por Akhenaton. Agora eles eram vendidos abertamente pelas ruas e templos. Os sonhos voltaram a ser interpretados pelos sacerdotes através do "Livro dos Sonhos" disponível na biblioteca do templo. Obviamente esse era um serviço sempre muito bem pago, dependendo da importância do sonho e de sua interpretação.

Todas aquelas atividades terminaram por impulsionar novamente a economia interna de Tebas. As pessoas corriam diariamente ao Templo de Amon para oferecer animais em sacrifício ao deus obscuro pela volta dos bons tempos.

Mas minha surpresa maior foi deparar-me com uma imensa estela de dois metros e meio de altura que fora inaugurada dias antes em frente do Templo de Karnak. Nela havia uma imagem de Tutankhaton fazendo oferendas a Amon para que até mesmo os analfabetos entendessem a mensagem. Abaixo daquela cena constava um texto em que o faraó lamentava o estado deplorável em que havia encontrado os templos do Egito e descrevia todos os esforços que iria despender para restaurá-los o mais breve possível.

O mais chocante era que o texto insinuava que Akhenaton, seu pai, tinha sido um mau faraó e trazido desgraça para o Egito. No mesmo texto, Tutankhaton chamava Amon de "pai".

Aquilo me indignou de tal forma que terminei cuspindo na estela. Após o meu ato impensado, olhei para os lados para ver se algum guarda ou fanático devoto de Amon tinha visto o meu gesto de revolta. Ainda bem que ninguém percebeu o meu vandalismo, senão certamente eu levaria outra surra e a minha situação em Tebas ficaria ainda mais complicada.

Naquele exato momento, pude ter idéia do que aconteceria no futuro com o pequeno Tut. Certamente ele sofreria uma lavagem cerebral que o faria esquecer completamente de Aton e de seu pai, o grande faraó "Filho do Sol".

Ele estaria completando naqueles dias onze anos de idade. Não era tão pouco para um egípcio, mas Tutankhaton nunca teve uma personalidade forte. Ele era um bom menino, mas muito inconstante e temia o mundo. Ao contrário do pai, ele não era um espírito independente, liberto das influências do meio que o cercava. Já a sua irmã Ankhesenpaaton tinha uma maior consciência das coisas. Ela estava com treze anos de idade, mas não se importava com questões políticas e religiosas, bem ao contrário da primogênita de Akhenaton, Merit-Aton. Aquela sim era uma legítima rainha, como a mãe Nefertiti.

Comparando com a realidade de hoje poderíamos dizer que Merit-Aton possuía o espírito das jovens que hoje em dia realizam protestos estudantis, enquanto Ankhesenpaaton era "superficial", preocupava-se apenas com as roupas da moda e as festas, atitude típica das pessoas que cultuam mais o exterior do que o interior.

Se Merit-Aton estivesse viva e na posição de sua irmã, ela impediria terminantemente aquele ataque à memória de seu pai!

Com o passar dos meses, Aton se compadeceu da minha situação e fez com que o povo esquecesse um pouco de mim. Eram poucos os que me amaldiçoavam e agora apenas cuspiam em meus pés quando eu passava pelas ruas.

Naqueles dias, eu estava envolvido com os ensinamentos médicos do sábio egípcio Imhotep, que fora arquiteto do faraó Djóser e também um hábil médico. Eu estava estudando as propriedades medicinais do mel das abelhas no tratamento de infecções graves.

Alguns estudiosos acreditam hoje em dia que Imhotep fora o próprio Hermes Trimegisto, mas não é verdade! Hermes viveu no Egito durante o período pré-dinástico e seu nome era uma variação de um dialeto primitivo egípcio que resultou no nome conhecido como Toth, que tornou-se para o povo da terra de Kemi o deus do conhecimento, da medicina e da magia, atributos natos de Hermes naquela encarnação.

Caso os hieróglifos não perdessem seu significado no tempo, Hermes e Imhotep seriam considerados os pais da medicina e não o médico grego Hipócrates, nem Asclépius, o deus da medicina dos gregos, pois estes sábios egípcios antecederam em séculos os gregos nas descobertas médicas.

No intercâmbio da civilização grega com a egípcia, que aconteceu mil anos depois do período que estamos narrando, o deus Toth dos egípcios foi assimilado ao Hermes grego e, desse sincretismo, resultou a denominação de Hermes egípcio ou Hermes Trimegisto ("o três vezes grande").

No panteão egípcio, o deus da medicina correspondente ao grego Asclépius é Imhotep, que estudou os ensinamentos de Hermes e os aplicou em seu tempo.

Na Antigüidade, e posteriormente na Idade Média, desenvolveu-se uma literatura esotérica chamada hermética, em alusão a Hermes Trimegisto. Esta literatura versa sobre ciências ocultas, astrologia e alquimia, e tem pouca relação com Hermes que foi o grande sábio entre os egípcios e, posteriormente, entre os gregos.

O sincretismo entre Hermes da mitologia grega com Hermes Trimegisto egípcio resultou no emprego do caduceu como símbolo da medicina e também foi adotado como símbolo da alquimia medieval.

Na verdade, muitos ensinamentos de Hermes, como a própria "Tábua de Esmeraldas" foram agregados a seitas esotéricas medievais. O perfil de Hermes, então, foi modificado por seus seguidores no decorrer dos incontáveis séculos; poderíamos dizer até mesmo milênios. O grande filósofo, contemporâneo do povo sumério, passou a ser visto como um sábio de ensinamentos ocultos e de difícil compreensão, o que não retrata o seu real perfil.

Tal foi a visão ocultista que seus seguidores impuseram ao seu nome, que ele passou a ser sinônimo de algo obscuro ou de difícil compreensão. Na verdade, a imensa maioria dos ensinamentos de Hermes foi perdida no tempo, restando pouca coisa que foi se tornando cada vez mais velada pela incompreensão dos seus seguidores e a necessidade de manter somente entre iniciados um conhecimento muito além de seu tempo.

Hermes, a exemplo de Akhenaton, influenciou também os estudiosos do espiritualismo universalista conhecidos como rosa-cruzes, auxiliando a fundamentar a crença espiritualista mais antiga de nossa atual humanidade, que, com o passar dos séculos, recebeu a denominação de Rosa-Cruz. Excetuamos aqui os estágios evolutivos anteriores, como os atlantes, por exemplo, tal qual Hermes narrou no início deste trabalho.

E assim o tempo transcorreu com relativa calma para todos os corações. Algumas vezes eu atendia alguns pacientes que Ramósis acreditava serem pacíficos e não se importavam com a minha condição de "profanador de templos". Pude, então, relembrar os conceitos práticos de medicina e concentrar-me em algo útil e produtivo.

Alguns dos pacientes, mas eram raros, até mesmo diziam simpatizar com o deus Aton, mas não queriam confusão para as suas vidas. Eles nos agradeciam e pediam que o nosso deus nos protegesse e nos amparasse. Aquela rara postura de alguns enfermos me fazia imenso bem. Eu precisava daquela paz de espírito, pois meu coração não conseguia vencer a dor imposta pela drástica mudança em nosso estilo de vida.

Eu queria trabalhar também para obter recursos financeiros, pois Ramósis tratava de muitas pessoas sem nada cobrar e eu desejava abandonar aquela horrenda tapera o mais rápido possível. Eu ansiava atender os pacientes mais ricos para rapidamente termos condições de nos mudar para os bairros nobres da cidade. Ise e Ramósis não pareciam se preocupar com isso.

Antes que eu percebesse, aquele ano havia-se passado. Em uma determinada manhã, a barca real chegou ao porto de Tebas, causando um grande tumulto na cidade. Todos queriam ver o menino faraó que havia recuperado os santuários de Amon.

Os templos de Karnak tinham sido reformados e o novo faraó havia autorizado a conclusão das obras nas famosas colunatas de Luxor, que foram iniciadas por seu avô Amenófis III e, mais tarde, usurpadas por Ramsés, "o Grande". Além disso, ele fora retratado no Salão da Colunata, realizando o festival de Opet, ou seja, o povo nesse ano teria uma espetacular festa em adoração a Amon.

Quando o casal real desceu da embarcação, eles já tinham novos nomes. Ele chamava-se agora Tutankhamon ("A imagem viva de Amon") e ela passou a chamar-se Ankhesenamon ("Sua vida é de Amon").

Os dois já estavam acostumados com os velhos (para eles novos) protocolos e mantinham-se imóveis na liteira: o pequeno Tut segurava os símbolos do poder faraônico, o chicote e o cajado, em tamanho infantil, feitos especialmente para uma criança, enquanto Ankhesenamon se envaidecia com os aplausos populares.

As crianças eram lindas, e isso encantava ainda mais o povo! O pequeno Tut estava com a cabeça raspada, mantendo apenas a madeixa de cabelo lateral, tradicional entre as crianças reais. A bela princesa usava trajes de linho branco e colares que cobriam toda a extensão de seus pequenos ombros. Seus belos cabelos negros estavam armados com um penteado escultural e o seu rosto estava maquiado de uma forma bem exótica.

O culto a vários deuses e as formalidades estavam de volta. O casal real nem ao menos olhava para o povo, como se ninguém existisse ao seu redor. Isso não era digno de divindades vivas! O espírito de fraternidade e de solidariedade de seu pai foram esquecidos: o faraó não voltaria mais a falar com o povo. Para mim isso era lamentável, mas o povo ignorante adorava ser menosprezado!

Enquanto Akhenaton caminhava pelos bairros pobres para se inteirar das necessidades de seu povo, seus filhos, ostentando o cajado e o chicote, desprezavam a massa popular e dedicavam-se somente à diversão. Mas eram apenas crianças! O que fazer se eles estavam nas mãos de homens inescrupulosos?!

O início da estação da cheia do Nilo estava próximo. Tutankhamon já tinha sido coroado faraó oficialmente em Mênfis, agora restava apenas realizar uma cerimônia oficial em Tebas, evento que ocorreria durante o festival de Opet.

Comparando a grosso modo, o "casamento civil" havia ocorrido em Mênfis, agora seria realizado o "casamento religioso".

Então, no primeiro dia do mês que correspondia à estação da cheia do Nilo, a estatueta de ouro maciço do deus Amon-Rá foi retirada da pequena câmara iniciática no Templo de Luxor, para o qual tinha sido levada desde Karnak.

Antes disso, os sacerdotes haviam realizado o estúpido ritual em que untavam as estátuas de ouro de Amon, Mut e Kohns com perfumes e óleos sagrados. A seguir, pintavam suas pálpebras com sombra e os vestiam com túnicas de linho preparadas especialmente para as frias estátuas que eram tratadas como seres vivos.

Por fim, os padres depositavam pão, cebola, cerveja e frutas diante de cada uma das estátuas para o café da manhã. Depois de aguardar que os deuses se "alimentassem" com as oferendas, entoavam a seguinte prece:

>Marujo que conhece as águas,
>Timoneiro dos fracos,
>Que dá pão a quem não o tem,
>Que alimenta o servo de seu reino,
>Não tomo senhores por protetores.
>Não me associo aos homens de fortuna,
>Não deposito minha fé nas mãos de outros deuses;
>Minha riqueza está no reino de meu deus.
>Meu deus é quem me protege,
>Conheço o seu poder, qual seja:
>Ajudante de braço forte,
>Só ele detém a força.
>Amon, senhor da compaixão,
>Que ouve aquele que clama por seu auxílio,
>Amon-Rá, o senhor dos deuses,
>O touro de grande força, que ama seu poder.

Em seguida, a estátua era apresentada ao povo, que seguia a procissão até a margem do Nilo. O faraó e o sumo sacerdote Ptahmósis iam à frente, purificando o caminho com mirra e incenso.

Logo atrás, seguiam os demais sacerdotes e sacerdotisas; alguns entoando os cânticos próprios da cerimônia e outros carregando o andor que portava a estatueta de Amon-Rá. Acompanhavam, mais atrás, a nobreza, os músicos, as dançarinas núbias e o povo.

No barco-santuário iam as estátuas de ouro, Tutankhamon e o sumo sacerdote, enquanto Ankhesenamon esperava a procissão, sorridente, em Karnak.

O povo de Tebas se aglomerou na margem oriental do Nilo para ver as barcas dos deuses e dar uma espiada naquele desconhecido menino que restaurara a antiga religião.

Ao chegar ao grande Templo de Amon-Rá, em Karnak, a procissão se desfez e somente o faraó, a sua grande esposa real, o sumo sacerdote, o vizir Aye e outros membros do clero adentraram no templo dirigindo-se à câmara iniciática, onde a representação de Amon-Rá permaneceria por mais um ano.

Lá, as estátuas receberam novas oferendas. Depois, eles saíram do templo do deus obscuro sob os aplausos do povo. Nós acompanhávamos de longe a cerimônia repleta de riqueza e luxo. Aye e Ptahmósis desejavam realizar a maior festa Opet de toda a história de Tebas para que o povo se certificasse de que os velhos tempos tinham voltado.

Eu não devia ter ido assistir à procissão; isso só tornou

ainda maior a minha angústia. A todo minuto eu me lembrava da figura serena e amorosa de Akhenaton, que havia extinto aquele tedioso festival que cultuava somente o luxo, a riqueza e os mesquinhos interesses materialistas.

Após o encerramento da procissão, o casal real sentou-se nos tronos reais de ouro colocados em praça pública. Ptahmósis, o sumo sacerdote de Amon, celebrou, então, a união dos irmãos que agora eram esposos. E, por fim, ele recitou os nomes reais que Tutankhamon tinha recebido na cerimônia em Mênfis: o nome de Hórus, o deus falcão, filho de Osíris — Hórus, o touro forte!; o nome das Duas Damas — a deusa naja e a deusa abutre, simbolizando o Alto e o Baixo Egito; o seu título real — Neb-Kheperu-Rá ("Senhor das metamorfoses de Rá") e o título de Filho de Rá, precedendo o seu nome, Tutankhamon.

Na cerimônia oficial, em Mênfis, o seu nome ainda não tinha sido trocado para evitar dissabores. Essa troca ocorreu durante a viagem de retorno para Tebas.

Encerrada a cerimônia, o casal real recebeu diversos presentes pela data festiva. O que me chamou mais a atenção foram as diversas lanças e arco-e-flechas que Tutankhamon recebeu e também equipamentos para corridas de bigas.

Ankhesenamon ganhou vários vestidos, perfumes e cosméticos em moda na época. Além disso, as crianças foram presenteadas com uma infinidade de amuletos dos inúmeros deuses do Egito. Sem saber, elas brincavam com os símbolos da superstição e do atraso espiritual que seus pais tentaram abolir.

Outro fator importante a ser citado é o fato de que Tutankhamon passou a ser considerado, sutilmente, como filho de Amenófis III. Uma tática que tentava dissociar o novo faraó de seu pai. Era também uma forma de apagar a imagem de Akhenaton da memória do povo.

O faraó Akhenaton deveria ser esquecido para que ele não pudesse viver no mundo espiritual, a Terra do Poente. Seus rivais não estavam contentes em matá-lo naquela vida, desejavam também que o profeta do deus Sol deixasse de existir na dimensão paralela, que todo egípcio acreditava tratar-se do Reino de Osíris.

O cortejo real, então, voltou para o palácio para as festividades junto à nobreza, enquanto o povo recebia da Casa do Faraó pão e cerveja, tão comuns naquelas festas. Eu me aproximei para pegar um pouco do alimento e da bebida, pois nossa condição financeira recomendava não desprezar ofertas generosas.

Enquanto aproveitávamos o banquete popular, fiquei imaginando o que estaria acontecendo dentro do palácio. Como aquelas duas crianças estariam vendo as danças e músicas tão estranhas aos estilo de vida de Akhetaton? Será que já teriam-se acostumado com os excêntricos deuses com corpo de homem e cabeça de animal, reproduzidos pelas paredes dos templos e do palácio?

Ao cair da noite, voltamos em silêncio para o nosso humilde casebre. Nós três estávamos meditativos, relembrando os gloriosos anos em que Akhetaton floresceu e se tornou uma grandiosa cidade, onde éramos peças importantes de seu mecanismo.

Ali em Tebas, agora, éramos apenas simples moradores dos bairros pobres. Apesar de termos carregado no colo e embalado em reconfortante sono o pequeno faraó e a sua esposa real, não podíamos nem mesmo nos aproximar do portão do palácio!

Os dias seguintes foram de festa em Tebas, pois a alegria estava completa. Amon tinha recuperado o seu poder e a cidade voltava a ser a capital do Império Egípcio.

Além disso, Horemheb retornou da Núbia com muito ouro. Ele tinha partido com o exército para a terra do povo negro há seis meses, pois os vizinhos rio acima do Nilo haviam-se negado a contribuir com seus impostos anuais, alegando que Akhenaton os havia dispensado do pagamento dos tributos e que o faraó do deus Sol lhes havia dito que o Egito não possuía mais servos, e sim irmãos.

Horemheb levou seus exércitos para demonstrar à "terra do ouro" (significado da palavra egípcia Núbia), que tudo voltara a ser como antes. Caso não houvesse a contribuição espontânea como no passado, cabeças iriam rolar!

O povo núbio esboçou uma reação, mas foi facilmente dominado pelo exército egípcio. Em breve, o porto de Tebas estaria recebendo imensos carregamentos de ouro e turquesa.

Com o retorno vitorioso de Horemheb, Aye determinou que o nobre Huy fosse nomeado vizir do Egito na Núbia. O faraó apenas ratificou essa decisão e Huy viajou com sua família para a terra de Kush, a alta Núbia, onde se encarregou de controlar a colônia egípcia e importar toda riqueza necessária ao engrandecimento de Tebas e de todo o Egito.

No mesmo dia, Aye nomeou também um nobre da cidade de Mênfis, chamado Maya, para servir como tesoureiro do Egito. Esse foi um gesto político que visava angariar a simpatia dos governantes do Baixo Egito, que já haviam aceito o poder dos nobres de Tebas sobre o novo faraó. Aye trabalhou como um hábil diplomata para formar um governo de coalizão. Era o fim das guerras internas no país.

Quem não gostou nada da decisão foi um dos traidores de Akhetaton, Tutu o único habitante de Akhetaton que conseguiu espaço entre os nobres de Tebas. Ele tinha auxiliado Aye a derrubar Akhenaton, portanto foi bem-visto entre os tebanos.

Tutu era o tesoureiro real na época de Akhenaton e agora estava há meses sem nenhuma atividade de destaque e longe daquelas que permitiam desviar verbas para proveito próprio. O vizir Aye há meses apenas prometia-lhe arranjar um cargo a sua altura, mas não tomava nenhuma decisão de fato, argumentando que seria prudente aguardar que os nobres tebanos adquirissem confiança em um representante do antigo regime.

Nas semanas seguintes, pude observar algumas vezes o casal real caçando patos nas margens do rio sagrado. Tutankhamon regulava a corda de seu arco, enquanto Ankhesenamon lhe preparava as flechas, sob a orientação de um instrutor do exército. Eles passavam longas horas sendo entretidos por oficiais do Império. Aos poucos, se tornariam crianças mimadas que não admitiriam ser contrariadas.

Ao vê-las matando os animais somente por prazer, lembrei-me de Akhenaton, que nos ensinava a amar e respeitar a natureza e representava esse amor em sua arte. Dei graças a Aton por ele não estar ali para ver os filhos praticando um ato que lhe era odioso. Mas, certamente, lá do Mundo Maior, ele espiava nossas vidas e via os nossos feitos, com alegria ou tristeza.

Paulatinamente, os prazeres da vida em Tebas e, eventualmente em Mênfis, terminaram por modificar os hábitos e os gostos dos meninos reais.

Deslizando sobre os pântanos, em barcos feitos de hastes de papiro, os instrutores reais ensinavam os jovens a lançar suas redes e pegar na armadilha as aves que passassem. O casal real teve suas horas mais felizes nesses esportes descontraídos, ocasião em que todas as suas dúvidas eram esclarecidas, e recebiam os mais calorosos elogios pelos êxitos obtidos.

Outro esporte que os atraía era a caça a avestruzes no deserto, o que era sempre uma aventura. Enquanto o cocheiro perseguia as aves, o jovem faraó atirava suas flechas, equilibrando-se na biga em movimento.

Em todas as situações eu me lembrava de Akhenaton! Ele adorava as bigas puxadas por cavalos, mas para o transporte e para a realização de seus festivais em adoração ao Grande Deus, jamais para perseguir e matar seres vivos.

A vida dos meninos havia-se tornado um grande circo. Tudo era feito para distraí-los. Era bom que eles não se envolvessem e não enxergassem as mudanças e os ataques às obras de seus pais.

Nefertiti era também muito atacada pelos sacerdotes de Amon e seus feitos, pouco a pouco, foram apagados da história do Egito. A dificuldade dos historiadores em esclarecer esse período da história egípcia reside no fato de que a memória do casal solar foi atacada até mesmo nos detalhes mais insignificantes.

Muitas referências históricas desse período foram destruídas pelo ódio e pela ignorância daqueles que se sucederam como governantes do Egito. Sendo que encontramos em Ramsés, "o Grande", o pior destes profanadores da memória de Akhenaton e Nefertiti.

Inclusive, caso Aye tivesse assumido diretamente o Egito, sem ter que antes ser o tutor do filho do faraó, provavelmente as estátuas colossais de Akhenaton no Templo de Karnak tivessem sido destruídas muito antes. Somente a estátua satirizando Ptahmósis foi completamente destruída nesse período. Os quatro templos de Aton em Karnak foram violados posteriormente, durante o reinado de Horemheb.

Nos últimos meses, eu consegui apaziguar o meu atormentado espírito, mas depois do festival anual de Amon, onde vi aquelas crianças sendo manipuladas por Aye, voltei a cultuar o ódio e a revolta em meu coração. Parecia que as "sombras negras" voltavam a seguir meus passos e a povoar minha mente com pensamentos odiosos.

Naquelas semanas, comecei a beber novamente nos bares. Como sempre, eu era tratado como um leproso por todos os cidadãos de Tebas. Já não me atacavam mais, mas também ninguém ousava chegar perto de mim ou trocar uma saudação que fosse.

Até mesmo meu antigo amigo Sen-Nefer evitava a minha companhia. Ele não me destratava, mas eu sentia a sua angústia quando conversávamos. Sen-Nefer demonstrava sempre estar preocupado em não ser observado conversando com o maldito profanador de templos.

Mas dele eu não podia reclamar. Inclusive uma vez ele me carregou no colo até o casebre em que vivíamos. E, entre uma tontura e um acesso de vômito, ouvi-o dizer a minha esposa:

— Ise, precisas ajudar Radamés! A bebida vai matá-lo! Não há uma noite que eu não o veja tomando litros de vinho ou cerveja.

Quem diria?! Sen-Nefer, o maior dos boêmios, aconselhando minha esposa a controlar as minhas saídas noturnas. Compreendi, então, que a minha situação realmente tornara-se grave.

Enquanto eu lavava o rosto para refazer-me da bebedeira, ouvia o choro contido de Ise e percebia a tristeza de Ramósis por ver-me em situação tão deplorável. Posso dizer que naquele período somente o trabalho a que nos dedicávamos diariamente é que me sustentava para não cometer uma loucura ou, então, não morrer vítima da bebida.

Posso confessar também que eu retornava para casa assediado por dezenas de sombras negras, que nada mais eram que espíritos desencarnados viciados em álcool, que me seguiam sedentos de mais um copo!

Ao chegar a nosso humilde quarto, a minha capacidade natural de ver o mundo invisível me fazia enxergar o cômodo todo iluminado através de uma luz quintessenciada, gerada pela aura de Ise. Eu me deitava ao seu lado e os fantasmas desapareciam! Estava protegido pela elevação espiritual de minha abnegada esposa. Então, como um vampiro dos contos medievais, eu sugava suas energias para refazer-me da vida desregrada que levava.

Mesmo assim, ela se virava para mim, sem desagradar-se com o mau cheiro da bebida, e me abraçava e me beijava com imensa ternura. Eu tinha sido agraciado por Aton com a mais bela e mais pura das mulheres do Egito, mas minha cegueira e meus caprichos não me permitiam ver isso. Eu só tinha olhos para a minha mágoa, enquanto aquela grandiosa mulher esquecia-se de si, sufocando as suas mais profundas dores para tentar confortar minha alma infantil.

E assim as semanas foram se passando, até que em determinado dia eu me vi obrigado a atender um padre do deus obscuro justamente na semana em que o sumo sacerdote de Amon, Ptahmósis, havia falecido de morte natural. Diga-se de passagem que foi uma semana significativamente alegre para mim.

Mas o que eu não esperava, e também não estava preparado, é que o padre do deus obscuro fosse descarregar a sua ira sobre mim e sobre Aton por causa da morte de Ptahmósis. Para piorar a situação, Ramósis e Ise não estavam presentes para conter o meu ímpeto.

Enquanto eu examinava um corte em sua perna, ele ofendeu Aton de todas as formas possíveis e disse que provavelmente a morte de seu líder era fruto da magia negra daqueles que ainda cultuavam o deus proscrito.

Eu não me contive e disse-lhe, indignado:

— Nem tudo que ocorre na vida é fruto de magia! Na verdade, acredito que os imortais se compadeceram do povo do Egito e arrastaram aquela cobra venenosa para as profundezas do Amenti, onde com certeza os quarenta e dois juízes o condenarão. E caso seu coração seja colocado na balança de Osíris, irá pesar mais que a estela que o faraó ergueu em frente ao Templo de Karnak!

— Maldito! — respondeu ele. — Eu sabia que vocês continuavam cultuando essa heresia! Mil vezes seja amaldiçoado esse deus proscrito que só trouxe desgraça ao Duplo País!

Eu peguei o fedelho pela garganta e falei:

— Cala-te! Cansei de ouvir tantas ofensas ao deus que só deseja que os homens se amem uns aos outros. Se tu não desejas ouvir a verdade, por que vieste aqui? Por que não foste tratar teu ferimento com os médicos de tua maldita religião?

Ele cuspiu em meu rosto e então perdi o controle. Soquei-o no rosto até que ele caísse. Em seguida, chutei-o no estômago até que ele vertesse sangue pelos lábios, assim como me haviam feito em minha volta para Tebas. Depois, o expulsei de nosso casebre aos gritos.

Ele saiu perdendo mais sangue do que quando entrou em nosso consultório médico para tratar o ferimento na perna. Realmente o seu rosto ficou muito ferido.

Quando Ise e Ramósis retornaram, tive que relatar-lhes o fato ocorrido. Ambos, então, ficaram muito preocupados com as possíveis conseqüências de meu ato impensado.

Eu também andava de um lado ao outro da casa com um copo de vinho nas mãos. Em vez de trazer-lhes tranqüilidade, apenas me lamuriava, entre lágrimas:

— Não podemos mais permitir esses desmandos dos "carecas malditos". Temos que voltar para Akhetaton e prosseguir com o sonho de nosso irmão Akhenaton.

Ise segurou-me pelo braço e tentou chamar-me à razão.

— Radamés, Akhetaton agora é apenas um sonho distante!

— Sim, mas eu quero voltar a viver nesse sonho, pois a nossa vida atual para mim é apenas um horrível pesadelo do qual quero acordar!

Eu me desvencilhei de seus braços e joguei o copo contra a parede. Em seguida, saí pelas ruas, sem rumo, para arejar a cabeça. Até que no final da tarde o meu sogro foi chamado ao palácio real para uma audiência com o vizir Aye.

Para obter o meu perdão, Ramósis teve que se humilhar orando a Amon e fazendo oferendas ao deus maldito sob o olhar irônico de Aye. Quando fiquei sabendo do ultraje que meu sogro havia sofrido por minha causa, corri pelas ruas até a margem do rio, onde me joguei em suas águas, gritando e rasgando a roupa de tanto ódio, que parecia queimar o meu coração dentro do peito, tamanha era a minha dor interior. Desejei matar Aye com as próprias mãos naquele momento!

Aquela nova humilhação intensificou a minha dor, fazendo com que dia a dia eu fosse perdendo ainda mais a força para viver. Logo, minha agressão ao padre de Amon tornou-se de conhecimento geral. Isso fez com que o povo voltasse a me agredir cuspindo em meu rosto e arremessando contra mim esterco de animais, quando eu passava pelas ruas.

Na semana seguinte, Horemheb iria retornar com o exército egípcio à Síria. Seria uma nova investida contra os hititas que ainda controlavam as cidades que faziam parte do domínio egípcio durante o reinado de Amenófis III. As províncias fenícias e a terra de Canaã ainda não tinham sido recuperadas e o Egito precisava das riquezas provenientes daqueles povos para reerguer sua economia, principalmente o cedro dos fenícios e as minas de pedras preciosas dos cananeus. A terra de Kemi não tinha florestas, de modo que precisava urgentemente das toras de cedro da fenícia. Era necessário reconstruir as portas e os mastros dos templos, abandonados desde o reinado de Akhenaton.

Dois dias antes do embarque do exército, fui encontrar Horemheb em uma taberna, onde os soldados costumavam beber. Ele estava sentado sozinho em uma mesa, tomando seu vinho.

Eu me aproximei e lhe perguntei:

— Posso sentar-me?

Ele me olhou, desconfiado, e consentiu. Em seguida, o general egípcio falou, antecipando-se a mim:

— Espero que não venhas me culpar pela tragédia em que te meteste! Eu te avisei que as idéias de amor e paz de Akhenaton não terminariam bem.

Eu sacudi a cabeça, servi-me de seu vinho sem lhe pedir, e disse:

— Eu estou aqui para te cobrar um convite! Naquela

vez em que viajamos juntos pelo rio sagrado, me convidaste a participar de uma campanha militar como médico das tropas. Pois bem, eu desejo partir junto com o exército para a batalha contra os hititas.

Horemheb sorriu, tirou o cinto com as armas, jogou-as sobre a mesa e disse:

— Vamos beber! A batalha será longa e dura, mas acredito que perto do inferno que tens vivido em Tebas, essa campanha será para ti um doce paraíso!

Capítulo 23
A batalha

Decorridos dois dias, os cidadãos de Tebas reuniram-se no porto para despedir-se das tropas que partiriam rumo ao Norte. Uma grande festa de despedida foi organizada por Aye. Mais do que ninguém, ele desejava que o Egito obtivesse muitas riquezas em sua reconquista da Síria, porque assim ele poderia realizar os seus empreendimentos e destacar-se como grande conselheiro do faraó.

Já o pequeno faraó olhava aquelas impressionantes guarnições do seu exército com espanto. Primeiro desfilaram tropas portando escudos e lanças, depois os soldados realizaram uma demonstração do uso das temíveis machadinhas egípcias e, por fim, foi realizado o magnífico desfile dos carros de guerra tracionados por cavalos.

A cada nova demonstração ouvíamos os sons das músicas marciais e dos aplausos do público, misturados com o ruído emitido pelo contato entre as lâminas das espadas.

Depois da demonstração do poderio do exército egípcio, Horemheb discursou sobre a campanha que ia ser realizada e pediu a proteção dos imortais para a missão sagrada à qual ele fora encarregado de dirigir.

O jovem faraó realizou os rituais tradicionais da terra de Kemi para abençoar o exército e, em seguida, o novo sumo sacerdote, que substituiu Ptahmósis após sua morte, realizou a "bênção dos imortais". Ele

A Batalha da Síria.

chamava-se Amenemopet e era um homem pouco carismático, que tinha grande dificuldade para controlar os seus padres. Em questão de alguns anos, Aye dominaria completamente o clero de Amon, aproveitando-se das dificuldades de liderança do novo sumo sacerdote do deus obscuro.

Já naquela cerimônia, Aye demonstrou que iria aproveitar-se ao máximo da proximidade com o poder. Ele ergueu-se, depois de Amenemopet, e também discursou e dirigiu a sua bênção aos exércitos, atividade que não dizia respeito ao vizir no protocolo real de tais cerimônias.

A festa encerrou-se e os soldados começaram a despedir-se de seus familiares. Eu abracei Ramósis e Ise, peguei minha caixa de medicamentos e instrumentos cirúrgicos e me dirigi para a barca de Horemheb.

Após dar os primeiros passos na rampa, voltei e disse aos meus familiares, com os olhos marejados de lágrimas:

— Perdoai as minhas fraquezas! Eu sei que não fui digno do carinho e do amor que sempre dedicastes a mim.

Ise deixou escapulir uma grossa lágrima de seus olhos e me abraçou. Ramósis colocou a mão sobre o meu ombro e disse:

— Radamés, não há o que perdoar! Poucos resistiriam às dores que te foram aplicadas. Todos padecemos com o fracasso da nova sociedade que sonhamos construir; mas tu, entre aqueles que sobreviveram à revolução de Aton, foste quem mais sofreu a ira do povo. A viagem te será benéfica e espero que quando retornares o povo já tenha esquecido o ódio que nutre por ti. E tomara que tu retornes mais maduro para resistir à intolerância e à ignorância daqueles que ainda estão cegos para a verdade.

Eu os abracei mais uma vez e falei:

— Farei o possível para esquecer as minhas mágoas e me tornar um novo homem nessa viagem!

Em seguida, girei sobre os calcanhares e entrei rapidamente na embarcação. Eu deveria ter ido por terra junto com os carros de guerra, ou quem sabe nos demais barcos onde seguiam os soldados da infantaria, os arqueiros e os chefes imediatos, mas Horemheb decidiu que eu viajaria com ele e com os demais oficiais pela minha capacidade intelectual e minha função de médico.

Isso causou-me alguma apreensão, pois o esposo de Kermosa, Userkaf, era um dos oficiais mais próximos de Horemheb. Eu os vira despedindo-se enquanto me preparava para partir no cais.

Os barcos, então, partiram sob a aclamação pública, seguindo a correnteza rio abaixo, rumo ao norte. Sentei-me num canto e agradeci a Aton a oportunidade de abandonar aquela maldita cidade que tantas tristezas me havia trazido.

Algumas horas mais tarde, quando estava perdido em meus pensamentos acompanhando o balançar das pequenas ondas do Nilo, fui chamado ao gabinete de Horemheb. Segui para lá imediatamente e encontrei-o acompanhado dos demais oficiais de elite de suas tropas.

O general egípcio apresentou-me a todos e disse-lhes que eu era um importante membro da equipe que deveria ser ouvido e respeitado. Userkaf olhou-me com desprezo, mas não ousou contrariar Horemheb.

Naquela reunião, foram traçados alguns planos e fiquei sabendo que iríamos fazer algumas paradas no decorrer da viagem pelo Nilo, quando, então, outras tropas se incorporariam ao exército. Em Mênfis, os homens sob o comando de Amanappa, segundo maior militar do Egito, se uniriam às nossas tropas para que todos partíssemos juntos para a Síria. Mas a informação que mais me interessou foi a parada que deveríamos realizar em Hermópolis para recolhermos mais homens e armas.

A cidade de Hermópolis localizava-se a poucos quilômetros da abandonada Akhetaton. Aquela informação deixou-me um tanto desnorteado. Eu não sei por qual motivo, mas eu deveria aproveitar o ensejo e visitar a cidade que durante tantos anos fora a minha residência.

Horemheb tinha dito que seria uma parada de apenas algumas horas, mas, inesperadamente, ao chegarmos em Hermópolis, o general egípcio foi informado de que parte das espadas ainda estava sendo trabalhada na forja. Aquele procedimento deveria atrasar o exército por uns dois dias ainda naquela cidade.

Acreditei que aquilo fosse um aviso do mundo invisível; portanto, não sosseguei um segundo sequer pensando em como eu poderia me ausentar, sem ser percebido, para visitar a cidade celestial.

Minha atividade não fazia parte da hierarquia militar, apesar de haver outros médicos na viagem; logo, não precisava informar a ninguém sobre os meus passos. Apenas notifiquei alguns homens de que iria procurar plantas medicinais nas regiões desérticas nos arredores da cidade.

Logo pela manhã do dia seguinte, consegui um pequeno bote e me dirigi até Akhetaton. Ao chegar na cidade abandonada, um sentimento estranho invadiu-me por completo. Parecia que meu espírito estava fora do corpo e que eu estava em um mundo na dimensão dos sonhos.

O silêncio mortal que envolvia a cidade fez-me recordar dos momentos gloriosos que ali vivemos. Parecia que em minha mente os sons dos pássaros e do burburinho dos subúrbios, as festividades, o movimento alucinante das bigas, o ritual matinal ao deus Aton, tudo estava sendo reavivado em meu espírito por mecanismos que eu desconhecia.

Na entrada da cidade existiam avisos de que aquela terra era maldita e todo aquele que pisasse em seu solo seria punido pelos homens e pelos deuses. A pena aos transgressores seria a morte. Desprezei o aviso e segui pelas ruas desertas, que já não continham mais os corpos daqueles que foram mortos na última terrível batalha que pôs fim à guerra civil no Egito.

A única lembrança de que seres vivos tinham morrido ali estava no canil do palácio real. Os cães foram abandonados presos e morreram de desnutrição. Somente os corpos de seres humanos tinham sido transladados para o deserto por causa do medo da peste que já havia assolado o Egito anos antes.

Passei horas percorrendo a cidade, visitando os lugares que me eram caros e me traziam belas recordações. Vistoriei o palácio e os escritórios oficiais, todos depredados e saqueados, provavelmente pelos soldados que fizeram a limpeza dos corpos ou pelos tradicionais ratos do deserto, os ladrões de tumbas tão comuns no Egito de todas as épocas.

Nossas experiências tinham sido destruídas ou roubadas, principalmente as máquinas experimentais feitas de cobre ou a partir de uma liga com ouro, que foram derretidas pelo próprio exército para a produção de armas.

Visitei minha antiga casa e sentei-me em um confortável divã, onde todas as noites Ise tocava a sua harpa de vinte e uma cordas e me encantava com as suas belas canções que falavam de um mundo de paz e amor. Fiquei ali por longos minutos, povoando minha mente com belas lembranças de quando aquela cidade era repleta de alegria e progresso.

Logo fui despertado de meus pensamentos por um som distante, que se repetia em razão do eco causado pelas colinas na região desértica da cidade. Era um ruído agudo, semelhante ao som de um metal sendo chocado contra uma rocha. Corri até a porta da casa e procurei descobrir a direção do som.

A origem do barulho era a necrópole real. Caminhei, então,

cautelosamente até a grande parede rochosa, onde os nobres de Akhetaton foram sepultados. Lá, percebi a presença de dois ladrões saqueando os tesouros do túmulo da família real.

Eu pensei por alguns instantes sobre que atitude tomar. Em seguida, retornei aos bairros ricos e peguei em uma casa alguns espelhos de cobre. Depois, voltei para a necrópole e subi em uma pequena rocha, de onde projetei os raios solares em direção à entrada das tumbas.

Para chamar a atenção dos ladrões eu bati um espelho contra o outro. O barulho dos metais alertou os homens, que saíram da tumba e toparam de frente com os raios solares refletidos pelos espelhos.

Eles ficaram assustados, acreditando que tratava-se do deus Aton que desejava puni-los pela violação das tumbas, algo sagrado para os egípcios. Além do mais, aquela era uma cidade amaldiçoada! Eu sabia que o espírito supersticioso de todo cidadão egípcio iria se impressionar com aqueles mágicos reflexos do deus Sol e os estranhos barulhos cadenciados.

Em seguida, gritei algumas palavras ininteligíveis, misturadas com algumas expressões egípcias que correspondiam às maldições dos deuses. Em segundos os dois homens fugiram deserto adentro, sem nem ao menos levar as suas ferramentas utilizadas para violar as tumbas.

Subi, então, em um ponto alto da região e acompanhei os homens correndo, já distantes. Ao certificar-me de que eles não mais voltariam naquele dia, dirigi-me até a necrópole real para ver o estrago causado pelos ladrões.

Entrando na tumba real percebi que pouca coisa havia sido roubada, mas tudo estava revirado, inclusive o sarcófago de Nefertiti. Os homens tinham aberto a tampa e tentaram retirar, a golpes de marreta, a sua magnífica máscara mortuária.

O material funerário de Nefertiti era imensamente rico, muito mais do que o do próprio Akhenaton. Depois de perder a sua grande rainha, o faraó "Filho do Sol" preocupou-se em ornamentar o túmulo de sua amada com obras majestosas. Quando Akhenaton morreu, a situação já era bem precária na cidade celestial e o constante conflito militar não permitiu que o seu funeral estivesse à altura do grande homem que foi.

Após vistoriar os pertences reais, procurei organizar as tumbas e recolocar o material funerário em sua posição original. Então, me sentei no chão e fiquei apreciando as expressões artísticas de Amarna nas paredes.

Envolvido em meus pensamentos, recordei a última vez que ali estive com os filhos do faraó. Naquela oportunidade, Akhenaton havia aparecido, em espírito, diante dos meus olhos, e confortado o meu coração.

Com a esperança de que aquilo novamente acontecesse, me ajoelhei e orei fervorosamente pedindo que o sábio faraó do deus Sol surgisse para confortar meu atormentado espírito. Longos minutos se passaram até que uma luz surgiu, a partir de um ponto luminoso no centro da sala funerária.

A luz era prateada, e não dourada como a de Akhenaton. Em segundos estava à minha frente o primeiro profeta de Aton, Meri-Rá, que ficou mais conhecido como Ramatís, nome atribuído a este mestre da Espiritualidade em razão de uma de suas encarnações em que ele foi um sábio hindu que viveu na Indochina no século X da Era Cristã. Atualmente ele é um dos grandes responsáveis pelo processo de evolução espiritual no Brasil, junto com Akhenaton e outros grandes mentores espirituais.

Ele não me permitiu falar. Apenas estendeu seus amoráveis braços e envolveu-me em uma brilhante luz de cor violeta. Em seguida, Meri-Rá disse-me:

— Meu filho, aqui da Terra do Poente observamos as tuas angústias e nos compadecemos de tua situação. Mas lembra-te que a lei de Aton é justa e não permite que o inocente pague por erros que não cometeu. Se hoje sofres, é porque no passado fizeste sofrer! Cabe a ti corrigir a tua forma de pensar e agir para que o teu futuro seja feliz e harmonioso. Ama a tua adorável esposa e segue auxiliando na evolução de teus irmãos que ainda encontram-se envoltos nas trevas da ignorância desde tempos imemoráveis.

Aton não vingou nos corações dos homens de nosso povo, mas devemos ter a certeza de que o Grande Deus, no momento adequado, fará com que a Sua soberana vontade se cumpra.

Radamés, a forma como o artesão trabalha a rocha, muitas vezes parece-nos estranha, mas ao final, quando ele conclui sua obra, apreciamos uma beleza tão refinada que nos impressiona. Assim é o trabalho de Deus! Aos nossos olhos pode parecer que tudo está dando errado, mas ao final do Grande Trabalho Divino veremos que a obra magnífica, da qual o nosso irmão Akhenaton foi o grande idealizador, será o alicerce para a construção de um novo mundo.

Por fim, Meri-Rá afastou-se e falou-me com os olhos brilhando de emoção:

— Vai para a Síria e reflete! Procura amar aos teus semelhantes e sê o bálsamo em meio à insanidade da guerra. Grava em tua mente imortal todos os passos deste memorável momento de avanço espiritual que nossa humanidade vive, mas que pouquíssimos perceberam. No futuro, o Grande Deus, do Egito e de todo o Universo, nos permitirá esclarecer as gerações futuras sobre os fatos que vivemos nesta vida, iluminando a humanidade definitivamente para as verdades implícitas na crença ao deus Aton.

Tem a certeza, meu filho, de que no futuro todos os povos civilizados do mundo cultuarão tão-somente o Deus Único!

Meri-Rá despediu-se e, pouco a pouco, retomei a lucidez. Agradeci ao Grande Deus Aton por possuir a faculdade tão rara de presenciar a realidade da Vida Maior, quando enclausurado no corpo material.

Naquele instante, o grande disco solar começou a desaparecer no horizonte. Eu orei por mais alguns minutos agradecendo a oportunidade de esclarecimento espiritual e parti rumo a Hermópolis.

Ao sair da necrópole, deparei-me com os espelhos que coloquei para assustar os ladrões, refletindo a luz do Sol. Assustei-me e compreendi o espanto dos violadores de tumbas. Realmente parecia haver um vulto atrás dos espelhos, que espraiava os raios solares em todas as direções. Uma imagem realmente divina.

Quando cheguei a Hermópolis, altas horas da noite, imediatamente fui avisado de que Horemheb desejava me ver. Mantive a serenidade e, antes de apresentar-me, fui lavar o rosto em uma bacia.

Meia hora depois, eu estava no gabinete do navio do chefe dos exércitos. Ele olhou-me de cima a baixo e disse:

— Vejo que andaste bastante sob o pó do deserto! Onde estiveste, pois estou desde o amanhecer a tua procura?

Algo me intrigava! Por que aquele homem que possuía centenas de homens sob o seu comando, que deveriam tomar todo o seu tempo e atenção, se preocupava tanto com os meus passos? Fiquei em silêncio por alguns instantes e depois respondi-lhe:

— Eu informei aos homens da cocheira que iria ao deserto procurar algumas plantas medicinais!

Ele me olhou com desconfiança e perguntou:

— E onde estão essas malditas plantas?

Eu realmente tinha aproveitado a viagem para colher algumas poucas ervas. Respondi, então, que estavam junto com o meu material médico.

Horemheb desconversou e falou:

— Estamos muito perto da cidade maldita! Não acredito que deixarias de ir até lá! Akhetaton foi muito importante em tua vida.

— Tens razão! — respondi. — Lá vivi os melhores anos de minha vida!

Horemheb, baixou a guarda e disse, com sinceridade:

— Radamés, esquece Akhetaton e tudo que se refere a essa loucura promovida pelo faraó que hoje em dia não deve ter nem seu nome pronunciado, tal é a maldição que envolve suas idéias religiosas.

Tu sempre foste um homem inteligente e ainda possuis uma vida pela frente. Se fores sábio, retornarás daqui a alguns anos da Síria com grandes honras. E eu serei o primeiro a fazer com que o povo reconheça os teus novos valores, esquecendo o teu passado amaldiçoado.

Meditei alguns minutos sobre as palavras de Horemheb e, principalmente, sobre o que ouvira de Meri-Rá em Akhetaton. Sim, eu ainda tinha uma vida pela frente! Apesar de estar quase com quarenta anos, minha saúde era muito boa; ao contrário do povo em geral, que vivia sempre indisposto, vítima da malária ou de tuberculose. Eu tinha saúde, beleza e energia para viver intensamente a vida.

Ao ser dispensado por Horemheb, quando eu trespassava a soleira da porta de seu gabinete, virei-me e disse-lhe:

— General, a necrópole real de Akhetaton está sendo saqueada. O rico material funerário das tumbas reais está sendo roubado. Além do mais, os corpos estão sendo profanados, porque lá não existe policiamento.

Ele me olhou com profundo respeito e falou:

— Enviarei um comunicado ao vizir Aye para que ele providencie o translado para a necrópole de Tebas.

Eu esbocei uma expressão de preocupação. Horemheb sorriu e concluiu:

— Não te preocupes! Aye pode ser tudo, menos um profanador de sepulturas. Além do mais, trata-se dos pais do faraó. Ele não desejará se indispor com a criança que lhe permite ter o poder total sobre as Duas Terras. A propósito, eu não te agradeci por trazeres as crianças reais e derrubares os planos de Aye de autoproclamar-se faraó.

Sorri e retirei-me do gabinete. Em seguida, fiz uma rápida refeição e fui dormir um sono tranqüilo e sem pesadelos.

No dia seguinte, partimos para o Delta do Nilo, enquanto um correio era enviado a Tebas para notificar Aye sobre os saques à necrópole de Akhetaton.

E assim, nos dias seguintes, foi efetuado o translado das múmias de Akhenaton, Nefertiti, Kiya e Tii para Tebas, bem como todo o material funerário da tumba da família real.

Aye mandou colocá-las em uma tumba inacabada que fora abandonada por deficiências no terreno. Hoje em dia esse local é conhecido pelos egiptólogos como "KV55".

As múmias e o material funerário foram distribuídos de forma desordenada, praticamente sendo jogados dentro da tumba. Depois, a porta foi lacrada, mas não por muito tempo.

Enquanto isso, nossa viagem prosseguia, sendo que a cada nova cidade que atracávamos, mais homens e armamentos eram agregados ao exército. A última parada foi em Mênfis, onde um contingente enorme uniu-se ao nosso exército. Eram os soldados do general Amanappa.

Quando ingressamos no Mar Mediterrâneo, pelo Delta do Nilo, era impossível ter idéia do número de homens que nos seguiam, tanto pelas águas como por terra. Eram dezenas de embarcações pela água e uma multidão de homens por terra!

Algumas semanas depois, as batalhas se iniciaram. Horemheb orientou seus oficiais para as ofensivas militares que visavam restabelecer a paz na terra de Canaã, que desde a invasão hitita estava envolvida com lutas internas. O exército egípcio deveria reafirmar o poder da terra de Kemi sobre os povos vassalos e lembrá-los de sua obrigação de enviar os impostos devidos, que cessaram desde o reinado de Akhenaton.

Naquele período, a Síria estava dividida em três grandes reinos: o reino de Amurru, que limitava-se ao norte com a terra de Hati e abrangia toda a costa, compreendendo as cidades fenícias, atual Líbano, indo desde Biblos até pouco mais ao sul de Tiro; o reino de Ube, que limitava-se a oeste com Amurru e se estendia até o norte, na cidade de Damasco, abrangendo a famosa cidade de Kadesh e, ao leste, fazia fronteira com o reino de Mittani; e, por fim, a terra de Canaã, limitada ao norte com os reinos de Amurru e Mittani descendo até Gaza e abrangendo o deserto do Sinai.

A terra de Canaã foi rapidamente recuperada, despertando a ira dos hititas, que enviaram um grande exército para a região com o objetivo de evitar a retomada total das províncias sírias.

Naquela ocasião, pude vislumbrar o quanto a guerra é prejudicial à humanidade e quantos jovens ingênuos são mortos em razão da cobiça e do orgulho humanos. Muitos hititas foram enviados à guerra apenas com pedras nas mãos por causa da surpresa de nosso ataque. Somente algumas semanas depois chegaram os exércitos fortemente armados.

Para ganhar tempo, os líderes da terra de Hati enviavam os camponeses pobres para servirem de distração ao exército de Horemheb. Todos eram mortos sem compaixão! Naqueles dias, os médicos de nosso exército tiveram pouco trabalho, pois as primeiras batalhas foram uma verdadeira chacina de hititas.

Aquilo me arrepiava até o último fio de cabelo! Tanto que em minhas encarnações posteriores jamais cedi às "convocações patrióticas" para servir de "repasto vivo" às loucas lutas fratricidas.

Quando chegamos a Kadesh, a luta tornou-se de igual para igual. Lembrando agora aqueles dias, vejo que o solo daquela cidade tornou-se duas vezes o palco para grandes mortandades entre aqueles dois povos, pois no reinado de Ramsés, "o Grande", tais exércitos voltaram a se enfrentar em uma batalha ainda mais dolorosa para ambos os lados.

Durante a guerra, compreendi o que era viver no inferno! Enquanto alguns nobres desfrutavam alegremente os prazeres de Tebas, a massa pobre do Egito, tentando fugir do anonimato e da pobreza, lançava a sua sorte em uma loteria de reduzidas chances. Somente os poucos que voltassem vitoriosos teriam nome, posição e uma melhor condição financeira nos ricos centros urbanos da terra de Kemi.

Mas seriam raros os que voltariam para viver tal glória. Quanto mais pobres, mais na frente de batalha ficavam. Os nobres, os arqueiros e os soldados graduados aguardavam no terceiro e quarto pelotões, enquanto os desafortunados e inexperientes para a guerra, serviam de escudo humano e diminuíam um pouco o volume de guerreiros inimigos através de sua tentativa desesperada de evitar a morte.

Os faraós, apesar de serem sempre retratados à frente da batalha, ficavam geralmente ao fundo, assistindo à carnificina. Somente na hora de matar o líder rival eles se envolviam com a luta. Horemheb era uma exceção, pois quando veio a tornar-se faraó, já estava acostumado a viver intensamente em meio às batalhas. E também ele havia feito parte do primeiro pelotão, o pelotão da morte, no início de sua carreira militar.

Quando a noite chegava, o barulho ensurdecedor das batalhas cessava. O tilintar alucinante das espadas abria espaço para os gemidos melancólicos, bem diferentes da vivacidade dos gritos de guerra. Esse era o momento de entrarmos em cena. Os médicos, então, percorriam o extenso acampamento tratando, dentro do possível, os cortes profundos causados pelos golpes de espadas e machadinhas.

Era uma cena horrível que envolvia-me em profunda tristeza. Algumas vezes, entre esguichos de sangue de artérias abertas e gemidos lancinantes de dor, eu relembrava a cidade dos sonhos do faraó Akhenaton. O homem que procurara erigir um mundo sem guerras, dor e tristeza, onde pudéssemos ser todos irmãos que se amavam, livres daquelas cenas dignas dos filmes de horror modernos!

O que dificultava ainda mais os nossos trabalhos médicos era a falta de uma infra-estrutura mínima para esterilizar os cortes e para tentarmos repor a grande quantidade de sangue que os soldados perdiam.

O estresse era tanto, que em determinado dia eu estava costurando um corte profundo no braço de um soldado, quando fui surpreendido por um golpe de machadinha no crânio do pobre rapaz. O sangue espirrou em meu rosto, fazendo com que eu caísse sentado ao chão. Eu me levantei, assustado, acreditando que o agressor era um hitita infiltrado em nosso acampamento. Mas o homem que cometeu o atentado era apenas um outro soldado de nosso exército, que disse-me:

— Não perca tempo com esse inútil covarde! Venha atender ao meu amigo que está perdendo muito sangue.

Aquela atitude me revoltou! Eu me levantei e segurei o soldado pelo pescoço, mesmo correndo o risco de ser morto, e respondi-lhe, entre os dentes:

— Ouve! Faze o teu trabalho que eu faço o meu. Eu decido quem deve morrer ou viver!

Os demais homens nos separaram e o agressor foi levado à presença do general Amanappa. Ele recebeu uma severa repreensão e depois foi liberado. Todos estávamos fatigados e estressados.

Alguns dos pacientes imploravam por um enterro egípcio no momento de sua morte. Nada poderia ser pior para um egípcio do que ser sepultado fora de sua terra e sem os rituais sagrados do embalsamamento e da "abertura da boca" para que o falecido recebesse o direito à vida no outro mundo. O que podíamos fazer era enterrá-los em covas rasas para que a areia do deserto desidratasse seus corpos e promovesse a mumificação naturalmente.

Algumas vezes, eu dizia aos soldados, às portas da morte, que Osíris os dispensaria desses rituais, porque eles estavam morrendo em defesa da pátria. Era uma afirmação sem fundamento, mas como eu já não cria nos rituais religiosos anteriores a Aton, pouco me importava contrariar ou não aquela crença. Só o que me interessava era dar um pouco de paz aos jovens agonizantes!

À medida que conquistávamos novas posições, tínhamos alguns dias de trégua até que os exércitos hititas e da rebelde região de Amurru se reorganizassem. Mas era uma paz sem conforto e com alimentação precária, em meio a regiões inóspitas.

Nós, os egípcios, vivíamos no paraíso e nos era muito difícil viver sem conforto. Os pobres dos pelotões de frente tinham mais facilidade, mas até eles sentiam a ausência das terras negras, tradução da palavra egípcia "Kemi".

Após os dois primeiros anos de batalha, eu já estava mais acostumado com as dores da guerra. A cada mês chegavam novos soldados para fazerem a vez do primeiro pelotão. Isso para mim já havia-se tornado rotina. Algumas vezes achávamos até mesmo graça da tragédia e da dor de nossos semelhantes.

Contrariando todas as recomendações de Meri-Rá, durante sua aparição espiritual antes da viagem, eu, pouco a pouco, me tornava frio e calculista. Eu já olhava para os novos soldados avaliando a dificuldade que cada um teria, ante o horror de tornar-se um escudo humano para os soldados mais experientes.

O ser humano a tudo se adapta! Portanto, procurávamos encontrar alegria onde reina a dor para assim não enlouquecermos.

A cada nova tropa que chegava ao campo de batalha, eu recebia cartas de Ise e de Ramósis, às quais respondia na medida do possível. Jamais deixei de escrever, porque isso poderia significar que eu já não estivesse mais vivo.

Ise percebia que a cada nova correspondência que eu enviava, minha forma de pensar se modificava. O hieróglifo que simboliza Aton tornava-se cada vez mais raro em minhas cartas e eu já não falava mais em amor e paz, e sim sobre os territórios que conquistávamos e sobre os lances mais empolgantes das vitórias nas batalhas.

No terceiro e último ano da campanha militar tornei-me cada vez mais íntimo de Horemheb e Amanappa, fato que causou uma grande inveja em Userkaf, o esposo de Kermosa. Ele, então, desafiou-me para um duelo de espadas. Eu aceitei o desafio para espanto de todos!

Mas, ao contrário do que todos esperavam, lutei com estilo e técnica, colocando até mesmo Userkaf em situações difíceis em meio ao combate. Eu não amava mais a vida, portanto lutei com desembaraço. Eu não tinha medo de morrer! Lutei com a razão, e não com emoção.

Mas a luta não chegou ao fim, porque Horemheb, que a cada dia tornava-se mais respeitado, encerrou o combate, dizendo com seu tom sempre autoritário e viril:

— Mas o que é isso! Já não basta que eu perca homens valiosos nas mãos do inimigo, ainda tenho que me defrontar com essa briga de vaidades. Não quero mais ver-vos lutando entre si. Isso traz maus presságios!

Todos abaixamos a cabeça em sinal de aceitação à advertência do grande general. Mas, aos olhos dos soldados, a luta não tinha terminado empatada, mas sim com a minha vitória, pois eu era apenas um médico e tinha colocado um oficial egípcio treinado na arte da guerra em situação delicada.

Por causa disso, passei a ser mais respeitado a cada dia. Com o passar do tempo comecei a me envolver com estratégias militares, estudando a melhor forma para surpreender o inimigo nas batalhas.

Espontaneamente eu me candidatava a auxiliar Horemheb na definição dos ataques ao inimigo. Diga-se de passagem que ele era um gênio militar, provavelmente muito melhor que Ramsés II, que era mais um bom homem de "marketing" do que um grande estadista.

Pouco a pouco, fui me desligando das atividades médicas. Abandonei o bisturi e a agulha para costurar as carnes dos feridos e vesti o cinturão com espada, machadinha e adaga. Junto com Horemheb, Amanappa e Userkaf, eu ficava ao longe, montado sobre um cavalo, acompanhando a movimentação das tropas durante a batalha. Cada um dava o seu palpite e, em seguida, o chefe dos exércitos chamava os seus homens de campo para redirecionar as tropas com o objetivo de surpreender o inimigo.

Durante o calor da batalha, invadíamos o teatro de lutas sangrentas e derrubávamos com nossas espadas o inimigo já desconcertado, abrindo o campo para a invasão da infantaria ao centro estratégico do exército inimigo.

Nos últimos meses que antecederam ao final da batalha, os hititas tornaram-se presas fáceis. Eu sabia que o seu rei, Supiluliumas, estaria acompanhando de perto as batalhas finais, porque ele temia a invasão egípcia em seu país.

Minha mente começou a fervilhar com a idéia de vingar a morte de Akhenaton com a minha própria espada, pois Supiluliumas fora um dos homens que indiretamente havia destruído o sonho do grande faraó.

Se o rei hitita não mentisse em suas correspondências ao ingênuo e pacífico Akhenaton, e também não tivesse conquistado a Síria e tentado invadir o Egito, talvez o faraó do deus Sol ainda estivesse reinando na terra de Kemi e o deus Aton estaria promovendo o progresso e a paz por toda a região.

Aqueles pensamentos me embalaram em um doce desejo de vingança. Assim como fazem os espíritos ainda aprisionados em suas paixões, justifiquei o meu gesto negativo com o "nobre desejo" de honrar a memória de Akhenaton.

Minha estratégia militar agora estava voltada para um ataque direto ao rei hitita. Eu expus minha idéia a Horemheb, que emocionou-se com a estratégia que tracei para atingir esse objetivo.

Estudamos o projeto por longas noites regadas ao bom vinho que tínhamos conseguido nas cidades fenícias. Quem diria que alguns anos antes eu projetava sonhos de amor, de fraternidade e de desenvolvimento das nações através do trabalho justo e honesto? Nem eu me reconheceria naqueles dias!

Horemheb e Amanappa me lembravam de que o rei hitita era um grande estrategista e não se deixaria aprisionar tão facilmente. Supiluliumas era um homem determinado que havia usurpado o trono da terra de Hati. Ele derrubou a dinastia reinante e levou o povo hitita ao seu auge. Seu sucessor, Mursilis II, não foi nem sombra do pai, apesar de ter se autodesignado um grande governante.

No dia da grande batalha final estávamos todos ansiosos. A perspectiva de retornarmos ao Egito vitoriosos enchia nossos corações de alegria. O que nos causava tensão e nervosismo era a oportunidade de derrubarmos o rei hitita do trono, encerrando definitivamente os planos ousados dos habitantes da terra de Hati.

Quando iniciou-se o confronto, nos dividimos em três grupos. Horemheb atacou pelo flanco esquerdo com duas tropas, enquanto eu e Amanappa dirigimos três centenas de homens pelo lado inverso. Userkaf, com o grosso do exército, entrou pelo centro.

Os hititas lutavam como se fosse a última batalha de suas vidas. Era possível ouvir os seus gritos de ódio a quilômetros de distância! Em alguns momentos fiquei realmente assustado com o desespero do inimigo para tentar reverter a situação de uma luta já perdida.

Horemheb havia derrubado os seus sonhos! Desde o reinado de Akhenaton, os hititas acreditavam que estavam predestinados a dominar a região. Os deuses de suas crenças assim haviam determinado.

O grande general egípcio se apresentava como um demônio maldito, que surgia em meio a um império em decadência para afrontar o desejo dos deuses da terra de Hati.

Se Akhenaton mudaria a história da humanidade, caso os espíritos reencarnados àquela época estivessem à altura, Horemheb foi aquele que mudou a história a partir do fracasso dos planos de luz. Tenho certeza que nenhum outro homem conseguiria evitar a derrocada do Império Egípcio naqueles dias. Ele era um grande estrategista e possuía um espírito de liderança como poucas vezes vi em minha vida.

Talvez esse tenha sido o plano dos coordenadores da evolução espiritual de nosso planeta: manter o Egito de pé até a vinda de Moisés, quando o Deus Único libertaria o povo de Israel das mãos do orgulhoso povo egípcio, iniciando uma notável decadência na terra de Kemi, que jamais voltaria a ser o que foi.

Lutamos com alma! A agitação era tão grande que a poeira levantada pelos cavalos e pela correria da infantaria não nos permitia ver o conjunto em constante movimentação no campo de batalha.

Em determinado momento da luta sangrenta, eu subi em um ponto mais elevado para avaliar a situação. Pude, então, perceber uma estranha movimentação dos exércitos hititas no lado em que Horemheb batalhava. Era uma movimentação semelhante à que tentávamos executar para capturar o rei hitita.

Corri com meu cavalo até Amanappa e avisei-o da situação. Em seguida, ele enviou alguns homens para o flanco oposto e avisou Userkaf do provável plano do exército inimigo.

O esposo de Kermosa dirigiu-se para o agrupamento de Horemheb, enquanto eu tive que assumir as tropas centrais de nosso exército.

Ali senti que ia morrer! Eram golpes de espadas que vinham de todos os lados. Os nossos homens lutavam com bravura, pedindo a ajuda dos inúmeros deuses do Egito.

Pouco a pouco, o mar de homens que compunham o exército hitita começou a tombar no solo, abrindo um clarão no horizonte. Eu gritei aos combatentes para que eles dessem tudo de si, pois a vitória estava próxima. Isso lhes deu um novo ânimo para vencer a completa exaustão em que nos encontrávamos.

Eu lhes gritava, com a voz rouca em meio àquela luta insana:
— Esta é a última batalha! Lutai, homens! Aqueles que sobreviverem serão recompensados com riqueza e posição social na terra de Kemi.

Eu sabia que os homens sonhavam com uma vida melhor no Egito, portanto tentava estimulá-los utilizando todos os recursos imagináveis. Mas o meu coração se abalava ao vê-los correndo em direção às espadas hititas. A maioria, como em toda a guerra, jamais retornaria para usufruir de minhas promessas, que nem mesmo sabia se seriam cumpridas.

Após longas horas de exaustivo combate, restava apenas dez por cento do exército hitita e nós havíamos perdido mais da metade dos nossos homens.

Então, ocorreu o inesperado! Userkaf recebeu um golpe mortal das afiadas espadas negras dos hititas. Ele morreu instantaneamente, causando a dispersão das tropas que seguiam as suas ordens.

No ardor da batalha não imaginei o quanto a morte do esposo de Kermosa iria desgraçar a minha vida. Agora, lembrando aquelas cenas, eu digo que se pudesse voltar no tempo, daria a minha vida para salvar Userkaf.

No mesmo instante, um pelotão hitita ocupou o espaço vazio em uma inteligente evolução, cercando a tropa de Horemheb por trás. Os guerreiros da terra de Hati resolveram realizar um ataque de vida ou morte contra o general egípcio, aproveitando a abertura em sua retaguarda.

Supiluliumas abandonou a sua posição resguardada e investiu contra a tropa de Horemheb. Era a minha chance! Eu corri com o meu cavalo em sua direção para tentar interceptá-lo.

Naquele instante, a luta perdeu todo o seu esquema tático. Era cada um por si e uma gritaria ensurdecedora que, unida ao barulho estridente das lâminas de metal em contato incessante, formava a sinfonia macabra das guerras.

Derrubando homem após homem, aproximei-me de Supiluliumas, o rei hitita. A cada novo passo conquistado, mais aumentava o meu desejo de vingar Akhenaton. Em minha mente passavam imagens do nobre amigo, sereno e tranqüilo, cultuando a cada instante de sua vida o amor e o respeito a Deus, aos homens e à natureza. Naquele momento, lágrimas correram intensamente de meus olhos.

Soltei, então, um grito alucinado de dor interior e parti com tudo para cima dos últimos homens que defendiam desesperadamente o seu rei. Logo fiquei a poucos passos de Supiluliumas e fizemos nossas espadas se chocarem com ferocidade. Ele bloqueou o meu golpe e nos empurramos, fazendo com que ambos caíssemos dos cavalos. A luta, então, seguiu por terra.

O rei hitita não era acostumado a batalhas diretas, portanto logo o feri no braço que empunhava a espada. Imediatamente um homem de seu exército veio defendê-lo. Lutamos por alguns instantes até que o guerreiro hitita não resistiu mais ao meus golpes ferozes e tombou sem vida no solo.

Agora era eu e Supiluliumas, frente à frente, sendo que ele estava caído ao solo com um grave ferimento no braço e eu intacto com uma poderosa espada nas mãos.

Com um passo decidido caminhei os poucos metros que me separavam do alvo de minha vingança. Mas, naquele instante, experimentei mais uma vez aquela estranha sensação, quando parecia que meu ká (espírito) saía do corpo. O pavoroso som da batalha fratricida ao meu redor desapareceu; ouvi, então, novamente, os cantos dos pássaros e o grasnar dos patos tão comuns em Akhetaton. Em seguida, uma luz dourada surgiu em frente do rei hitita e nela materializou-se Akhenaton, o faraó da luz dourada!

Ao vê-lo, ajoelhei-me imediatamente, para assombro de Supiluliumas. O espectro do sublime amigo, então, me falou:

— Radamés, o que se passa em teu coração?! Não foi isso que aprendemos juntos. Não é essa a vida que sonhamos construir para nós e para quem amamos. A vingança não enobrece o homem, apenas desencadeia mais tristeza para o nosso futuro! Rompe o elo que te liga ao sofrimento; ama os teus semelhantes! Perdoa, Radamés!! Esse pobre homem à tua frente não sabe o que fez, e não é através de tua vingança que ele compreenderá!

Enquanto os meus olhos derramavam lágrimas intensas por causa da forte emoção após tão exaustiva luta, o sublime amigo aproximou-se e tocou a minha cabeça com suas iluminadas mãos. Em seguida, disse:

— Meu amigo e irmão, não sejas intolerante, como eu fui em minha última existência! Não compreendi a limitação de meus irmãos e impus um deus ao qual eles ainda não estavam preparados para aceitar. O "Grande Espírito" me enviou para amar e ensinar aos homens a viver segundo a crença verdadeira do Deus Único. Em minha falta de clareza para ver a verdade, utilizei a violência para que eles aceitassem essa idéia. Ao invés de ensinar pelo amor, utilizei-me das prerrogativas despóticas do título de faraó para cumprir a minha missão pelo caminho mais fácil.

Eu balbuciei, então, entre lágrimas:

— Meu irmão e mestre! Em nada erraste! Os homens é que foram pequenos para te compreender.

Ele sacudiu a cabeça e disse-me, com um sorriso amargo nos lábios:

— Radamés, ainda temos muito que aprender para nos aproximarmos do Grande Deus. Ainda terá que vir ao mundo das formas o "Grande Espírito", o maior entre os filhos de Aton, que nos trará a lição imorredoura do amor que norteará a evolução da humanidade para os séculos do porvir. Ele nos ensinará a amar como nunca o homem amou! Só nesse momento o reino de Aton será edificado na Terra e os povos deixarão de ser idólatras para cultuarem o Deus Único, Criador do Universo.

O faraó, "Filho do Sol", sorriu, iluminando as trevas em que nos debatíamos, e prosseguiu:

— Errei, mas fiz o que pude! Deverei retornar ao campo das lutas humanas, que ora vives, para novamente tentar colaborar com o plano de evolução da Terra. Infelizmente não consegui cumprir de forma integral com minha parte. Criei um débito para com os homens e deverei voltar ao palco da vida humana para corrigir tal erro.

Akhenaton recuou dois passos e acrescentou, envolto em luz, antes de desmaterializar-se ante os meus olhos:

— Se desejas honrar e defender a minha memória, ama e perdoa! Os homens, em sua ignorância, podem destruir monumentos de pedra, mas jamais destruirão o nosso ideal! Chegará o dia em que as gerações futuras compreenderão o nosso trabalho de edificação espiritual da humanidade. Até lá, vamos amar aos nossos irmãos, compreendendo que a flor não desabrocha antes do seu devido tempo.

A visão se desfez. Parecia que haviam-se passado longos minutos, mas dentro da realidade material aquele momento não durou mais que um minuto. Ao recobrar a lucidez, olhei novamente para o rei hitita, caído ao chão, sem condições de reagir.

As palavras de Akhenaton ecoavam em minha alma: "Perdoa, perdoa, Radamés!" Naquele instante, ouvi uma voz que gritava meu nome. Era o general Amanappa! Ele me fazia sinal para que eu olhasse na direção das tropas de Horemheb.

Ao virar-me, deparei com cena semelhante à que eu vivia. Horemheb estava caído, com um ferimento no braço, e um guerreiro hitita estava prestes a deflagrar o golpe final sobre a cabeça do chefe dos exércitos egípcios.

O inimigo ergueu a sua pesada espada e começou a descê-la sobre Horemheb. Ele fechou os olhos e gritou:

— Hórus, protege-me!

O general apenas ouviu o estampido agudo do contato entre duas espadas. Ao abrir os olhos, ele me viu defendendo o golpe mortal desferido pelo soldado inimigo. Em seguida, empurrei o rival e lutamos por alguns minutos.

Eu já estava muito cansado, portanto mal conseguia defender-me dos golpes poderosos do gigante hitita. Na primeira vacilada de meu rival, empurrei-o com a espada. Ele caiu, então, de costas entre algumas rochas do deserto. Rapidamente coloquei Horemheb no dorso de um dos cavalos que estava perdido em meio à loucura da guerra.

Quando íamos partir, pude ver dois soldados hititas resgatando Supiluliumas. Não lamentei ter perdido aquela oportunidade de matar o rei hitita. As palavras de Akhenaton haviam surtido efeito em meu coração!

Em seguida, fiz um sinal a Amanappa, indicando-lhe que iria retornar ao acampamento com o nosso general. Ele concordou e parti, galopando na velocidade do vento.

Após a fuga de Supiluliumas, seus soldados o acompanharam, abandonando a luta e entregando a última região que nos faltava restabelecer: a terra de Mittani. Naquele instante, os territórios sob o domínio egípcio no reinado de Amenófis III foram completamente recuperados.

Uma hora mais tarde, eu e Horemheb recebíamos as boas notícias no acampamento improvisado próximo à grande batalha. A vitória era nossa!

Os médicos do acampamento corriam atrás de nosso líder, lembrando-lhe que era necessário realizar um curativo no grave ferimento em seu braço. Ele virou-se para os médicos e lhes disse:

— Quem irá realizar esse curativo é o nosso grande general Radamés!

Ele me olhou com gratidão e convidou-me a realizar o procedimento médico. Peguei o material cirúrgico e mandei-o sentar. Enquanto eu limpava a ferida, ele me disse, embriagado de emoção:

— Radamés, hoje nomeio-te general dos exércitos da terra de Kemi, único posto abaixo do meu próprio. Substituirás Userkaf, que perdemos nesta bendita guerra que transformará nossas vidas. Retornarás ao Egito como um grande vencedor e eu conquistarei definitivamente o reconhecimento de nosso povo.

Agradeci, comovido, enquanto ele fazia caretas por causa da dor que sentia no local dos pontos que eu ministrava. Em seguida, ele disse:

— Radamés, salvaste a minha vida. Devo-te um favor, meu amigo. Pede o que quiseres e eu atenderei ao teu pedido!

Eu sorri, divertindo-me com a espontaneidade do austero general, e concordei com as suas palavras, fazendo um gesto com a cabeça. Eu, então, falei:

— Podes ter a certeza de que te cobrarei essa promessa. Mas prefiro aguardar o momento oportuno!

Horemheb fechou o semblante, sentindo que havia-se empolgado demais em suas promessas. Ele temia que eu tivesse uma recaída nas minhas antigas crenças e pedisse o auxílio do exército para ressuscitar o culto de Aton.

Mas essa não era minha intenção! Eu não disse mais nada naquele momento, apenas continuei efetuando o curativo. De uma certa forma, eu sabia que aquele não era o momento para empreender mais uma rebelião no seio de nossa nação. Eu tinha entendido o recado dos sábios mentores que arquitetaram o grande projeto: era necessário esperar o amadurecimento da humanidade.

Logo, todos os soldados retornaram para o acampamento. Ali realizamos uma grande festa para comemorar a conclusão de nosso objetivo. O Egito voltava a ser o senhor do Vale do Nilo e dos povos da região da Síria.

Bebemos até os nossos fatigados corpos adormecerem. E, no dia seguinte, levantamos acampamento para retornar aos nossos lares. A perspectiva de revermos nossos familiares e amigos, após três longos anos, animou a todos, principalmente a mim. Eu retornaria para Tebas investido de todas as honras!

Horemheb determinou que as insígnias militares e a armadura de oficial do exército egípcio, utilizadas por Userkaf, fossem agora minhas. Eu imaginei o espanto de Ise quando me visse vestindo os trajes de comandante das tropas egípcias.

Eu tinha saído de Tebas como um humilde médico desprezado pelo povo; agora retornaria como o grande general que salvara a vida do chefe supremo dos exércitos egípcios!

Nas semanas seguintes, retornamos pelos mesmos caminhos que fizemos durante a campanha militar. Em cada povoado que passávamos, exigíamos os tributos devidos ao Império Egípcio. Na verdade, era um verdadeiro saque à riqueza daqueles povos.

Voltamos com muito mais barcas do que quando partimos por causa dos grandes carregamentos de cedro da Fenícia e das riquezas das minas do Sinai. Era necessário movimentar a economia egípcia, trazendo matéria-prima para que o habilidoso povo egípcio pudesse exercer a sua arte, que impressionou as gerações do futuro.

Como em toda a guerra, tivemos as cenas lamentáveis cometidas pelos soldados embrutecidos em meio a tantas tragédias. Estaríamos mentindo se negássemos essa triste realidade: as filhas dos povos vencidos foram violentadas pelos guerreiros sedentos de prazeres, após o longo período de reclusão no deserto. Muitas meninas tiveram as suas vidas marcadas pela dor dessa violência.

Eu insistia para Horemheb tomar uma providência, porque desde aquela época eu tinha um verdadeiro sentimento de repúdio por esse tipo de violência. Mas ele me dizia:

— Tu mesmo prometeste aos homens a conquista do paraíso caso vencêssemos a guerra! E agora desejas negar-lhes seu primeiro desejo?

Já os militares dos postos oficiais não se envolviam com tal prática. Os nobres egípcios se consideravam civilizados e jamais pactuariam com aquela atitude bárbara.

Em nosso retorno descansamos, cantamos e bebemos, recuperando nossas forças. E quando adentramos o Delta do Nilo houve grande festa! Os homens se jogavam nas águas do rio sagrado e agradeciam aos deuses por retornarem à sua amada terra.

Alguns soldados beijavam os amuletos que traziam pendurados no pescoço, outros faziam os gestos de reverência a

Amon-Rá. Eu apenas ria e me gratificava pela alegria dos homens. Fazia tempo que não vivíamos momentos de paz.

Eu também me joguei nas águas. Banhei-me e bebi a inconfundível água do Nilo, em um misto de emoção e saudade. Quando chegamos a Mênfis, uma grande festa tinha sido programada para nos receber. Ao nos aproximarmos da capital do Baixo Egito, colocamos nossos colares de ouro, símbolos de nossa dignidade.

O povo, então, cantava e jogava flores de lótus para as embarcações. Ipy, o governador da nomarca de Mênfis, recebeu-nos com grande calor humano. Ele, mais do que ninguém, tinha lutado desesperadamente para convencer Akhenaton a promover uma reação armada com o objetivo de evitar a inevitável invasão hitita, anos antes, nas cidades do Delta.

Em Mênfis os oficiais se banharam e se perfumaram com as essências e os perfumes da época. Várias criadas foram designadas para esfregar e massagear as nossas costas. Depois, recebemos roupas novas e fomos encaminhados para as festividades no palácio real.

Tutankhamon estava em Tebas, portanto Ipy tomou a liberdade de utilizar o palácio do faraó para nos receber. O prato servido foi ganso com cebolas. Há anos eu não apreciava tão delicioso manjar. Enquanto comíamos, os nobres de Mênfis nos perguntavam a todo instante sobre as batalhas e as conquistas realizadas.

Após o jantar, fomos formando pequenos grupos e respondendo às insistentes perguntas dos que não participaram da aventura. Horemheb lembrava a todo instante a necessidade de verbas para o Egito formar um exército profissional, porque havíamos ganho aquela guerra na garra e no coração. Desde o reinado de Amenófis III não havia investimentos militares. Agora as coisas seriam diferentes!

Enquanto isso, eu conversava com Ipy e alguns homens que me ouviam curiosos. Em determinado momento, quando eu bebia mais um copo de vinho, disse-lhes:

— Por Hórus, que vinho maravilhoso!

Ipy olhou-me e disse, reticencioso:

— Vejo que mudaste completamente a tua vida, Radamés! O calor das batalhas mudou inclusive o teu vocabulário.

O governador de Mênfis referia-se a minha expressão com o deus Hórus. Eu compreendi a sua insinuação e respondi-lhe em tom sério:

— Todos devemos lutar para sobreviver neste mundo que não escolhemos para nós!
Ipy concordou com um gesto e exclamou:
— Tens razão, meu amigo! Foi isso que eu disse ao teu sogro há algumas semanas.
— Como está a minha família? — perguntei, ansioso por uma resposta.
O nobre governador sorriu e respondeu-me:
— Estão bem! Ramósis é hoje um dos médicos mais respeitados de Tebas. Ele e a tua esposa se mudaram para uma casa melhor não faz muito tempo. Eu quis ajudá-los, mas ele me disse que não era necessário. Inclusive convidei-o a mudar-se para Mênfis, mas ele insiste em permanecer em Tebas.

Depois daquela conversa, desejei intensamente retornar logo para Tebas. A muito custo consegui convencer Horemheb e Amanappa a partir.

Amanappa vivia em Mênfis e mal havia chegado em casa, mas Horemheb desejava a presença do general do Baixo Egito na grande festa da capital do Império, na presença do faraó. Era uma oportunidade de demonstrar a união militar entre o Alto e o Baixo Egito.

Nos dias seguintes, eu só pensava em minha família, principalmente em Ise. Como estaria minha adorada esposa? Estaria ainda mais bonita? Eu me lembrei, então, que a cada ano parecia que ela, ao contrário das outras mulheres, tornava-se mais bela! E ela me dizia: "São teus olhos, meu amor!"

Mesmo perto dos quarenta anos de idade, parecia que a sua beleza espiritual transcendia a limitação das formas físicas, iluminando o seu semblante com raios divinos, incompreensíveis ao meu pequeno entendimento.

A viagem ainda foi muito longa porque tínhamos que parar em cada cidade para desembarcar os homens que ali moravam e também para recebermos as homenagens que eram inevitáveis. Além disso, todos queriam ver as riquezas trazidas do estrangeiro para o faraó. Isso roubava-nos dias de viagem.

Durante o percurso, observamos em cada cidade algo muito interessante. Aye havia nomeado vários sacerdotes para serem coletores de impostos, visando reerguer o Egito. Como o culto a Amon fora restabelecido e o exército estava em guerra, o povo aceitou bem aquela exploração. Portanto, era importante mostrar os resultados da guerra.

O povo, vendo as riquezas que chegavam através de nossas mãos, comemorava, acreditando que os pesados impostos seriam reduzidos ou suprimidos de vez. Creio que a alegria das pessoas era maior por ter a perspectiva do fim dos impostos do que por rever o exército glorioso!

Naquele instante, Horemheb disse algo que muito me agradou:

— Vê, Radamés! Aye está colocando essas pragas por todo o reino. Lugar de padres é dentro dos templos! Eu ainda reverterei essa situação. Quem deve controlar as nomarcas são os oficiais do exército! Farei com que a ordem e o progresso sejam restabelecidos em nossa terra. Não trabalhei nisso antes porque primeiro tínhamos que colocar os nossos vizinhos em seu devido lugar.

Concordei com as palavras de Horemheb com um expressivo olhar. E assim seguimos viagem, recebendo as honras que nos eram devidas. O meu ego se inflava a cada nova recepção das cidades das Duas Terras.

Os aplausos do povo pareciam música aos meus ouvidos. As moças jogando flores de lótus à nossa chegada era como um bálsamo para o meu espírito traumatizado pelo desprezo sofrido no passado.

Em determinada tarde da viagem, passamos por Akhetaton, a cidade celestial do "Filho do Sol". Lá não havia ninguém para nos receber festivamente e as embarcações ali não atracariam. Havia apenas o pacto de silêncio realizado por todos, cumprindo a ordem real de condenar ao esquecimento o período de Amarna.

Era possível apenas ouvir o grito silencioso do vento, anunciando que no solo sagrado do deus Aton, o mal tinha vencido! O sonho fora sufocado ao alto preço da morte de homens pacíficos e inocentes, que apenas desejavam um mundo melhor.

E eu, que tinha lutado com aqueles irmãos, agora era um oficial benquisto pelo mesmo homem que havia autorizado a cruel execução de todos que ali viviam. Naquele momento, vivi uma profunda crise de identidade. Quem era eu? Teria abandonado o ideal de minha vida para tornar-me tão cruel quanto aqueles que antes condenava?!

Horemheb aproximou-se e libertou-me de meus pensamentos, enquanto os raios do Sol refletiam o seu brilho nas pequenas ondas do rio sagrado, como se víssemos estrelas nas águas.

Ele colocou a mão sobre o meu ombro, ao mesmo tempo

em que apreciávamos a beleza deslumbrante de nossa terra. Meditamos por alguns minutos e, em seguida, ele me disse com sua voz grave e autoritária, que impunha respeito a todos:

— Radamés, fizeste mais do que eu esperava de ti! Quando te levei para essa guerra, acreditei que poderias retornar ao Egito como um médico que havia contribuído com a sua pátria. E, ao retornar, o povo teria esquecido o erro que cometeste.

Mas me surpreendeste! Porque retornas como um grande general egípcio, ovacionado por tua bravura nas batalhas. E a tua habilidade no campo da estratégia militar será narrada nos teatros de rua por todo o Império.

— Sim, tens razão! — disse-lhe reticencioso.

Ele puxou-me pelo braço, forçando a olhá-lo nos olhos. E acrescentou:

— Radamés, os imortais não estendem as suas mãos duas vezes para o mesmo homem. Esquece essa cidade maldita e vive intensamente as glórias que te são reservadas pelas bênçãos divinas que recebeste. Deves ser um homem abençoado... para conseguir sair da heresia de Akhetaton e reverter o quadro, tornando-te respeitado em Tebas e por todo o Egito.

Eu sorri e disse-lhe:

— Horemheb, os deuses já me estenderam as mãos diversas vezes! Nasci entre agricultores, eles me fizeram sacerdote de Osíris. Minha família me detestava, hoje sou casado com a mais bela e adorável filha de nossa terra e o meu sogro é o mais sábio entre os homens da terra de Kemi.

Em Akhetaton vivi entre cidadãos iluminados e fui amigo do mais genial faraó egípcio. Sob o reinado desse grande homem sofri a ira dos homens, e mesmo assim sobrevivi! E quando tudo parecia voltar-se contra mim, retorno a Tebas como general egípcio e amigo do grande chefe dos exércitos de nossa terra, que deveria me odiar pelo meu passado, mas insiste em me estender as mãos.

Não entendo, mas parece que os deuses do Egito trabalham diariamente para me favorecer, mesmo eu não merecendo tantas bênçãos!

Horemheb olhou-me fixamente, como se tivesse visto um fantasma, e exclamou:

— Por Hórus, tens razão!

Capítulo 24
A volta triunfante

Naquela manhã, acordei excepcionalmente bem disposto. À tarde chegaríamos a Tebas. Finalmente eu poderia retornar à minha vida normal e, principalmente, rever minha querida esposa.

Enquanto eu me arrumava para chegar à grande capital do Egito, na plenitude de minha beleza e elegância, Horemheb entrou em meu aposento para me pedir um favor. Ele desejava que eu fosse o encarregado de informar a Kermosa sobre a morte de seu esposo.

Tentei me desvencilhar de todas as formas da tarefa que o general me atribuía, mas, ao ver que eu relutava, ele foi categórico:

— Radamés, recebeste o cargo e as honrarias que eram de Userkaf, deves também consolar sua esposa e dar-lhe todo o apoio necessário nos primeiros meses. Se é difícil atender a esse pedido, ordeno-te que cumpras essa tarefa como uma determinação militar!

As palavras de Horemheb eram incontestáveis. Não havia alternativa, eu deveria aceitar as ordens de meu superior. Acatei-as e procurei não polemizar mais sobre o assunto. O general saiu do aposento contente por ter solucionado o problema, enquanto fiquei relembrando as premonições de Ise sobre o meu destino estar atrelado ao de Kermosa. Um forte arrepio correu,

O grandioso Templo de Karnak.

333

célere, subindo-me pela espinha.

Quando Rá começou a percorrer o lado ocidental do céu, nos posicionamos no convés, pois os pequenos povoados próximos a Tebas já exigiam a nossa atenção. Músicas e aplausos populares eram manifestados por longos quilômetros antes de chegarmos à grande capital.

Uma procissão de pequenos barcos nos acompanhou, lançando flores para o alto e cantando hinos marciais e religiosos. A guerra e a religião do Antigo Egito eram muito próximas, ao contrário das crenças modernas.

Realmente foi realizada uma grande festa para nos recepcionar, quase tão grandiosa quanto o festival anual de Amon. No cais principal de Tebas havia centenas de pessoas com lenços coloridos acenando para as embarcações militares.

Os sacerdotes de Amon e dos demais templos de Tebas estavam reunidos para abençoar os guerreiros que sobreviveram ao combate e agora seriam premiados por sua bravura. Seria realizada também uma cerimônia para os que não voltaram. Os padres pediriam aos deuses que os aceitassem na Terra do Poente, mesmo sem terem sido mumificados e realizados os ritos sagrados. Os sacerdotes entoariam os versos mágicos para que os mortos obtivessem a vida no outro mundo.

E, mais à direita, em direção aos inúmeros templos em Karnak, estava o trono real com o faraó e sua consorte. O pequeno Tut estava com quatorze anos e já conseguia manter a pesada dupla coroa do Alto e Baixo Egito em sua cabeça. Ankhesenamon, dois anos mais velha, tornava-se a cada ano uma linda mulher. Sempre vaidosa, ela utilizava-se de todos os cosméticos, óleos e perfumes da época para realçar a sua beleza.

Sempre ao lado do casal real, de pé, como um abutre, estavam o vizir Aye e sua esposa Tey. Ele vestia um longo traje de linho branco e mantinha no semblante uma expressão autoritária e presunçosa. Acredito que, já naqueles dias, ele se considerava como um "deus vivo do Egito", que tinha a missão de orientar o inexperiente faraó. E isso ele procurava demonstrar claramente a todos, tanto em suas decisões como na expressão artística do reinado de Tutankhamon.

Ao atracarmos nas escadarias de pedra do porto, tivemos que nos sujeitar aos entediantes protocolos reais, tão ao gosto dos tebanos. Várias cerimônias e discursos foram proferidos. Enquanto isso, eu procurava, ansioso, a minha esposa.

Naquela busca incessante, percebi que eu era o alvo da atenção geral. Todos estavam admirados com o herege maldito, que no passado era agredido com bolas de esterco quando passava pelas ruas de Tebas e agora apresentava-se com as insígnias oficiais do exército egípcio e ao lado do grande general.

Enquanto a ladainha prosseguia, cruzei meu olhar com o de Kermosa. Ela estava bela e radiante, apesar de não ser mais uma adolescente. Kermosa era uma mulher fascinante. Sua pele clara, tão incomum entre as morenas egípcias, atiçava o interesse masculino. Sendo de origem da terra de Canaã, ela possuía os cabelos negros como os egípcios, mas a pele branca como o leite.

Ela me olhou de forma insinuante. Certamente ainda não sabia da morte de Userkaf e também não percebera que eu portava as insígnias militares de seu falecido esposo.

Mantivemos o olhar um no outro por alguns instantes. Ela sorriu de forma maliciosa, talvez impressionada com a minha elegância e a posição destacada ao lado de Horemheb.

Eu era um homem vigoroso, alto e bem apessoado. As belas roupas sempre me caíam bem por causa do meu porte elegante. Os meus olhos eram vívidos e brilhavam como duas pérolas negras, algo bem incomum entre a grande massa do povo, que vivia sempre abatido com as doenças típicas das regiões equatoriais.

Nem cinco minutos após encontrei o olhar de minha bela Ise. Meu coração se encheu de alegria e lágrimas correram de meus olhos por ver a felicidade estampada no semblante da minha querida esposa. Ela sorriu, emocionada, ao ver-me feliz e em situação privilegiada.

Eu lhe havia escrito diversas vezes, mas ela ainda não sabia dos últimos sucessos obtidos na batalha final. Sim, agora eu era um homem vitorioso e, em breve, poderia orgulhosamente dizer-lhe o quanto a amava e quanto eu era feliz por ter novamente a minha dignidade restabelecida. Os cidadãos de Tebas agora teriam que reverenciar os meus passos, quando eu pisasse nas ruas da grande capital do Império.

Ela, então, chamou o grande Ramósis e apontou com o indicador em minha direção. Ele, ao ver-me, acenou, feliz, por rever o seu temperamental e inconstante discípulo. Eu retribuí o aceno e amaldiçoei aquela cerimônia cansativa que parecia não ter fim.

Naquele instante, Horemheb narrava os feitos da campanha militar ao povo e ao faraó, com exagero de detalhes. Ele notificou todos os pormenores, enquanto escribas anotavam passo a passo as suas palavras para que o teatro oficial de Tebas encenasse nas ruas, por meses, os feitos militares obtidos pelo grande exército egípcio.

O chefe supremo do exército relatou a última fantástica batalha, onde quase conseguimos capturar o rei hitita. Ele narrou também a minha participação como imprescindível para o sucesso obtido. E disse algo que eu acreditava que ele iria omitir: o momento em que esteve desarmado, à mercê do inimigo, e eu o salvei.

O povo, em conjunto, soltou exclamações de admiração, enquanto eu permanecia sereno como uma estátua, indiferente aos olhares de espanto. Em seguida, o general relatou, com pesar, a morte de Userkaf.

Não esperávamos que fosse ser assim daquela forma. Achávamos que teríamos o direito de descansar antes daquele protocolo cansativo. Logo, não pude avisar Kermosa antes da cerimônia pública.

Ela colocou as mãos no rosto e ficou lívida ao ouvir a notícia. Algumas criadas a ampararam, abanando o seu rosto, enquanto ela caminhava, desnorteada, rumo a um banco destinado aos nobres que participavam da cerimônia.

Por fim, o jovem faraó outorgou a Horemheb o título de "Inspetor de Todas as Obras do Faraó e Representante do Rei em Toda a Terra". Esse título demonstrava a satisfação de Aye e de Tutankhamon com os resultados obtidos por Horemheb.

Acredito que um dos motivos pelos quais Aye não questionou minha nomeação a um alto cargo dentro do exército foi esse: o reconhecimento ao fantástico trabalho realizado pelo grande general. A ardilosa raposa apenas olhava com cobiça para os navios abarrotados de riquezas, desde o cedro para construir as embarcações, as grandes portas e os mastros para os templos, até as pedras preciosas para decorar as esculturas feitas com o ouro da Núbia.

Maya, o tesoureiro real, mostrava as suas anotações ao vizir, que não escondia seu contentamento.

Depois, iniciou-se o ritual de agradecimento a todos os deuses do Egito, e olhe que nunca foram poucos! A imensa multidão reclinava a cabeça em sinal de respeito aos imortais.

Quando chegou a vez de agradecer a Amon-Rá, todos se ajoelharam e colocaram as mãos na cabeça, fazendo os esquisitos gestos tradicionais de submissão ao deus obscuro. Eu, sempre rebelde, mantive-me altivo, com a cabeça ainda mais erguida que o normal. Horemheb me olhou e sorriu, discretamente, ao passo que Aye lançou-me um significativo olhar.

Horemheb também não se ajoelhou. A não ser no momento em que o deus Hórus recebeu o agradecimento da nação egípcia. Ele ajoelhou-se e gritou com determinação:

— Viva Hórus! — O exército, em coro, correspondeu ao apelo de seu líder.

Horemheb não era nem um pouco religioso, mas o nome que recebera de seus pais significava "Hórus está em festa"! Aí está o motivo de sua predileção pelo deus que o povo acreditava reencarnar sempre no faraó. Tutankhamon alegrou-se com a iniciativa de Horemheb, pois ovacionar Hórus era o mesmo que ovacionar o próprio faraó.

Quando findou toda aquela ladainha, parti em direção a minha esposa e a abracei por longos minutos. Cumprimentei o meu sogro e, depois de trocar rápidas e impacientes palavras com eles, pedi que me perdoassem, mas eu teria que cumprir uma determinação do general.

Corri, então, para Kermosa e disse-lhe:

— Kermosa, desculpa-me por teres ouvido essa trágica notícia de forma tão fria e insensível. Não imaginávamos que o faraó estava tão impaciente para receber as notícias da campanha militar.

Ela, ao ver-me, abraçou o meu peito e chorou convulsivamente. Eu esclareci, então, os pormenores da tragédia e, compadecido de sua situação, prometi-lhe que iria estar sempre ao seu lado naquele momento difícil.

A bela filha da terra de Canaã se afastou do meu peito, ainda abraçada em minha cintura, e olhou-me nos olhos com paixão. Ela sorriu, encantando-me com a beleza de seus lindos dentes emoldurados por lábios perfeitos, pintados com um batom vermelho que contrastava com sua pele branca. Kermosa, então, passou as suas encantadoras mãos brancas, cujas unhas estavam pintadas com um vermelho escarlate brilhante, em meu rosto. Em seguida, ela me disse:

— Espero poder contar com o teu carinho e atenção neste momento difícil, Radamés!

Depois, ela passou suas delicadas mãos nos colares e insígnias que outrora foram de seu falecido esposo. Eu, então, expliquei que Horemheb tinha passado os títulos de Userkaf a mim.

Ela sorriu, maliciosamente, e me abraçou novamente, dizendo:
— Creio que os títulos de meu falecido esposo estão em boas mãos!
Olhei para os lados, constrangido com a situação. O povo e os nobres nos olhavam, admirados com a cena incomum. Eu procurei Ise e a vi, com um olhar triste e resignado, como uma pequena e dócil andorinha, abandonada pelos seus.

Delicadamente libertei-me dos braços de Kermosa e prometi que em breve a visitaria em sua residência para fazer-lhe companhia.

Ela sorriu e, direcionando-me um olhar sedutor, disse:
— Aguardarei ansiosa!

Voltei, então, em passos cambaleantes, para a minha esposa e pedi-lhe que fôssemos imediatamente para casa. Que maldito poder fascinador Kermosa impunha ao meu inconstante espírito? Naquela época eu não saberia responder!

Ise nada falou. Os seus olhos não me questionaram, mas parecia que eu podia ler os seus pensamentos que diziam: "Eu sabia que um dia isso iria acontecer!" Voltamos em silêncio para a nova casa, bem mais agradável que aquela em que morávamos antes de minha partida.

Ise percebeu minha tristeza e lembrou-se dos dias difíceis que eu havia passado antes de partir para a guerra. Ela desejava me ver alegre, como eu estava durante a cerimônia algumas horas antes.

Então, ela sorriu e me pediu para que contasse as novidades. Passamos horas alegres, no resto daquele dia. Subimos para o terraço da casa e ficamos até o anoitecer conversando. Eu contei a ela e a Ramósis todos os fantásticos acontecimentos ocorridos durante aqueles três anos.

Naquele instante, não percebi, mas eles ficaram impressionados com a minha mudança em relação a nossa vida em Amarna. Constantemente eu utilizava expressões típicas do povo politeísta e supersticioso, que cria nas primitivas crenças egípcias.

Em nenhum momento eu fiz referência a Aton e ao espírito de amor e fraternidade que havíamos cultivado durante os anos dourados da cidade celestial. Agora eu era um militar. Somente o "levar vantagem em tudo" parecia atrair minha atenção.

Eu falava das lutas sangrentas da guerra com naturalidade. Mas isso era algo que chocava os meus familiares desacostumados com a violência estúpida, que eu entendia ser natural após o cotidiano das lutas campais em que havia vivido nos últimos anos.

À noite, jantamos alegremente e eu fiquei até altas horas abraçado à minha bela esposa, relembrando os bons momentos de nossas vidas, principalmente nos primeiros anos, quando nos conhecemos no Templo de Osíris. De uma certa forma, eu tentava bloquear o período de Akhetaton, que tanto sofrimento e desilusão me havia causado.

Nos dias seguintes, justifiquei as minhas visitas a Kermosa como algo tedioso e inevitável. Eu precisava cumprir a ordem de Horemheb e também realizar um gesto de solidariedade à viúva.

Ise não reclamava, fazendo-me crer que compreendia, mas ela sabia que eu mesmo estava me enganando. A cada nova visita eu retornava com um estranho brilho no olhar e ficava horas sentado no terraço, apreciando a correnteza incessante do Nilo.

Naquela ocasião, eu não compreendia aquele estranho fenômeno. Por que ao chegar perto de Kermosa e aspirar o seu inebriante perfume, eu me transformava, ficando literalmente hipnotizado, mesmo amando intensamente minha esposa?

No final de minha vida descobri que ela usava um perfume com uma essência enfeitiçadora, produzido por um mago caldeu! O contato daquela essência com a pele de Kermosa causava-me alucinações e profunda embriaguez, como se eu tivesse bebido litros de vinho e acendido um fogo incontrolável em meu coração.

Resisti o quanto pude, mas em poucas semanas eu e Kermosa éramos vistos juntos nas belas festas noturnas da sociedade tebana. Ise detestava a noite e eu precisava cumprir com os meus novos compromissos sociais de oficial do exército egípcio.

Sutilmente ela tentava abrir-me os olhos para a fascinação que eu sofria por Kermosa, mas era inútil. Meu espírito despreparado entregou-se, pouco a pouco, às artimanhas das mulheres que sabem encantar aos homens.

A voz de Ise sempre pareceu ser sublime música das esferas superiores aos meus ouvidos, mas a de Kermosa era como um encantamento mágico, que controlava o meu coração, fascinando-me de uma forma que roubava-me as forças e a concentração para os mais simples trabalhos.

No início, a sociedade de Tebas entendeu que eu estava fazendo companhia à desventurada mulher que tinha perdido o esposo na guerra. Mas o corpo de Userkaf, que trouxemos do deserto da Síria, não havia completado nem mesmo os setenta dias dos rituais da mumificação e Kermosa já se comportava como uma adolescente em busca de seu pretendente, escandalizando a todos.

Ela passou a usar roupas transparentes que realçavam as curvas esculturais de seu corpo. Assim como Ise, ela não tinha parido filhos. Enquanto a minha esposa preocupava-se apenas em enobrecer o espírito, Kermosa abusava dos recursos da época para embelezar ainda mais o corpo.

Nos finais de tarde, eu a visitava em sua casa. Kermosa instruía os servos a me conduzirem à piscina, onde ela se banhava em um líquido à base de essência de rosas vermelhas. De forma insinuante, ela levantava-se, nua, e caminhava até a toalha para secar-se. Depois, íamos para a sala de estar, onde ela me recebia com todo o carinho e atenção.

Dia a dia, com paciência, Kermosa foi quebrando todas as minhas tentativas de resistir aos seus encantos. Até que em determinada noite não retornei para casa, sendo acordado quase ao zênite de Rá por um soldado de Horemheb, que chamava-me imediatamente ao quartel-general do exército em Tebas.

Com profundas olheiras ocasionadas pela noite mal dormida, apresentei-me ao grande general egípcio. Ele sorriu e disse que eu estava me readaptando rapidamente à vida de Tebas.

Mais uma vez lembro ao leitor a importância de compreender que o povo egípcio tinha conceitos diferentes dos das sociedades cristãs atuais. O casamento com várias mulheres não era algo incomum no Antigo Egito, tanto que os faraós possuíam sempre o seu harém real.

Akhetaton era uma exceção! Uma cidade muito à frente de seu tempo. O faraó possuía um harém real, mas simplesmente porque isso fazia parte das castas sociais da época.

Muitos governantes estrangeiros enviavam suas filhas para serem esposas do faraó, mas Akhenaton apenas as hospedava e as iniciava no culto a Aton. Elas, na verdade, tornavam-se sacerdotisas de Aton, pois no coração do faraó só havia espaço para a sua amada Nefertiti. Foi realmente muito difícil convencê-lo a casar-se com Kiya para gerar o herdeiro real, Tutankhamon.

Horemheb convidou-me a sentar e ofereceu-me um copo de vinho. Eu fiz um sinal negativo por causa da ressaca em que me encontrava. Em seguida, ele me informou de seu novo projeto como general egípcio: restabelecer a ordem em toda a terra de Kemi. Desde o reinado de Akhenaton, os deuses já não eram respeitados e crimes ocorriam sem a devida punição. Ele enviaria, então, oficiais para todas as regiões com o objetivo de restabelecer a ordem nas nomarcas. Nenhum crime ficaria sem punição! Para isso, era necessário que oficiais isentos dos conchavos regionais fossem nomeados por todo o Egito para acabarem com as negociatas prejudiciais aos cofres do faraó.

Horemheb determinou que eu deveria seguir para Mênfis e lá ser os seus olhos até o retorno do general Amanappa, que já havia partido novamente para a terra de Canaã com o objetivo de manter o controle sobre o território reconquistado.

Eu saí do escritório de Horemheb e dirigi-me para uma fonte em meio à praça pública, onde lavei o rosto e pensei como daria a notícia a Ise. Fui encontrá-la horas depois no consultório médico de Ramósis. Tentei prepará-la para dar a notícia da viagem que teríamos de fazer, que duraria provavelmente até a próxima cheia do Nilo.

Mas ela estava muito magoada para agir com naturalidade. Era visível o seu abatimento em decorrência de minhas atitudes nos últimos dias. Quando eu lhe disse que teríamos que viajar para Mênfis, ela foi categórica:

— Radamés, as tuas atividades guerreiras não são a aspiração de minha vida. O meu lugar é aqui, trabalhando ao lado de meu pai, salvando vidas e não usurpando-as. Ademais, acredito que não te faltará companhia para essa viagem!

Ise virou-se para preparar o material cirúrgico de Ramósis. Eu percebi que ela continha as lágrimas para não chorar abertamente. Caminhei, então, os poucos metros que nos separavam e coloquei as mãos em seus delicados ombros. Ise encolheu-se em sinal de repúdio. Meu coração sobressaltou-se. Ela nunca tinha agido assim! Eu me senti como um monstro imundo e retirei-me discretamente.

Alguns dias depois, parti para Mênfis. Apenas Kermosa foi ao cais despedir-se de mim. Mas ela tinha outros planos! Mal o meu barco partiu, ela seguiu atrás. Não houve forma de fazê-la retornar. Não sei também se a repudiei de forma convincente, ou agi assim meramente pelo peso em minha consciência.

Viajamos juntos e também moramos juntos em Mênfis. Lá vivi intensamente aquele amor enfeitiçador. A cada dia ela aumentava as doses do perfume em seu corpo. E eu a cada dia ficava mais escravizado àquela paixão avassaladora.

Então, comecei a perceber novamente as sombras negras que me acompanhavam de tempos em tempos. A minha personalidade, longe de Ise e Ramósis, e ao lado de Kermosa e realizando atividades militares, a cada dia se obscurecia ainda mais.

Como eu fora encarregado de restabelecer a ordem em Mênfis, muitos homens que desviavam verbas e promoviam a criminalidade nos bairros da capital do Baixo Egito foram condenados por mim. A intolerância começou a criar raízes profundas em meu espírito.

Algumas pessoas podem perguntar como um espírito pode regredir em sua evolução, se os ensinamentos espirituais nos esclarecem que jamais retrocedemos, somente avançamos na escalada evolutiva?

Na verdade, em Akhetaton eu estava em um estágio superior à minha evolução. E se eu tivesse resistido às dificuldades que surgiram, teria realizado um salto quântico em minha escalada rumo à luz. Infelizmente fracassei, rasgando a máscara que cobria a minha alma imperfeita!

Alguns meses depois, eu e Kermosa nos casamos em Mênfis. Assim como fiz com Ise, em cerimônia oficial, arremessamos contra a parede o nosso "cântaro de casamento" com os nossos nomes gravados. Ele espatifou-se no chão celebrando nossa união. Um momento transitório de alegria, como é todo o casamento baseado somente na paixão, longe dos sublimes sentimentos de amor espiritual. Em breve a alegria tornar-se-ia uma guerra de caprichos entre almas infantis.

Quando Amanappa retornou da terra de Canaã, ele se surpreendeu com o trabalho que realizei. Até mesmo Ipy, o governador de Mênfis, havia-se acautelado em razão de minha severidade em punir os infratores. Devemos lembrar que Ipy era um dos maiores incitadores à rebelião contra Tebas durante o reinado de Akhenaton. Nem aquele aliado eu poupei em minha intolerância e intransigência. A filosofia de Aton já não me dizia mais respeito.

Concluído o meu trabalho em Mênfis, retornamos para Tebas. Durante a viagem eu passava horas estudando uma forma de informar Ise sobre meu novo casamento, sem magoá-la. Essa era uma missão quase impossível.

Certamente as duas teriam que morar juntas na mesma casa. Mas Ise tinha fortes reservas contra Kermosa. Eu teria de convencê-la a aceitar minha nova esposa.

Nesse período, Kermosa dissimulava as suas intenções, demonstrando-me a todo momento que desejava ser amiga de Ise, mas seus planos eram bem outros.

A viagem de retorno foi tranqüila, apenas o meu coração permaneceu tão agitado como a correnteza do Nilo na época de sua cheia, durante as chuvas da Etiópia.

Cerca de seis semanas antes, eu tinha solicitado a um escriba do exército que comprasse, em meu nome, uma casa que muito me agradava no bairro rico de Tebas. Quando chegamos na capital do Império, levei Kermosa para a nova casa e, em seguida, fui até a residência de Ramósis para reencontrar minha primeira esposa.

Entrei discretamente na casa; apenas Ramósis percebeu a minha chegada e também o meu desejo de fazer uma surpresa a Ise. Ele se manteve em silêncio até que venci a distância que me separava do grande amor de minha vida. Por trás, tapei os seus olhos e ela instintivamente colocou suas mãos nas minhas. Minha adorada esposa sorriu! E isso trouxe-me um grande alívio.

Em seguida, ela se virou e me abraçou, dizendo:

— Oh! Radamés, como senti tua falta!

Eu abracei-a e disse-lhe com os olhos marejados de lágrimas:

— Também senti a tua, meu amor! Já falei com Horemheb e disse-lhe que não desejo mais sair de Tebas para ficar sempre ao teu lado. Até comprei uma casa para nós no bairro rico.

Ela sorriu, ainda demonstrando uma ponta de preocupação, e fez a pergunta que eu temia:

— E Kermosa?

Não pude mais evitar e falei do nosso casamento em Mênfis. Ise pareceu não acreditar em minhas palavras. Após alguns momentos, nos quais parecia que seu coração saltaria pela boca, ela disse, transtornada:

— Radamés, que aconteceu contigo? Parece que os princípios mais sagrados que abraçamos para as nossas vidas foram traídos por ti!

Eu tentei justificar-me dizendo:

— Não digas isso, Ise! Quantos homens são casados com mais de uma esposa. Vê, então, os faraós: possuem um harém. O próprio Akhenaton tinha um harém em Akhetaton e casou-se com Kiya, mesmo amando Nefertiti.

— Não macules a memória de Akhenaton para justificar a tua falta de caráter — respondeu ela. — Akhenaton casou-se com Kiya apenas porque Nefertiti não teve filhos homens. Ele

...mpre defendeu que o homem deveria ter apenas uma esposa, assim como cultuar a um só deus. Como pudeste fazer isso comigo, Radamés?

As lágrimas de Ise cortaram o meu coração. O seu choro compulsivo fez-me refletir. Como eu tinha tido coragem de fazer sofrer aquela que foi o esteio seguro em minha vida atormentada?

Sem saber mais como agir, eu lhe disse:

— Vamos, Ise, tu és a minha primeira esposa! Kermosa será apenas uma esposa secundária. Tu terás todas as prerrogativas que a nossa lei garante à esposa oficial. Ademais, Kermosa está bem ciente disso. Ela te respeitará e vocês serão boas amigas.

— Nunca! — gritou ela, fora de si.

Os últimos anos, principalmente os meses que passei em Mênfis, haviam-me tornado extremamente intolerante. Eu olhei sério para Ise e disse-lhe, de forma ríspida:

— Eu sou teu esposo e me deves obediência. Não quero mais reclamações. Arruma as tuas coisas, pois partiremos já!

Ise, aos prantos, olhou para o pai que mantinha-se sereno como em todos os momentos de sua vida. Ele se compadeceu da situação da filha, mas aconselhou-a:

— Minha querida, vai com Radamés! Ele precisa muito de ti! Não deves faltar, quando o teu esposo necessita de ti. Certamente ele permitirá que continues trabalhando comigo.

Concordei com as palavras de Ramósis, mas, em minha ignorância, acreditei que ele fazia referência ao fato de eu necessitar de Ise para servir-me. No entanto, ele via muito mais longe. Ramósis desejava que Ise me acompanhasse para ensinar-me a vencer as trevas em que eu tinha transformado a minha vida!

Ela soluçou por mais alguns segundos e compreendeu o olhar sublime do pai. Naquele instante, Ise percebeu que deveria sacrificar a sua vida para tentar salvar a minha. Somente almas nobres se esquecem de si para amparar os filhos de Deus distanciados da luz!

Ise demonstrou o verdadeiro amor, aquele que não espera nada em troca. Ela viria a sujeitar-se a uma vida que detestava para tentar resgatar-me das sombras.

Ise, então, concordou e pediu-nos licença para arrumar suas coisas para a mudança, enquanto eu e Ramósis ficamos conversando sobre medicina. Aquele assunto já não me atraía como antes, mas em determinado momento Ramósis despertou a minha curiosidade, dizendo-me:

— Radamés, lembras-te de quando estudávamos em Akhetaton sobre as "doenças mágicas"?

Percebendo o meu gesto afirmativo, ele prosseguiu:

— Acredito que estou perto de encontrar o causador da febre maldita que assola o nosso povo e o enfraquece. Isso quando não o leva à morte!

— A mesma doença que atingiu o nosso faraó quando criança? — perguntei.

— Exatamente! Creio que a doença é transmitida através da contaminação do sangue, de infectado para infectado.

— Mas como o sangue é transferido?

— Tenho quase certeza absoluta de que os mosquitos que se reproduzem nos brejos durante a baixa do Nilo transmitem esse mal através das picadas que efetuam nas pessoas para alimentarem-se de sangue. Quando eles picam um doente contaminam-se com o "elemento mágico"; em seguida, os mosquitos transmitem à outra pessoa quando picam-na. E assim sucessivamente.

O que achas dessa idéia? Sabes que sempre apreciei a tua forma de pensar!

Aquele elogio de meu sogro me deixou feliz. Eu pensei por alguns segundos e respondi:

— Acredito que essa é uma tese muito interessante e deveríamos estudá-la com carinho! Mas dize-me, a solução seria eliminar os mosquitos?

— Não, creio que não! O mosquito é apenas o transmissor. Mais cedo ou mais tarde outro agente poderia assumir tal função. Mas a eliminação do mosquito não deixaria de ser uma forma de reduzir o número de casos dessa doença, que pelo visto não é tão mágica como parece.

Ambos rimos, porque em Akhetaton, em nossos estudos filosóficos, o que era considerado "mágico" tratávamos apenas como aquilo que os homens ainda não compreendiam. Nada na vida criada por Aton deixava de ter uma explicação, bastava que descobríssemos os meios que geravam os fenômenos que desconhecíamos para, então, dominá-los para o bem comum.

Aqueles pensamentos e as palavras de Ramósis fizeram-me pensar em como estaríamos vivendo, naqueles dias, caso o projeto de Akhetaton não tivesse sido destruído.

Ficamos em silêncio por alguns instantes. Acredito que

Ramósis irradiava-me energias imponderáveis para trazer-me paz e equilíbrio. Quando Ise retornou, eu estava bem mais calmo. Ela também tinha-se tranqüilizado.

    Conversamos serenamente, embalados pela paz de espírito do iluminado Ramósis. Em seguida, ele nos acompanhou até a liteira que nos esperava. E assim seguimos para a nossa nova casa, onde viveríamos com uma cobra à espreita, que ao menor vacilo feriria de morte a luz de minha vida.

Capítulo 25
A luz recomeça a brilhar no Egito

Sarcófago de Akhe-naton reaproveitado como segundo sarcófago para o funeral de Tutankhamon.

Os anos seguintes não foram muito diferentes. Ise trabalhava feliz com Ramósis, enquanto eu me dedicava às tarefas militares. Já Kermosa detestava o trabalho e vivia somente com a sua atenção voltada para as fofocas tão comuns entre a maldosa sociedade de Tebas. O perfil de Kermosa e de Ise era bem diferente! Ise era introspectiva e uma mulher ávida pelo conhecimento; Kermosa era fútil e não conseguia realizar grandes exercícios mentais.

Ise acordava cedo e trabalhava até o anoitecer junto ao pai. Já a minha segunda esposa dormia até o zênite de Rá e passava as tardes na casa das amigas falando da vida alheia ou cuidando de sua beleza. À noite, Ise era caseira, enquanto Kermosa exigia que fôssemos às incansáveis festas noturnas da sociedade tebana.

Durante esse período, que durou cerca de três anos, Kermosa trabalhou com paciência para gerar todo o tipo de intrigas entre eu e Ise. Felizmente a nobreza de caráter de minha primeira esposa era tão grande que eu sempre colocava esses deslizes de Kermosa na conta de seu incontrolável ciúme.

As noites em que eu ficava em casa ouvindo Ise tocar a sua harpa e cantar suas belas canções irritavam Kermosa profundamente. Ela ficava de mau humor e reclamava que estávamos perdendo as festas inesquecíveis nas amplas mansões da nobreza.

Ise raramente reclamava de alguma coisa; portanto, pouco a

pouco, fui dando mais atenção a Kermosa para evitar situações de conflito dentro de nosso lar. Mas eram os momentos íntimos que eu passava com Ise que me davam mais alegrias, pois era um sublime alimento espiritual; ao contrário do contato com Kermosa, que era um turbilhão de sentimentos exclusivamente carnais. Ise doava-me amor; Kermosa sugava-me as energias.

Após os três primeiros anos de meu casamento com Kermosa, Tebas estava mais deslumbrante do que no início do reinado de Akhenaton. O povo que tinha migrado para outras regiões acabou retornando em razão da movimentação da economia na capital do Império, o que dava-nos muito trabalho. Horemheb tinha atingido o objetivo ao qual se propusera. Ele restabeleceu a ordem por todo o Egito e agora Maya, o tesoureiro real, enchia os cofres com impostos e participações nos lucros obtidos pelos comerciantes.

Cada novo empreendimento deveria receber o aval do governo. Por ter desistido das viagens militares para ficar ao lado de meus familiares, recebi a incumbência de ser um dos funcionários que avaliavam e fiscalizavam as atividades comerciais em Tebas. Além disso, eu era responsável pelo policiamento em um dos distritos mais movimentados da capital do Império.

Em meio a esse período de grande prosperidade, retornou à terra de Kemi o vizir do Egito na Núbia, o nobre Huy. O povo lotou o cais de Tebas para ver a chegada das embarcações que vinham do sul.

Huy cumpriu com louvor sua tarefa e trouxe para Tebas quase tanta riqueza quanto as que trouxemos de toda a Síria durante a campanha militar. Ele chegou ao Egito com uma frota naval carregada de uma quantidade tal de tesouros que dava a impressão que os barcos iam afundar por causa do peso das pilhas intermináveis de ouro, moldado em forma de anéis. Nos demais barcos via-se um aglomerado de peças de marfim e ébano. Huy trouxe até mesmo uma girafa para o jovem faraó e sua esposa real.

Tutankhamon parecia uma criança, empolgado com o exótico animal. E ele já estava com dezessete anos!.. Huy foi recompensado com vários colares de ouro da Casa do Faraó. O valor lhe era apenas simbólico, porque o metal da cor do Sol era algo abundante na colônia egípcia que administrava.

A girafa impressionou ao povo que, com raras exceções, nunca tinha visto animal igual. Inclusive o jovem faraó desconhecia a existência de um bicho tão exótico.

Aye e Maya apenas sorriam de contentamento. O Egito estava sob controle. Horemheb realizara um espetacular trabalho para restabelecer a ordem; Maya controlava os recursos e contabilizava os impostos; enquanto Aye decidia como aplicar a abundante riqueza. E não foi difícil realizar um trabalho de recuperação econômica, pois o Egito obteve naquele período a riqueza acumulada pelos povos vizinhos durante o reinado pacífico de Akhenaton.

Esse era o panorama quase dez anos depois da morte do faraó "Filho do Sol", que aos olhos do povo afundara a nação. O reinado de Akhenaton era para todos, principalmente para os tebanos, uma triste história que deveria ser realmente esquecida.

Mas, duas semanas depois desse fato, aconteceu um episódio que é digno de menção e fez-me relembrar os bons tempos de Akhetaton, que só aqueles que possuíam "olhos para ver" compreenderam. A riqueza espiritual do reinado de Akhetaton era imperecível, acima das riquezas transitórias que os homens insistem em cultuar. Akhenaton cultuou a arte e o amor, enquanto aqueles que o condenaram cultuavam o ouro e a vaidade.

Eu estava sentado em meu escritório, ditando um documento a um escriba que reproduzia os hieróglifos em um papiro, quando entrou em minha sala solicitando audiência um dos antigos nobres de Akhetaton. Era Atonemheb, que bandeou-se para o lado de Amon tão logo a situação tornou-se delicada na cidade celestial. O seu nome significava "Aton está em festa", mas assim que ele se mudou para Tebas modificou-o para Amonemheb.

Ao vê-lo, fiquei extremamente interessado em saber o que aquele traidor sem escrúpulos desejava. Humildemente ele aproximou-se e solicitou uma autorização para abrir uma padaria dentro da jurisdição sob o meu controle.

Eu sorri e pedi que os demais funcionários se retirassem do escritório. Ao ficarmos a sós, perguntei-lhe com um sorriso sarcástico:

— Onde estão aqueles pelos quais traíste Akhenaton? Por que não te amparam em meio à ociosa nobreza de Tebas?

Amonemheb assustou-se com a minha indagação direta, sem rodeios. Ele sabia que eu havia-me desligado dos assuntos referentes à "heresia de Amarna" e jamais imaginou que eu iria falar abertamente sobre um período proscrito por lei.

O antigo traidor tremeu nas bases e falou, gaguejando:

— Meu senhor, desculpa-me... Eu não imaginei...

— Não imaginaste o quê, seu traidor, delinqüente? Creio

até que não tens remorso pelo que fizeste!

Ele começou a suar intensamente e a tremer ainda mais. Após alguns segundos de aflição, ele chorou amargamente, dizendo:

— Eu não tive culpa! Fiz o que estava ao meu alcance para ajudar aquele homem tão bom.

As palavras de Amonemheb me impressionaram. Eu não esperava aquela reação do traidor oportunista. Sentei-me ao seu lado e resolvi aprofundar nossa conversa, dizendo:

— Não entendo as tuas palavras! Se o faraó era tão bom aos teus olhos, por que o traíste?

Ele esfregava as mãos, tentando rememorar o passado. Os seus olhos estavam parados, hipnotizados pela chama da lamparina sobre a mesa. Alguns segundos depois, ele disse com uma voz sofrida:

— Eu não entendia Aton e tinha vergonha de dizer isso ao faraó! Todos ao meu redor pareciam entender aquele estranho deus sem forma, pois deveria estar em todos os lugares ao mesmo tempo, ao contrário de Amon-Rá, que podemos ver e tocar suas vestes. A imagem de Aton era apenas um círculo, que estendia mãos imaginárias que eu não conseguia ver.

Akhenaton falava, ensinava, expunha a palavra de Aton com louvável facilidade, fazendo parecer tudo tão simples, mas eu nada entendia de sua crença. Os ensinamentos do deus de Akhenaton me embaralhavam a mente! Como aceitar tantas mudanças de forma tão repentina? Todos os deuses serem banidos de nossas vidas! Escravos e senhores serem iguais! Aqueles novos conceitos me agoniavam e me traziam muita insegurança. Para dizer-te a verdade, eu tinha medo de um novo mundo que eu não compreendia. Quando vi o sonho do faraó ruir, fugi dele com alegria, porque sabia que longe de Akhetaton o mundo ao qual eu estava habituado estaria me esperando.

Aquelas palavras de Amonemheb causaram um grande impacto em minha alma. Sim! Aton, o Deus Único, era intangível e abstrato. O início do reinado do deus Aton marcou o fim de toda a cultura egípcia, desde as estátuas de cada deus até a mitologia, o simbolismo e as superstições tão comuns entre os egípcios.

Não havia mais imagens para que os egípcios pudessem se concentrar e realizar o seu culto. O novo deus era tão intangível como os raios do Sol, que o representava.

A passagem dos deuses concretos para um conceito abstrato deu um nó na cabeça dos egípcios, que eram avançados em diversas áreas, mas não eram pensadores abstratos.

Os pensamentos dos antigos egípcios eram voltados sempre para necessidades específicas e concretas. Ao contrário dos gregos, os egípcios em geral não sabiam filosofar. Akhenaton pensava de forma completamente nova para o povo da terra de Kemi, e isso criou um abismo entre ele e seus seguidores.

Muitos dos que o seguiram jamais imaginaram, ao partir para Akhetaton, que estariam realizando uma viagem mental à qual não teriam alcance para compreender. Esse era o caso do homem que chorava ajoelhado aos meus pés!

Naquele momento, comecei a ver os meus semelhantes com outros olhos. Compreendi que cada indivíduo possui uma capacidade de entendimento e deveríamos respeitar o avanço de cada um.

As palavras de Akhenaton no deserto da Síria, naquele instante, retumbaram em minha mente:

"Se desejas honrar e defender a minha memória, ama e perdoa! Os homens em sua ignorância podem destruir monumentos de pedra, mas jamais destruirão o nosso ideal! Chegará o dia em que as gerações futuras compreenderão o nosso trabalho de edificação espiritual da humanidade. Até lá, vamos amar nossos irmãos, compreendendo que a flor não desabrocha antes do seu devido tempo!"

Uma lágrima correu de meus olhos, enquanto o pobre homem aguardava, quem sabe até mesmo, que eu mandasse executá-lo. Ele beijava insistentemente a barra de meu saiote e pedia-me perdão.

Eu peguei a sua petição, caminhei até a mesa e coloquei o sinete sobre o documento, dando-lhe a autorização para iniciar o seu negócio. Em seguida, entreguei o papiro a ele e o dispensei, sem dar-lhe atenção.

Ele saiu chorando de alegria, agradecendo por minha generosidade. Eu nem sequer ouvi as suas palavras, apenas abandonei o escritório e fui caminhar às margens do Nilo. Durante toda aquela tarde fiquei perdido em meus pensamentos.

A conversa com Amonemheb fez-me ver os homens sob uma ótica que jamais imaginara. Lembrei-me, inclusive, dos estudos que realizávamos em Akhetaton, os quais por mais que explicássemos ao povo poucos compreendiam. Entendi, finalmente, que cada pessoa tem uma capacidade de entendimento, e que a mesma palavra pode ter significados diferentes na mente de pessoas que têm níveis de compreensão diferentes.

Ise e Kermosa eram assim. Eu falava a mesma coisa para as duas, mas Ise entendia nas entrelinhas, enquanto Kermosa levava as coisas ao pé da letra, como se fosse uma criança sem experiência e compreensão da vida.

Inclusive eu também era assim! As palavras de Akhenaton, Ramósis e Meri-Rá, agora avaliadas sob minha nova visão, mais madura, pareciam dizer-me algo diferente, que antes não compreendia. Agora sim, a minha visão estava desembaçada; eu enxergava com clareza.

Fiquei tão grato àquele pobre homem por ter despertado a minha luz interior, que após a inauguração de sua padaria fiz de tudo para beneficiá-lo no que diz respeito aos impostos e à fiscalização que estavam sob os meus encargos.

Essa nova forma de ver as coisas fez com que eu me aproximasse mais de Ise e de Ramósis, atiçando ainda mais o ciúme e a inveja de Kermosa, que a cada dia sentia-se mais como uma intrusa no ninho do que como um membro da família.

Minha adorada primeira esposa fazia o possível para que Kermosa mudasse a forma de pensar, pois ela já tinha o que desejava. Todos deveríamos, então, ser uma família feliz.

Mas Kermosa via conforme a sua capacidade de entendimento. A cada dia ela tinha mais a certeza de que Ise era uma rival que deveria ser afastada de nosso convívio.

Após o jantar, passávamos longas horas conversando sobre as questões filosóficas que entediavam o espírito irrequieto de Kermosa. Na tentativa de me desvencilhar daquela minha forma de agir, ela insistia com Sen-Nefer, que nos acompanhava nas festas, para convencer-me a voltar à rotina anterior.

Mas terminei agindo de uma forma que irritou ainda mais minha segunda esposa. Pedi a Sen-Nefer que a levasse às festas, porque eu desejava apenas passar as minhas noites dialogando com Ise e Ramósis.

Sen-Nefer sempre foi um bom amigo, apesar de ter-me evitado no momento do meu difícil retorno à vida de Tebas. Mas quem sabe se eu também não teria feito o mesmo?

Ele passou, então, a acompanhar Kermosa e tentar acalmá-la de todas as formas possíveis. Sen-Nefer procurava manter-me sempre informado das atitudes de Kermosa em minha ausência.

Ise aceitou com resignação os três anos em que dediquei mais tempo a Kermosa do que a ela. O mesmo não aconteceu quando a questão inverteu-se.

Daquele dia em diante, Kermosa começou a passar a suas

tardes ociosas no quarto, matutando uma forma de reverter a situação em seu favor. Há muito ela desejava ser a esposa principal! Enquanto eu dava-lhe mais atenção, ela tinha esperança de alcançar esse objetivo, mas depois da inversão do quadro, Kermosa começou a sentir-se como uma mera cortesã.

Eu tentava me desdobrar em dois para não dar motivo a Kermosa para queixas, mas os poucos minutos que ficava com ela me pareciam um eterno suplício. Nem mesmo o seu perfume mágico fazia mais efeito. Como eu estava vibrando em uma faixa espiritual superior, o encantamento mágico não funcionava.

Depois de dar atenção a Kermosa, através de um diálogo monossilábico, eu corria para os braços de Ise, com quem as palavras eram desnecessárias, pois bastava um olhar para nos entendermos. Nesses dias eu me amaldiçoava por ter me casado com Kermosa e me perguntava: "Onde eu estava com a cabeça quando tomei essa decisão?!"

No meio daquele ano, tive uma idéia estimulado pelos constantes debates filosóficos com meus familiares queridos. Ramósis tinha comentado sobre a missão do faraó Tutankhamon, que deveria solidificar o projeto de seu pai na terra de Kemi.

Por que não tentar despertar o rapaz?! Ele estava agora com dezoito anos, idade em que o homem, mesmo manipulado por mentes cruéis, começa a pensar por si só.

Nada falei a Ramósis e a Ise! Eles poderiam me impedir de tomar uma decisão tão perigosa. Tutankhamon não era como o seu pai. Akhenaton falava com todos e gostava do contato com os homens do povo. Já o novo faraó seguia à risca a tradição. Um deus vivo não poderia falar com ninguém nas ruas e aquele que afrontasse essa determinação poderia ser punido com a morte.

Mas, no dia seguinte, eu estava lá, à margem do Nilo, onde o jovem faraó e sua esposa-irmã caçavam patos. Fui até lá investido de todas as minhas insígnias militares. Certamente isso facilitaria minha aproximação.

Logo conversei com os guardas responsáveis pela segurança do rei. Dois deles eram amigos meus desde a guerra na Síria, portanto não foi difícil me aproximar.

Enquanto conversávamos, fiquei observando o jovem franzino que adorava esportes típicos de guerreiros. Sua bela esposa, a quem parecia que ele amava intensamente, e vice-versa, alcançava as flechas para que ele desferisse o golpe mortal nos indefesos patos.

A cada nova flechada com sucesso, o jovem e ingênuo faraó beijava um amuleto de Amon que carregava pendurado ao pescoço.

Uma hora depois de minha chegada, ele se retirou do pequeno barco de vime e seguiu para a sua liteira. Quando o rei passou ao meu lado, eu disse algo que assombrou a todos os presentes. Sorte que Aye estava no palácio resolvendo problemas urgentes, pois se ele ali estivesse me condenaria à morte imediata.

— Bela flechada, Tut!

O jovem espantou-se ao ver que eu me dirigia a ele. Jamais isso havia ocorrido, portanto ele não sabia nem mesmo como agir. Eu, então, complementei, meio sem jeito:

— Possuis uma excelente pontaria, alteza!

Ele olhou para Ankhesenamon, sem saber como agir, enquanto os soldados de sua guarda ficaram apreensivos, esperando uma ordem. O faraó mirou-me por alguns segundos e, em seguida, caminhou com passos tímidos em minha direção. Era a hora do tudo ou nada!

Ele olhou-me mais de perto e disse:

— Parece que te conheço de algum lugar! Pelo que vejo, és oficial do exército?

— Sim! — respondi. — Mas não é por esse motivo que me conheces. Na verdade, fui eu quem trouxe vossa alteza e vossa irmã para Tebas, alguns anos atrás, quando eras apenas uma criança. Lembras-te?

Ele arregalou os olhos e virou-se para Ankhesenamon, chamando-a com um gesto ansioso. Ela correu até o marido. Tut, então, falou-lhe ao ouvido, enquanto ela arregalava os olhos, assim como ele. Por fim, a bela moça disse com sua encantadora voz, tão parecida com a da mãe, Nefertiti:

— Mas Aye disse que o homem que nos trouxe a Tebas havia morrido!

Achei melhor não criar atrito com o cruel vizir, portanto apenas respondi:

— Creio que ele deve ter-se enganado. Naqueles dias aconteceram muitas coisas que confundiram a todos na terra de Kemi!

Eles sorriram e pediram que eu os acompanhasse para tomar um chá no palácio real. Naquele instante, rezei para não cruzar com Aye. Era imprescindível que eu adquirisse a confiança dos jovens antes que ele soubesse de minha intromissão, caso contrário os meus dias estariam contados.

A Providência Divina parecia trabalhar ao meu favor

como sempre fez durante toda aquela minha existência. Aye fora obrigado a ausentar-se do palácio, o que permitiu que eu passasse horas com os jovens, esclarecendo-lhes os fatos que foram esquecidos em razão do choque da transição para Tebas e da imposição de idéias que sofreram. Da noite para o dia, Aton fora expulso de suas vidas e Amon, seguido por uma legião de deuses, passou a fazer parte da rotina diária do casal real.

A lavagem cerebral foi tal nas crianças que Tutankhamon acreditava ser filho de Amenófis III. Imediatamente corrigi aquela crueldade, dizendo-lhe:

— Amenófis III, na verdade, foi teu avô! Teu pai foi um grande homem chamado Akhenaton. Um dia desses te contarei a história do maior entre os faraós do Egito. O homem que tentou transformar o Egito e os povos vizinhos em um mundo melhor, durante o seu reinado.

Sentado em seu trono de ouro, o jovem mantinha, por vezes, o olhar parado, tentando buscar nos escaninhos da mente aquelas vagas lembranças de sua infância. Ankhesenamon era alguns anos mais velha que ele, portanto, lembrava das coisas com mais facilidade.

Ela saltou em minha direção, ávida de curiosidade, e, colocando a sua mão sobre a deste plebeu, disse-me:

— Fala-me de minha mãe! Dizem que ela era a mulher mais linda que a nossa terra já viu!

Eu me reclinei na poltrona, coloquei a mão sob o queixo e falei:

— Sim, Nefertiti era linda, maravilhosa! Minha esposa e ela eram muito amigas. A propósito, a tua voz é muito parecida com a dela, e os teus olhos também.

O pai de vocês a amava tanto, que compôs vários poemas para ela. No mais belo de todos, ele dizia:

> A bela mulher que alegra com sua voz a todos que a escutam,
> Que fascina o coração do rei em sua casa,
> Satisfeita com tudo o que o povo lhe diz,
> A Grande é a esposa principal do rei,
> Senhora das Duas Terras,
> Nefer Neferuaten Nefertiti
> (Lindas são as belezas de Aton, a Bela Mulher que Vem),
> possa ela viver para todo o sempre.

A jovem rainha sorriu com a entonação romântica que dei

às palavras e se comoveu com a lágrima que correu de meus olhos. Então, ela falou emocionada:
— Quero que me contes tudo!
Eu olhei para os dois, com alegria, e disse-lhes:
— Quero que vocês conheçam Ise e Ramósis!
Eu olhei, então, para Tut e continuei:
— Alteza, deves conhecer o meu sogro, o Grande Médico Ramósis. Ele foi muito amigo de teu pai! Quando eras pequeno foste vítima de uma "doença mágica" e ele te curou de forma espetacular, inspirado pelos imortais.

Tutankhamon levantou-se do trono e caminhou pela sala, tentando relembrar. Em seguida, falou:
— Sim, eu me recordo! E posso inclusive lembrar-me de seu rosto, inclinado sobre mim, enquanto eu delirava em febre e suava copiosamente.

Eu fiz um sinal de contentamento com a cabeça. O faraó, então, disse-me:
— Quero conhecê-los amanhã! Esperarei o teu retorno junto com os teus familiares para a primeira hora da viagem de Rá pelos céus do Egito!

Quando me despedi dos meninos era quase noite. Os guardas me conduziram, então, até o portão do palácio.

Ao chegar na saída da Casa Real, percebi a chegada de uma liteira luxuosa. Rapidamente me esquivei rente ao muro do palácio. Já na esquina, olhei novamente para a liteira e vi Aye e sua esposa Tey descendo do veículo.

Suspirei aliviado! O casal real precisava rever Ramósis. Caso Aye me visse saindo do palácio, ele tentaria influenciar o faraó para nos evitar, até mesmo cancelando a audiência do dia seguinte. Restava agora torcer para que os jovens não contassem ao astuto vizir sobre a nossa visita. Só assim nossa audiência estaria assegurada.

Naquela ocasião, eu já estava com mais de quarenta e cinco anos, mas corri como um adolescente para casa. Eu não via o momento de contar a Ise e a Ramósis as novidades. Aton, naquele dia, ressurgia no horizonte, assim como o seu símbolo, o disco solar!

Entrei correndo em casa, assustando Ise com o meu jeito afoito. Sem nem mesmo tomar um copo de água, relatei-lhes o acontecido. Eu pude falar abertamente, pois Kermosa estava na casa de uma amiga desde o início da tarde.

Depois de contar-lhes tudo, Ramósis ergueu-se da poltrona e disse:

— Radamés, que loucura fizeste! Aye saberá desse teu encontro com o casal real. Poderás ser penalizado gravemente por essa imprudência.

Todos ficamos em silêncio por alguns segundos. Foi um banho de água fria em meu estado de espírito. Logo depois eu caminhei até a janela, meditei, apreciando a lua cheia no céu, e disse aos meus queridos familiares:

— Ramósis, eu estava morto e agora retornei à vida! Sinto que o nosso ideal de vida está entrelaçado com o projeto de Aton. E não podemos nos afastar desse compromisso, por mais que tentemos. E vocês sabem o quanto tentei!

Nossas conversas à noite, durante as últimas semanas, enquanto Kermosa não estávamos presente, fizeram-me ver o motivo pelo qual ainda estamos neste mundo.

Todos os nossos amigos do projeto de Akhetaton estão mortos. Aqueles que verdadeiramente lutaram por uma nova era de paz, amor e prosperidade no Egito não estão mais aqui entre nós. A pergunta é: por que nós fomos poupados, principalmente eu? Quantas vezes estive com a minha vida por um fio, mas forças imponderáveis reverteram a situação, causando-me assombro!

Sinto que ainda estamos neste mundo para concluir alguma parte de nossa missão, que está pendente. Eu estou pronto para pagar o preço, seja qual for! Se eu tiver que regressar para a Terra do Poente amanhã, só lamentarei por abandoná-los e não tê-los amado como mereciam!

Ise, sempre emotiva, chorou e me abraçou, espraiando pelo meu ser toda a sua energia espiritual quintessenciada. Eu a beijei, comovido, e disse-lhes, enquanto Ramósis colocava a mão em meu ombro e me abraçava:

— Vamos pensar de forma positiva! O pequeno Tut tornou-se um homem e parece que deseja libertar-se das garras de Aye. Ele tem personalidade e um espírito valoroso!

Ramósis olhou para o céu, apoiou-se no parapeito da janela, e falou:

— Sim, ele é um espírito de luz! Aton o enviou para concluir a obra de seu pai. Infelizmente as forças do mal e a imaturidade do povo desviaram o curso natural dos acontecimentos. Mas talvez tu tenhas razão! Estamos ainda neste mundo para impulsionarmos novamente a crença em Aton.

No dia seguinte, nos vestimos com as nossas melhores roupas e nos dirigimos à Casa Dourada. Fomos recebidos pelo casal real, que nos fez dezenas de perguntas sobre os seus pais e o período de sua infância, período este que foram obrigados a esquecer.

Ramósis e Ise explicavam tudo com paciência e extrema educação. Eu apenas acompanhava com o olhar os movimentos e os gestos apreensivos do faraó e de sua esposa, sondando-lhes as intenções e os pensamentos mais íntimos. Será que Tutankhamon teria forças para reverter o quadro político e religioso, assim como seu pai o fizera? Muitas dúvidas corriam pelo meu cérebro, deixando-me impaciente e nervoso.

Ramósis tentava-lhes explicar o deus Aton e toda a filosofia que envolvia a crença no Deus Único. Meu sogro expunha, com simplicidade, a filosofia espiritual do genial Akhenaton.

Enquanto Ramósis tomava um gole de água para lubrificar a garganta, ressecada de tanto falar, Ise atendia aos apelos de Ankhesenamon sobre informações referentes a Nefertiti.

Quando admiramos as pessoas de quem somos convidados a falar, torna-se tudo mais fácil. Ise falava de sua inesquecível amiga com um brilho no olhar e lágrimas que corriam fáceis pelo seu belo rosto. A esposa real cativou-se com o carinho e o respeito de Ise ao falar de sua mãe. Ambas tornaram-se, então, grandes amigas.

No transcorrer da conversa, Tutankhamon perguntou sobre a doença que quase lhe tirara a vida na infância. Ramósis respondeu com convicção:

— Meu faraó, posso dizer-te, com segurança, que não fui eu quem o curou, mas o Grande Deus Aton!

Os olhos do jovem rapaz se arregalaram. Mais uma vez o deus Aton, proscrito pelos deuses e pela lei do Egito, era citado. Ele manteve-se sereno e aguardou a narração de Ramósis, que informou-o sobre a doença, hoje conhecida como malária, e a gravidade do seu quadro naquela época.

Segundo Ramósis, já não havia mais nada a fazer, quando uma luz envolveu o corpo do faraó e expulsou um líquido negro de seu organismo. No mesmo instante, ele ficou curado, sendo necessários apenas dois dias para seu completo restabelecimento.

Ramósis contou-lhe também das pesquisas que estava realizando desde aquela época sobre tal enfermidade e os progressos alcançados na busca de um tratamento eficiente e, quem sabe, para encontrar a cura. Meu sogro, então, disse ao faraó:

— O desânimo e o cansaço diário de boa parte de nossa população são fruto dessa doença. Caso encontremos um meio de dominá-la, nosso povo será mais feliz e produtivo pelo simples fato de recuperar a saúde.

Tutankhamon ofereceu recursos do Estado e se prontificou a acompanhar pessoalmente os estudos científicos, algo tão raro naquela época.

Para o faraó, aquelas influências perniciosas de microorganismos invisíveis aos olhos humanos era algo fantástico, digno de estudos de magia, e não de medicina. Os sacerdotes de Amon acreditavam poder realizar essas curas somente através de cânticos mágicos, jamais através da medicina aplicada.

Conversamos ainda por mais algumas horas, sem ver o tempo passar. Até que no final da manhã, Aye entrou em passos rápidos no salão de audiências do palácio. Ao ver-nos, levou um choque e reduziu a velocidade de seus passos. Como uma raposa astuta, ele começou a avaliar o ambiente, enquanto sua mente trabalhava alucinadamente para saber que posição tomar diante do imprevisto.

Os guardas lhe haviam informado que o faraó estava em audiência informal, mas jamais imaginou quem fossem as visitas. Ele fez as reverências tradicionais ao casal real e aguardou as palavras do faraó, em silêncio. O jovem rei, com um sorriso nos lábios, disse-lhe:

— "Divino Pai", vê quem encontrei! Este é Ramósis, o médico que me salvou a vida durante minha infância.

Aye cerrou levemente os olhos e disse com voz pausada e macia:

— Alteza, devo lembrar que o período de tua infância, anterior a Tebas, deve ser esquecido. Não é agradável a Amon relembrar o período negro de nossa história.

Nessa última frase, Aye pousou seus olhos em Ramósis, demonstrando desdém. Tutankhamon não se afetou com as palavras do vizir e afirmou:

— Não iremos relembrar o passado, mas trabalhar pelo futuro! Ramósis está estudando um meio para encontrar a cura das temíveis "doenças mágicas", através da medicina.

Aye sorriu com desprezo e enfatizou:

— Alteza, sabes bem que as "doenças mágicas" são curadas por intermédio dos sacerdotes de Amon, e de ninguém mais.

O jovem faraó olhou como uma expressão desafiadora para Aye e retrucou:

— Aye, tu me conheces melhor do que ninguém. E sabes que gosto de uma boa competição. Deixemos Ramósis trabalhar e veremos quem é mais eficiente: ele ou os nossos sacerdotes!

O vizir apenas concordou com um gesto feito com a cabeça. O faraó, então, nos dispensou, combinando de encontrar-se com Ramósis diariamente para inteirar-se de seus estudos científicos.

Ao sairmos, Aye sentou-se ao lado do casal real e disse ao faraó:

— Meu senhor, entendo tuas boas intenções! Mas devo lembrar-te que Amon é contra esse tipo de ciência. Ademais, esse homem, Ramósis, viveu intensamente os acontecimentos que trouxeram tristeza e desgraça para a nossa terra. Tu és o soberano da terra de Kemi! As tuas decisões e atitudes trarão glórias ou tragédias para o nosso povo. Pensa bem antes de agir em qual direção for!

Além disso, esse não é o primeiro charlatão que pede audiência a vossa alteza e promete coisas impossíveis para impressioná-lo. Já deverias estar acostumado com esse tipo de gente!

Aye retirou-se rapidamente, sem esperar que o jovem rei o dispensasse, quebrando o protocolo real que ele jamais respeitou, pois acreditava-se um deus vivo que orientava uma marionete que o destino havia feito faraó.

Quando o vizir saiu pela porta da sala de audiências, o faraó colocou a mão sobre a de sua grande esposa real e disse:

— Meu amor, Ramósis não é um charlatão. Ele é o homem que nos ligou ao nosso passado. Quando éramos pequenos ele nos carregou no colo e talvez tenha sido o melhor amigo de nossos pais. Devemos ouvi-los, pois eles nos disseram a senha mágica: Akhenaton e Nefertiti!

Capítulo 26
A intriga de Kermosa

As semanas seguintes foram de intensos encontros entre o faraó e Ramósis. O jovem visitava-o diariamente em seu consultório para se inteirar dos estudos sobre as "doenças mágicas". Enquanto isso, Ise era convidada por Ankhesenamon para conversarem nos jardins magníficos do palácio real.

Eu mantive-me à margem porque tinha as minhas atribuições para cuidar e também não possuía o tato de Ramósis para envolver-me naquele jogo perigoso com o vizir Aye.

Meu sogro teria que conquistar a confiança do faraó para só depois fazê-lo compreender a importância do deus de seu pai para a evolução espiritual do Egito. Certamente Aye utilizaria todos os recursos para confundir a cabeça do jovem faraó e prejudicar os planos de Ramósis.

Isso exigiria paciência; virtude que não era o meu forte. Ademais, Ramósis havia-me dito em determinada ocasião:

— Radamés, o povo não está preparado para o Deus Único! Devemos convencer o faraó a autorizar o culto ao deus Aton, mas sem suprimir os demais deuses. Somente em um segundo momento, depois de o povo ter compreendido o Grande Deus, poderemos trabalhar pelo fim do politeísmo. Acredito que se Akhenaton estivesse aqui conosco, também assim procederia. Agora temos a experiência da primeira tentativa. É importante

Ankhesenamon oferecendo flores de lótus ao seu esposo, o faraó Tutankhamon.

aprendermos com os próprios erros!

O trabalho deveria ser meticuloso e diplomático, o que não era o meu estilo. Eu temia prejudicar os projetos de meu sogro. Logo, resolvi dedicar-me a minha rotina diária, pois eu já tinha dado uma importante contribuição, restabelecendo os laços que nos uniam ao casal real, rompidos após o fim da era de Amarna. Por longos anos ficamos separados daquelas crianças que, inclusive, o casal solar nos permitia embalar no colo para fazê-las dormir.

Ao longe, cuidando de minhas atribuições, era comum eu ver Ramósis andando com o faraó às margens do rio sagrado à procura de novos mosquitos para as suas experiências sobre a malária. O mosquito anofelino, também conhecido como mosquito prego por causa de sua forma de pousar, era muito comum na região do Vale do Nilo.

Ramósis procurava fêmeas e larvas do inseto para estudar os protozoários do gênero *Plasmodium*, responsáveis pela enfermidade. Enquanto isso, o jovem rei se debruçava sobre o seu ombro para acompanhar os passos daquele meticuloso serviço. Ao lado de Ramósis, o faraó tornava-se mais humano, perdendo a pompa divina que Aye lhe havia incutido na mente desde a infância.

Sempre procurando observar os dois, para ver o avanço do projeto e proteger o meu sogro, eu me preocupava com a constante presença de espiões de Aye, ou dele próprio, observando à distância. Certamente ele procurava inteirar-se de todos os passos daquele menino que virou homem, e que agora começava a libertar-se de suas garras.

Em relação a Aye, outro fato que causou-me grande apreensão naquele período foi a morte do sumo sacerdote de Amon, que substituíra Ptahmósis. Acredito que ele tenha sido assassinado por sua ineficiência.

Os conselheiros do deus Amon, então, resolveram realizar um gesto político. Contrariando as tradições do templo, nomearam Aye como o novo sumo sacerdote. Essa era uma forma de estimular o vizir a impedir qualquer tentativa do faraó no sentido de promover o retorno do culto ao deus Aton. Aye tinha muita influência sobre Tutankhamon. Logo, os sacerdotes depositaram toda a sua fé no vizir do Egito para evitar que o deus proscrito voltasse ao panteão egípcio.

A partir daquele dia, começamos a ver Aye pelas ruas com a tradicional veste de pele de leopardo sobre a túnica branca.

Somente o sumo sacerdote poderia usar esse símbolo de poder religioso. Além de vizir e tutor do faraó, agora ele era o chefe dos sacerdotes do deus mais poderoso do Egito.

Só lhe faltava o domínio total sobre o terceiro poder: o exército! E este era chefiado por Horemheb, que procurava evitar confrontar-se com Aye. Certamente o inescrupuloso vizir estava em uma situação muito confortável.

Era preciso tomar cuidado nos menores gestos e intenções. Qualquer atitude mal interpretada poderia pôr tudo a perder. Ali me convenci de que realmente eu deveria manter-me afastado do faraó.

Como Ise e Ramósis viviam ocupados com o casal real, dediquei-me mais ao trabalho e a Kermosa, que vivia sempre taciturna. Voltei a freqüentar algumas festas noturnas para acompanhá-la, e assim demonstrar o meu zelo em relação ao nosso casamento.

Parecia que tudo ia bem. Kermosa tornou-se mais sociável em casa, mas não porque eu estava-lhe dando mais atenção. Ela estava feliz em razão do início da execução de seu infeliz plano!

Suas tardes, nas últimas semanas, tinham sido ocupadas em urdir um plano que viesse a incriminar Ise de forma que eu não pudesse negar o fato.

Kermosa requisitou várias pessoas que pareceriam não ter nada a lucrar com as calúnias, e pagou grandes somas em ouro para que elas colocassem dúvidas em minha cabeça com relação à conduta de Ise durante o período em que estive na guerra contra os hititas na Síria.

Nas festas sociais era comum algumas pessoas, que me pareciam isentas, contarem que tinham visto Ise na companhia de um sedutor nobre da cidade de Hieracômpolis, que havia morado um ano e meio em Tebas durante o período da guerra. Dissimuladamente, elas me perguntavam se aquele homem era um parente de Isetnefret.

Aquelas perguntas me desconcertavam, deixando em meu coração uma pesada angústia. O nome dele era Nedjemou. Tratava-se de um comerciante que estivera em Tebas a negócios. Transtornado, procurei Sen-Nefer pelos amplos salões da casa em que era celebrado o noivado de uma importante dama da nobreza. Fui encontrá-lo no jardim, conversando com algumas moças. Apesar da idade, Sen-Nefer não perdia o seu charme galanteador. Chamei-o a um canto, ornamentado com flores de lótus e azaléias, e perguntei-lhe:

— Sen-Nefer, és meu amigo! Não mintas! Dizem que Ise esteve intimamente ligada a um comerciante de Hieracômpolis chamado Nedjemou. O que sabes sobre isso?

Meu grande amigo demonstrou surpresa. Ele tinha visto o tal homem pela cidade, mas jamais na companhia de minha esposa. Sen-Nefer sacudiu os ombros e respondeu:

— Radamés, o povo de Tebas é assim mesmo! Adora uma intriga! Jamais vi Ise na companhia desse homem. Deves tranqüilizar-te! Provavelmente essa é mais uma das intrigas de Kermosa. Tu sabes como ela inveja Ise pelo carinho especial que tu lhe dedicas.

A resposta de Sen-Nefer me tranqüilizou. Mas nos dias seguintes a história parecia repetir-se com as mais imprevistas pessoas. Desde mulheres que iam solicitar-me auxílio policial em suas lojas comerciais até soldados menos graduados do exército sob meu comando.

Em nenhum momento feriam a honra de Ise, mas questionavam onde andava aquele belo rapaz que a visitava com freqüência. Aquela situação oprimiu meu coração ainda mais, causando-me uma dor interior atroz.

Em determinada noite, resolvi conversar com Ise e perguntei, discretamente, sobre aquele rapaz que viveu por um tempo perto do bairro pobre onde morávamos quando retornamos a Tebas.

Ela sorriu e disse, sem entender o motivo da pergunta:

— Como sabes sobre Nedjemou? Ele foi nosso vizinho no período em que estiveste fora.

Sem rodeios, ela continuou:

— Ele era um bom amigo! Possuía um bom conhecimento de medicina e, às vezes, nos auxiliava no tratamento dos doentes. Sempre foi muito generoso conosco, dispondo de seu tempo para auxiliar-nos.

Ela parou e pensou por alguns instantes, sondando as minhas intenções, e, por fim, concluiu:

— Inclusive ele jantou algumas noites em nossa antiga casa!

Fiquei em silêncio, e depois de alguns minutos mudei de assunto. Logo mais fomos dormir. Mas eu já não era mais o mesmo.

Quando Ise perguntou se eu desejava que ela tocasse harpa e cantasse, disse-lhe um não, seco e frio. Sem me despedir fui para o quarto de Kermosa, e lá dormi pelas noites seguintes.

Ise, intrigada com a minha mudança de comportamento,

perguntava-me sobre o que havia acontecido, mas eu respondia sempre de forma evasiva. E a cada dia eu me tornava mais frio e distante. Ela estava muito envolvida com Ankhesenamon, portanto não teve tempo para avaliar o meu drama íntimo.

Kermosa nem sequer tocava no assunto. Ela apenas me enchia de beijos e abraços. Em determinada noite, em uma das festas que nos habituamos a freqüentar novamente, eu resolvi perguntar-lhe sobre o que ela sabia do assunto que me queimava por dentro.

Então, minha ardilosa segunda esposa respondeu, passando suavemente a mão pelo meu rosto, com uma capacidade de interpretação só vista entre as grandes atrizes:

— Eu não gostaria de falar sobre isso, porque sei que irei te magoar! Tu sabes que te amo e meu desejo é ser a tua esposa principal e única mulher em tua vida, mas jamais utilizaria um recurso que te feriria gravemente o coração.

Ao ver que ela sabia algo, caí em seu jogo. Insisti para que ela confessasse o que sabia. Kermosa representou uma falsa tristeza e disse, convicta:

— Durante o período em que estiveste na Síria, Isetnefret teve um romance com um mercador de uma cidade vizinha. Eu não a culpo, porque ela estava carente e tu a abandonaste em uma situação de penúria. Ela precisava de um ombro amigo que lhe desse segurança e amparo.

Aquilo era certamente tudo mentira, pois Ise e Ramósis jamais precisaram de quem os sustentasse. Eram trabalhadores e capazes. Mas quem compreende o coração em momentos de angústia? Acreditei em cada palavra que Kermosa me disse!

Fiquei imaginando a minha adorada esposa nos braços de outro homem e cometendo atos inconfessáveis. Minha angústia foi tanta que soltei um gemido surdo e duas grossas lágrimas correram dos meus olhos. Transtornado, caminhei de um lado ao outro do jardim em que nos encontrávamos, abraçado em meus próprios braços. Kermosa tinha atingido o seu objetivo!

Ela sabia da minha predileção pelo espírito conciliador de Ise. Logo tentou convencer-me a perdoar a esposa traidora, pois ela havia passado por dias difíceis. Mas eu não tinha palavras a dizer, apenas respirava de forma opressa e mantinha um choro contido, tentando esconder a minha dor.

Eu me levantei do banco em que estava e disse-lhe:

— Vamos caminhar pelas ruas! Eu preciso respirar o ar puro da noite.

Saímos da festa em silêncio e caminhamos pelas ruas iluminadas pelas estrelas e lamparinas das casas noturnas. Depois, Kermosa levou-me a um bar, onde bebi vinho até conseguir expulsar para fora do coração aquela dor angustiante.

Acredito que ela deve ter-se compadecido de minha situação, porque chorei como se um fogo dilacerasse o meu coração. Minha mente criava cenas de Ise com um homem que eu nem conhecia, fazendo-me fantasiar as mais dolorosas juras de amor e troca de afetos. Jamais eu imaginara que Ise faria algo de que pudesse se envergonhar. Aquela situação inesperada derrubou todas as defesas de um homem que havia-se acostumado até mesmo com as dores dos campos de batalha.

Eu me lembrava da época em que nos conhecemos, quando ela parecia uma doce menina imaculada. Agora, sua imagem estava manchada e, por mais que Kermosa tivesse vivido situações piores, parecia que o ato da adorada esposa era irredimível aos meus olhos.

A nobreza de caráter de Kermosa intensificava a minha dor, pois a bandida virara heroína, e vice-versa.

Nos dias seguintes, aguardei que Ise voltasse a tocar no assunto, até mesmo para entender a minha mudança de comportamento, mas ela estava muito envolvida com a nova gravidez de Ankhesenamon.

Dois anos antes, a esposa real tinha perdido uma filha no oitavo mês de gestação. Foi um aborto espontâneo, mas a supersticiosa sociedade egípcia espalhou boatos sobre uma maldição contra a criança ou a mãe, pois além de tudo o feto tinha a espinha dorsal curvada e um ombro mais alto que o outro.

Tutankhamon e sua esposa estavam apreensivos, porque se algo parecido viesse a ocorrer novamente poderia trazer-lhes mais humilhação, ou até mesmo uma associação aos seus pais, que foram amaldiçoados pelos deuses do Egito.

Eu estava aprisionado aos meus problemas, assim não compreendi que Ise estava muito envolvida com a gestação delicada da rainha para perceber os meus dramas íntimos. Ela retornava cansada para casa ou dormia no palácio para fazer companhia à insegura filha de Nefertiti, que tinha poucas amigas.

Eu entendia aquele afastamento ocasional como um atestado de culpa. Ela tinha percebido que eu descobrira a sua traição e preferia evitar-me para não tocar no assunto.

Eu poderia ter aplicado a severa lei egípcia para casos de adultério, mas não conseguia e não desejava tomar uma atitude tão radical. Kermosa torcia intimamente para que isso acontecesse! Assim ela se tornaria a esposa principal, concretizando o sonho que acalentava há anos.

E assim os dias se seguiram com poucas novidades, onde todos nos envolvemos em estranhos sentimentos.

Kermosa era a única que estava tranqüila em nossa casa. Parecia que o caos era o seu paraíso, pois em épocas de paz ela entrava em profunda depressão.

Os anos fizeram com que Kermosa se tornasse mais prudente. Ela sabia que mais cedo ou mais tarde atingiria o seu objetivo. O importante é que ela tinha recuperado a sua posição de destaque e eu novamente a estava acompanhando em todos os eventos sociais da época.

Ramósis tinha percebido a situação e pedia-me esclarecimentos. Mas como eu poderia falar de minhas suspeitas, que tanto me humilhavam? Assim, eu desconversava, justificando as minhas atitudes com problemas profissionais. Como o meu sogro estava muito atarefado com o delicado trabalho que realizava, logo abandonou a sua intenção de obter respostas.

Passaram-se, então, mais três meses; período em que devo ter trocado meia dúzia de palavras com Ise. Acredito que ela aguardava apenas um momento para esclarecer-me sobre o mal-entendido. Mas as nossas múltiplas atividades e a falta de um momento propício, iam adiando a conversa que poderia trazer-nos novamente a paz e a harmonia.

Ise percebia também a alegria de Kermosa por ter-me só para si. Como as atividades no palácio tomavam-lhe todo o tempo, era uma oportunidade de permitir que Kermosa recuperasse a sua auto-estima, sendo a rainha da casa. Minha adorada esposa preocupava-se com a felicidade de Kermosa, enquanto a ardilosa serpe trabalhava para prejudicá-la.

Em determinada noite, Ramósis chamou-me ao terraço para uma conversa. Subimos até lá, mas não percebemos que Kermosa nos observava. Ele, então, mostrou-me um conjunto de oito cartas enviadas por grupos rebeldes do Baixo Egito que desejavam impor um golpe contra Tebas e o deus Amon.

Ao perceberem que Ramósis estava novamente prestigiado com o faraó, incitavam-no a uma rebelião em que ele teria o apoio de várias cidades do norte do Vale do Nilo. Eu olhei para os documentos e disse-lhe:

— Meu sogro, essa correspondência é muito perigosa! Se cair em mãos erradas poderá te comprometer.

— Sim — disse ele —, os nobres do norte acreditam que estou trabalhando para promover uma revolução, mas não é esse o nosso objetivo. Chega de guerras, chega de mortes! Já encaminhei resposta a essas cartas, dizendo-lhes do plano de manter tudo como está, apenas tentando resgatar a crença no deus Aton.

Eu olhei para ele e propus:

— Vamos, então, queimar esses documentos?!

Ramósis sacudiu a cabeça em sinal negativo e respondeu:

— Não é necessário! Eu os guardarei em lugar seguro.

Ele dobrou os papiros e me disse, com um sorriso de satisfação no rosto:

— Junto com esses documentos estão anexadas informações importantes sobre as pesquisas que estou realizando. Na próxima semana iremos iniciar um trabalho para diminuir a população de mosquitos nos brejos dos grandes centros populacionais do Egito. Nessas cartas está relatada a posição atual da proliferação do mosquito em vários povoados do Baixo Egito. Caso o nosso trabalho reduza os casos das "doenças mágicas", estaremos no caminho certo.

Ramósis retirou uma pedra com um fundo falso no terraço e ali escondeu os documentos. Infelizmente Kermosa ouviu a nossa conversa e acompanhou todos os nossos passos!

E assim a vida prosseguiu, mas eu já não era mais feliz. Ise era o combustível que me mantinha vivo. Se eu não podia mais contar com o seu amor, a vida não tinha mais valor.

Eu trabalhava sempre em silêncio, pensativo, reavaliando a minha vida desde a adolescência, quando saí da casa de meu pai na companhia de Ramósis, até os dias atuais. Eu me impressionava com o número de experiências que tinha vivido. E a cada dia me convencia de que realmente somos espíritos imortais que vivemos diversas vidas na busca do crescimento para nos tornarmos pessoas melhores.

Comecei, então, a evitar novamente Kermosa e a badalação da noite. Eu passava horas no terraço meditando sobre o passado, enquanto Ise velava a difícil gravidez da rainha.

Aquelas reflexões me fizeram ver que, mesmo distante, Ise parecia não deixar de me amar. Enquanto eu carregava o semblante e lhe dirigia a minha ira por causa do coração ferido, ela procurava sempre dedicar-me um gesto de amor e atenção.

Ise jamais se rebelava com os meus atos grosseiros, demonstrando possuir um amor imensas vezes superior ao meu, que bastava uma contrariedade para deixar de respeitar e amar. Eu era a criança espiritual, ela a alma compreensiva, que sabia amar sem esperar nada em troca.

Esses seus gestos foram fazendo-me compreender a grandeza do verdadeiro amor!

Com o passar dos dias, fui amenizando o meu ódio pela traição que existia somente em minha confusa cabeça. Já não a tratava mais como uma estranha, mas sim como uma amiga distante.

Minha mudança de comportamento começou a preocupar Kermosa. Ela sentava-se na sala e acompanhava os nossos movimentos com um ciúme quase doentio. O seu olhar fulminava Ise, descarregando energias invisíveis de ódio e de rancor.

Até que em determinada tarde fui chamado à presença de Horemheb. Ele tinha recebido um correio do general Amanappa solicitando a minha presença imediata em Mênfis.

Eu deveria auxiliar o encarregado das tropas do Baixo Egito em uma atividade militar local. Algumas facções rebeldes estavam se opondo à cobrança de impostos por parte do faraó e incitavam o povo a uma revolução.

No dia seguinte, me dirigi ao cais na companhia de Kermosa, que desejava ficar ao meu lado até o minuto da partida. Daquela vez ela não podia ir junto, porque viajaríamos em uma barca militar com acomodações somente para homens.

Kermosa me deu um beijo e um forte abraço, e quando eu estava subindo na embarcação ouvi a voz de Ise, gritando o meu nome pelas ruas do porto. Ao vê-la, sorri! Ela correu até a ponte do cais e me deu um abraço apertado. Em seguida, minha adorada esposa retirou uma flor de lótus da túnica e me entregou, dizendo:

— Eu precisei muito de um tempo só para mim nesses dias! Era necessário cuidar da filha de minha melhor amiga. Eu sei das calúnias que fizeram a meu respeito, mas creio que as atitudes que demonstrei durante todos os dias de minha vida são a melhor defesa que posso te apresentar. Eu te amo, como jamais amei outra pessoa! Amo-te mais até do que ao meu próprio pai, que me deu a vida e a sabedoria para bem viver!

Se não me justifiquei antes é porque esperava que tu entendesses por ti só o quanto te amo!

Ise me beijou apaixonadamente nos lábios e me conduziu para o barco, que começava a partir. Em seguida, ela me disse:

— Estarei esperando o teu retorno, como sempre fiz em minha vida e assim como fiz até nos conhecermos nesta existência, pois sei que te amo desde outras vidas!

O barco começou a movimentar-se e eu fiquei ali, segurando nas hastes das velas, quase caindo no rio sagrado. Os meus olhos brilhavam como os de um adolescente apaixonado. Nenhuma palavra consegui dizer, mas o meu olhar dizia tudo.

À medida que o barco se deslocava, percebi Kermosa, mais ao lado, queimando de raiva. Suas faces brancas como porcelana estavam vermelhas da cor do fogo.

Ao ver o seu estado de espírito doentio, assustei-me e só depois percebi sombras negras rodeando a sua cabeça. Aquilo trouxe-me uma grande apreensão.

Desejei saltar do barco e ficar ao lado de minha tumultuada família. Mas era impossível! Ise acenou por mais alguns instantes e retirou-se para retornar ao palácio. Eu fiquei observando de longe os gestos de Kermosa e me preocupei com o olhar que ela dirigiu a Ise, que parecia lançar raios de ódio e de revolta.

Temi quanto à estabilidade em meu lar. Mas já havíamos passado por turbulências maiores. Certamente Ramósis conciliaria a situação em minha ausência. Restava-me agora apenas aguardar os dois meses nos quais eu estaria afastado da vida em Tebas.

Capítulo 27
A dor extrema

A máscara funerária de ouro do faraó Tutan-khamon.

Durante a primeira semana de viagem, orei diversas vezes a Aton pedindo proteção a Ise e que a paz reinasse entre minhas duas esposas. Mas, com o passar dos dias e as constantes reuniões com os soldados e demais oficiais, fui esquecendo dos problemas familiares para ater-me às questões pertinentes a minha tarefa.

No percurso, fui informado de que o general Amanappa estaria me aguardando em Heliópolis, a cidade com maior foco do movimento rebelde. Acreditei que ele estaria aguardando a tropa, e não especialmente a mim.

Fiquei imaginando o que os pacíficos cidadãos de Heliópolis, a cidade mais espiritualizada do Egito, estariam tramando. Em meio às minhas cogitações, lembrei-me das cartas que Ramósis tinha recebido e que o instigavam à revolta em razão de seu recente prestígio com o faraó. A maioria das cartas vinha justamente da cidade do Sol.

A viagem pelo rio sagrado foi rápida; estávamos no início do inverno, a estação da cheia do Nilo. Quando nos aproximamos do cais de Heliópolis, pude ver Amanappa de pé com todas as suas insígnias e colares reais, símbolos de sua dignidade. O semblante do general de Mênfis estava carregado e sisudo, assim como era costume entre os grandes guerreiros do Egito.

Ao aportar na cidade do Sol, ele me convidou a subir imediatamente em sua liteira e partimos sem os homens da tropa para o quartel general. Em meio ao caminho, Amanappa esclareceu o motivo de minha presença urgente em Heliópolis:

— Radamés, solicitamos a tua presença aqui, não só pelo cargo que ocupas, mas também por seres uma pessoa que pode influenciar diretamente os rebeldes.

Eu cerrei as sobrancelhas, demonstrando não estar entendendo suas palavras. E quando ia perguntar-lhe, ele atalhou, fazendo-me crer que não havia tempo a perder:

— Radamés, os rebeldes que procuramos são os mesmos que apoiaram o culto a Aton e a revolução do faraó proscrito; homem do qual seguiste os passos. Acredito que tu podes conseguir infiltrar-te entre eles e convencê-los a abandonar essa loucura, pois o nosso exército está tendo dificuldade em localizá-los. Estamos perdendo um tempo precioso nesse jogo entre gatos e ratos!

Eu sacudi os ombros e disse-lhe, entre uma sacolejada e outra da liteira:

— Estou aqui para servir ao meu país, grande Amanappa! Mas o que te faz crer que sejam os mesmos revolucionários que apoiaram o ideal de Akhenaton?

Amanappa olhou-me com severidade, reprovando o meu ato de citar o nome do faraó proscrito. Segundo a lei egípcia, eu poderia ser penalizado com a morte por aquele ato. Mas como o assunto da rebelião era mais importante, o general apenas disse:

— Todas as cidades do Baixo Egito possuem focos rebeldes, inclusive a grande Mênfis. Mas aqui em Heliópolis parece concentrarem-se os líderes, porque todas as nomarcas seguem as iniciativas da cidade do Sol. Ademais, aqui surgiu um boato que pode comprometer diretamente a tua família.

Aquela afirmação deixou-me boquiaberto. Antes que eu fizesse qualquer pergunta, ele prosseguiu:

— O povo fala pelas ruas que Ramósis está convencendo o jovem faraó a renegar Amon e abraçar o deus de seu pai. Isso mesmo! O deus proscrito seria novamente o Deus Único de todo o Egito e seria a oportunidade de uma nova rebelião com o objetivo de derrubar o domínio de Tebas sobre a terra de Kemi. Sabes que sou de Mênfis, mas nossa pátria não suportaria mais um período de cisão.

— Mas isso é mentira! — retruquei. — Ramósis não está promovendo nenhuma ação revolucionária, tampouco tentando impor o deus Aton sobre os demais deuses! Esse boato é uma insensatez que pode causar até mesmo a prisão de meu sogro.

Amanappa sorriu e disse-me, reticencioso:

— É bom que tenhas razão, porque o vizir Aye colocou espiões do palácio para seguir os passos de Ramósis. Caso seja descoberta qualquer ligação entre ele e os revolucionários, teu sogro ficará em má situação.

Depois daquela revelação, fiquei meditando por alguns instantes, enquanto Amanappa acompanhava a correria das crianças pelas ruas de Heliópolis.

Eu me lembrei novamente das cartas insistentes que Ramósis recebera. Ele me garantiu ter enviado várias correspondências em resposta, negando qualquer envolvimento revolucionário em seu gesto de aproximação ao faraó. Pelo que dava para perceber, suas respostas tinham sido desprezadas pelos líderes do movimento para não desmobilizar os rebeldes.

Demorei quase quatro dias para encontrar um correio de confiança que pudesse avisar Ramósis sobre os espias em seu encalço. Era necessário que ele e Ise se precavessem de qualquer contato que pudesse ser mal interpretado por Aye. Com certeza o sinistro vizir aguardava uma oportunidade para condenar o Grande Médico do Egito, que fascinara o jovem faraó com suas pesquisas.

Nos dias seguintes, entrei em contato com todos os amigos que fizera na cidade do Sol durante os anos de Akhetaton. Mas como agora eu era um oficial do exército, pouco conseguia com aqueles homens. Alguns até me amaldiçoavam, pois enquanto o meu sogro lutava para libertar o Egito do jugo de Tebas, eu defendia os interesses dos padres do deus Amon.

Era notória a afirmação de que Ramósis trabalhava para libertar o Egito; isso preocupou-me seriamente. Se aquelas informações fossem confirmadas de alguma forma, até mesmo por meio de inverdades, Ramósis correria grave perigo.

Enquanto isso, em Tebas, Ramósis e Tutankhamon estreitavam mais os laços de amizade. Vamos encontrá-los em uma tarde de pesquisas no laboratório do Grande Médico.

De olhos baixos, enquanto Ramósis avaliava as larvas do mosquito anofelino, o jovem faraó disse-lhe:

— Ramósis, fala-me mais sobre o meu pai e o deus Aton!

O Grande Médico abandonou seus estudos, vendo que era a oportunidade de esclarecer o líder da nação egípcia, e contou-lhe amigavelmente:

— Alteza, teu pai era um homem muito à frente de seu

tempo! Para o nosso povo, ainda afastado da luz, ele era considerado um louco. Mas tratava-se de um homem sábio, justo e imensamente bom! Os homens são enaltecidos por sua bravura nas guerras, mas esquecem que muitos morrem e sofrem por aquilo que dá alegria aos vencedores. Akhenaton abriu mão da vaidade humana e do orgulho faraônico para dedicar-se à verdade e à simplicidade. Seu trabalho era ser intérprete do Grande Deus, aquele que criou a vida como a conhecemos.

Ramósis colocou a sua mão sobre o ombro do faraó, rompendo com o protocolo real, e disse ao jovem, impressionado com o ato insólito:

— O teu pai era um faraó com gestos humanos, e isso é o que o tornava divino! Andando pelas ruas, conversando com as pessoas, ouvindo suas angústias, Akhenaton era verdadeiramente "o espírito atuante de Aton", que curava as chagas do povo e lhes trazia carinho, afeto e esperança.

Perdoa-me dizer-te isto, alteza! Mas sentar-se em uma liteira e desfilar pelas ruas, distante daqueles que necessitam do seu amparo, não é uma postura divina! Amon é assim! E por esse motivo o teu pai perseguiu o deus que é cultuado apenas para atender aos interesses mesquinhos de uma casta privilegiada de sacerdotes e nobres. Aton é do povo! O deus de teu pai amava a todos da mesma forma, espargindo seus raios divinos sobre ricos e pobres, sãos e enfermos, homens livres e escravos.

Tutankhamon olhou para Ramósis com uma expressão, misto de curiosidade e interesse, e perguntou:

— Mas se Amon é deus somente dos ricos e dos nobres, por que o povo o adora e amaldiçoa ao meu pai e ao deus Aton?

Ramósis suspirou, caminhou até a janela e apoiou os braços sobre ela. Enquanto acompanhava a movimentação do povo nas ruas, ele respondeu:

— Jovem rei! O teu pai desejou libertar os escravos para que todos os homens fossem livres e tivessem sua dignidade. Mas, por incrível que pareça, eles mesmos se rebelaram contra a bênção que estavam recebendo, mas que seus olhos não conseguiam enxergar.

Assim como o paciente renega o medicamento salvador por achá-lo amargo, o povo renegou ao deus que lhes daria uma vida melhor e mais feliz por medo do desconhecido, esse "monstro" que assusta as almas infantis.

Muitos perguntavam como Osíris os receberia pela ousadia cometida de terem abandonado os seus "devidos lugares" para se comportarem como homens livres? Os sacerdotes tradicionais os ameaçavam com a condenação ao Amenti por negarem suas raízes e ousarem viver uma vida que os imortais não lhes haviam dado desde o nascimento. Eles diziam: "Nasceste escravo, deves morrer escravo! Só assim Osíris os aceitará na Terra do Poente!"

Tutankhamon pensou por alguns instantes e, depois, disse:

— Aye me falou que o meu pai esqueceu de seu compromisso com os imortais e que a sua tragédia foi o resultado da heresia que cometeu. O faraó deve ter o bom senso de manter a ordem e cultuar somente Amon e os deuses tradicionais do Egito. Ele sempre me lembra que eu devo cumprir a minha missão como líder da nação.

— Já pensaste por outro ângulo? Será que esta é realmente a tua missão? — retrucou Ramósis.

O jovem rapaz meditou um pouco e falou:

— Mestre Ramósis, não compreendo as tuas palavras! Esclarece-me, por favor, para que eu possa ver a luz que o meu pai enxergava tão bem.

— Meu jovem rei — prosseguiu Ramósis —, o teu pai recebeu diversas revelações divinas. Se pudesses estudar toda a obra literária que ele compôs, inspirado pelas esferas superiores, mas que infelizmente foi destruída pela ignorância do homem, verias que a verdade estava com ele.

Digo-te mais, o Grande Deus Aton, Senhor do Universo, orientador dos espíritos responsáveis pela evolução em nosso mundo, sabia que um homem só não conseguiria concluir a Grande Transformação. Portanto, foste enviado para seguir os passos de teu pai. Quando ele estivesse velho, tu o sucederias no trono, firmando na terra de Kemi os alicerces na crença do Deus Único para que no futuro o "Grande Espírito" nascesse entre nós com a missão de trazer a Verdade Suprema, o Código Divino para vivermos em paz e harmonia nos séculos do porvir, imprimindo progresso a nossa pátria e aos povos do mundo.

Infelizmente o teu pai foi morto e tu eras muito criança para continuar com o trabalho traçado pelo grande "Filho do Sol".

— Ramósis, mas quem é esse "Grande Espírito"? — perguntou Tutankhamon.

— O "Grande Espírito" é alguém maior que o deus Osíris, pai de nossa civilização. Ele descerá ao nosso mundo e viverá entre nós, assim como fez Osíris há vários séculos, imprimindo a civilização ao nosso povo. Osíris ensinou-nos a semear a terra para colhermos os frutos para o sustento do corpo. O "Grande Espírito" ensinará a semearmos amor em nossos corações para colhermos os frutos imperecíveis das virtudes espirituais, que jamais morrem e poderão ser levadas conosco por toda a eternidade, de vida em vida!

— Vida em vida?! Que queres dizer, meu grande instrutor?

Ramósis sorriu e explicou:

— Meu bom jovem, és o grande rei da nação, mas somente a experiência, que te trará cabelos brancos como os meus, poderá fazer com que compreendas a ciência divina em sua totalidade. Não vamos nos aprofundar mais, porque, assim como a comida excessiva, o conhecimento em demasia pode nos causar mal. Temos muito tempo ainda para conversar. Não há porque apressar as coisas.

O jovem Tut agradeceu as palavras de Ramósis e retirou-se meditativo para o seu palácio. Naquele dia, ele não falou com mais ninguém, nem mesmo com a sua amada esposa. Ele precisava refletir sobre o futuro da nação, que os deuses do Egito, ou quem sabe Aton, colocaram em suas mãos.

Enquanto isso, eu percorria as ruas de Heliópolis, tentando encontrar uma forma de me encontrar com os líderes da rebelião. Após vários dias de busca, fui orientado por um menino para dirigir-me a um templo de Rá no subúrbio da cidade.

Lá chegando, um homem de capuz se apresentou e vendou meus olhos para seguirmos viagem ao local onde eu me encontraria com os rebeldes. Depois de trinta minutos de viagem a cavalo, a venda foi retirada com um gesto rápido. Eu me vi dentro de uma sala de cinco metros quadrados, iluminada por uma única lamparina. As paredes demonstravam que aquele era um dos cômodos de uma casa de campo abandonada.

Fiquei dez minutos sozinho, aguardando a manifestação dos rebeldes. Foram minutos de apreensão, em que, sinceramente, temi pela minha vida. A atitude fria e brusca dos homens me assustara. O silêncio reinante fazia-me contar os minutos com grande angústia.

Logo entraram na sala três veneráveis sacerdotes de Rá, que de certa forma tranqüilizaram o meu coração pelo seu porte nobre. Entre eles estava o sumo sacerdote de Rá e de todos os templos de Heliópolis. Ele estava sem capuz. Ao vê-lo, fiz uma reverência respeitosa e disse-lhe:

— Nobre amigo, nada disso era necessário, pois sabes que cultuei com fervor o Deus Único que se manifesta através do

Sol. E jamais me curvei ao criminoso deus Amon!

Ele sorriu, alisando a longa barba branca, e depois falou, irradiando sabedoria e cautela de seus cansados olhos:

— Foste um grande colaborador de Akhenaton, mas hoje és um oficial do exército que destruiu o sonho que ajudaste a erigir. Como saber de que lado estás? Como compreender tuas atitudes tão paradoxais!?

Eu abaixei os olhos e tentei responder:

— Compreendo e aceito as tuas palavras, porque, para dizer-te a verdade, nem eu mesmo consigo compreender o rumo que dei a minha vida após a morte de Akhenaton!

O sábio ancião sorriu com generosidade e disse-me com ternura:

— Confio em tuas palavras, meu filho! Mas o que te traz até aqui se não estás lutando pelo nosso ideal, mas contra nós?

Eu expliquei-lhes, então, que Ramósis não pretendia promover uma revolução, mas sim uma transformação gradual, sem violência, para a crença em Aton. A experiência de Akhetaton havia-nos mostrado o alto preço de uma atitude radical, ante inimigos tão ardilosos.

Agora, deveríamos trabalhar pela aceitação de Aton dentro do panteão de inumeráveis deuses do Egito. Depois, então, de o povo conhecê-lo, gradualmente os demais deuses seriam suprimidos. Compreendendo Aton, as pessoas se sentiriam seguras para defender as novas idéias, libertando-se das intrigas dos padres de Amon.

Por fim, disse-lhes com empolgação na voz, tentando convencê-los:

— Agora é o momento de aguardar! Acredito que em breve, Tutankhamon suspenderá a condenação ao deus Aton e permitirá novamente o culto ao Grande Deus. Só depois desses acontecimentos devemos estudar novamente o caso para ver que rumo tomar.

Peço-vos, de coração, abandonai a idéia da rebelião armada! As tropas que trouxemos de Tebas e as que vieram de Mênfis serão implacáveis. Muitos inocentes morrerão desnecessariamente!

Os três homens conversaram por alguns instantes e, depois, disseram:

— Não podemos decidir sem realizar uma assembléia geral. Aguarda alguns dias! Saberás pelo povo de Heliópolis, nas ruas, a nossa decisão.

Eu agradeci a atenção às minhas palavras e levantei-me para partir. Um dos soldados rebeldes recolocou o véu em meus olhos, mas o nobre ancião disse-lhe:
— Isso não é necessário! Ele não irá nos trair.

Voltei sozinho para a cidade e dirigi-me a uma casa de vinho, onde bebi alguns copos e refleti sobre os acontecimentos. Somente no dia seguinte comuniquei a minha conversa com os líderes ao general Amanappa. Nada lhe falei, além do estritamente necessário.

Enquanto aguardávamos a decisão dos sábios de Heliópolis, em Tebas, Tutankhamon reuniu a corte em uma grande audiência, onde estavam presentes Aye e os mais influentes dignitários. Ele estava investido com os símbolos do poder real: o cajado, o chicote e a dupla coroa do Alto e Baixo Egito. Era costume o faraó vestir aqueles símbolos do poder quando desejava informar suas decisões reais. O jovem faraó, então, disse-lhes, sem rodeios:
— Desejo construir um templo novo em Karnak ao deus Aton, do qual liberarei novamente o culto, desautorizando a injusta condenação que sofreu no passado!

Aye, demonstrando indignação e desrespeitando o protocolo real, retrucou:
— O que pretendes, meu rapaz! Sabes que Tebas é a cidade de Amon. Somente a ele deves erigir templos.

Tutankhamon ergueu-se do trono, indignado, e disse irritado com a intervenção de Aye:
— É isso que faço desde a minha infância! Construí diversos templos a Amon e concluí as colunatas de meu avô, retratando o festival de Opet em toda a sua glória! Por que não posso cultuar Aton, assim como fazemos em relação a Osíris, Ísis, Toth ou Ptah?!

O vizir sentou-se ao lado do faraó e disse com determinação:
— Alteza, não posso permitir que cumpras esse teu desejo absurdo! Esse deus trouxe somente desgraça a nossa terra.

O faraó olhou para o vizir com desprezo e falou para que todos os presentes pudessem ouvir:
— Quando eu era criança dirigiste os meus passos. Nada mais justo, porque como poderia uma criança reinar sobre a terra de Kemi?! Mas agora sou um homem e deves acatar as minhas ordens! Conforma-te com a minha decisão e cumpre tão-somente as tuas obrigações de vizir, que é aconselhar o rei quando solicitado, pois saibas que o Egito só possui um senhor

e este se chama Tutankhamon, o escolhido dos imortais para cingir a dupla coroa do Alto e Baixo Egito!

O jovem impetuoso mal concluiu suas palavras e saiu do salão de audiências do palácio, deixando Aye em uma situação de humilhação diante dos nobres da corte. A audiência estava encerrada.

Depois que todos se retiraram, Aye falou, entre os dentes, para si mesmo:

— Vejo que estás te tornando um empecilho, pobre criança. Tu não sabes de nossa história um terço. Muitos obstáculos maiores já removi para ter o poder, não será um jovem alienado que me impedirá de atingir os meus objetivos. Matar o filho é algo insignificante para quem já matou o pai!

O vizir Aye agiu rápido, pois menos de uma semana depois daquela reunião, Ankhesenamon abortou, no quinto mês de gestação, perdendo mais uma menina. Ise confidenciou a Ramósis naquela ocasião:

— Pai, acredito que o aborto foi provocado através de ervas que o "médico parteiro" ministrou a Ankhesenamon. Ela estava bem há dois dias e ontem iniciaram-se os vômitos e a sangria incontrolável.

Ramósis andou de um lado ao outro, meditando sobre as palavras da filha. Em seguida, disse, com o peito oprimido, lamentando a perda do casal real:

— Essa semana o faraó informou à corte sobre o seu projeto de construir um novo templo a Aton em Karnak. Essa decisão pode ter desencadeado a ira dos padres de Amon.

Ramósis suspirou e perguntou, com os olhos voltados para o céu:

— Quantos inocentes ainda terão que morrer para que o Egito encontre a paz espiritual e o progresso?

Envolvidos com o drama do casal real, pai e filha não perceberam a presença sorrateira de Kermosa, no cômodo ao lado, onde ela ouvia atentamente a conversa na busca de um meio para atingir os seus objetivos. Desde a minha partida, Kermosa mantinha-se sempre em um estado nervoso, febril e depressivo.

Ela vivia associada a uma legião de espíritos obsessores, que se alimentavam de seus sentimentos e desejavam impedir a qualquer custo os planos de esclarecimento espiritual da humanidade. Em meio ao turbilhão de sentimentos e pensamentos desencontrados, Kermosa lembrou-se do dia em que observou a conversa entre Ramósis e eu, no terraço de nossa casa.

Quando Ise e Ramósis se retiraram para os seus afazeres, ela subiu ao segundo piso e retirou a pedra que ocultava a correspondência de meu sogro. Kermosa leu os textos com um olhar sinistro, misto de surpresa e fascinação. Ao final, ela abraçou os papiros com um olhar vibrante e disse com convicção:

— Amon, te serei eternamente grata por colocar em minhas mãos esses documentos! Agora a minha rival terá o fim que merece e levará junto consigo o seu inconveniente pai.

Com os olhos demonstrando um perigoso quadro de demência, ela concluiu:

— Agora, Radamés, serás só meu! Esquecerás essa maldita família e viveremos intensamente as festas e os eventos sociais de Tebas, onde me tratarás como a rainha de teu coração.

Ela correu para os seus aposentos e vestiu-se com as melhores roupas que possuía. Em seguida, saiu pelas ruas em passos rápidos até o palácio real. Kermosa iria solicitar uma audiência urgente com o vizir Aye.

Os funcionários do palácio informaram a Kermosa de que o vizir do Egito estava no grande Templo de Amon, exercendo suas funções como sumo sacerdote. Ela correu, então, até lá; seria uma oportunidade de contatá-lo com mais facilidade.

E assim aconteceu! Kermosa foi encaminhada para uma sala administrativa do templo e aguardou, ansiosa, retorcendo as cartas em suas mãos, que suavam copiosamente.

Aye não demorou a apresentar-se na companhia de dois sacerdotes graduados do Templo de Amon. Ela, então, preocupando-se em teatralizar o seu drama ao máximo para obter o resultado esperado, jogou-se aos pés de Aye e disse-lhe com voz sedutora:

— Grande vizir do Egito e representante máximo de Amon entre nós! Perdoa-me roubar-lhe o seu precioso tempo, mas trago informações de extrema importância para a segurança de nossa nação.

Aye ergueu as sobrancelhas, demonstrando espanto e dirigiu um significativo olhar para os seus assessores. O vizir sentou-se calmamente na poltrona do gabinete e, com os olhos voltados para Kermosa, disse:

— Nobre senhora, desculpa-me por não guardar a lembrança de quem sejas. A idade faz com que percamos com facilidade a memória dos fatos que não nos são diários. Creio

que já te conheço, mas não lembro de onde!
   Kermosa sorriu, sem jeito, e respondeu:
   — Eu sou Kermosa, a esposa de Radamés, oficial do exército do general Horemheb.
   Aye acomodou-se melhor na cadeira e disse, com interesse vivaz:
   — Oh! Sim! O genro de Ramósis! Deves ser uma segunda esposa, pois a filha dele chama-se Isetnefret. Mas ao que devo a tua visita, nobre senhora?
   Kermosa mordeu os lábios de indignação pelo comentário sobre a sua condição de esposa secundária. Mais uma vez ela vivia a humilhação de ser considerada como pouco mais que uma concubina. Kermosa controlou-se e resolveu estabelecer o seu preço:
   — Nobre vizir de todo o Egito, sei que não devo pedir, mas somente servir ao meu país, mas gostaria de obter do senhor garantias em relação ao meu esposo em razão da extrema gravidade das notícias que trago em minhas mãos.
   — Se ele não tiver nenhuma culpa, certamente não responderá por crime algum — respondeu Aye, imaginando que aquela moça inexperiente poderia estar-lhe trazendo algo comprometedor em relação a Ramósis. Intimamente ele agradecia a Amon pela oportunidade que faltava para pôr fim ao ex-sumo sacerdote do Templo de Osíris e também ao faraó.
   Kermosa deu um salto da cadeira, como se fosse impulsionada por uma mola e, de pé, disse, demonstrando grande ansiedade e nervosismo:
   — Senhor, meu esposo é um fiel servidor da terra de Kemi, que, inclusive, arriscou a vida para salvar o general Horemheb em meio à batalha da Síria. O que me traz aqui são os crimes praticados pela sua primeira esposa, Isetnefret, e seu pai, o médico Ramósis.
   Ao ouvir aquelas palavras, Aye não se conteve mais e disse:
   — Dá-me aqui esses documentos, minha pobre criança! Deixa eu te livrar desse fardo que te tortura e tenhas a minha palavra de que teu esposo nada sofrerá.
   O vizir nem estava preocupado com a minha implicação no caso. Mesmo que eu fosse culpado, ele seria capaz de perdoar o meu crime para ter em mãos o instrumento que incriminaria Ramósis, o seu grande inimigo.
   Kermosa alcançou-lhe os papiros e o astuto vizir leu com avidez, sorrindo a cada nova seqüência de hieróglifos. Em

seguida, ele falou ao pé do ouvido de um dos assessores. Este saiu rapidamente da sala e retornou com uma canastra cheia de jóias. O vizir sorriu para Kermosa e disse-lhe:

— Minha filha, tu és uma fiel servidora de tua terra! Cumprirei o que te prometi e te dou essas jóias como recompensa por tua fidelidade!

Os olhos de Kermosa brilharam ante o pequeno tesouro que recebeu, e sob mil agradecimentos retirou-se do Templo de Amon.

Enquanto ela voltava feliz para casa, Aye abria uma garrafa do melhor vinho do templo para comemorar sua boa sorte. Aquela atitude desastrada de minha segunda esposa fez com que o vizir ficasse ainda mais determinado a promover o golpe que se desenhava em sua mente e o projetaria ao cargo máximo do Egito.

Kermosa retornou para casa e ficou o resto do dia tecendo bordados em uma roupa de linho. Até que no início da noite, soldados da guarda palaciana foram a nossa casa e levaram, algemados, Ise e Ramósis.

Ela permaneceu em silêncio, enquanto meus amados familiares, assustados, não compreendiam o que estava acontecendo. Eu tinha colocado dentro de nossa casa a serpente que feriria de morte as pessoas que eu mais amava!

Eles foram, então, levados às pressas para uma cela no Templo de Amon, onde ficaram sete dias presos, sem nem mesmo verem a luz do dia, recebendo precária alimentação.

Até que na noite do sétimo dia foi reunido o conselho dos dignitários de Tebas e do Templo de Amon para julgar os traidores. Ise e Ramósis foram encaminhados à sala de audiências do templo do deus obscuro. E ali foram indiciados por crime de alta traição contra a pátria.

Ramósis tentou defender-se, dizendo:

— Não aceitamos ser julgados no recinto do Templo de Amon. Exigimos que nos encaminhem para o palácio do faraó para que o soberano nos julgue. Sempre fomos parte da nobreza e amigos da família real, exigimos ser tratados com dignidade! Somente o faraó pode decidir o nosso futuro.

Aye sorriu, certo da vitória, e disse a Ramósis:

— Nobre Ramósis, reconhecemos a tua posição dentro de nossa sociedade. Se não vos enviamos para que sejam julgados pelo faraó é por causa do grave atentado ocorrido anteontem à noite. O filho de Rá recebeu um golpe na parte posterior da cabeça enquanto dormia e está inconsciente sob cuidados médicos.

Aquela notícia foi um golpe para Ise e Ramósis. Eles sabiam que tratava-se de um atentado promovido pelo próprio Aye, única pessoa que tinha acesso livre aos aposentos privativos do faraó. Os reis dormiam em aposentos separados de suas esposas, e como Ankhesenamon estava sob o efeito de sedativos em virtude da perda do bebê fora fácil para o ardiloso vizir executar o atentado.

Ramósis, então, disse com clareza e serenidade:

— Vejo que os deuses do Egito estão conspirando ao teu favor, meu caro vizir. O faraó não tem filhos, pois por duas vezes parece que o destino semeou a desgraça entre os jovens reis. E agora temos esse estranho atentado... Quem seria beneficiado com a morte do faraó, sem herdeiros para dar continuidade à dinastia dos Amenófis, filhos de Rá?

Mal Ramósis terminou aquelas palavras e um dos guardas que vigiavam os prisioneiros desferiu um golpe de bastão em seu estômago. Talvez o mesmo instrumento que tinha ferido mortalmente o jovem Tutankhamon.

Ise ajoelhou-se ao lado do pai e gritou, indignada:

— Não façais isso, meu pai é um homem de idade. Exigimos consideração! Não posso crer que toda essa assembléia seja cúmplice de tal arbitrariedade.

Um dos conselheiros, então, solicitou que os réus fossem tratados com dignidade e respeito para que aquele julgamento fosse concluído o mais breve possível. Em seguida, foram lidas as correspondências que Kermosa entregou a Aye e, até mesmo, foi levantada a hipótese de que o atentado contra o faraó fora patrocinado pelos rebeldes. Como Ramósis estava preso naquele dia, não puderam acusá-lo.

Após longos discursos, puramente formais, os juízes decidiram a condenação. Aye, com satisfação, leu a sentença:

— Ramósis e Isetnefret, vossos crimes não são passíveis de perdão! Renegastes os deuses do Egito e cultuastes o deus criminoso que deve ser esquecido. Recebestes a indulgência anos atrás, mas não a valorizastes, voltando a incidir no mesmo ato subversivo que causou desgraça a nossa terra.

Esses delitos merecem amplamente a morte a que vos condenamos. Os dois serão, portanto, murados vivos nas paredes desse templo, ao qual tanto mal fizeram, assim como preceitua a nossa lei para o crime que cometestes.

Morrereis de corpo e alma, haja vista que não tereis o

direito ao embalsamamento que preserva o ká e permite que o indivíduo obtenha o ingresso para a Terra do Poente. E ficarão presos nas salas do mundo obscuro, onde vossos corações serão devorados por Sobek, o demônio do Amenti, que se encarregará de pôr fim às vossas vidas para toda a eternidade!

Morrereis aqui e na terra dos imortais! Os vossos nomes serão apagados para que as gerações futuras não conheçam os crimes que cometestes e para que os deuses não se compadeçam de vossas almas.

E, por fim, Aye disse a temível frase egípcia:

— Que vossos nomes jamais sejam lembrados!!

Ise colocou as mãos trêmulas no rosto e chorou. Não pelas crendices dos egípcios em relação à vida imortal, mas pela terrível execução! Ser murado vivo era algo mais terrível do que a morte pela espada.

Ramósis abraçou a filha, amparando-a, enquanto Aye olhou com ironia para o Grande Médico e sacerdote, e disse-lhe:

— Agora não adianta arrepender-te!

— Não me arrependo do que fiz, Aye, pois assim como o grande Akhenaton, eu fiz um pacto com a verdade e a justiça! Jamais serei conivente com a hipocrisia e a corrupção.

O vizir levantou-se, ajeitou a pele de leopardo que cobria o seu corpo, e acrescentou:

— A verdade é uma faca afiada nas mãos de uma criança! Ela pode machucar muita gente... e contrariar os interesses do Egito!

— Ela pode sim, contrariar os interesses pessoais de corruptos que sugam as riquezas da terra de Kemi para proveito próprio. Eis o teu caso, vampiro do Egito! — gritou Isetnefret, entre lágrimas.

As palavras de Ise iraram Aye, que encerrou o julgamento dizendo:

— Amanhã, quando Rá surgir no horizonte, a sentença será cumprida! Soldados, levai-os para a cela!

Na manhã seguinte, Ise e Ramósis foram conduzidos ao pátio, onde alta e estreita cavidade já estava aberta na espessa muralha, aguardando mais um condenado. Os dois foram obrigados a sentarem-se juntos, num curto banco esculpido na rocha ao fundo, próximo ao muro. Em seguida, os operários levantaram rapidamente a parede de tijolos.

Ramósis e Ise assistiram os tijolos sendo postos um após o outro, sem esboçar um único lamento. Quando os escravos núbios estavam para colocar as últimas peças, era possível vislumbrar somente o rosto dos condenados. Ise e Ramósis, então, entoaram o seguinte trecho do hino a Aton, o Grande Deus que havia iluminado as suas vidas:

> Tu és belíssimo sobre o horizonte,
> Ó radioso Aton, fonte de Vida!
> Quando te ergues no oriente do céu,
> Teu esplendor abraça todas as terras.
> Tu és belo, tu és grande, radiante és tu.
> Teus raios envolvem todas as terras que criaste,
> Todas as terras se unem pelos raios de teu amor.
> Tão longe estás, mas teus raios tocam o chão;
> Tão alto estás, mas teus pés se movem sobre o pó.
> Tu és vida, porque através de ti é que vivemos,
> Os nossos olhos estão voltados para a tua glória,
> Até a hora em que, imenso, te recolhes...
> Criaste as estações para renascerem todas as tuas obras.
> Criaste o distante céu, para nele ascender.
> A Terra está nas tuas mãos,
> Assim como os homens que criaste.
> Se tu nasceres eles vivem,
> Se te pões eles morrem.
> Tu és a duração da vida,
> E vive-se unicamente através de ti!

E, por fim, disseram, a uma só voz:

— Depositamos em ti, ó Aton, a nossa fé de renascermos na Terra do Sol Poente em paz com as nossas consciências, pois trabalhamos pelo bem e fomos justos. Fizemos o que nos era possível para tornar o mundo mais fraterno e pacífico! Confiamos em tua soberana justiça, ó Deus Supremo!

Os escravos núbios colocaram os últimos tijolos e rebocaram a parede com os braços e pernas completamente trêmulos. Eles estavam assustados por terem que cumprir aquela terrível condenação contra Ramósis, que era uma lenda viva do Egito, até seu nome ser apagado da História.

Por fim, apenas o reboco úmido assinalava o local onde os meus iluminados familiares foram sepultados vivos, enquanto os exaustos escravos choravam, silenciosos, de joelhos com as costas voltadas para os nobres que assistiam a cerimônia.

Parecia que os escravos oravam, ajoelhados, em frente ao homem santo, último grande iluminado a abandonar a vida humana em solo egípcio. Enquanto os vaidosos nobres, de pé, três passos atrás, mantinham-se em constrangedor silêncio, impressionados com a força espiritual de Ramósis e de sua filha.

Todo o conhecimento sobre a revolução na medicina e no campo filosófico-espiritual obtidos em Akhetaton, e que poderiam promover a cura para as "doenças mágicas" e impulsionar o progresso científico naquela época, foram sepultados atrás de um muro que simbolizava a intransigência humana.

Duas horas mais tarde, eu despertei no quarto da hospedaria em Heliópolis. A noite havia sido de sonhos turbulentos, principalmente nas primeiras horas da manhã.

Ainda sob o efeito natural do torpor, quando acordamos sobressaltados, vi em uma esfera mística Ramósis e Ise, abraçados, espraiando de seus corpos quintessenciados luzes policromáticas por todo o quarto. Uma música sublime envolveu o ambiente, fazendo-me crer que eu já me encontrava na Terra do Poente!

O meu grande instrutor espiritual apenas disse, enquanto as vestes de seda lilás de Ise bailavam aos meus olhos, tornando-a ainda mais encantadora:

— Radamés, prepara-te para viver fortes emoções. Lembra-te de que a verdadeira vida é aquela invisível aos olhos humanos. Tem fé! E saibas que estaremos sempre ao teu lado.

Ramósis encolheu os braços em direção ao peito, como se estivesse me dando um carinhoso abraço, enquanto Ise lançou um beijo com a mão em minha direção.

Naquele mesmo instante, a visão sublime se desfez e comecei a ouvir os sons naturais da vida humana. A algazarra das crianças nas ruas e os gritos dos mercadores despertaram-me para a realidade do mundo lá fora.

Após alguns momentos de vacilação, levantei-me, lavei o rosto e dirigi-me para as ruas. Lá, havia uma grande manifestação do povo, indicando que a rebelião tinha acabado. Eis o aviso que eu esperava para partir.

Imediatamente me dirigi a Amanappa para pedir-lhe dispensa. Eu sentia no fundo do coração que deveria voltar a Tebas o mais breve possível. Ele recusou-se, pois era cedo para sabermos das reais intenções dos rebeldes.

Eu insisti de todas as formas, mas o general de Mênfis solicitou-me que aguardasse pelo menos mais dois dias. Mas o quadro se inverteu, quando no início da tarde chegou a notícia de que o faraó havia sofrido um atentado e estava inconsciente.

Imaginei como estariam Ramósis e Ise, diante da situação.

E, principalmente, Ankhesenamon, que tanto amava o seu marido. Amanappa não conseguiu mais segurar-me e ainda terminou concordando com o meu pedido para retornar à capital do Império.

Imediatamente peguei um barco e subi o Nilo em direção ao sul. Com o coração na mão, suportei os longos dias da viagem, que quando estávamos felizes e descontraídos era um belo passeio; mas nos momentos de urgência e apreensão, era um doloroso suplício ter de acompanhar o ritmo lento das embarcações pelo rio sagrado.

Após a longa viagem, atraquei na escadaria do porto de Tebas e dirigi-me diretamente para casa. Lá, encontrei nossa serva, de cócoras, no canto da sala. Ela chorava agarrada a um amuleto de cerâmica do escaravelho Kheper, pedindo proteção aos deuses.

Ao ver-me, ela levantou-se e rasgou as roupas, gritou como uma louca e saiu à procura de terra para jogar sobre a cabeça. O gesto ritual entre os egípcios para simbolizar o pesar do luto, me assustou! O que me haviam contado quando cheguei ao porto, era que o faraó estava inconsciente, mas ainda vivia. Caminhei, então, os poucos passos que me separavam da serva e disse-lhe:

— Controla-te, mulher! O que se passa nesta casa? Por que essa choradeira?

Ela titubeou alguns segundos, afogando-se nas lágrimas, e depois falou:

— Oh! Meu senhor! A tragédia instalou-se em tua casa. O nobre Ramósis e tua primeira esposa estão desaparecidos. Tentei procurá-los, mas me ameaçaram de morte por falar o nome dos dois, porque agora estão proscritos pela lei dos imortais! Talvez estejam até mortos!

Eu larguei a mulher e caminhei alguns passos, sem rumo, na sala de nossa casa.

— Proscritos... mortos... Mas como?

A mulher se compadeceu de minha dor e falou:

— Meu senhor, não sei responder! Apenas compreendi que não podemos falar o nome deles nas ruas, sob pena de morte. O escritório e todas as referências de Ramósis e da tua bela senhora foram destruídos.

— Que se passa?! — perguntei a mim mesmo. — E Kermosa, onde se encontra?

A serva prontamente respondeu:

— Depois do desaparecimento de teu sogro e de tua esposa, ela partiu para visitar a irmã em Tínis. E não deu previsão de retorno, meu senhor!

Melhor assim, pensei. Agora eu deveria descobrir onde estavam os meus queridos familiares. Com um mau pressentimento, dirigi-me ao escritório de Horemheb. Eu precisava também relatar os acontecimentos de Heliópolis.

Lá chegando, ele me recebeu com cordialidade, mas senti no ar um misto de tristeza e angústia. Apesar de ser um homem rude, Horemheb nutria uma grande simpatia por mim.

Durante os três longos anos na Síria, conhecemos muito bem um ao outro. Ele me contou as histórias de sua infância pobre em Hieracômpolis e eu sempre lhe relatei os fantásticos acontecimentos de minha vida, inclusive as visões espirituais que o impressionavam.

Eu me sentei, ansioso, e perguntei-lhe sobre os meus familiares. Ele desconversou e solicitou-me um relatório sobre a missão de Heliópolis. Rapidamente atendi ao seu pedido e voltei a perguntar sobre Ise e Ramósis.

Ele, então, levantou-se e, caminhando de um lado ao outro da sala, revelou-me:

— Radamés, o que tenho a te dizer não será fácil de aceitar. Infelizmente sucederam-se dolorosos acontecimentos para ti, em tua ausência. Aye obteve provas sobre uma conspiração de Ramósis com as forças rebeldes do Baixo Egito que foste enfrentar.

O faraó já tinha sofrido o atentado quando ocorreu o julgamento de teu nobre sogro e de tua esposa. Infelizmente a única pessoa que poderia inocentá-los está acamada e inconsciente, nada podendo fazer por eles. O julgamento foi rápido e nem mesmo fui notificado. Os nobres de Tebas e os sacerdotes de Amon decidiram pela pena máxima. Eles foram murados vivos!

Aquela notícia transtornou-me ao ponto de eu não saber se estava acordado ou vivendo um terrível pesadelo. Por alguns instantes, fiquei apático sem saber que atitude tomar, haja vista a gravidade da notícia.

Levantei-me e andei até a janela, pedindo a Aton que me acordasse daquele macabro sonho. Mas o meu pedido não foi atendido! Passados alguns instantes, perguntei-lhe sobre o local da execução.

Horemheb, disse-me com respeito e zelo:

— Eles foram murados no anexo ao templo principal de Amon!

Girei sobre os calcanhares e corri para o templo do deus obscuro. Horemheb pegou o seu cinturão com as armas e correu atrás de mim, pedindo a companhia de dois soldados que estavam conversando em frente ao posto militar.

Rapidamente cheguei ao santuário de Amon e lá coloquei o meu punhal no pescoço de um sacerdote, intimando-o a mostrar-me o local onde estavam os meus familiares. Ele levou-me até lá, assustado.

Minha ira era tão grande que quase cortei o pescoço do jovem com a faca, mas terminei libertando o rapaz no último instante, empurrando-o contra o muro. Ele correu assustado para dentro do templo e lá pediu socorro.

Enquanto isso procurei algo sólido para derrubar a parede e tentar libertar a "alma" de minha alma daquele doloroso suplício. Eles já estavam mortos, mas eu já havia perdido a razão! Em minha loucura, acreditei poder derrubar a parede e resgatá-los com vida.

Quando ergui um instrumento semelhante a picareta, utilizado pelos operários, Horemheb bloqueou o meu golpe e disse-me:

— Não sejas louco, Radamés! É tarde demais! Já faz mais de quinze dias que esse muro foi selado. É inútil tentar salvá-los!

Aquelas palavras claras e incontestáveis do general levaram-me a um choro compulsivo. Parecia que meu coração saltaria pela boca e que o ar iria faltar-me a qualquer instante.

Gritei, desesperado, enquanto socava o muro com a parte inferior do punho:

— Ise, eu preciso dizer-te que amo somente a ti! Não me deixes, por favor!

Joguei-me, então, contra o reboco, que denotava ter sido feito recentemente, e chorei amargamente até o meu corpo desfalecer-se aos pés da sinistra construção.

Horemheb olhou-me com um ar piedoso e disse aos homens:

— Pobre criatura! Eu gostaria de compreender os desígnios dos deuses em relação a este homem. Algumas vezes ele é um afortunado, em outras, sofre as mais dolorosas tragédias.

Em seguida, ele ergueu a cabeça em direção aos homens e falou com voz autoritária:

— Ficareis aqui, de guarda, até ele decidir ir embora. Eu não quero confusões com Aye e os seus sacerdotes!

Quando Horemheb afastou-se, os soldados praguejaram, pois não estavam de serviço naquela noite.

— Maldição! Porque não fomos conversar longe do escritório de Horemheb. Agora perdemos a noite!

Mas com o passar das horas eles foram se compadecendo da minha situação. Afinal, tínhamos lutado juntos na guerra da Síria, e eu fazia parte do contingente militar.

Meus gemidos terminaram cortando, inclusive, o coração dos sacerdotes neófitos, que ainda não haviam enegrecido os seus sentimentos no seio da corrupção entre os maiorais do templo.

Um dos soldados chegou inclusive a dizer:

— Por Hórus! A dor de Radamés é tão grande que ele terá de oferecer o seu coração estraçalhado para ser pesado na balança do tribunal de Osíris.

— Que é isso, homem! Já estás sepultando-o antes de sua morte!

O soldado meneou a cabeça e disse:

— Pela dor moral que ele está sofrendo, não acredito que resistirá.

Em seguida, ele se agachou e colocou a mão em minha fronte. Eu estava ardendo em febre por causa do choque emocional.

O espírito imortal é forjado na sabedoria e nas emoções que vive nas incontáveis existências em busca do aperfeiçoamento. Naquela vida, vivi emoções tão intensas que até hoje elas me parecem muito recentes. A morte de Ise fez-me compreender a importância de amarmos intensamente os nossos semelhantes para que, na sua ausência, não lamentemos por não ter feito mais.

Percebendo a gravidade de minha situação, um dos soldados disse:

— Sen-Nefer é o melhor amigo de Radamés! Vamos chamá-lo; ele o levará para a sua casa. Assim estaremos livres para ir também.

Os dois concordaram e saíram em busca do meu grande amigo. Naquele instante em que ouvi os passos dos soldados se afastando, virei-me para o céu e vi as estrelas brilhando, como fazem há milênios. Reunindo forças imponderáveis, eu orei, pedindo auxílio:

— Akhenaton, grande mestre e amigo, se de onde estás consegues ver a enorme dor que martiriza o meu peito, vem, uma vez mais, socorrer o meu coração infeliz e miserável!

Quase que de forma instantânea, surgiu em minha frente

o espectro do sublime amigo, envolto em uma luz dourada, da cor do Sol! Ele sentou-se no chão e colocou a minha cabeça sobre o seu colo. Com serenidade, ele disse:

— Radamés, meu querido amigo! Nossos laços se estreitaram mais do que imaginávamos naquela noite, há muitos anos atrás, quando nos conhecemos.

Hoje, estamos em dimensões diferentes da vida. E é isso que deves compreender. Tu vives no mundo das ilusões, onde a felicidade é transitória, até que o homem atinja um estágio avançado de evolução.

Viemos ao mundo para modificar a face da humanidade e não para gozar os seus prazeres. O nosso estágio de consciência não nos permite mais sermos felizes com a desarmonia que reina entre os homens. Só seremos felizes se pudermos contribuir para a evolução da humanidade. E ela só ocorrerá através da dor, pois os homens não estão prontos para crescer pelo amor e pela sabedoria, como vivemos em Akhetaton.

O filho de Aton passou a mão iluminada pelos meus cabelos, envolvendo-me em um sentimento sublime de amor e serenidade. Seus olhos pareciam emitir raios imponderáveis que anestesiavam a dor que dilacerava o meu peito. Acredito que a energia que Akhenaton me doou foi a responsável por eu ter sobrevivido naquela noite! Depois ele prosseguiu, dizendo:

— Meu eterno amigo! O mundo é dual, como nos ensinou o teu sábio sogro e meu querido irmão, Ramósis. Hoje, assim como eu e Nefertiti, ele e Isetnefret podem colher os louros da vitória por manterem uma vida voltada para a luz. Não lamentes o que não consegues ver! O mundo da Terra do Poente é o reino de luz de Aton, onde os seus raios luminosos abençoam a todos que souberam amar. As salas escuras do Amenti são reservadas somente para aqueles que praticam o mal contra si e o próximo.

Naquele instante, percebi passos e vozes se aproximando. Eram os soldados acompanhados por Sen-Nefer. Akhenaton levantou a cabeça e sorriu, percebendo a aproximação daquele que iria me salvar.

O "Filho do Sol" voltou-se para mim, novamente, com um terno sorriso nos lábios e com os olhos brilhando como se fossem duas esmeraldas, disse:

— Vê a importância da amizade! Sen-Nefer abandonou a tudo e a todos para vir te socorrer. A amizade faz com que trabalhemos por amor e não por interesse. Lembras-te?

Eu fiz um sinal afirmativo com os olhos, enquanto o espírito de Akhenaton desaparecia no breu da noite. Sen-Nefer abraçou-me, em lágrimas, demonstrando todo o seu carinho e amizade. Em seguida, ele carregou-me para a sua casa com a ajuda dos soldados, onde fui medicado e entrei em profundo sono.

Os dias seguintes passei delirando e dizendo palavras desconexas. A febre de fundo emocional alternava-se com períodos de calma, quando eu dormia um sono repleto de pesadelos. Na maioria deles, eu me via tentando quebrar o muro, enquanto ouvia os gritos desesperados de Ise, solicitando o meu auxílio. Nesses mesmos sonhos, Kermosa tentava impedir a minha tentativa de derrubar os tijolos, onde o amor de minha vida havia sido sepultado em vida.

Foram quase duas semanas em que balancei entre os dois mundos. Mas, mais uma vez, o destino aplicou-me uma peça, fazendo com que eu vencesse a morte para padecer em vida a dor da separação, de forma trágica, das pessoas que eu mais amava.

Capítulo 28
O fim da revolução espiritual

O vizir e sumo sacerdote de Amon, Aye, que torna-se faraó, realizando a cerimônia da abertura da boca do defunto em Tutankhamon.

Após quinze dias de febre e delírios, acordei serenamente em uma manhã de intenso sol em Tebas. Eu não sabia dizer o que havia acontecido e rezava para que os últimos acontecimentos tivessem sido apenas um doloroso pesadelo.

Sen-Nefer não pôde me dar essa boa notícia, porque realmente aqueles acontecimentos trágicos haviam ocorrido. Eu, então, me levantei da cama com os joelhos fracos e vários quilos a menos de peso. Andei alguns metros até a janela e apreciei o movimento rotineiro das ruas da capital do Império.

Em seguida, fiz uma rápida refeição e me dirigi às margens do Nilo, onde passei longas horas refletindo sobre a tragédia que havia ocorrido. Em alguns momentos, era difícil controlar a dor da perda e eu chorava intensamente, sentado sob um sicômoro que me protegia do sol forte do horário do zênite de Rá.

Somente algumas horas depois, percebi que o povo andava pelas ruas com vestes típicas do luto e realizando os rituais tradicionais quando ocorre a morte de alguém importante. Lembrei-me do faraó e resolvi perguntar a um transeunte do que se tratava. Ele respondeu:

— Onde estiveste, homem? Como, não sabes que o faraó morreu, vítima de um atentado?

Eu desconversei, dizendo que já sabia, apenas acreditei que tratava-se de outro falecimento. O homem, então, aproximou-se e disse-me, ao pé do ouvido:

— Deves estar te referindo ao desaparecimento do nobre Ramósis?! É verdade; todos na cidade comentam, mas não podemos falar abertamente, porque ele foi proscrito, sei lá por que motivo!

O homem provavelmente não sabia que eu era genro de Ramósis. Apenas concordei com as suas palavras, com amargura no olhar, e lhe disse:

— Obrigado pelas informações. Agora devo ir!

E segui pelas margens do Nilo meditando sobre os acontecimentos. Durante aquela semana, fiquei sabendo que três dias antes da condenação de Ramósis, o faraó tinha sofrido um atentado enquanto dormia em seu quarto.

Na manhã do dia seguinte ao crime, os servos descobriram o jovem rei inconsciente, com sangue escorrendo pelas narinas. Os médicos-sacerdotes de Amon foram chamados e rasparam a cabeça de Tutankhamon, descobrindo um único ferimento na parte dorsal da cabeça, onde o pescoço se liga ao crânio.

Eles, então, diagnosticaram que era uma enfermidade da qual nada se poderia fazer. Apenas deveria ser aguardada a vontade dos deuses.

Um grupo de sacerdotes foi convocado para realizar orações e cânticos mágicos para que o faraó recuperasse a saúde. O inesperado, então, ocorreu. O faraó recobrou a consciência e pediu a presença imediata de Ramósis para tratá-lo.

Ankhesenamon, que estava muito abatida, amaldiçoou-se por não ter pensado naquilo antes e enviou um emissário à procura do Grande Médico do Egito, mas este não o encontrou. Na mesma noite, Aye promoveu o julgamento de Ramósis e Ise, sem que o casal real soubesse.

Nos dias seguintes, o faraó tornou a perder a consciência, alternando momentos de lucidez e inconsciência. O seu cérebro estava inchado por causa do traumatismo nas meninges.

Era necessário abrir a cabeça do faraó para reduzir a pressão intracraniana. Só assim ele viveria. Aye sabia que Ramósis era o único com capacidade e coragem para realizar uma cirurgia tão ousada no faraó, portanto encarregou-se de evitar que isso acontecesse.

Assim, uma semana depois, Tutankhamon entrou em estado de coma profundo, vindo a falecer no final da estação da cheia do Nilo, com dezenove anos de idade, dois dias antes de eu me recuperar do choque que sofri com a morte de meus familiares.

No dia seguinte à minha recuperação, tentei visitar Ankhesenamon, mas não pude chegar nem mesmo perto do palácio. As visitas estavam proibidas por Aye! O motivo apresentado era o estado de prostração da esposa real do faraó em razão dos tristes acontecimentos.

Retornei, então, às minhas atividades para esquecer um pouco a dor da separação de minha amada Ise. Enquanto isso, a atividade dos artesãos para preparar o sepultamento do faraó era alucinante, pois ninguém imaginava que o jovem Tutankhamon, sempre saudável e vivaz, faleceria tão cedo.

O seu túmulo estava longe de ser concluído, portanto Aye se apropriou de um dos pequenos túmulos destinados a nobres importantes para sepultar o jovem faraó. A tumba era tão insignificante que, quando Ramsés II construiu o seu imponente mausoléu, os operários despejaram toneladas de lascas de rocha extraídas do novo túmulo sobre a entrada do de Tutankhamon, apagando todos os seus vestígios por mais de três mil anos, protegendo-o, assim, dos saqueadores de túmulos durante esse longo período.

Ramsés foi encontrado despojado de todos os seus bens, enquanto Tutankhamon foi descoberto por Howard Carter, em 1922, com o seu túmulo intacto e sua múmia protegida por belíssimos sarcófagos de ouro puro.

Como havia apenas setenta dias para concluir o serviço fúnebre, artesãos trabalharam dia e noite pintando as paredes do túmulo, porque o trabalho em relevo seria muito demorado.

O vizir Aye rompeu o lacre da tumba onde estavam sepultados Akhenaton e Nefertiti e transferiu várias peças funerárias para o futuro túmulo de Tutankhamon. Inclusive o famoso sarcófago de ouro utilizado pelo rei menino, e que ficou famoso após sua descoberta em 1922, era de Nefertiti. Os artesãos simplesmente retiraram a máscara de ouro da mais bela mulher da Antigüidade e colocaram uma nova, feita com os moldes do rosto do jovem Tut.

Dos três sarcófagos utilizados para proteger a múmia do faraó (um dentro do outro), o segundo era de Akhenaton e o último de Nefertiti. Além disso, os jarros canópicos de Nefertiti (Smenkhkare), onde são guardadas as vísceras do morto, foram reutilizados para Tutankhamon.

Aye ainda não tinha visto com atenção o rico material funerário que Akhenaton havia elaborado para a sua amada. Na busca de peças para Tutankhamon, ele deslumbrou-se! Assim, resolveu apropriar-se de várias peças, pois em breve seria faraó e precisava preparar a sua morada eterna.

Aye surrupiou quase todos os ricos pertences de sua filha. Despojada de seus bens, a múmia de Nefertiti foi transladada para outra tumba, próxima à de Tutankhamon, e repousa lá até os dias atuais.

Enquanto os embalsamadores preparavam o corpo do faraó para a morada eterna e os artesãos de toda a região confeccionavam o aparato necessário para o sepultamento, Aye informou a Ankhesenamon que ela deveria casar-se com ele para manter o Império Egípcio unido. A jovem rainha sabia que o vizir tinha matado o seu marido, o que lhe causava ainda mais indignação por seu absurdo pedido de casamento!

Ela, então, decidiu escrever ao rei hitita Supiluliumas, pedindo que este enviasse um de seus filhos para casar-se com ela e tornar-se rei do Egito, pois um "servo" de seu reino, um homem que não possuía sangue real, estava forçando-a a casar-se com ele.

O rei hitita não acreditou no pedido, pois anos antes os dois povos lutaram intensamente pelo poder na região. Agora aquela união seria algo impensável entre duas nações que se odiavam.

Mas Ankhesenamon continuava enviando cartas, até que Supiluliumas encaminhou um emissário ao Egito para estudar o caso de perto. Ele foi recebido em audiência oficial pela rainha e retornou à terra de Hati convicto da seriedade do compromisso da filha de Nefertiti.

Aye descobriu a pretensão de sua noiva e informou ao general Horemheb. Poucas pessoas odiavam tanto os hititas como o chefe do exército egípcio!

Durante o sepultamento de Tutankhamon, Horemheb enviou tropas para interceptar qualquer comitiva de hititas em direção à capital do Império. Supiluliumas, nesse mesmo período, enviou seu filho, o príncipe Zannanza, para casar-se com Ankhesenamon e tornar-se rei do Egito, unindo as duas grandes nações.

Durante a cerimônia fúnebre de Tutankhamon, Aye, como

sumo sacerdote de Amon, realizou a cerimônia de abertura da boca do faraó. Ele vestia a tradicional pele de leopardo e encostou na boca da múmia o instrumento mágico que daria ao jovem rei a respiração na outra vida e recitou os versos mágicos que, acredito, não desejava que se realizassem:

"És jovem de novo, vives outra vez, és jovem de novo, vives outra vez, para todo o sempre!"

Ankhesenamon chorava copiosamente e agora restava-lhe apenas cumprir o ritual do luto e rezar para que o príncipe hitita chegasse antes do seu inevitável casamento com o abominável vizir do Egito, o qual considerava apenas como um assassino inescrupuloso.

Após o funeral de Tutankhamon, o vizir Aye enviou sua esposa Tey para Mênfis com o objetivo de ficar livre para fazer a corte à rainha do Egito. Vale lembrar que, naquela ocasião, Aye estava com sessenta e dois anos de idade e a pobre Ankhesenamon, no auge de sua juventude, com vinte e um anos.

Ela relutou como pôde, pedindo ajuda aos conselheiros e ao próprio Horemheb, mas este último arrepiava-se somente em pensar que teria de ajoelhar-se aos pés de um príncipe hitita. Logo ela se convenceu de que não adiantava lutar. Aye era um "servo", mas o homem mais poderoso do Egito.

Nós, do povo, de nada sabíamos, porque após a morte do faraó as notícias da Casa Real tornaram-se a cada dia mais raras.

Somente no dia em que a guarnição partiu em viagem para o deserto, na caça do príncipe hitita, é que obtive algumas informações. Horemheb espraguejava em seu escritório, dizendo:

— Onde essa menina está com a cabeça? Já não chega tantos faraós incompetentes, agora temos uma menina mimada que quer casar-se com um dos nossos maiores inimigos. Vê, Radamés! Lutamos como cães danados na Síria para mantermos a independência e a supremacia na região e agora a rainha quer entregar o trono de nossa terra para os bárbaros hititas. Isso jamais permitirei!

Naquela mesma semana, Kermosa retornou de viagem, simulando não estar a par dos graves acontecimentos que aconteceram em nossa casa. Acreditei em suas palavras e mantive-me a distância, pois agora eu sentia um asco incontrolável em relação a ela.

Mesmo quando Kermosa tentava tratar-me com todo o carinho e atenção, eu relutava em aceitar os seus mimos. A morte de Ise e de Ramósis parecia ser algo insignificante para ela. Isso causava-me ainda mais revolta!

Em determinada noite, depois de várias semanas, quando Ankhesenamon aguardava ansiosa pela chegada do rei hitita, o vizir Aye entrou nos aposentos reais e disse-lhe:

— Minha rainha, volto a lembrar-te da importância de nos casarmos o mais breve possível para mantermos a paz e a ordem em nosso país. Não deves esquecer-te de teu compromisso com o povo!

Ela disfarçou e disse que desejava aguardar ainda mais algumas semanas. O vizir sorriu, maliciosamente, e falou:

— Minha criança, é inútil esperar o príncipe hitita, porque a essa hora o nosso exército está no deserto com vários carros de combate para interceptá-lo. Acredito que ele já esteja até morto, pois a ordem é exterminar toda a comitiva daquele povo maldito, que ousa cruzar o seu sangue vil com o puro sangue egípcio.

Ankhesenamon virou-se, assustada, enquanto o velho vizir cobiçava as suas belas formas com o olhar. Ela colocou as mãos no rosto e chorou, à medida que ele dizia:

— É inútil adiar o nosso casamento! Faze o que é melhor para a terra de Kemi. Tem um gesto digno do cargo que ocupas!

Ela não mais relutou! Na semana seguinte, enquanto o príncipe Zannanza e sua comitiva eram assassinados friamente, pois estavam sem escolta de guerra, Aye e Ankhesenamon casaram-se em uma cerimônia reservada no palácio. O povo teve acesso somente ao pão e à cerveja tradicionais e aos anéis comemorativos que eram distribuídos com os nomes dos noivos.

Aye assumiu o título real Kheper-Kheperu-Rá ("A forma das metamorfoses de Rá") e cingiu a dupla coroa do Alto e Baixo Egito, tornando-se o penúltimo faraó da décima oitava dinastia.

Nas semanas seguintes, a esposa de Aye, Tey, tão astuta quanto ele, retornou para Tebas e assumiu o palácio, relegando a frágil menina a segundo plano. Um mês depois, Ankhesenamon bebeu um copo de vinho com veneno mortal, abandonando o mundo cruel que matara seus pais, suas irmãs e o marido.

O assassinato do príncipe Zannanza desencadeou a ira do rei hitita Supiluliumas, que enviou tropas para invadir o Egito e vingar a morte do filho. Ao recebermos aquela notícia de Mênfis, fomos convocados imediatamente ao quartel general de Horemheb, que disse, com sua voz rouca e autoritária:

— Os malditos hititas voltam a atacar a sagrada "terra negra" (Kemi), portanto o nosso dever é partir imediatamente ao seu encontro e mostrar-lhes mais uma vez a nossa força.

E urrando, erguendo a machadinha na mão esquerda e a maça[1] egípcia na outra, ele concluiu:

— Nenhum verme hitita porá as mãos imundas em nossa nação enquanto eu viver!!

Os soldados gritaram enlouquecidos com a empolgação do grande general e partiram rumo às suas casas para despedirem-se de seus familiares e prepararem-se para a viagem.

Eu aproveitei que Horemheb estava sozinho e disse-lhe:

— Grande general, desejo ser liberado dessa missão!

Ele me mirou nos olhos e respondeu com indignação:

— Estás louco, Radamés! Sabes que aprecio a tua estratégia de guerra e jamais admitirei não contar contigo nessa batalha.

Eu fiquei alguns segundos em silêncio e falei:

— Horemheb, peço-te como amigo! Perdi minha esposa há pouco tempo. Não encontro forças para lutar! Eu serei mais um estorvo do que uma peça importante no esquema militar.

Ele sacudiu a cabeça de forma negativa e contestou:

— Radamés, lembra-te da guerra que te ergueu ao cargo que possuis! Saíste daqui triste e desesperançoso. Homem! A guerra renova as nossas forças! Inclusive eu estava com saudade de uma batalha contra os malditos hititas! Eu te garanto que retornarás renovado.

Eu sorri, sem nenhuma convicção, e disse-lhe resignado:

— Está bem, irei despedir-me de Kermosa e preparar a minha bagagem. Amanhã pela manhã estarei aqui junto aos outros oficiais e aos soldados.

Girei sobre os calcanhares, e quando já ia trespassando a soleira da porta, Horemheb chamou-me novamente. Eu me virei e ele fez um sinal para que eu aguardasse.

O general agachou-se e abriu um pequeno fundo falso na parede, que fazia as vezes de cofre, e retirou uma série de papiros. Ele ergueu-se e jogou-os sobre a mesa, bem ao seu estilo ríspido. Eu olhei sem entender e ele falou, de forma afável:

— Radamés, és um bom homem! Alguém em quem eu confio apesar de teu passado nebuloso. Sempre me foste fiel e salvaste a minha vida em uma batalha delicada. Não posso permitir que vivas sem saber o que desencadeou a morte de tua esposa e de teu sogro.

Vendo a minha ansiedade, ele empurrou em minha direção

---

1 Maça egípcia - Arma de ferro com uma extremidade esférica provida de pontas agudas.

os papiros. Ali estavam as cartas que Ramósis recebeu de Heliópolis e que Kermosa havia entregue ao vizir Aye. Eu as peguei e olhei, uma a uma, tentando compreender como aqueles documentos comprometedores foram parar nas mãos de Horemheb.

Ele sentou-se na cadeira e rapidamente esclareceu-me:

— Aye passou-me essa documentação após a morte de Ramósis. Quem entregou a ele foi a tua segunda esposa, Kermosa. Aye me pediu para não falar-te sobre isso. Mas não posso admitir que vivas sob o mesmo teto que aquela serpente, sem que saibas o que ela fez e quem ela é! Acredito que a confiança é tudo na vida, e essa mulher não é confiável. É por esse motivo que não me apego a nenhuma, pois nenhuma mulher é digna de confiança.

Com os papiros entre as mãos, quase estrangulando-os de tanta angústia, respondi, de forma mecânica, com um olhar fixo na mesa à minha frente:

— Ise era uma mulher confiável! A mulher mais formidável que já conheci. Não sei como fui tão monstruoso ao ponto de colocar outra mulher em minha casa, tendo a maior entre todas a me amar! Os imortais me abençoaram, mas eu não soube compreender.

Horemheb ficou em silêncio, percebendo que já estava falando demais. Eu meditei por alguns segundos e perguntei:

— Posso levar esses documentos comigo?

— Sim! Eu já deveria ter queimado esses papéis. Utiliza como prova do crime, quando fores julgar com as próprias mãos a traidora que vive sob o teu teto.

Eu já estava me preparando para partir, quando me lembrei da promessa de Horemheb quando o salvei na guerra da Síria.

— Horemheb, quando salvei tua vida, disseste que eu poderia pedir-te qualquer coisa e atenderias o meu pedido. Estou certo?

Ele vacilou alguns segundos e disse um sim reticencioso. Eu sentei-me novamente e falei:

— Gostaria de pedir-te que quando retornares dessa campanha militar, que te fará ainda mais vitorioso e respeitado pelo povo, mates Aye e assumas o cargo máximo da nação egípcia!

Horemheb saltou, como se fosse impulsionado por uma mola, e me disse em voz baixa, mas autoritária:

— Que dizes, Radamés! Achas que sou um traidor e que matarei o nosso soberano?

Eu recostei-me na cadeira e respondi, sorrindo:

— Não vejo problema nenhum nisso, pois desde que nasci, isso foi o que eu sempre vi nas Duas Terras. Akhenaton foi morto para roubarem-lhe o cargo; Nefertiti, também; e agora Tutankhamon teve o mesmo fim. Todas as pessoas que um dia eu amei foram mortas por Aye: Akhenaton, Nefertiti, Ramósis, Ise, Tutankhamon e, quem sabe, até mesmo, Ankhesenamon. Portanto, desejo que Aye seja destruído e sua memória apagada de nossa história para que ele não possua vida eterna!

Horemheb ficou em silêncio por alguns segundos e respondeu-me:

— O que posso dizer-te é que sou um homem de palavra. Sempre cumpro com o que prometo... Eu disse um dia que atenderia qualquer pedido teu por salvar-me a vida.

Em seguida, ele deixou escapar um sinistro sorriso. Agradeci a sua atenção e me ergui da cadeira para partir. Eu estava saindo em passos lentos do escritório, quando me virei novamente e falei:

— Horemheb, gostaria de te pedir também que expulses os sacerdotes de Amon dos cargos administrativos do Egito. Essa corja apenas suga o sangue de nosso povo. Ademais, deverias promover o bondoso deus de Akhenaton. Somente a força militar faria com que o povo aceitasse e seguisse o verdadeiro deus, não deixando influenciar-se pelas intrigas do deus obscuro.

O general fechou o semblante e respondeu, ríspido:

— Radamés, já fizeste o teu pedido! E mesmo que não o tivesses feito jamais aceitaria essa tua louca idéia de promover esse deus fraco que não apóia a guerra.

Agora vai arrumar as tuas coisas e preparar-te para a viagem, pois eu preciso despachar alguns documentos antes de partirmos amanhã quando Rá surgir no horizonte.

Eu agradeci e saí do escritório a passos lentos. Não era bom abusar da paciência de Horemheb.

Caminhei por algumas horas pelas ruas, tentando esfriar a cabeça, que parecia que ia estourar a qualquer instante. A única coisa que passava em minha mente, era uma forma de poder retroceder no tempo e corrigir o ato absurdo de Kermosa, mas isso era impossível!

No final da tarde, retornei para casa, onde Kermosa me recebeu radiante. Ela estranhou os meus gestos maquinais e minhas respostas monossilábicas, mas continuou a me abraçar, tentando quebrar o gelo.

Meditei por alguns segundos, respirei fundo, procurando encontrar as palavras para lhe perguntar o motivo de ato tão macabro. Por fim, joguei os papiros sobre a mesa, assim como fizera Horemheb, e perguntei:
— Que fizeste, criatura??!!
Ela arregalou os olhos e reconheceu, de pronto, as cartas comprometedoras que entregara ao vizir do Egito. Ela mordeu os lábios e disfarçou por alguns instantes. Em seguida, resolveu responder com agressividade, dizendo:
— Fiz o que deveria ser feito! Nunca me respeitaste nesta casa, tratando-me com menosprezo em relação a ela.
Meus olhos ficaram injetados de raiva, mais parecendo duas bolas vermelhas, cor de fogo, assim como os demônios da mitologia cristã. Eu derrubei, então, as coisas que estavam sobre a mesa e gritei:
— És louca?! Matar alguém somente por inveja! És maldita e espero que os demônios do Amenti te torturem pela eternidade pelo crime que cometeste. Se acreditas que terias meu amor pelo que fizeste, agora fica sabendo que terás o meu ódio por toda a eternidade!
Ela correu em minha direção, até ficar com o rosto a dez centímetros do meu e disse, sussurrando, com voz pausada:
— Se estás com saudade da tua querida esposa, une-te a ela! Já que não tiveste capacidade para salvá-la de ser murada viva!
Aquela ameaça fez-me perder a razão! Quando ela se virou, tentando fugir para o quarto, peguei-a pelos cabelos com a mão direita e a virei em minha direção. Saquei a adaga que todo o soldado carregava no cinturão e cravei, de cima para baixo, no pescoço de Kermosa.
O golpe da faca rompeu a artéria carótida interna e a veia jugular externa. O sangue quente espirrou em minha face... Essas lembranças são tão vivas e me trazem muita angústia... Agora, relembrando essas cenas, tenho a certeza absoluta da importância das incontáveis reencarnações para alcançarmos a evolução espiritual.
Graças a Deus, os séculos seguintes nos permitiram diversas encarnações juntos, em que eu e Kermosa resgatamos os nossos erros e desavenças. Hoje, seguindo o caminho do amor ensinado por Jesus, somos bons amigos e trabalhamos para espargir amor e não buscamos mais atender tão-somente aos nossos impulsos e caprichos.
O corpo de Kermosa, então, amoleceu-se e o seu rosto e os

lábios ficaram rapidamente pálidos. Os seus olhos indagavam-me o porquê de tanta violência. Sem poder falar por causa do dano ocorrido na região da laringe, ela apenas endereçou-me um significativo olhar, que se desfez em segundos, pois as suas vistas perderam o brilho. Mas eu ainda pude ler seus pensamentos, que diziam: "Só fiz isso porque te amo!"

Lentamente fui soltando o corpo sem vida, que ainda estava entre os meus braços. Rapidamente fez-se uma poça de sangue no centro da sala, enquanto eu subia mecanicamente para o terraço.

Lá, sentei-me em uma poltrona e fiquei apreciando o Sol descendo em direção ao horizonte. Aton, o deus de nossas crenças, partia mais uma vez para o mundo obscuro, permitindo que as trevas dominassem nossas vidas, assim como acontecia comigo naquele instante.

Eu, então, levantei-me e caminhei até as colinas nos arredores de Tebas. Subi até o alto de uma delas e fiquei apreciando o movimento incessante das águas do Nilo.

Preso em meus pensamentos amargurados, caminhei dois passos em direção à beira do pequeno penhasco. Estaquei o passo e fiquei balançando, como se estivesse desejando um ingresso para a Terra do Poente, pela porta dos fundos.

Naquele momento, ouvi a voz de Ramósis, dizendo-me:

— Radamés, não cometas esse gesto que te causará um sofrimento inenarrável! O suicídio é um dos atos mais contrários à lei de Aton. Ele dá a vida; somente Ele pode tirá-la!

Era possível, inclusive, sentir a mão de Ramósis sobre o meu ombro, mas eu não ousava olhar para atrás. Minha vidência mediúnica poderia fazer-me ver minha bela Ise, compadecendo-se de mim por cometer um ato tão desprezível.

Novamente balancei-me; e novamente ouvi a voz de Ramósis:

— Essa atitude não nos aproximará. Pelo contrário, ficaremos um tempo ainda mais longo separados. Abandonar a vida antes do prazo determinado pelo Pai somente atrasará a tua caminhada, Radamés. Resiste, por Deus! Resiste!

Eu me balancei um pouco mais e ouvi a bela e serena voz de Ise:

— Não faças isso, meu amor! Não faças! Eu te amo e não quero te ver sofrer!

Eu apenas disse:

— Preciso descansar! Há muita dor em meu coração!

— Não terás descanso depois deste ato! Podes ter certeza!

Mesmo com todo o apoio e aconselhamento daqueles que mais amei naquela vida, embalei o meu corpo definitivamente em direção ao penhasco. Em meio à queda, bati com o joelho direito em uma rocha antes de submergir nas águas do Nilo.

Ao debater-me nas corredeiras do rio sagrado, pude ver Ise e Ramósis, abraçados, entre lágrimas, no pico da colina. Mas já era tarde! Ali eu começaria a colher o inferno que tinha semeado para mim mesmo.

Apesar de já ter engolido muita água e a dor lancinante que sentia no joelho, parecia que a vida não se extinguia. Debati-me por longo tempo, sem saber que fazia isso em espírito, pois o meu corpo fora encontrado pelos soldados no dia seguinte, preso entre caniços de papiro à margem do Nilo.

Ali terminava um período único no contexto religioso e filosófico do Antigo Egito. A revolução de Amarna foi um acontecimento sem paralelo na terra de Kemi, porque durante os mais de três mil anos de sua história o povo foi politeísta; acreditava nos inúmeros deuses que estabeleceram os fundamentos de sua cultura e não teve grandeza para acompanhar o progresso traçado pelos planos superiores. Caso isso tivesse ocorrido, provavelmente hoje o Egito seria uma grande nação! Somente mil e quinhentos anos depois, o monoteísmo voltou ao Vale do Nilo, mas já era muito tarde para os projetos da Alta Espiritualidade.

Devemos sempre estudar as novas oportunidades que surgem em nossas vidas. Somente através do estudo e do discernimento seremos sábios. Se fugirmos das mudanças impostas pela evolução, com medo de perdermos o controle sobre o que dominamos, jamais seremos felizes!

O Duplo País, então, voltou ao seu curso natural, feliz por poder continuar a viver aquilo que sempre lhe foi comum, perdendo a grande oportunidade de crescimento espiritual que traria ao seu povo uma vida melhor e mais feliz, sem a necessidade de seguir pela estrada da dor, que acompanha a todos que se negam a evoluir pelo agradável caminho do amor e da sabedoria.

Depois de um longo período, que me pareceram séculos, fui resgatado do turbilhão das águas pelas mãos generosas de Ramósis. Ele, então, me disse:

— Conseguimos intervir perante o Grande Tribunal de Aton para resgatar-te. Deves retornar ao cenário da vida humana para lá corrigir as tuas falhas e auxiliar novamente no programa de evolução espiritual da humanidade.

E assim reencarnei entre os hebreus, como escravo do próprio povo de que antes eu me orgulhava de possuir o sangue. Mas já não era mais belo e saudável. Eu tinha um grave problema respiratório e mancava da perna direita.

Somos apenas atores no teatro da vida, buscando em cada nova encarnação vencer as nossas imperfeições morais que nos separam da luz de Deus.

E foi assim que casei-me com uma mulher com deficiência nas cordas vocais, quase sem fala, mas sempre autoritária e vingativa, que chamava-se, novamente, Kermosa!

Aguardamos ansiosamente a chegada de Moisés, o libertador, ao qual deveríamos auxiliar na sagrada missão de difundir entre o povo de Israel a crença no Deus Único, Jeová (Yahweh), que significa "Aquele que cria". O mesmo deus Aton, que criava a vida e a abençoava com seus raios solares no Egito, agora teria de apresentar-se sob uma forma autoritária para que seus indisciplinados filhos aprendessem a respeitá-lo, a amá-lo e a obedecê-lo, durante uma longa caminhada pelo deserto, que duraria quarenta anos.

Ali, estavam reunidos os mesmos sacerdotes de Amon e o povo supersticioso de Tebas da décima oitava dinastia, mas agora na pele da raça hebréia, que fora escravizada pelo orgulhoso povo egípcio.

Mas essa é uma outra história! Quem sabe Jesus nos permita contá-la, em outra oportunidade, sob a orientação do grande Hermes (Ramósis)?!

Epílogo

O general Horemheb, que tornou-se faraó após o curto reinado de Aye, em frente à deusa da magia.

Aye governou as Duas Terras por quatro anos. Na primavera de seu último ano, Horemheb retornou vitorioso da batalha no deserto da Síria.

Os guerreiros hititas foram subjugados pelo organizado exército de Horemheb e retornaram ao seu país contaminados por uma estranha peste, provavelmente causada pelo contato com os corpos mortos em estado de putrefação.

Inclusive o rei Supiluliumas morreu algumas semanas depois do fim da guerra, vítima da epidemia, sendo substituído no trono por seu filho Mursilis II. Os hititas, então, entraram em processo de franca decadência por várias décadas.

Mursilis II não herdou a grandeza administrativa e militar do pai, que levou a terra de Hati ao máximo de seu esplendor. Horemheb, além de dominar definitivamente toda a região, ainda expôs os hititas a uma grave humilhação. Caso o general egípcio tivesse prosseguido com a campanha militar, certamente conquistaria inclusive a terra de Hati.

Ao retornar ao Duplo País, o grande general egípcio foi aclamado pelo povo por seus grandes feitos. Durante a volta, impulsionado pelos ventos fortes do norte rumo ao Alto Egito, o exército foi festejado em cada porto da terra de Kemi.

Ao chegar em Tebas, ovacionado pelo povo, Horemheb tratou de cumprir a sua promessa. Algumas semanas depois de o general atracar no porto, o esquife contendo o corpo do maquiavélico faraó Aye foi conduzido à sua morada eterna, vítima de uma inexplicável morte. A velha raposa foi sepultada na tumba que o jovem Tutankhamon construía para si, quando lhe roubaram abruptamente o direito à vida.

Aye passou longos anos nas salas subterrâneas do Amenti, expiando os seus crimes! Apesar de ele ter sido considerado "de voz verdadeira" em seu funeral e ter partido para o "Ocidente" com todas as honras de um faraó, sabemos que a Lei de Deus é única e incorruptível.

No "Salão da Dupla Verdade" (o plano espiritual), diante dos quarenta e dois juízes do Amenti, ele teve de confessar seus atos macabros que destruíram o sonho de um mundo melhor. As décadas seguintes para Aye foram de um longo sofrimento e purgação de seus nefastos crimes.

Após a morte do velho faraó, Horemheb fechou as portas do templo da deusa Sekhmet, que era aberto somente nos períodos de guerra, e, desprezando a dinastia real, cingiu a dupla coroa, mesmo sem possuir sangue nobre.

Ele não precisava casar-se com alguém da família real, pois sua fama e força militar dispensava-o de dar satisfações a quem quer que fosse em todo o Império. Ele apenas assumiu o poder, que depois de tantas vitórias obtidas e prestígio junto ao povo, era seu de direito.

O Egito, terra da pompa e da vaidade, aplaudiu, então, com empolgação, a subida ao trono de um camponês da cidade setentrional de Hieracômpolis, terra do inexpressivo deus Harsaphes.

Horemheb governou a terra de Kemi como faraó por vinte e sete anos, nos quais restabeleceu definitivamente o poder total do Egito por todo o mundo conhecido.

Logo no primeiro ano de seu governo, ele demitiu todos os sacerdotes de Amon que administravam as nomarcas regionais e nomeou militares de sua total confiança para esses cargos. Em pouco tempo pôs fim à corrupção e assumiu, com pulso de ferro, o controle administrativo do Egito.

E, para desgosto dos sacerdotes de Amon e da nobreza de Tebas, passou a governar a partir de Mênfis, a capital do Baixo Egito. De lá nomeou dois generais, um para controlar o sul e o outro o norte. Foram criados tribunais em todas as grandes cidades, sendo que os juízes prestavam contas diretamente ao faraó.

Com o passar dos anos, ele desmantelou os palácios de Akhetaton para utilizar os tijolos em suas construções e destruiu também os templos de Aton em Karnak, onde realizou inúmeras obras.

Para condenar ao total esquecimento o período que considerava de atraso e indigno ao glorioso povo egípcio, Horemheb começou a contar o seu reinado a partir do ano trinta de Amenófis III, condenando ao esquecimento os faraós Akhenaton, Smenkhkare, Tutankhamon e Aye, para que eles não tivessem direito à vida eterna. À medida que consolidava o seu reinado, passou a apagar os nomes desses faraós dos templos e dos monumentos e a se apropriar das construções dos faraós proscritos.

Quando Horemheb partiu para a Terra do Poente, já estava muito idoso e sem filhos. Mas ele havia-se precavido. Antes de morrer, deixou bem claro a todos que o novo faraó seria o seu vizir e principal general dos exércitos, que chamava-se Ramsés.

Este faraó foi o primeiro da décima nona dinastia, que ficou conhecida como a dinastia dos Raméssidas. Ramsés foi um faraó inexpressivo. Ele viveu pouco menos de dois anos, pois era idoso como Horemheb.

Seu filho e sucessor Seti I era jovem e governou por quinze prósperos anos. Preocupado com as constantes intervenções dos nobres e sacerdotes de Tebas, fez o país seguir por um novo rumo, distanciando-se da poderosa cidade e de seu deus, Amon.

Para isso, construiu um grande templo em Abidos, terra natal do deus Osíris. Esse santuário possuía uma capela para Osíris e outras para Ísis, Hórus, Rá, Ptah e Amon. Ele construiu também uma capela para si próprio.

O filho de Seti que herdou o trono era um rapaz ambicioso que chamava-se Ramsés, como o avô. Ele se tornou o faraó mais famoso da História e ficou conhecido como Ramsés, "o Grande", pelos seus feitos!

Este foi um grande homem de marketing! Todas as suas iniciativas, mesmo as fracassadas e inexpressivas, eram louvadas como grandes realizações. Inclusive a famosa batalha de Kadesh contra os hititas, que encerrou-se sem um vencedor, foi amplamente divulgada como uma vitória de Ramsés II.

Após a batalha, Ramsés II assinou um tratado de paz com a terra de Hati que durou mais de cinqüenta anos. Inclusive uma das filhas do rei hitita foi enviada ao Egito para tornar-se uma das esposas do faraó.

Ramsés II foi também um dos faraós que mais perseguiu a memória de Akhenaton, destruindo a cidade de Akhetaton definitivamente e autorizando o povo de Hermópolis a utilizar o material de construção que lhes interessasse em suas obras, haja vista a proximidade entre as duas cidades.

Aos olhos dos homens, sempre ávidos por conquistas meramente humanas e pela vaidade das glórias transitórias, Ramsés foi grande, enquanto Akhenaton não passou de um homem louco e fraco. Mas aos olhos da Vida Maior, a visão é completamente inversa: Akhenaton foi um sábio inesquecível, enviado pelo Cristo, que difundiu uma nova forma de o homem ver o mundo; já Ramsés não passou de um homem com pouco alcance espiritual, enceguecido pela vaidade e pelo orgulho.

Enquanto Akhenaton foi uma alma sensível, preocupada com questões sociais, Ramsés II cultuou ao máximo o seu egocentrismo, erigindo monumentos a si próprio com o custo do sangue dos escravos, demonstrando não a sua grandeza, mas a sua tentativa inútil de tornar-se uma divindade.

Com o passar dos anos, Ramsés, "o Grande", transferiu a capital do Egito para um novo local no Delta, que ficou conhecido como Per-Ramsés, que significa "o domínio dos Raméssidas". A mudança deveu-se ao fato de a região do Delta tornar-se o pólo econômico mais importante do Egito durante a décima nona dinastia.

Mas, durante a sua juventude, ele teve um contratempo. Uma de suas irmãs teve um relacionamento com um "impuro hebreu" e engravidou. Para não despertar suspeitas de tal humilhação dentro da família real, o pobre homem foi morto e ela obrigada a se exilar em Tânis, no Delta do Nilo, onde deu à luz a criança.

Algumas semanas depois, a sociedade da época foi informada que a princesa havia encontrado uma criança nas margens do Nilo em uma cesta de vime. A criança recebeu o nome de Moisés, que significa "o que veio das águas". Esse predestinado menino viveu no palácio do grande Ramsés II, na intimidade da família real.

Ele, como todos os príncipes, estudou em Heliópolis com os grandes sacerdotes de Rá. Lá, aprendeu a filosofia do Deus Criador de todas as coisas e os profundos ensinamentos dos sábios de Rá, libertos das superstições populares.

Moisés, com sua inteligência fulgurante, percebeu o que Akhenaton havia compreendido cem anos antes. Ele, então, passou a ouvir a voz do Cristo Planetário em seu íntimo e assim tornou-se o novo profeta do Grande e Único Deus.

Através da sabedoria secular dos templos de Heliópolis, entendemos a semelhança entre o "Hino a Aton", de Akhenaton, e o "Salmo 104: Hino a Jeová, o Criador", dos hebreus. Moisés e Akhenaton estudaram na cidade do Sol, e lá iluminaram as suas mentes para serem os precursores do progresso espiritual da humanidade.

Com o passar do tempo, Moisés descobriu sua origem hebréia por parte de pai. Ao ver que seu povo sofria a humilhação da escravidão, rebelou-se contra os egípcios e foi exilado para o deserto por ordem de Ramsés, onde conviveu com outros povos e entre os seus irmãos israelitas.

Ramsés viveu longos anos. Diríamos até que viveu muito para os padrões da época. Em sua maturidade, construiu grandes monumentos, utilizando-se da mão-de-obra escrava do povo de Canaã, e usurpou outros tantos dos faraós anteriores. Ele teve um reinado de sessenta e sete anos e deixou como herdeiros mais de cem filhos, gerados de sua esposa real, Nefertari, e das mulheres de seu harém.

Com a morte de Ramsés II, assumiu o seu décimo terceiro filho, Merneptah. Durante o seu curto reinado, que durou apenas dez anos, Moisés retornou do deserto e desencadeou a libertação do povo de Israel das garras do inimigo, estabelecendo a crença no Deus Único Jeová entre o cativo povo hebreu.

Merneptah morreu afogado nas águas espumantes do Mar dos Juncos, tentando evitar a fuga dos hebreus para a Terra Prometida.

Com a libertação do povo escolhido pelo Deus Único, começou a lenta, porém inexorável, decadência do Império Egípcio. A partir desse período, os egípcios passaram a ser sempre subjugados por outros povos. O Deus Único Jeová pôs fim, então, ao Império que o desprezou sob a personalidade do deus Sol, Aton.

O Egito presenciou, naquele período, seu último momento de esplendor como nação independente. No final do Novo Império, o país voltou a ser invadido; desta vez pelos assírios. Conseguiu uma curta independência, mas chegaram os persas, os macedônios, os gregos, os romanos e, finalmente, os árabes.

A partir daí, Moisés difundiu entre o povo de Israel a crença no Deus Único e vários projetos da Espiritualidade foram iniciados com o objetivo de preparar os homens para o grande momento de evolução espiritual da humanidade.

Os conceitos de Hermes, no Egito, de Orfeu, na Grécia e de Rama, na Índia, brilharam com mais intensidade, iluminando os sábios nas escolas iniciáticas. Os profundos ensinamentos de Krishna brilharam intensamente entre os povos do Oriente. Zoroastro reencarnou na Pérsia, erradicando o politeísmo e o sacrifício de animais entre seu povo. Confúcio, na China, estabeleceu princípios morais, orientando os homens para uma nova forma de ver e viver a vida.

Meri-Rá reencarnou na Grécia, na personalidade de Pitágoras,[1] para iluminar o berço da filosofia mundial após o seu fantástico trabalho como o primeiro profeta do deus Aton. E, assim, a luz seguiu propagando-se pelo mundo com a quase dinástica seqüência de sábios gregos: Sócrates, Platão e Aristóteles, que trouxeram à humanidade um legado de ensinamentos morais e de esclarecimentos espirituais que revolucionaram a época e que seriam fundamentados pelo "Grande Espírito" durante a sua gloriosa missão.

Buda surgiu na Índia, trazendo aos homens a doutrina da fraternidade, do respeito mútuo e do desprendimento das riquezas materiais.

Quando, por fim, mil e duzentos anos depois de o profeta Moisés legar à posteridade os dez mandamentos básicos da evolução espiritual, nasceu, em um projeto único na história de nossa humanidade, o "Grande Espírito", Jesus de Nazaré.

Mas, o maior intérprete do Cristo, Jesus, ao descer ao primário plano físico encontrou o povo escolhido para ser o pioneiro da "Nova Revelação" perdido em seus preconceitos e subjugado pelos politeístas romanos, que acreditavam em deuses com nomes diferentes dos egípcios, mas que seguiam os mesmos objetivos de glorificar a vaidade humana e a subjugação dos povos mais fracos.

Os espíritos reencarnam em novos corpos, em novos povos, mas mantêm os mesmos caprichos e lutam contra a evolução que deveria ser o objetivo maior de suas vidas. Os mesmos rebeldes de Capela, encarnados no Egito ou na gloriosa Roma, cultivavam as mesmas crenças: de Osíris para Júpiter, de Ísis para Minerva, de Amon para Apolo.

---

1 Além de ter reencarnado na personalidade de Meri-Rá, conforme nos revela Radamés nesta obra, Ramatís teve outra passagem pelo Egito ao tempo do faraó Merneptah, filho de Ramsés II, na décima nona dinastia, encarnação em que foi contemporâneo de Allan Kardec, que era então o sacerdote Amenófis, segundo nos informa Hercílio Maes, principal médium de Ramatís, na obra *Mensagens do Astral*, **EDITORA DO CONHECIMENTO** - 17ª edição.

E, assim, a mensagem sublime do governador espiritual da Terra, como ocorrera com a crença no Deus Supremo, somente vingou entre os deserdados e escravizados, pois os orgulhosos romanos não a compreenderam.

Foram necessárias décadas de sofrimento nos circos romanos, onde os fiéis cristãos eram sacrificados às feras para que o politeísmo fosse finalmente banido do principal império da época.

Os romanos, ao verem a bravura dos mártires, que suportavam a dor com esperança e fé, se impressionavam com a força moral dos cristãos ante os martírios mais cruéis, que não lhes arrancavam o menor gemido. Esse comportamento era um desafio às massas pagãs.

A cada dia, os sacrifícios tornaram-se mais sádicos para tentar envergar a determinação dos cristãos. Mas isso não surtia efeito, impressionando aqueles que assistiam aos espetáculos macabros. Aos poucos, os pagãos foram mudando de opinião a respeito dos cristãos. A resistência ao sofrimento era considerada como reflexo do poder de Deus. Diante de exemplo de tanta fé e de tanta força interior, muitos pagãos se converteram à crença no Deus Único.

Até que no ano 313 depois de Cristo o imperador Constantino publicou o Edito de Milão, legalizando o Cristianismo. Mas foi somente em 391 depois de Cristo que o paganismo foi definitivamente abolido, através das mãos do imperador Teodósio. Nesse momento, o cristianismo tornou-se a religião oficial do Império Romano.

Mas com o passar dos séculos, durante a Igreja Medieval, os deuses das crenças antigas foram pouco a pouco ressuscitados, através dos santos, que hoje fazem as vezes de "deuses menores". Suas imagens são carregadas pelo povo nas ruas ou em procissões fluviais, assim como era feito com o deus Amon dos egípcios no passado. Até mesmo os mandamentos divinos recebidos por Moisés para evitar a crença pagã foram alterados para dar abertura ao politeísmo moderno.

As tábuas sagradas da Lei recebidas por Moisés, e que lhe foram ditadas pelo Cristo, e não diretamente por Deus, dizia:

"Eu sou o Senhor teu Deus, que te tirei da terra do Egito, da casa da servidão.

Não terás outros deuses diante de mim e não farás para ti imagem esculpida, nem figura alguma do que há em cima no Céu, nem embaixo na Terra, nem nas águas debaixo da terra.

Não te encurvarás diante delas, nem as servirás; porque eu, o Senhor teu Deus, sou Deus zeloso, que visito a iniqüidade dos pais nos filhos até a terceira e quarta geração daqueles que me odeiam. E uso de misericórdia com milhares dos que me amam e guardam os meus mandamentos."

As palavras severas de Moisés foram alteradas para atender ao culto a imagens que hoje conhecemos. O mandamento passou a ser, então, simplesmente:

"Não tomar o santo nome de Deus em vão".

Assim, os milenares politeístas tiveram a liberdade para cultuar o seu panteão de deuses, hoje na forma de santos, sem preocupar-se com a severa repreensão que custou tantas vidas no passado.

Durante os dias em que Moisés meditou no monte Sinai para receber os dez mandamentos, o povo indisciplinado cultuava o "bezerro de ouro", demonstrando claramente que, em existência passada, tinham sido os mesmos que idolatraram o deus de ouro Amon; e que na atualidade ainda insistem na idolatria a imagens.

Mas, uma Nova Era está para surgir no horizonte da evolução humana e então os homens finalmente compreenderão a mensagem imorredoura de Akhenaton, que nos ensinou a adorar tão-somente o Deus Pai Criador de Todas as Coisas, antes de Moisés, e a amar e respeitar os nossos semelhantes, cultuando o espírito de fraternidade, antes do inesquecível Jesus.

Agora Akhenaton aguarda, junto aos espíritos responsáveis pela evolução de nosso planeta, que sua mensagem seja finalmente compreendida e aceita pelos eleitos do Cristo, os bem-aventurados que herdarão a Terra na Nova Era que já surge no horizonte, assim como o deus Aton ("o disco solar"), que nasce diariamente abençoando a vida desde que o mundo foi criado!

Um ser de luz volita, sem asas, e desce das esferas superiores ao plano terrestre, em missão transcedental. O próprio dirigente planetário, Jesus, o envia. Objetivo: promover o universalismo, aproximando religiões antagônicas, rumo à unidade de crenças prevista para o Terceiro Milênio.

Ele conquista seguidores. Multidões o escutam. Seu toque cura enfermos, levanta paralíticos; transforma espíritos trevosos. Seu olhar cativa os corações. Será um anjo?

Em plena época da transição planetária que estamos vivendo, Gabriel é o mensageiro da transformação religiosa programada para o planeta Terra. E, pela cronologia desta obra, encontra-se encarnado atualmente. Mas quem é Gabriel? Um anjo?

O leitor poderá tirar as próprias conclusões acompanhando sua trajetória, nesta obra instigante e de cunho profético. Dos cenários paradisíacos de uma comunidade de luz aos quadros dantescos de uma cidade trevosa do Astral, da vida na matéria à preparação das caravanas de exilados que migrarão para um planeta inferior, Gabriel encarna a presença da luz crística.

Será um anjo?

Mentalidade aquariana é a visão nova para velhos problemas. *Sob o signo de Aquário*, indo além da superfície, traz informações de vanguarda, sem o convencionalismo comodista, sobre diversas facetas de alguns dos problemas que mais afligem os homens do planeta.

Unidos em torno de Hermes, instrutor do antigo Egito, um grupo de entidades — Shien, o extraterrestre; Gaijin, o curador silencioso; Crystal, a princesa de olhos de ametista; e Ramiro, auxiliar do doutor Bezerra de Menezes — participam de singulares experiências de auxílio e pesquisa no plano Astral. Acompanha-os o autor encarnado, que se torna o relator das fascinantes vivências, que vão do Astral Superior às regiões das trevas.

Junto com eles, o leitor irá descobrir como está se processando, no Astral, a seleção dos que serão os próximos exilados do planeta, e a marca que os identifica; estudará intrincados processos obsessivos, como os de vampirismo, através de ovóides, e a atuação dos implantes eletrônicos; acompanhará três adolescentes usuários de drogas e seus parceiros desencarnados numa história que mostra o avesso chocante, mas verdadeiro, da drogadição; e visitará os vales das sombras e hospitais astralinos, onde um repertório de casos extraordinários ilustra os mecanismos cármicos em ação.

Conhecerá, ainda, os modelos dos futuros corpos que a humanidade aquariana e subseqüente irá envergar — já programados e existentes em instituições do Astral Superior. Saberá de Shien, muito sobre os visitantes extraterrestres do planeta.

No limiar da Nova Era, a espiritualidade nos presenteia com mais esta belíssima obra literária de Hermes, convocando-nos a profundas reflexões.

Revivendo e corroborando as inesquecíveis revelações trazidas à luz do mundo físico por Ramatís ou nos brindando com instigantes revelações nas diversas áreas do conhecimento científico, a exemplo da clonagem e da engenharia genética, o autor disserta com maestria, em linguagem clara e acessível ao leitor atual, sobre os mais variados temas que intrigam a humanidade neste delicado momento de transição para um mundo melhor, renovado, de paz, harmonia e amor.

Em *A Nova Era - Orientações Espirituais para o Terceiro Milênio*, o leitor que busca aprimoramento encontrará interessantes esclarecimentos para indagações sobre assuntos atualíssimos nas áreas da medicina, filosofia, sociologia, religião, educação, mediunidade e existência de Deus, segundo a ótica do Mundo Maior. Entretanto, o que há de mais fascinante nesta obra é o seu contagiante convite para que a humanidade ingresse definitivamente no "paraíso" que será a Terra na Nova Era, cultivando o que existe de mais sublime sob a face do planeta — o Amor que Cristo nos ensinou.

AKHENATON
foi confeccionado em impressão digital, em janeiro de 2024
Conhecimento Editorial Ltda
(19) 3451-5440 — conhecimento@edconhecimento.com.br
Impresso em Luxcream 70g. – StoraEnso